北大中国文化研究

主编 孙熙国 李翔海

第1辑

社会科学文献出版社
SOCIAL SCIENCES ACADEMIC PRESS (CHINA)

发刊词

在学界朋友和社会各界的支持下，《北大中国文化研究》终于面世了。

自 20 世纪 80 年代以来，文化问题一直是学界关注的热点问题。但是，什么是文化？我们需要什么样的文化？怎样建设和发展我们的文化？在这些涉及文化建设与发展的根本问题上时贤并未达成共识。张岱年先生提出"综合创新"的文化建设理论，一直为学界所瞩目。但是，究竟如何实现综合创新？又成为困扰我们的问题。这一问题解决不了，文化创新就难以落到实处。

通常人们把文化理解为自然的人化，也就是说，凡是超越了人的本能从而有意识地作用于物质世界的一切活动都属于文化的范围，这就把物质生产及其成果和精神生产及其成果都划归到了文化的范围。这也就是人们通常所说的广义文化。与此相对应的狭义文化，则是指人们的精神生产活动及其成果。

我们主张狭义的文化观，因为文化的本质是思想。思想对象化在不同的载体中，就有了文化的不同的存在形式，如体现在器物中的文化、体现在行为中的文化、体现在民俗中的文化等。一些文化学著作把文化的类型划分为器物文化、行为文化、制度文化、思想文化，实不妥。因为器物、行为、民俗等本身并不是文化，他们仅仅是文化的载体。我们之所以把它们叫做文化，不是因为它们所具有的物质的形式，而是因为在这些物质形式的背后所承载着的思想的内容。这些思想内容才是文化之为文化的关键。故宫、天坛、未名湖、博雅塔等，人们之所以把它们叫做文化，绝不在于它们所具有的物质的外壳，而在于物质外壳背后所负载的思想内容。在这一意义上，我们认为文化的本质是思想。文化是相对于经济和政治来说的。

一切认识都来源于实践，时代实践是当代中国文化发展的真正动力和源泉。"问题是时代的格言。""任何哲学只不过是在思想上反映出来的时代内容。"在这一意义上说，哲学是时代问题的形上解答，文化则是时代的经济和政治的反映。一个时代的文化，必须要回答和关注这个时代的问题，完成这个时代的任务，否则就不是这个时代的文化。如果我们把中国传统文化原封不动地照搬过来，这不是我们今天所需要的文化，而是古代中国的文化；如果我们把西方文化原封不动地搬过来，这也不是我们今天所需要的文化，而是西方社会的文化；如果我们把文本层面的马克思和恩格斯的思想原封不动地搬过来，这还不是我们今天所需要的文化，而是产生马克思主义的那个时代的文化。所以，在今天我们特别强调文化的建设和发展，特别强调马克思主义的中国化、时代化和大众化。

中国当代文化的建设和发展，不可能单纯地依赖于某一种文化形式，而是在新的实践下实现各种不同文化形式的互斥互补，交融碰撞，综合创新。不同民族在其历史发展中创立的不同文化形式，有对立和冲突的一面，也有融合、互补和统一的一面。人类在历史发展过程中创立的各种优秀的文化传统，就如同人的耳目鼻口一样，都是不可或缺的。我们不能"蔽于一隅"，而应该站在"道术"的高度予以审视。各种不同的优秀文化传统虽"皆有所长"，"时有所用"，但毕竟是"不该（赅）不偏（遍）"，仅"得一察焉"（庄子语）。或如荀子所说："墨子蔽于用而不知文，宋子蔽于欲而不知得，慎子蔽于法而不知贤，申子蔽于执而不知知，惠子蔽于辞而不知实，庄子蔽于天而不知人。……此数具者，皆道之一隅也。"但"一隅"之术不足以举人类文化之"全道"。

因此，立足中国实际，弘扬中华文化，建设中华民族共有精神家园，需要我们摒弃任何狭隘的成见，公正客观地对待人类在其历史进程中创造的各种不同的优秀文化，正确认识各种不同文化传统之间的关系，真正实现中国文化、西方文化、马克思主义三者之间的对话与融通。这是发展和繁荣当代中国文化的重要路径，也是当代理论工作者义不容辞的使命。为了完成这一时代赋予我们的伟大使命，让我们一起努力吧！

北京大学马克思主义学院

北京大学中国文化发展研究中心

2011 年 10 月 1 日

目 录
CONTENTS

20 世纪中国哲学研究

域 外 飞 鸿

特别策划

北大中国文化研究

（第 1 辑）

文化选择与文化发展：杜维明、张世英、黄枬森先生中西马高端对话[*]

2011 年 1 月 10 日

主持人：杨河教授（北京大学马克思主义学院教授、中共北京大学委员会副书记、北京大学中国文化发展研究中心理事长）

主讲人：杜维明先生、张世英先生、黄枬森先生

主　办：北京大学中国文化发展研究中心、北京大学马克思主义学院

地　点：北京大学百周年纪念讲堂

摘　要：全球化时代的文化选择和文化发展是涉及文化自觉、文化自省和文化自强的重要问题。文化选择和文化发展要尊重历史、面向世界、面向未来、面向现代化，是一个开放性的话题。文化选择的主体是我们自己，即中华民族。中国传统文化、西方文化和马克思主义各自具有相对独立的来源、志趣和视野。同时每一方又不足以单方面提供中国当代文化建设的唯一资源和最终答案。而中国文化发展的现实又不能离开任何一方，对世界重大问题的回答也不能离开任何一方。这就要求中国传统文化、西方文化和马克思主义在中国的共同在场，都要自己超越自己，包容对方，采纳对方，在此基础上构建以马克思主义为指导的、开放的、和而不同的中国特色社会主义文化的新形态。

关键词：文化选择　文化发展　中国文化　西方文化　马克思主义　和而不同

作者简介：杜维明，北京大学高等人文研究院教授、院长；张世英，北京大学哲学系教授；黄枬森，北京大学哲学系教授（北京，100871）。

＊　本文由北京大学马克思主义学院博士研究生杨晗旭整理。经作者同意刊载于此。

杨　河：随着经济全球化和政治多元化的发展，文化的多元化比以往任何时代都更加凸显。多元文化意味着各种文化之间不可避免地会有冲突和碰撞。而人类发展的共同利益又要求不同文化之间应该从事对话和融合，这也是文化本身的发展规律。经济全球化、政治多极化和文化多元化对所有的国家和民族既是机遇也是挑战。文化作为历史文明的积淀是思考整个人类从哪里来、到哪里去的问题，一直在引领着社会发展。从这个意义上来讲，文化对人类的发展有更深层次更高境界的追求。相对于经济政治的变革和发展，文化的变革和发展更具有重要性、复杂性和长期性。在世界变化的同时，中国社会也在向现代社会转型。改革开放30年来，我们已经越来越深刻地感受到经济体制的深刻变革、社会结构的深刻变动和思想观念的深刻变化。这个空前的社会变革为我国的进一步发展带来巨大的革命，也必然会带来这样或那样的问题。这些问题最终会转化为文化问题，为文化的发展提出这样或那样的要求。文化的变革和发展必然会提出文化选择的问题，这是一个对我们自己的传统文化和外国文化的当代评价的问题。实际上这样的评价已经经历了一百多年的时间。从1840年鸦片战争开始中国知识分子就在担当民族复兴的使命。在清王朝的没落中，他们深刻地反思传统文化；在不可遏制的西学东渐中，他们学习和诠释西方文化。20世纪初发生的第一次世界大战，改变了世界的格局和方向，极大地影响了我们的文化选择。在辛亥革命推翻了近三百年的清王朝统治以后，应运而生的新文化运动和五四运动，将中国新文化建设的大格局和大方向初步确定下来了，这就是认识和处理中国传统文化、西方文化和马克思主义文化的关系。而后的发展实际上是沿着两个路径在进行：一个是政治实践的路径，一个是学术界的路径。在政治实践的路径上，中国共产党将马克思主义与中国实践相结合，成功地进行了新民主主义革命，实现了民族独立和民族解放；在学术研究路径上，从清末"中体西用"的讨论开始，存在了一百多年中西文化之争，或者叫中西文化之辩。今天马克思主义需要进一步中国化、时代化、大众化；西方文化需要进一步被认识和借鉴；中国文化需要进一步适应中国现代化转型。中国未来新文化的建设可能在相当程度上还要依赖于它们之间的并存、对话和交流中获得发展，这就是现实。这个现实是历史铸就的。我们是被抛在一个既定的世界之中，被嵌入一个既定文化传统之中。我们不能够脱离这个文化现实来谈文化选择与文化发展问题。这也就是为什么今天的主题的副标题叫做"中西马对话"。在经历了"文化大革命"历史教训后，我们逐渐懂得了用历史的态度、客观的态度和辩证的态度来认识和处理中国传统文化、西方文化和马克思主义关系的重要性。但是我想懂这个道理和运用这个道理来分析问题、说明问题并不是一回事。我们需要学习和提起，今天我们为此要请教三位先生。下面我们按着"中西马"的顺序，首先请杜维明先生给我们讲话。

杜维明： 我非常希望听到两位长辈的发言。其实我不应该首先发言。我觉得非常荣幸，因为在 1985 年，我在北京大学哲学系有幸教了一门价值学的课。那时候黄枬森教授是系主任。所以我特意拜访过他而且也在代课过程中有机会向他请教，所以感到非常荣幸。另外，对张世英教授慕名已久。在十多年以前，台湾的钱穆先生，在晚年口授了一篇很短的文字，就是《中华民族对世界的贡献》。这篇很短的文章大概不到两千字，当时在台湾的学术界没有引起什么反响。有人说这是天人合一的老问题，后来他的夫人就把他的这段文字记录下来。他说：我讲天人合一，以前讲过，但现在再重新讲是彻悟了，自己觉悟了。这段文字在台湾没有引起很大的影响，在大陆先是季羡林先生很感动，就做出了非常好的回应。在回应过程中大陆有好几位教授也做了回应，但最使我感动的就是张世英教授的回应。张先生在回应里面不仅提到天人合一的关系，而且提到了知行合一的问题，也提到了情境交融问题，提到了中国哲学、西方哲学和马克思主义哲学一些最精华的东西。所以我非常荣幸向两位前辈请教。

冯契先生曾经提到一个观点，是说"五四"以来，中华民族所碰到的大的问题是古今中西之争。所以从中西之争入手，比如说传统和现代，如何了解西方文化，向西方文化学习。陈序经提出全盘西化，胡适之先生也有类似的观点。后来胡适发现他的观点太极端了，应该是充分地现代化。如何现代化，从五四运动开始成为大家所关注的热点。这个过程进行了相当长的时段。其实从鸦片战争讲，1839 年到新中国成立，每年有很大的变化，每十年有很大的变化。新中国成立以来一直到改革开放，变化更为剧烈，整个变化就是如何从西方学到富强的法宝，使中国从东亚病夫乃至天朝上国怎样能够改变，一些学者认为，"五四"以来不论是极端的革命思想还是极端的保守思想，大家都是强烈的爱国主义者，都是强烈的民族主义者。当时还说了救亡图存，是面临着亡国灭种的危险。除了中西之争之外，这些人也提到古今之争。也就是说传统文化和现代化之间的矛盾冲突以及之间可能有新的对话的空间。"五四"时代当时有很多重要的思想传到中国。有自由主义思想，有实证主义思想，有经验主义思想，像罗素，有伯格森所代表的生命哲学，有达尔文的天演论，还有很多的思想。当时马克思主义的思潮倒反而不是很突出。只是到了 1920 年代、1930 年代，马克思的思想成为大家关注的对象。俄国革命以后，也就是 1917 年，列宁所代表的马克思主义一方，代表的是西方文化发展的高峰，强烈地反对帝国主义，反对自由主义。中华民族从五四运动以来，有非常强烈地向西方学习，对西方认同，同时有强烈的反传统意识，主要的原因，像鲁迅、巴金、陈独秀、胡适之有强烈的反传统、反儒家，也就是说在强烈的爱国主义，也就是民族主义之下，认为传统文化或者儒家所代表的传统文化乃至后来把儒家的传统 "糟粕的糟粕" 和西方 "精华的精华" 相比较。在这个氛围之下，一方面是强烈的反传统，向西方学习，另外是强烈地反对帝国主义，反对自由主义。列宁所代表的精神是西方所发展的高峰，同时又强烈地反对帝国主义，反对资本主义，对中国学术界、知识界有非常大的吸引力。正因为当时有很多重要的受到西方思想影响的思想家，认为如果不把封建糟粕彻底消除，中国要发展起来是非常困难的。我为什么一直说我是五四启蒙精神的承继者也是受惠者，我们没有完成对传统文化所造成的阴暗面彻底的批判。当时对儒家的阴暗面是用放大镜来看的。虽然如此，终于把传统的阴暗面突出了，什么三纲是权威主义、男权主义、专制主义等等。正因为有这段很重要的历史，认同儒家的少部分学者也能够获得很多的资源，重新对儒家传统进行反思，进行重新的了解、批判和认识。我认为当时最为激进的思想家，他们的贡献是毫无疑问的。这些人可能过于乐观，认为通过批判，中国传统的糟粕就能彻底地消除，可以在新的时代、新的平台向西方学习了。困难在哪里？文化的发展特别是中国传统文化的发展，我们不能把它看成一个静态的结构而应该把它看成一个动态的过程。在动态的过程中，传统文化必须有向前推进的认同，如果认同扩散，要对外面的环境进行适应有很大的困难。认同太强了可能会变成封闭的观念，现在我们看到的原教旨主义，它是封闭的而且对外是侵略性的。但对于开放的文化，开放就是尽量适应外界压力，在这样一种情况下，你的核心价值，你自己文化的主体性基本被边缘化了，变得一无所得。在这个氛围之下，要真正能够向西方学习，向马克思学习，包括启蒙思想，我们还算比较熟悉。

我经常提这些观念，如果你对自己的文化没有亲和感，你对自己的文化的主体性彻底放弃，希望能够从西方找出先进的思想，我们认为我成为今天的我一无是处，但是我相信我一定能够站起来。这个站起来靠什么？就靠我对西方的学习所带来的资本，在这种情况下，就会造成极端的情况：去掉中，完全要西；去掉古，完全要今。以今天的西方作为我们的传统，把糟粕的糟粕看成我们传统的真实情况，比如说阿Q、祥林嫂、孔乙己这种人物真正地代表了中华民族。所以说丑陋的中国人，中国人一无是处，要向西方学习，本来是好的策略。如果我们还在抓住传统古今，我们向西方学习的力度是不够的，一定要矫枉过正，就是全盘向西方学习。传统是在心灵中栖息的。我们的信仰，我们的人生观，我们的宇宙观，我们人与人之间的关系和我们对自我的理解，都与传统有关系。我们心灵中栖息的传统不去发扬的话，不去理解它，只是把它作为一个必须消除的对象，那么真正的价值被排除了，它的阴暗面反而是依然存在。

我认为必须要致力于四个问题，而这四个问题是有机联系的。第一个问题，就是对传统的阴暗面进行激烈的批判，而这些批判要持之以恒，要全面要深入。二是使我们的传统文化成为我们数千年发展的精髓或者核心价值。所以我说，我们反对三纲，但不能简单理解。还有很多重要的思想，如"五常"，仁爱就是我们今天讲的同情与慈悲；义就是公正、公平；礼就是人与人沟通的最基本的文明礼貌；智慧；还有信实、诚信。这些不就是儒家价值，不就是亚洲价值，而是扎根在儒家，扎根在亚洲，包括韩国和日本，越南以及世界各地华人社区能够安身立命的最基本的价值。这些价值不是亚洲价值，而是扎根于亚洲的普世价值。这些价值与自由、人权是可以进行长期对话的。西方的精华，比如说人权，这个观念是西方发展出来的核心价值，任何人、任何一种文化都应该以人权为普世价值。同时同情、责任、社会和谐，这也是普世价值。美国、西欧虽然也有这些价值，但不突出，所以你要注重自由，你就不能不注重正义；注重理性，你就不能不注重同情和慈悲。你如果特别注重人权，就不要忘了责任。如果你太注重法治，人与人之间关系的和谐，互相尊重、文明礼貌必须注重。你如果突出了西方核心价值就不要忘记伊斯兰的、中国的核心价值。面向人类当前的实际，这些价值必须要得到尊重，如果你只走启蒙的价值，而启蒙的价值，我刚刚提到，不是现在的普世价值，但启蒙运动从17世纪到18世纪到19世纪工业革命，市民社会的出现、市场经济、民主政治是最大的、最重要的意识形态。社会主义、资本主义受到启蒙运动的影响。但是启蒙运动大的发展一直到现在，像现代化也有它的缺失。它最大的缺失：第一，对自然，不去了解去认识，讲知识是力量，造成人和自然之间的紧张；再一个对精神世界，对人类文明的超越向往，因为它是反对精神反对基督教，正因为如此，它是凡俗的运动，有其局限性。是男性主义，是强烈的对外侵略主义，真正的纯粹的欧洲主义。在这种情况下，我们要使启蒙的价值扩大，如果扩大应该把东方的或者中国的、儒家的、道家的、佛教的、伊斯兰的还有拉丁美洲的乃至非洲的有些价值发扬光大，造成对 21 世纪的人类文明理解。所以今天有这么一个难得的机会，能够向张世英教授所体现的西方的精神和黄枬森教授所体现的马克思主义的精神请教，我觉得是一个非常难得的机会。谢谢！

黄枬森：我想今天我应该先声明一下，好像刚才说我是代表马克思主义来讲，我这个代表不了，也没有人让我代表。所以我不过是从马克思主义的角度，谈谈我个人的看法，关于中西文化关系的看法。咱们喜欢谈中西马，其实你说文化，可以是讲西方文化、中国文化，但讲马克思主义文化，这恐怕就不合适了。马克思主义当然是一种文化现象，是一种文化因素，但它没有构成一种文化形态，西方文化、中国文化可以说是文化形态。也可以讲资本主义文化、社会主义文化，但不能讲马克思主义文化。马克思主义是一个文化因素。谈到这个问题，我觉得这个问题太大，我谈不好。我谈谈中西哲学和马克思主义哲学之间的关系。这个关系也包含在中西文化的关系里面，也包括中西文化和马克思主义的关系。所以我想还是谈谈这个问题，我主要谈三点：一、中西哲学是马克思主义哲学传播发展的重要思想来源之一；二、中西哲学与马克思主义哲学的根本区别就在于科学性和实践性；三、辩证唯物主义是马克思主义的核心。

其一，大家知道，马克思主义哲学的创立是由于西方社会发展到资本主义的成熟阶段，阶级斗争日益激烈，无产阶级需要一种科学的世界观来指导自己的行动。但是无产阶级及其思想代表不可能凭空创造一种哲学，哲学的思想资料还得从过去的思想中寻找。马克思主义哲学的创立主要的思想根源只能是西方传统哲学，特别是西欧近代哲学，也就是德国理性主义和英国的经验主义哲学。因此从思想渊源的关系来讲，马克思主义哲学是西方哲学的后代，而西方哲学是马克思主义哲学的前辈。至于说到中国哲学，很难说中国哲学是马克思主义哲学创立的思想来源之一，我记得有同志做过这方面的文章，但是这个文章做不好，不成功。原因就是很难明确论证中国哲学是马克思主义哲学创立的来源之一。但是马克思主义哲学在中国的传播、在中国的发展，中国哲学是它的思想来源之一。所以我觉得说得笼统一点，中国哲学也是马克思主义哲学的思想来源之一。就这种意义来讲，马克思主义哲学也是中国哲学的后辈，而中国哲学是马克思主义哲学的前辈。这种传承的关系绝不限于创立、传播与发展。那么就是现在，它对马克思主义哲学的发展与创新也是非常宝贵的，也是它的思想来源之一，它也可以为马克思主义哲学提供丰富的思想资料，为今天马克思主义哲学的发展和创新提供养料。我们举个很明显的例子，譬如价值论，价值论作为哲学的一个重要部门，过去是被马克思主义哲学所排斥的，否定的。而今天已经成为马克思主义哲学的重要哲学部门之一。这个价值论就是直接从西方哲学嫁接过来的。正是出于这种考虑，我所主持的一个科研项目，叫马克思主义哲学创新，有四本成果，其中有一本叫做《中西哲学的当代研究与马克思主义哲学的创新》。这本书的主编，西方哲学部分是赵敦华教授，中国哲学部分是孙熙国教授。我们这个项目的考虑仍是出于这种理解。这是我想谈的第一点。

其二，我想谈一下马克思主义哲学同中西哲学在根本上有什么不同、有什么差别。过去我们经常说，马克思主义哲学的出现，是哲学史的革命变革。那么革命变革表现在哪里呢？我们谈得最多的是实践，是实践性。过去哲学是脱离实践的，而马克思主义哲学是为了指导实践，是来自实践，是在实践中检验和发展的。这个是一个根本的区别。近年来还有一个根本的区别为大家所忽视，就是它的科学性。所谓科学性确切一点讲就是马克思主义哲学是一门科学，不是说马克思主义哲学才有科学的因素，其他哲学就没有科学的因素，不能这么说。一般地讲，所有的哲学只要是讲道理的都有科学因素。但是从整体来讲，没有一门哲学可以叫做一门科学。马克思主义哲学是一门科学。而且科学性和实践性在马克思主义哲学里面是互相依存、互相依赖的。有实践性才有科学性，有科学性才有实践性。实践必须以科学的观点、科学的原理来指导。如果以非科学的反科学的原理来指导自己的实践，这种实践是一定要失败的。我认为马克思主义哲学最主要的就是这两个特征。当然我们还可以讲其他特征，譬如说阶级性、批判性等等。但是这些特征都可以从这两个特征引申出来。这不是我的观点，这是个传统的观点，是个老观点。我们过去学习马克思主义哲学时经常这么讲。但是近年来，大家往往回避科学问题，回避科学性。老实说对这个问题我感觉到困惑，为什么马克思主义哲学不是一门科学，不能是一门科学？所以我觉得这个问题还必须重提，而且必须明确地加以阐明。在我看来不但要把马克思主义哲学与哲学史联系起来，而且要把哲学史与科学史联系起来，只有这样才能真正弄清楚马克思主义哲学的性质及其历史地位。科学史告诉我们任何一门学科从非科学成为一门科学都是一次飞跃。马克思主义哲学所实现的革命变革，就是这种从非科学变为科学的一次飞跃。我愿意强调，不能脱离马克思主义哲学的科学性，而只谈它的实践性，"文化大革命"中的错误对我们的教训是深刻的。有人把"文化大革命"中的错误归结为辩证唯物主义，这是毫无根据的。事实恰恰相反，那些错误正是违背了辩证唯物主义的结果。"左"倾教条主义把革命实践歪曲成打倒一切，把主观能动性夸大成为精神万能，把一切矛盾都看成是敌我矛盾，这不是辩证唯物主义的错误，马克思主义哲学绝不能离开科学性来谈实践性，这是我想谈的第二点。

其三，我想谈谈辩证唯物主义在马克思主义哲学中的地位问题。过去，当然今天也是，我们讲到马克思主义哲学就是辩证唯物主义和历史唯物主义，但是有人说这个只是课堂哲学，不是论坛哲学，事实上确实有这个倾向。在论坛哲学当中，辩证唯物主义和历史唯物主义的地位可以说是摇摇欲坠，而且特别是否定辩证唯物主义。所以对这个问题我还想谈几点看法。第一点我想谈一下，马克思主义的世界观是不是辩证唯物主义？过去的说法是马克思是辩证唯物主义，20 世纪 30 年代，这个说法已经差不多被否定了。因为事实上当时马克思主义唯物史观的系统理论没有辩证唯物主义的理论，更没有这个称呼。那么这个就成为马克思没有辩证唯物主义世界观的铁证。但是我认为还是应该肯定地回答，马克思有辩证唯物主义的思想，马克思是个辩证唯物主义者。我有几个理由：第一，马克思当时的世界观是唯物主义是十分明确的，是他自己讲的；第二，这个唯物主义是什么唯物主义？是不是费尔巴哈的唯物主义？当然不是，那还是什么唯物主义，它只可能是辩证唯物主义。那么我这样讲是不是仅仅是一种推测？因为它不是别的唯物主义就是辩证唯物主义。我认为不完全是推测。应该还是一种归纳，为什么这么讲？一个就是它是一直肯定黑格尔的辩证方法，当然它否定黑格尔辩证法的体系，但是他一直肯定黑格尔的辩证方法。那么这种方法都是思维方法，或者叫思维形式，思维方式。思维方式就是哲学基本原理的运用。马克思对黑格尔的辩证方法一直是肯定的。再一个就是他对唯物史观的，唯物史观里面包含着辩证的分析，他肯定了人类社会内部辩证的矛盾运动，他分析了这个矛盾运动，这就是辩证法，当然这是历史辩证法。后来马克思在《资本论》第二版的跋里也明确讲，他的方法是辩证方法，他的方法是唯物主义的。所以我认为马克思有辩证唯物主义思想。他的世界观就是辩证的世界观，我认为不是没有根据的，这是第一点。第二点，我想谈一下一个过去非常时髦但现在不太时髦的问题。能不能以实践唯物主义来取代辩证唯物主义？我认为不能。这完全是一种误解，说马克思有这个称呼，马克思没有这个称呼。马克思讲的是实践的唯物主义者的一个特征，是实践的，即共产主义者。不是说以实践作为整个宇宙的基础。不是说马克思主义哲学只研究实践，不是这样的，他是讲唯物主义者，唯物主义的一个特征，就是它是实践的，就是前面我们讲的实践特征。如果真有这种实践唯物主义，那么这种唯物主义实际上不是唯物主义，而是实践唯心主义。如果整个宇宙都依赖于实践，这样只能是唯心主义，不是唯物主义。有人说实践唯物主义就是唯物主义实践观，从道理上是可以说得过去的。第三点，我想谈的问题是能不能以历史唯物主义来取代辩证唯物主义？这个现在是最时髦的。南方北方都有一些哲学界的领军人物，在大肆宣传这种观点，历史唯物主义就是马克思主义世界观，却没有说辩证唯物主义不是马克思主义世界观。实际上就是用历史唯物主义来取代辩证唯物主义。说这个历史不限于人类社会的历史，而是整个宇宙的历史，所以历史唯物主义就是宇宙观。当然，单独一个历史这个字眼是可以这么来理解的。但是马克思、恩格斯那个时候讲的唯物主义就是唯物史观，就是历史观。这个历史观就讲的是社会历史观，不是讲宇宙历史观。所以如此来歪曲马克思我认为是不严肃的。近30年来，唯物史观，历史上唯物主义同辩证唯物主义之间的关系一直受到质疑。"历史唯物主义是辩证唯物主义在人类社会中的运用"这个话是斯大林讲的。斯大林讲了这个话，但这个话不是斯大林创造的，列宁就先讲过，马克思、恩格斯本人在《德意志意识形态》中也讲过。《德意志意识形态》里面说："当费尔巴哈是个唯物主义者的时候，历史不在他的视野之内。而当他去研究历史的时候，他绝不是一个唯物主义者。"所以后来恩格斯老讲费尔巴哈是半截子的唯物主义者，就是说，下半截是唯物主义，上半截是唯心主义。意思就说上半截也应当贯彻唯物主义，就是历史唯物主义。很多人认为辩证唯物主义和历史唯物主义二者是并列的，是对立的、是二元论，这怎么会是二元论？不能说两个东西并称就是二元论。辩证唯物主义包括历史唯物主义，历史唯物主义里面也有辩证唯物主义。他们的关系非常清楚，一个是普遍，一个是特殊；一个是整体，一个是部分。第四点，我就想谈一下辩证唯物主义和历史唯物主义的体系究竟是怎样创立起来的。许多人都说，这是斯大林的体系，是斯大林创造的。这个是完全违背历史事实的。我认为它的创立经历了四个阶段，第一个阶段是 19 世纪 40 年代中期，马克思和恩格斯创造了唯物史观的思想体系，但没有提出世界观的理论体系。世界观只是作为历史观的逻辑前提存在于其中。它的具体表现就是唯物主义和辩证方法。这时候辩证唯物主义只是一种逻辑的存在。因此整个 19 世纪下半叶，人们谈到马克思主义哲学的时候，指的就是唯物史观。第二个阶段，是 19 世纪 70 年代，主要是由恩格斯提出了比较系统的辩证唯物主义的原理。这些原理部分在《反杜林论》中发表。恩格斯曾经提出一个名称，叫做唯物主义的辩证的自然观。自然观就是大自然观，大自然观就是宇宙观。自然包括人类社会。这是第二个阶段。第三个阶段就是 19 世纪末到 20 世纪初，狄斯根首先提出辩证唯物主义这个概念。特别是列宁的《唯物主义和经验批判主义》树立了辩证唯物主义在马克思主义世界观的地位。后来是德波林首先发表专门的文章和著作，来阐发辩证唯物主义。第四个阶段是 20 世纪 20 年代到 30 年代初，苏联哲学家在理论研究和教学实践中逐渐构成了辩证唯物主义和历史唯物主义这个体系。这个成果主要是综合和重新组织了马克思和恩格斯等马克思主义哲学家的观点，也吸收了当时世界经济与政治形势的变化和自然科学的一些成果。代表作就是 20 世纪 30 年代初米丁主编的《辩证唯物主义》以及米丁等编的《历史唯物主义》，他们就是后来马克思主义苏联哲学体系的蓝本。斯大林作为党的领导人领导和支持了这个工作。但是斯大林的《论辩证唯物主义和历史唯物主义》出现于 1938 年，那就是米丁他们的书出版以后五六年。而斯大林这个体系是对米丁他们的体系加以大量改动的结果。斯大林的体系在 20 世纪 50 年代前，在我们国家没有流行起来。在我们国家流行的还是米丁他们的体系。新中国成立以后，斯大林的体系流行了起来。但是斯大林逝世以后，特别是受批判以后，这个体系在中国已经废除了，没有人再用这个体系。而我们今天用的是 20 世纪 30 年代初期那个体系。我们现在大学很多自编的教材，都是以这个体系作为蓝本的。目前马克思主义理论工程出版的教材我认为和这个体系基本上是一致的。因此我们对辩证唯物主义绝不能采取根本排斥的态度，而应当以它为出发点，采取研究、继承、发展和创新的态度，使之更加真实、更加完整、更加严密。

中西哲学是它创立和发展的重要思想根源之一。今天中西哲学的当代研究，也应当是它的思想发展的重要根源之一。在我看来，中西哲学是一个无尽的智慧宝库，它们的研究也是时代精华的一部分。马克思主义哲学要发展、要繁荣兴旺，就必须反映时代的精华，这就是哲学发展的科学之路。我就讲这些，希望同志们多批评！

杨　河：谢谢黄先生，下面请张世英先生讲话。

张世英：刚才黄先生说得很好，马克思主义不能说是个马克思主义文化。但无论如何三种思想观点是可以并列来说的。从这个题目上来看，我想文化选择与文化发展，怎么选择才能发展呢？我想非此即彼这种选择肯定是不行的。非此即彼的选择是不可能发展我们的文化的。因此我想到我今天发言的题目是"和而不同，开创马克思主义与中西文化相结合的新局面"。今天这个会让我想起正好十年前，2001 年在上海举行了一个会，叫"全国马克思主义哲学和西方哲学研讨会"。黄先生和我两个人都参加了，我们两个人没有商量，黄先生的题目是"必须坚持马克思主义"，我的题目是"必须发展马克思主义"。我想那时候的会就是马克思主义哲学和西方哲学"和而不同"的一个会，今天这个会加上中国哲学了，加上中国文化了。我想今天这个会把"和而不同"的局面更加扩大了。所以今天这个会有创意啊！我觉得可能是我们学界的创举。杜先生你可能知道，像这样三个方面的会在中国学界恐怕是第一次，我想今天这个会应该是开创马克思主义、中国文化和西方文化三者相结合新局面的一个盛会，应该是这么样一个会。

大家都知道我是搞西方哲学的，其实我也教过五年的马克思主义。我对中国的哲学也很有兴趣。我将结合我个人思想转变的经历，谈谈怎么把三者相结合。结合的主题就是"和而不同"。"和而不同"大家谈得很多，孔子的话谈得很简单，就是"君子和而不同，小人同而不和"，后面什么解释都没有。这就为后来的人对和而不同留下了很大的解读空间。我想结合中国的《左传》、《国语》还有《论语正义》关于这句话的一些讲解，究其原意。这对我们探讨三者的结合有启发意义。在春秋时期"和"和"同"是热门话题。《左传》里讲晏子批评齐景公臣下时说：皇帝说可，臣子就说可；皇帝说否，臣子就说否；那就是说皇帝说 yes，臣子就说 yes；皇帝说 no，臣子就说 no。臣子们就成了 yes-men。晏子还对这些东西作了解释，譬如说我想喝水，水没什么味道，要加点东西，结果加进来的还是水。"以水济水，谁能食之"，有什么吃头啊？说琴瑟专一，琴瑟都是一个调子，那还有什么音乐啊？他说"和而不同"的"和"的意思就是要不同的东西、不同的因素、不同的观点去否定对方。对对方提的意见，我要提不同的意见来补充你，甚至来纠正你，这个叫做"和"。什么叫做"同"呢？"同"就是随声附和。你说 yes 我说 yes，你说 no 我说 no，这个叫做"同"。所以"同"就是随声附和。所以孔子这句话的意思就是说"不要随声附和"，要用不同的声音补充别人。这才叫做和而不同。他很讨厌小人，他说小人是同而不和，同是随声附和，反正你说什么我就说什么，我随声附和。同就不和了，不和的意思就是不用不和的意见去调和、去协调人家。他的话就是批评小人随声附和。《论语正义》里面对这句话有一段更详细的解释。他说用"利和义"——"君子喻于义，小人喻于利"来解释和而不同。他说："利齿于义"，他说怎么叫做和呢？"和"是来源于义利的利。"同"生于"利"。"同"是从什么来啊？是从"利"生。什么是"义"啊？它说是"各适其宜"，各就各位，各有各的特点，你有你的特点，他有他的特点。咱们百花齐放，大家我也不把你打倒，我也尊重你，不要固执自己，只有我，老子是天下第一，我是唯一正确的，它说"利"是"人之所同欲"也。"利"要吃好的，喝好的，"利"是大家同样都想去争的。所以大家都把利当做地位，就争起来了。所以不和是大家都争利，大家都相同，所以它强调不要总是认为自己的意见是唯一正确的。这样才和而不同。晏子说：君说可，你就说可；君说否，你就说否。照这样的话，大家就一唱一和，一唱一和反倒是同而不和，反倒是孔子说的小人，所以我根据这样的一个基本精神。我想把它运用到今天对于我们怎样对待，我从西方哲学专业出发谈谈我们怎么样对待西方哲学同马克思主义的关系，西方哲学怎么样对待中国哲学的关系。我下面就分这样两个层次来讲。

我先谈谈西方哲学与马克思主义之间的关系。我在新中国刚成立的时候，从 1949 年到 1953 年，这个黄先生都很清楚我的历史。我们都在一个教研室，教"马列主义基础"。你是秘书长，我是一般的教员。课的名字叫"马列主义基础"，实际上教的是《联共党史》。后来我也教过列宁的《哲学笔记》。我算一下，我从 1949 年从南开大学讲起一共讲了五年的马克思主义哲学。1953 年当时都是要听党的话，党组织对我说，你过去搞黑格尔搞西方哲学，你现在还是回到搞西方哲学吧。我有这么一段搞马克思主义哲学的经历。但是在当时的框架之下，不管你搞马克思主义哲学，还是后来我搞西方哲学，反正有一个基调，这个基调就是马克思主义哲学是唯一正确的、唯一科学的哲学。所以我讲西方哲学、讲黑格尔哲学、讲德国古典哲学，研究的原则就是用马克思主义唯一正确的观点来批判一切非马克思主义的东西。

一切非马克思主义的东西是马克思主义产生以前，还是马克思主义产生以后，有一个区别。对马克思主义产生以前的东西，比如黑格尔，有的还留点情面，这就尊重了斯大林所讲的要吸收其中的合理内核。还记得"合理内核"这四个字是我们当时最熟悉的语言。总体来说是批判，但你还有一些合理的内核，那我们就还要吸收。所以对于马克思以前的东西还客气一点。对马克思主义哲学产生以后我们所说的后现代哲学的东西，就是帝国主义反动阶级的东西，那就是反动部落，腐朽的东西，那就是一概骂倒。所以我1953年转到西方哲学以后，就是按着上面——当时是不可能不按这个规定的——框架来讲。所以，就是用马克思主义的东西骂倒一切的过程。改革开放以后，情况有所改变。这几年我耳朵聋了，让我去讲课我一概不去，前几年我经常到南京、上海，去大学里面讲课。我到那里接触了一些人，特别是接触了一些搞马克思主义哲学的人，现在我当然不点他们的名。他们满嘴或者是讲起课来，尽是后现代的东西。什么德里达啊、海德格尔啊、梅洛—庞蒂啊，在头脑里面滚瓜烂熟。我发现他们讲的东西比我这个以西方哲学为专业的人还要熟悉。而且他们在讲的时候不再像以前那样用唯一的马克思主义批倒一切，而是用老话讲吸取其中的"合理内核"，说了很多好话。而且，他们不是在一唱一和了。现在我们都很熟，都是搞马克思主义哲学的有名的教授学者，他们现在学的尽是后现代的东西。我回来还和丰子义教授谈，我说我这次到南京去真是开眼界，我说你们这些搞马克思主义的人比我这个搞西方哲学的人懂得西方哲学的东西还多，他直笑。而且他们不再一唱一和了，都是要强调要有个人的见解，和过去一唱一和的局面完全相反。所以我觉得这样的一个情况是一个非常大的进步，我觉得是非常值得肯定的。我搞西方现代西方哲学，过去认为是帝国主义反动腐朽的。这些东西过去认为是绝对对立的，但是我发现它们确实有很多，至少有一个最重要的不同，我们大家都知道马克思说过哲学要现实化，马克思说这个话的时候是针对西方传统哲学而言的。西方传统哲学，用海德格尔的话来讲，从柏拉图到黑格尔都尊重"超感性的世界"，"Supersensible World"。"sensible"就是感性的东西就是现实的东西。柏拉图主义就是崇奉"Supersensible"，就是超感性的王国。越脱离现实，越讲概念，就越哲学，在黑格尔那里就到了顶峰，到马克思强调哲学要现实化。就是针对柏拉图主义的，就是针对西方概念哲学的脱离现实的传统。那么从这个意义来讲，后现代的西方的所谓后现代哲学其实它们也有一个很重要的特点，就是反对黑格尔主义。就是反对

"Supersensible"的柏拉图主义。从这一点来讲西方现当代哲学和后现代哲学和马克思主义哲学可以说都有同样的历史背景。所以我从这个意义来讲，马克思主义和西方现当代哲学和后现代哲学都同样反对"Supersensible"，反对抽象的概念王国的意识形态，就这一点来讲"本是同根生"，我们过去何必那么样"相煎何太急"啊？我看现在搞马克思主义也不是那样了。我可能用得过分一点，我说后现代和马克思主义就它们都反对"Supersensible"这一点，确实是"本是同根生"，所以这里面确实可以互相吸取。现在已经改变了马克思主义和西方现当代哲学和后现代哲学"同而不和"的局面。随声附和，不能说一点点不同的意见，现在朝"和而不同"的方面在走，我不知道在座的搞马克思主义哲学的人是不是这样来看。所以就这一点来讲，我还是10年前我在上海我和黄先生在对话会上所讲的，还是那句老话，必须发展马克思主义。只有发展才能坚持。当然我今天想再加一句，学会和自己不同意的思想和观点和谐相处。我可以从不同的意见里吸取、启发，得到启发，得到灵感。这是西方哲学和马克思主义哲学之间的关系。

下面我就谈谈西方哲学和中国哲学的关系问题。这个我要稍微谈得多一点。我从小受家庭教育的影响，是靠读《论语》、《孟子》、《史记》这些东西长大的，所以我到今天到此刻对于中国的传统文化，对于杜先生你所专长的东西，我的感情是很深很深，一直到此刻。到大学期间，我原来是学经济的，后来转到学哲学的。后来我的思想转到搞西方了。我搞西方一个是我的书很多文章都讲到了。我在学经济学的时候，贺麟先生开的哲学概论是必修课。贺先生讲辩证法，讲黑格尔，他特别讲中国的"荷出污泥而不染"，我这个人从小爱读陶渊明，清高思想很浓，所以我当时就觉得贺先生讲的"荷出污泥而不染"为我的清高思想提供了哲学的理论根据。他的"荷出污泥而不染"对我特别吸引，再加上贺先生讲课从来不要讲稿，语言又生动，非常吸引人，是他指引我。后来我的毕业论文是搞西方的，搞黑格尔。另外还有一个很重要的原因，这个原因有点很特别。我兴趣转向西方是听冯友兰先生讲中国哲学史的课。冯先生讲中国哲学史，英文很多，但是极具分析的特点。他跟金岳霖先生是好朋友。我后来很大胆跟冯先生开玩笑——当时做学生时看到他道貌岸然，胡子这么长，谁敢跟他随便说话？后来到北大来，成为同事了，随便说说。我说："冯先生您的背后都是金先生的东西。"我说："金先生善分析，你讲中国哲学史，但后面都是新实在论的观点，分析得特别细致。"所以冯先生讲中国哲学史把我的兴趣引向了西方。冯先生的《中国哲学史》旧版本，商务印书馆的，正面的字反面能看得到。现在那个版本还在我的桌子旁边，我都是翻他以前的版本，这是我搞西方哲学的缘由。后来我搞西方哲学几十年，到改革开放以后——现在已经改革开放30年了，我还是搞黑格尔哲学。最近差不多20年甚至超过20年了，我20年来主要的兴趣就是研究中西哲学与文化，如何相结合。我在研究哲学究竟是搞什么的。再就研究中国文化、中国哲学到底向何处发展。文化发展之路到底朝哪里走。这几十年来我考虑的是这两个问题。今天我不可能把20年的东西拿到会场上来讲。我只想集中地谈谈最近三四年以来，或者四五年以来所集中考虑的一个问题。这是我今天要讲的最重点的东西。我觉得中国传统文化思想的一大优点是重群体意识，于是当前大家都为自己所属的那个群体——家庭、家族、民族、国家——群策群力。所以就使这个群体有雄狮般的威力。这从汉武帝用董仲舒策，实行"独尊儒术"思想一元化以后——这种儒家的思想刚才杜先生好像也谈到，已经不是孔子原来的思想，是变调了的孔子的思想——就更显示了中华大一统的威力。所以中华帝国就成了东方的巨人。但有一个隐忧的东西，就是中国传统思想文化过于着重强调混沌部分，过于强调不分人和我，不分人和自然。崇奉那种无我之境或者崇奉那种"忘我之境"。我现在搞点美学，我觉得这种积淀，要说美啊，确实是美，要说玄也确实是玄，但是如果一个人过分沉湎于混沌的天人合一之中，就会产生两种不好的结果。第一，把自我淹没在社会群体之中，缺乏自我个性和主体创造性。每个人都要按照自己隶属的群体来说话、行动和思想，也就是按身份说话。中国人就是太过于讲"身份"了，如果过多地讲个人的东西就显得有失身份，因而必须按隶属的群体中的位置来讲话，这就导致不敢言个人之所言，不敢行个人之所行，不敢思个人之所思。特别是在封建社会中，群体被皇帝或君王所掌握，臣民只能与其一唱一和，谈不上个人的自由、自主。第二，把自我淹没在自然的整体里面，缺乏荀子所讲的"制天命而用之"，或道家所讲的"我命在我不在天"的思想，这些不占主导地位，总体上说缺乏认识自然、征服自然的科学意识。即使孔子讲"多识于鸟兽草木之名"，但也只是一些个别言辞，从整体来讲孔子还是重人伦轻自然。尽管道家或道教有很多可取的因素，但整个传统文化还是以儒家为主导。因此，我主张，要弘扬中国传统文化，就必须吸纳西方传统的以主客二分为基础的西方近代主体性哲学的精神，来伸张主体的独立性和创新性。

西方通过文艺复兴，推翻封建神坛的压制，发现了人，发现了自然。这两大发现使西方人的"自我"能够凸现出来，于是才有了民主自由，有了近代自然科学的发展。而中国没有经过文艺复兴，是忌讳谈论的，所以没有经过启蒙运动。尽管五四运动被称为中国式的文艺复兴，但比西方晚几百年，为时太晚。而且五四精神后来并没有得到真正的传承，特别是"五四"中宣扬的个性解放，作为五四精神中的一个重要内涵，在中国是忌讳谈论的。所以，中国的封建主义长期压制了"自我"，致使我们既缺乏民主自由的思想，又较少有科学创新的精神。当然，我这里说的科学创新，并不是说中国没有重大科学成就，而是缺少类似爱因斯坦相对论那样的重大理论、重大科学创新，即"钱学森之问"。我认为个性解放、自我解放这一环节没有解决是很重要的原因。所以，中国要弘扬中国文化，要做好"补课"的工作。中国传统文化发展史上没有经过自我个体性的精神混乱，一下子就跳到强调无我之境，未免有点早熟。我过去不用"主客"，以避免亦步亦趋西方后尘的嫌疑，所以强调超越自我、超越西方。但是，最近三四年我受朱滢《文化与自我》一书的启发。该书作者对中国当前年轻人思想做了很多调查和仪器实验，结论是西方人的"自我"是独立型自我（dependent-self），中国人的"自我"是关系型自我（interdependent-self），没有独立型自我，北大学子也不例外。因此，现在提出超越自我可能太早了，我们还要"补课"。但是，不能亦步亦趋，不能把自我淹没在社会群体和自然整体里面，伟大的科学认识不可能从传统自我观里产生。传统自我观对社会的进步、人民的民主自由和自然科学的发展都会起阻碍作用。我们需要用西方主体性哲学，用主客二分的思想来冲击一下我们的传统。19世纪中期、鸦片战争以后，西方流行一种说法——中国是一头东方睡狮，一旦惊醒会震撼世界。我认为东方巨人之所以会被称为东方睡狮就是在于缺乏自我觉醒、个性解放这个环节。每个人如果都沉溺于、陶醉于无我之境的梦想里面，巨人就会成为睡狮，所以鸦片战争以来清王朝会节节败退。睡狮的觉醒要靠自我觉醒和个性解放。中华传统文化如果加上这一条，会对世界是一个震撼。

中华思想文化史上追寻自我觉醒、个性解放的特立独行之士也比比皆是：先秦的屈原、汉代的司马迁、魏晋的嵇康和陶渊明一直到明代末年的李贽，都是一些在封建社会统治的长夜中闪耀的明星。但是，他们为了独立自我、为了个性付出了沉重的代价：或者自投江河，或者遭到残杀，或者身陷图圄以致自杀，或者归隐田园。所以，如果说西方因为实现自我和个性解放比我们早几百年，所以他们自我实现的历程显得神采飞扬。自我不断克服对立面，最终成为绝对主体，所以黑格尔的绝对主体才显得尤为自负。那么，中国人实现自我的历史显得艰难、悲壮、惨烈。

当然，我讲西方的主体性哲学和自我独创精神，绝不是全盘照搬。西方传统文化的缺点，或者说流弊，就是自我中心主义。西方人自己，如莱维拉斯就批判整个西方传统文化是自我霸权主义。他主张借上帝的彼岸性的他信来显示他人的神圣性。他用超验的上帝作为尊重他人的本体论根据。也就是说，莱维拉斯想用尊重他人的思想来代替西方传统的自我霸权思想，这是西方人对自己的文化传统进行自我批判的一个很好的例子。我赞成莱维拉斯尊重他人独立型的观点，但不赞成他宣扬的超验的彼岸性的上帝。有人也因此指责其有乌托邦之嫌。我认为马克思主义和中国哲学最基本的一点就是更现实。所以，要在中国传统的天人合一、万物一体的思想基础之上，吸收西方传统的主客二分、彼此分明的自我独创的思想因素，来建立我所谓万物不同而相通的新的万物一体观。在这个不同而又相通的整体里面，一方面，我们承认彼此的不同，这样就可以肯定每一个独立自我的独立自由；另一方面，我们又承认彼此相通，这样就肯定人和我之间是相通的、是相互支持的。这样就可以对他人富有责任感，尊重他人，而中国人正是缺乏这样一种责任感。这样一来，所谓尊重他人也就是尊重个人的独自的自我性，也就是尊重他人的自我的独立自由。孔子讲的仁者爱人的仁德，是孔子儒家文化的核心，也是儒家文化对中国传统文化最大的贡献。我在此讲"爱人"进一步解读为尊重他人的自我。只有这样，孔子的"仁者爱人"的伟大的理想才能梦想成真、得以实现。也许只有孔子所讲的"为仁由己"、"为学为己"、"和而不同"的思想实现之日，才是东方睡狮完全清醒、震撼世界之时。

以上就是我近些年来对如何发展马克思主义和西方哲学、如何结合中国哲学和西方哲学的一些考虑和构想，只是抛砖引玉，希望在座的学者们指正，谢谢！

杨　河：在座的学员有一些问题想向三位先生请教。第一个问题是问杜先生的，清末中国知识界提出"中体西用"，出现了中西古今之争。今天我们是否应该走出中西古今之争，而走向中西古今融合？如果是这样，有两个问题，一是我们是否能够走出中西古今之争？第二，我们如何能够走出中西古今之争？我们能不能在中西马之间融合，把三者连接到一块？

杜维明： 非常感谢，非常全面。这是一个课题，我能够回应的只是现在的一个基本的构想。听了两位先生——张先生和黄先生——的话，我有很大的启发。我有一些深刻的体验，和你刚才提的问题应该有一些关系。文化的发展其实也是创新。我觉得张岱年先生所说的综合创新，也就是我们今天所考虑的问题。

刚才张先生提到董仲舒，他用的是"变调的"，但是有没有可能性，就是从董仲舒变调到宋明儒学？特别是程颢、程颐，这之前还有周敦颐，再经过朱熹，经过陆象山，经过王阳明，所谓的变调在什么地方，也是发展。它的发展的过程一方面是回归过去，大家听到孔子所说的"为己之学"，"古之学者为己"这个观念是建立一个人人格的基础。所以我认为，儒家所谓的个人是一个关系网络的中心点。很可能经过一段时间我们过分地注重关系网络，而在它的中心点方面却有缺失。但如果要回到孔孟时代，孔孟所代表的是独立人格，特别是孟子、"浩然之气"、"养天地之正气"。后来宋明理学讲"仁者与天地为一体"。仁者通过修身但不仅是个人修养的问题，还有社会实践，实践就是经世济民。社会实践的方面我觉得和马克思的基本论点有相同之处。我们的哲学不是要反映和研究客观现象的，我们的哲学是改变客观现实的。用佛家的话来讲就是"转世"而不为"世转"。儒家是实践哲学，而且其实践哲学后面还有很深刻的宇宙论，还有很深刻的人生观，还有很深刻的方法论，乃至有终极关怀。如果仅是实践，没有后面支撑的一大套宇宙论的话，还可能不够。"和"的必要条件是"异"。"和"的对立面是"同一"。从"和"与"异"来看，中国的思想基本上和西方发展明确的"心物二分"、"神圣凡俗二分"、"客观主观二分"、"灵和肉二分"不同，而走的是另外一条路。张先生讲模糊性——天人模糊、人与自然的模糊以及人和社会的模糊，这过分强调人作为关系网络的中心点。儒家没有发展出"自我"、"为己"之学。正因为他有强烈的共性，到最后发展的东林（指东林党）所体现的就是个人风骨。个人风骨如果完全从屈原、从陶渊明、从嵇康、从李贽来看恐怕是不够的，因为从孟子、从荀子、从贾谊甚至董仲舒——董仲舒讲的天人相应，他不是为政权找借口，而是对它有所批判——加上朱熹、王阳明大的主流，加上明末清初的王夫之、顾炎武、黄宗羲这些人物都体现了个人，他的自我在很多地方是深刻的存在的感受，自我和思我是完全一体的。在这种框架下，有没有可能提出来——这也许有点傲慢——

就是除了向西方学习，要补课之外，要注意保存我们的核心价值？因为我们不可能再经过文艺复兴、经过启蒙、经过资本主义的发展、经过工业革命。

我们现在所提的超越有很深的价值，所谓超越的意思呢，第一，要对西方学术的核心价值要作进一步的发展。我认为，五四时期，先提出自由与人权，后来提出科学与民主，中间有变化。严复提出了自由为"体"民主为"用"。"体用"观念的出现我是认为不行的。因为张之洞提这个问题的时候，他有一种综合的思想，不是综合创新的思想，而是一种综合、折中的思想。因此严复就讲得非常明确，如果你说有体而无用，就是有空泛的理论，有用而无体就是有实践没有更深刻的价值。所以，牛头不能对马嘴，所以体用必须照顾好。面对传统，面对西方，第一对传统的严厉批判一定要继续。现在社会上很多大问题，不能说是市场经济的冲突，也是在中华民族心灵栖息的阴暗面，也就是鲁迅、胡适所批判的阴暗面，必须要进行批判，力度要更大，内容要更深刻。但同时我们必须发扬我们文化中的核心价值，如果只批判不继承不发扬，你的认同是扩散的。如果只继承不批判，那很明显也是行不通的，要继承也要批判，这两个过程是有机的。刚才张先生所提到的西方一些大的思潮，不管是解构主义、后现代主义、女性主义、环保主义、社群主义、共和主义，都是对西方启蒙严重的批判。哈贝马斯是一个特例，他认为启蒙的计划还没有完成。我和哈贝马斯有很多对话，我不赞同他的说法，他的说法——继承是不一定有综合创新的继承。对传统既要了解又要批判，对西方既有引进也有排拒。引进和排拒的依据不是拿来主义。拿来主义根本拿不来。要走上西方的所谓的科学主义。要真正了解西方的所谓的科学精神。科学精神很明显就是马克思主义所处的时代，是 19 世纪实证主义者所代表的科学和 20 世纪初期所代表的科学有机地结合。和我们今天所碰到的科学是完全割裂的。张先生提到，我们现在的研究，认知研究，很多人放弃了物质层面的东西，放弃了一种机械的唯物主义。科学已经不走理性和傲慢的路子。你越知道得多，你不知道的更多。也许我们永远也走不出不知道。在这样一个氛围下，如何做人，如何做科学家有一个新的认识。有这样一种认识是：面对西方，你如何能够排拒，如何能够从批判来了解西方，那你的传统资源要厚重。所以这四个问题，对传统的批评和对传统的承继和对西方的排拒和西方的继承必须要有机，假如你不了解自己的文化传统，对西方的继承一定是急功近利；如果你对西方只是从肤浅的程度来理解，对传统文化中深刻的东西也是无法继承的。今天中西文明、中国和美国之间需要的是一种文明核心价值的对话。对话和武力和抗争和斗争有很大不一样，因为对话的最基本条件是容忍，对对方要尊重。非洲有句话叫做："I am because you are."正因为有你才有我，我的存在是因为你的存在，也就是中国人所讲的"恕道"。在这个基础上，才可以互相尊重，互相学习，互相参照，乃至把"义"当成人类文明发展的核心，多元成为一个主流。李泽厚所说的"西体中用"，这不是开玩笑的。"西体"的意思是，我们现在的生活世界大部分是西方的，能不能把中国的传统观念"修身养性"当成现代生活方式中最关键的东西为人接受？我认为，综合创新乃是张先生的"超越"。超越的意思就是一方面对对方充分地了解，但这个同情的理解要建构在一个批判的认识乃至进一步发展的基础上。在这样一个背景之下，我觉得马克思主义的发展可以掌握很多很多资源，也是中西古今。古，刚刚黄教授说过了，就是能够发展出来的，发生学意义上的历史的机缘。对现代西方的文化要中国化。对现代的发展，不管是左派还是其他，像各种刚刚提到的，特别是尼采的思想，马克思和基督教的思想等，都要广泛吸收。受到犹太思想影响的大思想家，包括爱因斯坦、弗洛伊德，包括很多重要的思想家、企业家。现在对于轴心时代的大文明，包括犹太教、基督教、伊斯兰教，佛教，儒家，我们不是要简单地回归，而是都要研究。面对后现代各种批判的理论都要进行回应，在此基础上讨论 21 世纪中国哲学、儒家哲学，中国马克思主义。

我认为这场讨论很有意义，黄先生年近 90 了，丹尼尔·贝尔这样说他自己：对我来讲，我在经济层面坚持社会主义，我希望经济能够平等能够向边缘化、穷困的人倾斜，所以我是经济意义上的马克思主义者，或者是社会主义者。在政治上，我是自由主义者，我要突出人权，我要突出言论自由。但是在文化上，我是一个强烈的保守主义者，因为我是一个坚信犹太教的知识分子。我觉得有没有这种可能性，就是自由主义、市场经济所提出的价值地进一步发展，有法律、人权、责任这些观念？在社会主义中能够向疾苦大众倾斜，使我们的贫富不均、城乡之间的矛盾有所缓解；而儒家文化所代表的几千年的文化在塑造今天中华民族的文化中国的认同，而这种认同必须是开放的，必须是多元的，也必须有长期的自我反思、自我理解和自我批判。

杨 河：谢谢，下面有问题请教黄先生，有这样一个问题：黄先生刚刚提出说马克思主义哲学的特征是科学性和实践性。西方文化和中国传统文化有没有科学性的因素？如果没有，那么马克思主义与西方文化和中国文化是什么样的关系？如果有，这种科学性，是不是就是普世价值？如果是普世价值，那么这种普世价值是不是中国哲学、西方哲学和马克思对话交流构成的基础？

黄枬森：我说马克思主义哲学是实践性和科学性，但是恐怕不能反过来讲，不能说中西哲学就没有实践性和科学性。科学性这个问题我刚才也谈了，恐怕任何哲学都有一定的科学性，所以我也做了解释，就是马克思主义哲学是一门科学，我的意思不是说中西哲学就没有科学性。实践性也是这样，就是马克思主义把实践作为文化思想的基础。那么在过去没有这样讲实践。我们一般讲实践是基础，包含它是发生的根源、它是检验方法、它是发展的源泉等等，这一套理论过去确实没有。至于说到中西哲学和马克思主义哲学它们有没有共同之处——我想普世价值就指的是这个东西，当然有。如果没有共同之处，马克思主义哲学也就不可能以中西哲学作为它的思想源泉。

那么这个问题我想多说几句。刚才杜先生、张先生都谈到了中西文化的比较问题。比较就要谈统一。所以这个统一，我最近老是在这琢磨，是个很有意思的问题，而且也是个很根本的问题。对统一必须以辩证法来理解，把它理解成一种辩证关系。但是我们在实际生活中不是从辩证法的角度来理解统一，往往加以分裂。刚才张先生谈到"和而不同"。"和而不同"的问题实际上就是统一的问题。我今天还在这里琢磨，我想孔子这个话，从字面上讲，严格地从它字句来理解，这个话是不准确的，或者说，有片面性。他把同给简单化了，试想，如果没有"同"作为条件，"和"怎么可能。譬如说各种调料配合起来可以达到一种美味，一种很和谐的味道。但是如果这些调料没有共同性，至少它们都是调料，都是对人有益的一些调料，没有这个共同之处，它怎么能够和。又譬如说五音是不同的，但是它也可以协调起来形成美妙的声音。但是如果没有共同之处，它怎么可能协调起来。所以我觉得孔子的话"和而不同"，把同完全否定了，不正确。所以各种解释——大家看《论语集注》——都没有把"不同"解释成孔子完全否定"同"。

我们过去经常讲两个关系，在新中国成立初期，我们"求同存异"和"和而不同"这两句话是不是矛盾的。我觉得有些同志对这个词句太不注意了。甚至在他的文章里面这两句话同时讲。所以我经常想应该是有同有异。

"求同"不一定是"存异"。"存异"是一个比较低级的阶段，"存异"的意思就是说，我们不要敌对，我们的差异要暴露起来，那么这个是不够的。后来我们不但是存异了，而且要合作。合作就达到一定的和了。合作怎么才能做到合作，就要协调，要协调差异。和谐怎么才能达到？仅仅和而不同怎么达到和呢？我认为应当是"有同有异"。"同"跟"异"是不可分割的。"有同必有异"，"有异必有同"。有的是"大同小异"，有的是"大异小同"。不可能只是同没有异，或者只有异没有同。所以有同有异、求同调异。调异就是协调差异。协调也不是说机械地每样都一样。有的多一点，有的少一点，要协调。求同，有一个共同的地方，有一个共同的利益。没有共同的利益就谈不上协调。求同调异，达致和谐。和谐是这么得到的，要协调这个差异。要从公共利益出发，协调彼此之间的差异，才能达到一定的和谐。所以我觉得同异的辩证法啊，真有意思，值得仔细地琢磨。谈到中西文化，或者中西哲学，不可能是两种完全不同的文化，或者两种完全不同的哲学。不是，不可能有这种哲学，也不可能有这种文化。中西文化有很多共同的地方，我们一定要去寻求这种共同的地方。当然它们有很大的差异。中西哲学、马克思主义哲学也是如此，有共同的东西。现今的所谓共同价值、普世价值争论得很热了。我没写过文章，我为什么没写文章呢？我认为这个问题跟政治结合起来了。那么要写理论文章就不好写。你不能否定普世价值，怎么没有普世价值呢？没有普世价值就是说，有哪种东西没有共同性。所以普世价值就是共同性嘛，普遍性。我们有很多概念指的就是普世价值。但是不能以某种特殊的形态来冒充说我这个就是普世价值。美国的民主制度里面有没有普世价值的内容？我认为应该承认，它当然有普世价值。但是你说美国的民主制度就是普世价值，美国的宪法就是普世价值，那就错了。里面有一定的普世价值的内容？但是整个东西不是普世价值。中国也是这样。中国特色社会主义，里面有没有普世价值？我认为有普世价值。但是你说中国特色社会主义就是普世价值，这恐怕也不能这么说。正是因为这个道理，所以马克思主义特别强调要跟实践相结合，要对具体情况作具体分析。这就是因为它有普遍性，还有特殊性。你不能把普遍性和特殊性混淆起来。也不能把它割裂开来。你譬如说中西文化，如果说中国文化，有的时候或有些事情上面强调天人合一。西方文化在有些事情上面，有些地方有些时候强调主客二分。我认为这是可以的，确实有这种情况，它偏重不一样。但你不能说中国文化是天人合一的文化，西方文化是天人相分的文化。不能这么说。它西方啊，发展也多少万年了，发展到现在，没有天人合一行吗？没有主观和客观的一致行吗？不行的。我们中华民族在这块土地上也是繁荣发展了几万年，几千年，现在我追上去了，你说我们不主客二分行吗？不把我同这个世界在一定意义下对立起来，来处理许多问题行吗？所以这个问题说到底就是"同"与"异"的问题。这个"同"与"异"的问题确实应该很好地来处理。我不知道是否回答了对我提出的问题。我认为中西哲学、马克思主义哲学当然有共同的东西，有普世价值。马克思主义哲学本来就是一种西方哲学，是从西方哲学继承下来的，但它作了改变。我扯得比较远，比较乱，不一定对。

杨　河：黄先生从哲学角度讲了文化的特性。实际上讲了中西马对话、交流的方法、责任与思考。刚才黄先生讲到天人合一和主客二分的问题。下面大家提的问题刚好提到这个问题，这是请教张先生的。这个问题问的是：天人合一和主客二分在中西文化中的差异是思维方法的差异还是人生境界的差异？

张世英：实际上中国人讲的天人合一讲的是思想境界。西方人讲的主客二分即 subject or object 是一种思维方式。中国人对"天"有各种不同的解释。"天"在中国传统文化中不是上帝的意思。冯友兰说中国人的"天"在孟子那里是"仁义道德"的意义。有的时候是主宰，有的时候是指自然。我有时候把它理解为自然。我把它混起来讲。中国人讲的天人合一，我觉得还是从本体论的角度，从人生的境界角度来讲，叫天人合一。那么西方讲主客二分，这只是个思维方式。主体是主体，客体是客体，二分就是说我作为主的话呢，我要认识客体，征服客体，是要把客体当成我的对象，就是要对象化。中国人讲的天人合一没有对象化的思想。就是把别人，不管是物也好，人也好，我不是把你当做我的对象。把两个混合在一起，这是一种境界或者本体论，但里面也包含着一种思维方式，就是总是两个混在一起就跟主客二分有些对立，所以我把它并列在一起。实际上我觉得有点不伦不类，这是带有比喻性质的。有人问，你总是突出自我的创造性，这怎么与群体相结合？要是把个人极端化不得了，要造反，你总是强调独立自我。我觉得他把两个名词混淆了。西方有两个自我，一个叫做individualism，一个叫做 egoism。我讲的是 individualism，强调个体的独立性、创造性。egoism 是自私自利。所以我强调独立创造性，你这个独立创造性是为群体服务啊，还是为你个人服务。如果从个人主义出发，从egoism 出发，我想把全世界都炸毁，唯我独尊，那是 egoism 的东西。

egoism 和群体是互相矛盾的。如果讲 individualism 是强调个人的独立创造性，独立创造我也说为了集体的福利，这两个就没有矛盾。当然这里面有一个关键，群体是很容易被个人所掌握的，一旦这个群体被一个不好的，用过去的话说反动、腐朽的或者说被封建帝王所掌握，那就容易一唱一和，这个社会就越来越容易走向不进步，走向反面。如果这个群体被一个进步的势力所掌握，那这样，这个社会就走向进步。所以有人问我，你讲的自我和群体的关系是什么，我顺便把这个关系重说一遍。

研讨班学员： 中西马问题是具有中国特色的问题。因为在新中国成立后的60多年的发展中，中西马互相批判。三者之间的相互批判和相互对话，对我们今天文化的创造、文化的发展具有什么样的方法论的启示和意义？谢谢。

黄枬森： 这种方式我觉得很好。现在搞西方哲学的人不提马克思主义哲学，搞中国哲学的人很多也不提马克思主义哲学，搞马克思主义哲学不懂中西哲学。所以现在有这种机会大家来研究互相之间的关系，来谈谈相互之间的看法，我觉得是非常好的。我给张先生提过一个问题，说："你有没有时间系统地回答一下研究西方哲学，就是当代西方哲学对于丰富和发展马克思主义哲学究竟有些什么好处？" 马克思主义哲学的创新需要西方哲学来丰富一下。中西哲学对马克思主义哲学的创新究竟有什么好处？像这种方式我是非常赞成的。但可惜咱们几个人坐在台子上，也不能真正形成对话、交流、彼此交锋。所以我希望如果有一个相对合适的场合，人不是太多，彼此真正地交流，我觉得是非常需要的。

谢　龙： 我理解杜先生把传统文化跟现实层面的文化传统——当然这里有联系，我们全球多元文化的融通能不能讲他们的可融通性跟他们的差异性共同强化，在发展当中共同强化。因为通过融通我们要发掘传统精华，要在此基础上发展中华文化。中华文化很主要的精神能不能理解成为嵇康精神，能不能理解成为宽容精神？黄先生刚刚讲的很有启发，就是马克思主义哲学也源自西方。那么现代西方哲学能不能说有共同的人文社会观，共同的人文历史观。这个共同的人文历史观我不一一说了，从各个不同的层面来强调，有的从知情意、从真善美、从各个不同的层面来弘扬这个东西啊。再就是马克思主义历史观在一定意义上，能不能说它共同地为这个问题奠定基础，有它的理论上的优势，就是在一定意义上，不是说就这样定性，它是共同的现代西方的人文历史观。这样就有利于多元文化的融通，在多元文化融通当中来发挥马克思主义历史观的理论优势。

杜维明：非常谢谢你的问题。经济全球化是一个同质化的过程。但文化的全球化同时加强了区域化和地方化，所以我接受你的观点，就是现代就碰到文化多样性的时代——越全球化，越多样化。另外你提到我们的文化传统，不管你属于西方、马克思还是中国，我们今天中华民族知识分子的文化传统，这中间积累了西方文化的因素，包括启蒙的因素。假如没有这些因素，我们今天的对话没有可能。像经济、社会、文化、宗教这些是外来语——经济不是经世济民，经济是 Economics；社会不是原来的社稷，而是 sociology。正因为我们的文化传统是中国的，而今天西方的因素特别强，所以传统文化有一些形象的说法，有些在今天看起来不太正确，有的时候成为一种遥远的回响。传统文化重新振兴或者复兴，或者重新挖掘它的资源，是一个非常艰巨的过程。这个工作绝对不能靠极少数的从事中国哲学的人来做，所有的知识分子都应该关切这一课题。所以我觉得很荣幸和从事西方哲学和马克思主义哲学的学者对话。现代中国文化的内容比较丰富，另外一般说在文化中国的广义的意义上，儒家传统是最重要的，但是我认为历史的发展并不如此，有的时候，佛家、道家更重要。但是我们不管把文化中国的范围多扩展，我们没有办法包容儒家。因为儒家也是日本的、朝鲜的、越南的及海外华人的。您刚才讲的融合的问题，有没有融合的可能性？有。有一种人文精神在重新浮现。刚刚这个问题提问黄教授，中西马有没有共同性？能不能互相融合？我觉得这中间有没有共同性，那就靠我们的努力，靠我们的研究，靠我们的选择发展。但是现在人类文明所碰到的重大课题（重大课题就是 21 世纪的重大课题），使得我们既有差异性又必须面对这些大的问题。大的问题包括生态环保的问题、社会解体的问题、核战危险的问题乃至贫富不均等，很多大的问题。这些问题，马克思主义怎样来应对，西方哲学怎样来对应，中国文化怎样来对应，或者儒学要怎么样对应？这个中间绝对有交集。不可能面对同样问题的挑战，虽然有不同的方法的多样性，但绝对有同的那一面，不能全是异。另外我是觉得最近讨论这个问题，正因为这些大的挑战，世界上所有的问题，不仅包括中西马，特别是这种不同的所谓精神文明、宗教文明都在转型。在基督教看来，我们不可能在未来的天国中让现在恺撒的世界即本来是凡俗的世界朝向未来。佛教徒不能说我们是彼岸，我们是净土，现在本来就是红尘嘛。马克思和儒家的长处就是面对现实生活。面对人类现在所碰到的具体问题。马克思主义特别是我所了解的早期的马克思有相当强的人文关怀。这种人文关怀或者存在主义人文关怀不仅要改变现实，实际上是使现实更合理、更合情、更人文化。在这样一个大的背景之下，西方为什么出现了后现代、解构主义、女性主义、生态环保主义？也是因为光凭启蒙的资源已经不足于使西方走出困境。现在我觉得有一个很有趣的课题，所有的普世价值如果来自西方，包括人权和各种东西，是不够的。因为还有很多东西西方不太重视。譬如说责任伦理的问题、同情慈悲的问题，还有很多我们讲的亚洲价值，扎根在亚洲的普世价值。所有的文明都要进来，不管是轴心文明或者马克思或者是主要的西方文明乃至儒家文明，还是世界各地方的原住民的文明，比如现在在中国有50多个少数民族，我们对这些少数民族所创造的资源，我们把它们当成我们文明的可以参照的，还是过时的、迷信的、封建的，我们要彻底地改造以使他们能够现代化的？我有一个深刻的感觉，譬如宗教，21世纪我们了解宗教除了现代和历史的对话，还有一个就是科学和宗教的对话。宗教我们现在的了解跟以前的孔德所谓迷信的宗教完全变了。美国的50%以上的人星期天是进教堂的，即使在德国、法国、意大利，宗教退潮了，但宗教的影响力依然非常的大。梵蒂冈是世界上最不民主的，等级主义、权威主义和男性中心主义最强，但在世界上的影响超出一亿人。东正教也有这一现象。所以我们应当怎样了解这一现象？如果用经济来诱惑，不会有很大的效果；如果有政治的压力，也不会有很大的效果。甚至用军事的镇压也没有很大的效果。罗马帝国，那样了不起的大帝国，基督教根本没有什么影响力，结果罗马帝国崩溃。所以在21世纪这种软性的力量，你刚刚提到这种软性的力量，当然还有精神的价值，这些怎么样带动起来？我想马克思有深刻的人文关怀。西方思潮中间错综复杂，但现在人文关怀刚刚我提的那几个思潮，都非常突出。那么中国的哲学思想不管是道家、儒家这方面的人文关怀，精神的关怀非常强。所以正是因为我们碰到同样的问题，就是人的存活问题，不管是马克思还是西哲、中哲都需要面对。那么我们中间会找到相对的互相和谐的地方。有一个情况，中华民族特别中国大陆现在所碰到的，当然包括意识形态所碰到的情况是非常特殊的情况。因为特殊的情况，所以马克思、西哲和中哲的对话变得更重要，甚至更严峻。我完全赞成黄先生的意见，我们对话本身有非常深刻的现实意义。

谢　龙： 听了杜先生讲话以后，我认为对文化应当广义的理解，不能离开现实的人，不能离开现实的人的人性、人品和人格。要离开这个东西呢，就停滞于典籍了，这一点启发很大。并且多元文化的融通，并不是说多元文化消失，多元文化跟各自的传统相联系，在这个基础上，以不同的道路走向现代化，要解决的具体问题不同，但主题相同的，所以普世价值应当表现在共同的主题上，在这一点上，我们应当承认普世价值。当然问题可能多种多样，但总的现代化有共同之处，共同的主题。在这一点上要承认普世价值。否则的话，抹杀了共同的主题，那就抹杀了全球化，跟现实不相符合。

杨　河：谢谢老师。好，由于时间关系我们提问先到这里。今天讨论的话题很有意义。我想有一些共识还是存在的。第一，文化选择和文化发展是一个大问题。我们对这一问题的思考已经一百多年的时间了。在全球化时代出现这一问题可能有特殊的意义。因为它涉及我们的文化自觉、文化自省和文化自强。这包括我们民族生存和发展最根本性的问题。第二，大家都认识到文化选择和文化发展要尊重历史、面向世界、面向未来、面向现代化，是一个开放性的话题。第三，文化选择和文化发展既有立场问题也有方法问题。文化选择的主体是我们自己，是中华民族。我们关注我们的精神家园和历史文明，在长期的历史发展中，特别是中国近现代历史的剧变中，中国传统文化、西方文化和马克思主义已经成为中国文化选择和发展的共同在场。所谓多元一体，多样共存，在这样一个情况下面，我们在学术层面上探讨文化选择和文化发展问题。应该看到，中国传统文化、西方文化和马克思主义各自具有自己相对独立的来源、志趣和视野。同时它们每一方又不足以单方面提供中国当代文化建设的唯一资源和最终答案。中国文化发展的现实又不能离开任何一方。对世界重大问题的回答也不能离开任何一方，这就产生了一个内在要求：这个内在要求就是希望中国传统文化、西方文化和马克思主义在中国的共同在场，都要自己超越自己，包容对方，采纳对方，在此基础上构建以马克思主义为指导的、开放的、和而不同的中国特色社会主义文化的新形态，我想这也是我们这次论坛里面大家基本上可以共同感觉到和体会到的东西。再次感谢三位老前辈，感谢出席今天论坛的老师和同学们，谢谢大家。

（编辑：孙熙国）

中国哲学探源

北大中国文化研究

（第1辑）

"德"的哲学抽象历程与中国古代哲学的发展

孙熙国　肖　雁

　　摘　要："德"是一个早于"道"而出现的关乎中国哲学全貌的范畴。研究中国哲学，应当把"德"作为一个重要的范畴来看待。"德"的本义是"目视于途"，"择路而行"。这一含义稍加引申，即为"直行"、"升"、"登"，再引申即为"得"，"性"（德性）。"德"由其本义逐步向哲学和伦理概念的提升和抽象过程，是从《易经》开始的。《易经》中的"德"字大致是在三种含义上使用的。一是把"德"释为"升也"、"登也"，二是把"德"释为"得"，三是在哲学和伦理的层面上使用"德"。这三种含义的"德"，其抽象程度依次升高，离"德"的本义也越来越远。"天德"、"元德"、"德元"等范畴在《尚书》中的出现和《尚书》作者对"三德"、"九德"的阐释，表明"德"作为最高哲学本体范畴的地位已经确立。"德"由其本义向哲学范畴的抽象和提升过程及其在这一过程中确立的思想内涵对中国古代哲学的发展产生了重大影响，形成了中国哲学知"道"、成"道"、行"道"三个环节相统一的认识和把握世界的基本格局。

　　关键词：德的本义　目视于途　升也　天德　宇宙本体

　　作者简介：孙熙国，哲学博士，北京大学马克思主义学院教授、党委书记，北京大学中国文化发展研究中心主任（北京，100871）。

　　肖雁，哲学博士，中国社会科学院世界宗教研究所副研究员（北京，100732）。

"德"是中国哲学的一个重要范畴。许慎《说文解字》训德："德，升也。从彳德声。"段玉裁注释说："升当作登。辵部曰：迁，登也。此当同之。"升和登，都是表示前行或上行的一个行为动词。但是，长期以来，人们困惑不已的是："升"是不是德的本义？"升"这一表示事物动作行为的意蕴，与后人所讲的道德、德性、德行之间究竟是什么样的关系？或者说，"德"是如何从"升"这一含义中不断地演变、抽象和上升成为一个哲学和伦理范畴的？循此思路进行考察，我们将会发现"德"的抽象和"德"的秘密，发现"德"这一范畴在中国哲学思维的行程中，尤其是在中国哲学早期的发展过程中，究竟扮演了什么样的角色，发挥了什么样的作用。

一 "德"的本义——"目视于途"

"德"是一个早于"道"而出现的关乎中国哲学全貌的重要概念。从现有的文献来看，德的出现应该早于"道"字。

迄今为止，在甲骨文中还没有发现"道"字，但"德"在甲骨文中已经出现了许多写法。《甲骨文字集释》收录了 15 种写法，《甲骨文编》收录了 20 种写法。现在我们见到的最早的"道"字，出现在西周早期的"貉子卣"里面。《金文诂林》收入了"道"的 9 种不同的写法，《金文编》的收录同《金文诂林》。但"德"就不同了，《金文诂林》和《金文编》所收"德"的不同写法，要远远多于"道"字。《金文诂林》收入了德的 23 种不同的写法，《金文编》收入的"德"字则高达 35 种之多。由此，我们可以想见"德"在周人的社会生活中的重要位置。

在殷商时期，如此众多的"德"的不同写法的大量出现，表明"德"在这一时期已被不同地域的人广泛运用，表明"德"是殷人生产和生活中的一个重要概念。杨荣国认为，殷人维护其统治的"中心骨干的东西"有两个，"一个是作为内心修养的'德'，另一个就是作为规范行为的'礼'"[①]。《尚书·盘庚》是公认的反映商代社会生活的篇章，在这一篇中盘庚多次谈到"德"。他说："非予自荒兹德"，"予亦不敢动用非德"，"式敷民德，永肩一身"。意谓我并没有荒弃先祖的德行，我也不敢做非德

---

① 杨荣国：《中国古代思想史》，人民出版社，1954，第 8 页。

之事，我应该做的事情是广布民德，天下同心。由此不难看到，"德"之于殷人的重要意义。但这里的所说的"德"，是在伦理意义上使用的，即今日所谓"道德"。"道德"之"德"早已不是德的本义，而是后起的引申义。

那么德的本义究竟是什么呢？

根据我们的考察，"德"字在甲骨文和金文中是一个表示方向性和行为动作的概念，其义为"目视于途"，"择路而行"，"得正视乃从而行之"，故还不具有伦理的意义，至于政治学与哲学的含义，当然也就无从谈起了。但是，随着人类思维的抽象水平的不断提高和人类征服与改造物质世界能力的增强，"德"字才逐渐有了伦理、政治和哲学的内涵。

从字形来看，甲骨文中的"德"由两部分构成，即"彳"和"直"，隶定为"徝"。在甲骨文中，直字有时放在行的中间，如甲2304记载的写法为行中间夹一个"直"字，即"衜"；直字有时会放到行的左边，如乙375、粹114等，即"徝"；有时会放到行的右边，如河579、铁163、2等，即"徝"。但"行"与"直"构成左右结构时，不管"直"字在左还是在右，行字都省去一边。"直"在左，行字即省去左偏旁"彳"；"直"在右，"行"字即省去右偏旁"亍"。

甲骨文中"德"的初义主要是由"直"决定的。"直"昭示了"德"所具有的"升"、"登"的方向性，昭示出"目视于途"、"择路而行"时，该如何视、如何行。"升也"、"登也"是表示"行"的方向性。正是这一点，构成了"德"在后来的演变和发展过程中能够上升和抽象称为一个哲学和伦理范畴的根本原因。

甲骨文中既有直字，又有德字，二者的区别在于有无"彳"偏旁。"德"字的写法是在"直"的左边或右边加一"彳"偏旁。这一现象表明，"直"和"德"之间存在着重要的关联。基于此，有学者进一步说，"直"就是"德"。康殷先生说："德直，意同，古为一字。"[①] 杨荣国先生说："德在卜辞中是作'徝'，没有加上底'心'。没有加上底'心'，从今日来说，就是'直'字，不是'德'字，但在当时说来，'直'即是'德'，就是'德'字。"[②] "直"和"德"的关系虽未必如康、杨所说，就是一个字，

---

① 康殷：《文字源流浅说·释例篇》，荣宝斋，1979。

② 杨荣国：《中国古代思想史》，人民出版社，1973，第9页。

但二者之间的密不可分的意义关联则是确定无疑的。

彳，就是行。《尔雅·释宫》云："行，道也。"罗振玉《殷墟书契考释》解释说：行，"象四达之衢，人之所行也"。直之本义应为"目视于途"，于省吾《甲骨文字诂林》说："（直），卜辞多用为动词"①，是颇有道理的。《说文解字》解释说："正见也，从十目。"甲骨文中的"德"字只从"一目"，只是到了金文中"德"字才逐渐演变为"十目"（注："十目"和"一目"的含义是一样的）。"直"的字形是目上一竖，目之所视犹如直线一般，由此取义，乃为正见也。张日升认为："直字象目前有物象，目注视物象，则目与物象成一直线，故得直义。物象以一竖表之，处目之上作直者，非谓物象在目上，乃谓在目之正前也。说文训直为正见，即此之谓也。"② 由此不难看出，"直"之本义应为"目视也"，但它包含着视的方向是"正"、"前"。

从字形看，甲骨文中的"德"字，取象于"目视于途"，目视为直。窃谓古人在思考"道"和"德"这两个概念时，以人行于途谓之道（"行"即"途"），目视于途（"行"）谓之德。我们认为，甲骨文中"德"的初义主要是由"直"决定的。"直"昭示了"德"所具有的升、登的方向性，昭示出"目视于途"、"择路而行"时，该如何视、如何行。正是这一点，构成了德在后来的演变和发展过程中能够上升和抽象成为一个哲学和伦理范畴的根本原因。

陈来先生说："德的原初含义与行、行为有关。"③ 晁福林先生说："甲骨文'德'写作从行从横目之形，其所表示的意思是张望路途，人们看清了路而有所得。"④ 二先生之说甚是，皆发前人所未发。从甲文"德"之字形来看，其本义为"目视于途"、"择路而行"，有"得正视乃从而行之"之义。由此初义稍加引申，就有了直道而行的含义。何新先生径释德义为"直行"是颇有见地的⑤，略嫌不足处在于，其于"目视于途"、"择路而行"之初义有所忽视。他没有看到"直行"是由德之初义"目视于途"，

---

① 于省吾主编《甲骨文字诂林》第一册，中华书局，1996，第 555 页。
② 周法高等编《金文诂林》，香港中文大学出版社，1974，第 989 页。
③ 陈来：《古代宗教与伦理》，北京，三联书店，1996，第 291 页。
④ 晁福林：《先秦时期"德"观念的起源及其发展》，载《中国社会科学》2005 年第 4 期，第 194 页。
⑤ 何新：《辨德》，《人文杂志》1983 年第 4 期。

"择路而行，得正视（见）乃从而行之"引申出的，"升也"、"登也"也是由德之初义"目视于途"，"择路而行，得正视（见）乃从而行之"引申出的。顺便指出，何新先生在《辨德》一文中，认为许慎、段玉裁所说的"升"和"登"均为"古量具"，并据此进一步认为许、段之说有误，是没有道理的。"升"确有量具的含义，但也有"升"、"登"之义，这一意义的"升"应写作"昇"或"陞"，而作为量具的升只能写作"升"。许慎所说的"升"，段注所说的"登"，都是在"昇"、"陞"的意义上使用的。

德在甲骨文中没有"心"部，"心"部是发展到金文那里才添加上的。心部的出现，是德的伦理内涵不断得到强化和提升的结果。金文德的写法尽管有35种之多，但从总体上看都是由三步分构成，即行、直、心。心旁的出现，使得"德"的伦理内涵不断加强而哲学意蕴相对减弱。正如陈梦家所说："古文字形符偏旁的改变，往往表示字义的或概念的部分的改变。"① 陈来先生更进一步指出：德字"从心以后，则多与个人的意识、动机、心意有关"。"从西周到春秋的用法来看，德的基本含义有二，一是指一般意义上的行为、心意，二是指具有道德意义的行为、心意。由此衍生出的德行、德性则分别指道德行为和道德品格。"②

"德"的本义是"目视于途"、"择路而行"，由此引申出来的"德"的较早的含义是"升也"、"登也"、"直行也"。自许慎《说文解字》以降，学者多谓"升也"为"德"之本义，不妥。"升"、"登"、"直行"，虽然是离"德"的本义最近的义项，但已经不是"德"的本义了。

与"德"的本义紧密联系在一起的"德"的另一含义为"得也"。最早把"德"和"得"明确联系在一起的先秦典籍是《管子》，其云："德者，道之舍，物得以生生，知得以职道之精。故德者，得也。得也者，其谓所得以然也。"③ 《礼记·乐记》云："礼乐皆得，谓之有德。德者，得也。"④ 但是，"得"是"德"在后来的使用过程中增加的引申义，并不是德之本义。

甲骨文中已有"得"，其字形由三部分构成，即"彳贝手"（"手"、

---

① 转引自周法高等编《金文诂林》，香港中文大学出版社，1974，第988页。

② 陈来：《古代宗教与伦理》，三联书店，1996，第291页。

③ 黎翔凤：《管子校注》中册，中华书局，2004，第770页。

④ 朱彬：《礼记训纂》下册，中华书局，1996，第562页。

"寸"、"又"三字古通），字义取象于"以手拣贝于途中"。由于最初造字时，人们把拣贝、获贝看成是"得"。"德"与"得"同音，且人在择路时，目既有所视，心既有所择，则必有所得，"目视"之德不是"得贝"，而是得其"正道"、"直道"。所以，罗振玉说："德，得也，故卜辞中皆借为得失字，视而有所得也，故从直。"① 许慎把出现于晚周的"直心"之"得"释为"外得于人，内得于己也"。段玉裁则进一步指出："俗字叚德为之。德者，升也。古字或叚得为之。"② 正是在此意义上，孙诒让说："德，得之借字。"郭沫若说："《说文》道德之德作直心。外得于人，内得于己也，从直心。"吴大澂则认为：甲骨文中的"直"为"古相字"，"相心"就是"直心"，因此，德就是"得于心而形于外也"。③ 杨荣国说得更为直白，他说："从'德'字的含义来说，'德'就是'得'，就是做事做得适宜，与人与己都过得去，无愧于心，这就是'德'，也就是'得'。"④ 但是，杨氏以"得"释"德"，认为"德"就是做事适宜，无愧于心，这已经是"德"在后来使用过程中的引申义了。

窃谓"德"、"得"互借应为后来事，上述诸大家之说恐非定论，尚有很大的讨论空间。许（慎）、段（玉裁）、孙（诒让）、郭（沫若）、吴（大澂）、杨（荣国）诸说，恐未悉"德"、"得"之本义，更不知"得"乃"德"之引申义。

还有论者以"性"释"德"，认为德之初义为"性"，也就是氏族的"姓"。最早提出这一说法的是李玄伯，他说："德是一种天生的事物，与性的意义相似。所以贾谊《新书·道德说》说：'所得以生谓之德。'每个团体固然有其德（如周德），每个人亦各有其德，孔子所谓天生的德即此。并且《晋语》：'异性则异德，异德则异类……'足证每姓的德各不同；《晋语》又说：'皇帝以姬水成，炎帝以姜水成，成而异德，故皇帝为姬，炎帝为姜。'更足证每人的德不必尽同，亦能各有其德。所以，每人的名字，各象其德，有禹德者即名为禹，有舜德者即名为舜。禹与禹虫同德，舜与舜草同德，这非个人图腾而何？"又说："最初德与性的意义相类，皆系天生的

① 转引自李孝定等编《甲骨文字集释》，台北"中央研究院"历史语言研究所，1982，第563页。
② 段玉裁：《说文解字注》，上海古籍出版社，1981，第76页。
③ 转引自周法高《金文诂林》，香港中文大学出版社，1974，第986～987页。
④ 杨荣国：《中国古代思想史》，人民出版社，1954，第10页。

事物。这两字的发源不同，这团名为性（生团），另团名为德，其实代表的仍系同物，皆代表图腾的生性。最初说同德即等于说同姓（同性），较后各团的交往渐繁，各团的字亦渐混合，有发生分义的需要，性与德的意义逐渐划分，性只表示生性，德就表示似性而非性的事物。但研究图腾社会时，我们仍须不忘德的初义。"① 后来斯维至、巴新生二先生又对李说作了进一步的阐发。②

我们认为，"德"确有"性"的含义，但"性"并非"德"之初义，而是"德"的引申义。"德"之有"性"的含义是同德、得互借的现象紧密联系在一起的。获贝曰德，获正途、直道也曰德，获事物之性还曰德，所谓德性正是由此演变而来。章太炎先生在《国故论衡·语言缘起说》中说："实、德、业三，各不相离"，也是以"性"释"德"。李泽厚先生把"德"看成是"各氏族的习惯法规"，并指出"德"的原始含义是一个"迄今并不清楚而很值得研究的问题"，"它的原意显然并非道德，而可能是各氏族的习惯法规"。德的心性义正是由"习惯性法规转义为品格要求"而成的。③

综上所述，德的初义为"目视于途"、"择路而行"，稍加引申就有了"得正视乃从而行之"、"直道而行"、"升"、"登"、"得"、"性"（德性）、"道德"等含义。

二 "德"的本义的演变——"升也"

许慎在《说文解字》中把"德"释为"升也"。段玉裁注释说："升当作登。"对这一解释今人颇感困惑，困惑的原因在于，都知道"升"是德的古义，但就是苦于没有文献例证。应当指出的是，迄今所出版的诸多著述中，尚未见许慎所说的德的"升也"意蕴的文献例证。为什么会有这种现象呢？难道是许慎说错了？如果没说错，他的依据是什么？日本学者高田忠周曾经认为，"德"所具有的"升也"的意蕴，从文献学上看现在只能找到

---

① 李玄伯：《中国古代社会新研》（根据 1949 年 3 月开明书店本影印本），上海文艺出版社，1988，第 184～185 页。
② 斯维至：《说德》，《人文杂志》1982 年第 6 期；巴新生：《试论先秦德的起源与流变》，《中国史研究》1997 年第 3 期。
③ 李泽厚：《中国古代思想史论》，人民出版社，1986，第 86～87 页。

一处例证。他说："说文：'德，升也'，从行德声。升，即登也。《易·剥》虞本：'君子德车'，此本字本义之仅存者也。"① 高田忠周发现了《易经》剥卦"君子德车"的"德"具有"升也"的意蕴，无疑是他的一大贡献，但是，他断言"此本字本义之仅存者也"，这就大成问题了。既然是"仅存者"，"德"所具有的"升也"的例证，岂不成了孤证吗？也许正因为此，到目前为止的各种著述，尚未见有引"君子德车"来说明德所具有的"升也"意蕴的著述。

"君子德车"，是《剥》卦上九爻的爻辞，全文是："硕果不食，君子德车，小人剥庐。"此德字，孔颖达、朱熹等释为"得"，恐不妥。高亨先生把这个"德"释为"道德"，他说："硕果不食，喻货利在前而不取也。君子不取货利，则其德日广，小人不取货利，则其生日窘。其人不同，其务亦异，故曰硕果不食，君子得车，小人剥庐。言君子有所得，小人有所失，君子吉，小人凶也。"② 若仅从字义来看，高说似通，然一涉及卦的整体意义，高亨先生的这种解释就不甚妥帖了。

从卦象上看，剥卦上艮下坤。下卦坤为车，卦中五阴重坤仍是车，最上一阳爻为君子，故卦有君子乘车、登车或驱车、驭车之象，所谓"君子德车"，说的就是这个意思；上卦艮为庐为果实，艮之下是五阴爻，即五小人，五阴爻小人在侵蚀最上的阳爻君子，剥落艮庐，所谓"小人剥庐"，说的就是这个意思。这里"德车"和"剥庐"恰好成对应关系。爻辞的意思是，君子登车治国，小人剥庐摘果。

王弼的解释颇值得我们玩味。他说："处卦之终，独全不落，故果至于硕，而不见食也。君子居之，则为民覆荫；小人用之，则剥下所庇也。"③ 君子居之，则为民覆荫，卦中君子是指谁呢？虞翻作出了回答，他说："夬乾为君子为德，坤为车为民。"④ 剥卦的上卦为艮，艮由一阳二阴组成，如夬去二阴，艮即变为乾，故曰"夬乾"。夬乾君子在下卦坤之上，坤为万民，故卦有君子居（登、升）上治民之象。坤为万民，也为小人（上古之小人并无道德意义上的褒贬，老百姓即小人），坤在下要向上剥蚀上卦艮，"艮为庐"（虞翻语），故曰"小人剥庐"。王弼没有对德作出明

---

① 转引自周法高《金文诂林》，香港中文大学出版社，1974，第986页。
② 高亨：《周易古经今注》，中华书局，1984，第229页。
③ 楼宇烈：《王弼集校释》，中华书局，1980，第334页。
④ 李道平：《周易集解纂疏》，中华书局，1994，第259页。

确解释，但从他对经文的注解来看，其基本意向应当是把德释为登、升、居上。

象传曰："君子德车，民所载也。小人剥庐，终不可用也。"这句话若用"升"和"登"来解释，意思是十分明确的，这就是：君子登车，治国育民，为万民所负载；小人若处此位（即最上阳爻变为阴爻则成小人），就意味着百姓之庐舍被剥落，果实被摘取。侯果曰："艮为果为庐，坤为舆。处剥之上，有刚直之德，群小人不能伤害也，故果至硕大，不被剥食矣。君子居此，万姓赖安，若得乘其车舆也。小人处之，则庶方无控，被剥其庐舍。"①《礼运》曰："天子以德为车。"因此，《剥》上九"君子德车"之"德"应训为"升也"、"登也"、"乘也"，爻义应为：硕大的果实未被摘食，庐舍未被剥落。君子处于此位，将乘车济世，维持未摘未剥之现状；小人处于此位，则摘取果实，剥落庐舍。

高田忠周告诉我们《剥》卦中"君子德车"之"德"是"升也"古义之仅存的例证。对此，学界一直没有疑义。但是，事实并非如此。"德"所具有的"升也"之古义，并非仅见于《易经》之《剥》中，在《尚书》中，我们也可以找到相关的文献例证。

《尚书》中有四处涉及了"德"所具有的"升也"、"登也"的意蕴，恭录如下：

（1）《尚书·酒诰》云："弗惟德馨香，祀登闻于天。"

（2）《吕刑》曰："上帝监民，罔有馨香德，刑发闻惟腥。"

（3）《盘庚下》云："古我先王，将多于前功，适于山，用降我凶，德嘉绩于朕邦，今我民用荡析离居，罔有定极。"

（4）《皋陶谟下》："虞宾在位，群后德让。"

《尚书·酒诰》云："弗惟德馨香，祀登闻于天。"这里的前后两句话恰好是对应的关系。前一句说无馨香升于上，后一句说有酒臭达于天。《国语·周语》云："国之将兴，其德足以昭其馨香；国之将亡，其政腥臊，馨香不登。"《国语》的这一表述显然来自《尚书·酒诰》中的这句话。因此，《国语》的这一表述可以看作是对《尚书》的疏解。

《吕刑》曰："上帝监民，罔有馨香德，刑发闻惟腥。"上帝审视苗民，没有发现他们飘升的芬馨，看到的只是他们滥施酷刑而散发弥漫的腥臭。清

---

① 李道平：《周易集解纂疏》，中华书局，1994，第259~260页。

人孙星衍在解释这句话时，就是以"升"释"德"，把这句话译为"天帝视民无有馨香升闻，惟刑之发闻腥薉（秽）尔"。①

《盘庚下》云："古我先王，将多于前功，适于山，用降我凶，德嘉绩于朕邦。"此处"降"和"德"（升）对举，"降"有降低、减少的意思，"德"有升高和增加的意思。"降我凶"和"德（升）嘉绩"，恰好对应。因此，这句话可以翻译为：从前我的先王，想创建多于前人的功业，便迁往山中，以便降低洪水给我们带来的凶害，同时在我们的国家建立重大的功业。

《皋陶谟下》："虞宾在位，群后德让。"孙星衍《疏证》曰："德让，犹言陟让。"②《说文》："德，升也。"让，揖让。德让，揖让而升。意思是说，舜帝的客人就位后，其他人才依次登上了前台互相揖让。显然，这里的四个"德"字都是在许慎所说的"升也"的意义上使用的。乾隆皇帝曾称誉他的治水大臣卢见曾为"德水耆英"，此"德水"只能释为乘、御、治理等义，这也是对德之"升也"义项的保留和应用。

三 "德"的哲学意蕴的确立——"性"、"德性"、"道德"

《易经》中的"德"已经有了"性"、"德性"和"道德"的意蕴，这表明"德"所具有的哲学意蕴已经初步确立。

"德"由其本义逐步向哲学和伦理概念的提升和抽象过程，是从《易经》开始的。《易经》中的"德"字共出现了 6 次，兹恭录如下：

（1）"食旧德，贞厉，终吉。"（《讼》六三爻）

（2）"既雨既处，尚德载，妇贞厉。"（《小畜》上九爻）

（3）"硕果不食，君子德车，小人剥庐。"（《剥》上九爻）

（4）"不恒其德，或承之羞，贞吝。"（《恒》九三爻）

（5）"恒其德，贞，妇人吉，夫子凶。"（《恒》六五爻）

（6）"有孚惠心，勿问，元吉，有孚惠我德。"（《益》九五爻）

以上六个德字，大致是在三种含义上使用的。一是把德释为"升也"、

---

① 孙星衍：《尚书今古文注疏》，中华书局，1986，第 523 页。

② 孙星衍：《尚书今古文注疏》，中华书局，1986，第 126 页。

"登也"（《剥》上九），二是把德释为"得"（《讼》六三爻），三是在哲学的层面上使用"德"（《小畜》上九爻《恒》九三爻《恒》六五爻《益》九五爻）。这三种含义的德，其抽象程度依次升高，离德的本义也越来越远。

"德"所具有的"性"的义项见于《小畜》卦中。《小畜》上九爻："既雨既处，尚德载。"此处"德"大致可释为"性"，或"德性"，具体地说，是被阴所蓄养而成的阳的德性。爻辞中的"尚德载"一句，注家分歧最大。高亨先生认为这句话说的是"就行人而言也"，"行人在途，天既雨矣，雨既止矣，路难行矣，然亦勿虑也，将遇车求载而得载也"。[1] 李镜池由于把《小畜》视为描述"农民的劳动生活和保卫庄稼等内容"的专卦，因此，他把"尚德载"释为"还可以栽种作物"。他认为，这里的"德"可以"借为得"，"载，借为栽"。[2] 高、李两说迥异，但释"德"为"得"，则是共同的。

在语意理解上为什么会出现如此巨大的差异呢？我们认为，问题就出在高、李二家都离开了卦象来解卦义，因而难免就有个人臆想的成分。从卦象上看，小畜卦上巽下乾（天）。有二义：一是风在天上，风而成云，为降雨之象，所谓山雨欲来风满楼。但，刮风和下雨之间还是有些距离的，故卦辞曰："密云不雨，自我西郊。"这是一义。第二义是全卦五阳一阴，以一阴而畜五阳，靠的是什么呢？靠的是巽顺。一阴以巽顺之道积蓄群阳。这是小畜卦的核心问题。一阴是六四，蓄养的关键在六四，所以解释这一卦要围绕六四来说。小畜卦讲的是依靠阴爻积蓄力量，谋求发展。积蓄到极点时就是上九爻了。到这时，"畜"道已成，故云"既雨"。畜道成时，就意味着阴爻六四已经把"阳"养大了。全卦以雨比喻阴畜养阳的过程，在未完成这一过程时，尽管有"密云"但"不雨"，因为"雨"是"和"的表现，"阳"未长成，"和"自何来呢？[3] 待阳长成时，就会"既雨既处"了。因为这时阳德的积蓄过程也已完成，阴阳相和的局面大致形成。尚者，上也。尚德，就是上德，也就是阳德，具体说就是，阳所积载和具有的德性。所以，王弼对这句话的解释是："体巽处上，刚不敢犯，尚德者也。"[4] 由于阳

① 高亨：《周易古经今注》，中华书局，1984，第187页。
② 李镜池：《周易通义》，中华书局，1981，第23页。
③ 程颐曰："既雨，和也。既处，止也。"见《二程集》第3册，中华书局，1981，第748页。
④ 楼宇烈：《王弼集校释》，中华书局，1980，第267页。

已长成，此时阴就不能再来畜制它了，这就好比妇制其夫，臣制其君，在夫君柔弱时则可，在其壮大时，就不合适了，所以说"妇贞厉"；但此时阳亦不可逞强，毕竟是小畜初成，阴亦正盛，故此时宜和平共处，而不可出征，所以说，"月几望"（意味着阴正盛），"君子征凶"。

可见，从卦象出发，把"尚德载"释为"性"、"阳德之性"的积载，是合情合理的。《易经》德的这一含义的出现，表明"德"已脱离其本义，逐步向哲学范畴靠拢。

"德"所具有的"德性"的义项出现于《益》卦中。《益》九五爻曰："有孚惠心，勿问，元吉，有孚惠我德。"这一爻的基本意思是说，我以诚信惠民，毫无疑问是至为吉利的；民也会用诚信来惠"我德"。如何理解"我德"？若把"我德"仅仅理解为"我的恩德"或"我的道德"，显然不妥。因为这里的德应当包含更为宽泛的意义，即"德性"。王弼说："以诚惠物，物亦应之，故曰'有孚惠我德'也。"① "物所应之"的"德"包含道德和恩德，但不能仅仅归结为道德和恩德。人用以"惠物"、"感物"的东西，皆属于"德"的范围。《周易折中》引吕祖谦曰："人君但诚心惠民，不需问民之感，如此然后'元吉'，民皆交孚而惠君之德也。"又引蔡清曰："'惠心'，惠下之心也。'惠我德'，下惠我之德也。……'有孚'之施于下者，在我只为心，自下之受此施者目之，则为德矣。"② 在上以诚信待民，民也以诚信待君。以诚信待民，就是君之德，或者说，君主对待下民的正确态度就是君主之德。

可见，《益》九五"有孚惠我德"所言"德"，是君主之性的体现，它和君主具有直接统一性。这一含义的德，与"尚德载"句中的"德"一样，都有了人或君之本性、德性的含义，它是人或君的一种规定性。人之为人，君之为君，就在于他们所具有的德性。这一含义的德出现，表明在《易经》那里，德的哲学含义已经孕育，德的哲学抽象的历程已经开始。

"德"所具有的"道德"义项出现于《恒》卦中。在《恒》中"德"字出现了两处，一是九三爻："不恒其德，或承之羞，贞吝。"一是六五爻："恒其德，贞，妇人吉，夫子凶。"

---

① 楼宇烈：《王弼集校释》，中华书局，1980，第430页。
② 李光地：《周易折中》，巴蜀书社，1998，第347页。

九三爻"不恒其德，或承之羞，贞吝。"李镜池认为，此处"德通得"，"羞：馐本字。从手从羊。羊是美食。"① 意谓打猎不可能恒有所得，幸好有人送来了美味。仅从字义上看，李说甚为妥帖。但联系卦象和整卦的卦义来看，李说就牵强了。从历史上看，无论是象数派，还是义理派，对这句话的解释基本上没有分歧，即都是把"德"释为"道德"。恒卦，上为震为雷，下为巽为风。九三爻居下体巽之上，处上体震之下。九三本是巽体中的一爻，但它上应上六，不专于巽，而应于震，有动摇之心，所以，有"不恒"之象，是个不恒之人。荀爽从象数的角度予以阐释，他说：九三"意无所定，故不恒其德。与上相应，欲往承之，为阴所承，故'或承之羞'也"②。王弼说："德行无恒，自相违错，不可致诘，故'或承之羞'也。"③ 程颐同意王说，并做了进一步发挥，他说："三阳爻，居阳位，处得其位，是其常处也。乃志从于上六，不唯阴阳相应，风复从雷，于恒处而不处，不恒之人也。其德不恒，则羞辱或承之矣。"④ 朱熹也是把这里的"德"释为"道德"，他说："位虽得正，然过刚不中。志从上，不能久居其所，故为'不恒其德，或承之羞'之象。"⑤

《恒》六五爻："恒其德，贞，妇人吉，夫子凶。"李镜池认为此爻爻义与九三相反，这一爻说的是，打猎经常有所收获⑥，因此，这里的"德"应释为"得"。故爻义可理解为打猎恒有所得，于妇人吉，于丈夫凶。但从卦象的角度进行分析，"恒其德"中的"德"当释为"道德"更妥。六五爻以阴爻居于天位（君位），下应九二阳刚，居中而又有正应，意味着六五执顺从之道以为恒。恒久地恪守顺从之道，于妇于臣是吉，但于夫于君则为凶。夫、君以柔顺事下，在特定情况下是可以的，但若作为"恒久之道"，就大违夫道和君道，故"妇人吉，夫子凶"。

王弼对这句话的解释较为模糊，但他把"德"释为"道德"的思想是极为明显的。他说：六五"居得尊位，为恒之主，不能制义，而系应在二，用心专贞，从唱而已。妇人之吉，夫子之凶也"⑦。程颐对这句话的解释就

① 李镜池：《周易通义》，中华书局，1981，第65页。
② 李鼎祚：《周易集解》，中国书店，1984，影印本。
③ 楼宇烈：《王弼集校释》，中华书局，1980，第380页。
④ 程颢、程颐：《二程集》第3册，中华书局，1981，第864页。
⑤ 朱熹：《周易本义》，天津古籍出版社，1986，第170页。
⑥ 李镜池：《周易通义》，中华书局，1981，第65页。
⑦ 楼宇烈：《王弼集校释》，中华书局，1980，第380页。

清晰得多了，他说："夫以顺从为恒者，妇人之道，在妇人则为'贞'，故'吉'。若丈夫而以顺从于人为恒，则失其刚阳之正，乃'凶'也。"① 朱熹也对此有所发挥："以柔中而应刚中，长久不易，正而固矣，然乃妇人之道，非夫子之宜也。"②

可见，《恒》卦中的两个"德"应释为"道德"，这在易学史上已是定论。《易经》"德"所具有的"性"、"德性"、"道德"等义项的出现，表明"德"作为一个哲学范畴在《易经》的内涵业已孕育并确立。

四 "德"的宇宙本体意蕴的出现——
天德、德元与元德

谈到中国哲学史上最早的宇宙本体范畴，人们首先想到是老子的"道"或"天道"，几乎无人想到"德"或"天德"。实际上，天德应是中国哲学史上最早的宇宙本体范畴，至少是比"道"、"天道"更早的宇宙本体范畴。根据我们的考察，"道"在《尚书》中，还不是一个哲学概念，尽管《尚书》作者已经开始用"道"说明社会现象，并寓善恶是非观念于"道"中，但从总体上看《尚书》作者对"道"的抽象大致还停留在与"路"相同的素朴的层面上。"道"被抽象为一个哲学概念是在《左传》和《国语》中完成的③。

但是，"德"就不同了。《尚书》中关于"德"范畴的论述多达114次，这是一个值得引起我们重视的现象。在《尚书》中德已经具有了最高本体的意蕴。这一思想，我们在《论〈尚书〉"德"范畴的形上意蕴：兼论中国哲学认识和把握世界的三个环节》中已有详论④。为了论述的完整性和系统性，再作如下阐述。《尚书》作者把"德"和天联系在一起，以天论德，提出了"天德"、"元德"和"德元"三个概念，表明"德"作为哲学意义上的本体范畴的意蕴业已出现。首先是出现在《吕刑》篇中的"天德"

---

① 程颢、程颐：《二程集》第三册，中华书局，1981，第864页。
② 朱熹：《周易本义》，天津古籍出版社，1986，第171页。
③ 孙熙国：《道的哲学抽象历程》，《文史哲》1992年第6期；《新华文摘》1993年第2期。
④ 参见孙熙国、肖雁《论〈尚书〉"德"范畴的形上意蕴：兼论中国哲学认识和把握世界的三个环节》，《哲学研究》2006年第12期。

概念，"惟克天德，自作元命，配享在下。""克"在这里有胜任、承担的意思（《说文》释"克"为"肩也"）。天德，孙星衍明确指出："谓五常之德。"① 但孙氏的这一解释显然把天德的外延缩小了，仁义礼智信是天德在人伦中的彰显，天德包括五常之德，却不能仅仅归结为五常之德。《吕刑》这段话的意思是说，唯能肩任天德，才能配天命，享有天所赐予的福禄。此处肩任天德，就是要符合那个最高的大德，也就是后儒所说的常道、天道或天理。孔安国说："能效天为德。"② 这一训释是颇有见地的。联系上下文来看，"惟克天德"的目的就是要"自作元命，配享在下"，就是要在社会中处理好各种事务，因此，"惟克天德"体现了《尚书》作者以"天德"来贯通天地人的基本思想观念。"天德"既体现着自然法则，也体现着社会法则；既彰显着宇宙之理，也呈现着人生之理。这样的"德"，不仅具有了明确的哲学内涵，而且还具有了统摄宇宙和人生的最高本体的意蕴。

德所具有的最高本体的哲学意蕴，还体现在《尚书》中出现了与"天德"密切联系在一起的两个概念："元德"和"德元"。《酒诰》云："兹亦惟天若元德，永不忘在王家。"元，有开始的意思（《说文》："元，始也"），有大的意思（《广韵·元韵》："元，大也"），有本原的意思（《易传·象》："大哉乾元，万物资始"《鹖冠子·王鈇》："天始于元"《春秋繁露·重政》："故元者为万物之本"《日知录》卷三十二："元者，本也"），还有首的意思（《尔雅·释诂》云："元者，首也"）。无论是"开始"、"本原"，还是"大"和"首"，这些含义与"德"结合在一起，就给"德"赋予了哲学的意蕴。再结合"兹亦惟天若元德"这句话的具体含义来看，"天若元德"是说天顺从其大德（若者，《释言》云："顺也"）。这里的元德应该是具有普遍性和一般性的哲学意义上的德。"元德"在《召诰》篇中被称作"德元"，其云："其惟王位在德元，小民乃惟刑用于天下，越王显。"意思是说王在德元，身备大德，百姓效法王德，如此则王德行于四方而化于天下。这里，"元德"和"德元"都是在最高本体的层面上说的，类似后儒所说的天道或天理。

《尚书》德论所具有的最高本体意蕴，还体现在《皋陶谟》的"九德"

① 孙星衍：《尚书今古文注疏》，中华书局，1986，第 527 页。
② 孔安国、孔颖达：《尚书正义》，北京大学出版社，1999，第 542 页。

说和《洪范》的"三德"说中。所谓"三德"就是，"一曰正直，二曰刚克，三曰柔克。"孙星衍疏曰："此三德谓天、地、人之道。"又说："此言人有三德，当自治其性也。"正直者，人道也。刚克者，天道也。柔克者，地道也。由于人的特性是正直，故《论语》云："人之生也直"；天的特性是刚健，故《易传》云："天行健，君子以自强不息"；地的特性是柔顺，故《易传》云："地势坤，君子以厚德载物"。因此，《洪范》的三德：正直、刚克、柔克，实际上说的就是人道、天道和地道。

"九德"说见于《尚书·皋陶谟》，其基本内容是："宽而栗，柔而立，愿而恭，乱而敬，扰而毅，直而温，简而廉，刚而塞，强而义。"九德是讲"德"，也是讲"行"。皋陶曰："亦行有九德，亦言其人有德，乃言曰，载采采。"说得正是这个意思。孙星衍对九德的解释可谓颇得九德之真义，他说："行为宽、柔、愿、乱、扰、直、简、刚、强之行。九德谓栗、立、恭、敬、毅、温、廉、塞、义之德，所以扶掖九行。"① 在孙氏看来，九德的第一个方面是"行"，第二个方面是"德"。"德"是用来扶"行"的，"行"则是"德"的归宿和目的。因此，"九德"直接把"德"与"行"统一起来，正是这一点奠定了中国传统伦理思想中德、行统一的基本致思路向，这是《尚书》对中国伦理思想发展的重要贡献。

我们可以把《洪范》提出的"三德"说看成是对皋陶"九德"说的继承和发展。有论者以三德释九德，就说明了这一点。如郑玄就认为九德中的"直"、"愿"、"乱"，就是《洪范》三德中的"正直"；"简"、"刚"、"强"，就是《洪范》三德中的"刚克"；"宽"、"柔"、"扰"，就是《洪范》三德中的"柔克"。他说："宽谓度量宽宏，柔谓性行和柔，扰谓事理扰顺，三者相类，即《洪范》云'柔克'也。愿谓容貌恭正，乱谓刚柔治理，直谓身行正直，三者相类，即《洪范》云'正直'也。简谓器量凝简，刚谓事理刚断，强谓性行坚强，三者相类，即《洪范》云'刚克'也。而九德之次，从宽而至刚也，惟'扰而毅'在'愿'、'乱'之下耳。其《洪范》三德，先人事，而后天地，与此不同。"把九德和三德予以对照比较，就不难看出《洪范》三德实际上是对九德的进一步的抽象和概括，相对于三德来说，九德对德的阐释则较为具体细致，但二者德的意蕴都已上升和抽

---

① 孙星衍：《尚书今古文注疏》，中华书局，1986，第80页。

象到了哲学的层面,这一点是共同的。

总之,《尚书》作者对"天德"、"元德"、"德元"范畴的阐释,对"九德"说和"三德"说的论述,皆表明"德"在《尚书》中不仅已经被抽象和提升为一个哲学概念,而且还具有了最高哲学本体的意蕴。

五 "德"范畴与中国古代哲学的发展

"德"是中国哲学史上出现最早的哲学范畴之一。"德"由其本义向哲学范畴的抽象和提升过程及其在这一过程中确立的思想内涵对中国古代哲学的发展产生了重大影响。

首先,"德"是一个早于"道"而出现的关乎中国哲学全貌的范畴。研究中国哲学,应当把"德"作为一个重要的范畴来看待。遗憾的是,前人和时贤虽从不同的角度对"德"进行过一些思考和探讨,但对德在中国哲学史尤其是在先秦哲学的发生发展史上所具有的重要地位,则估价不够。这主要表现在两个方面:一是人们往往视德为一个伦理范畴,对于德所具有的哲学意蕴则关注不够,二是认为德是一个在抽象层次上低于道、在产生顺序上晚于道的概念。从现有的文献来看,"德"的出现要早于"道"字。迄今为止,在甲骨文中还没有发现"道"字,但"德"在甲骨文和金文中已经出现了多种不同的写法(前已述及)。尤有可言者,就"德"和"道"这两个概念在中国哲学史上出现的先后顺序来说,"德"亦在"道"先。"天德"、"元德"、"德元"等概念在《尚书》中的出现,以及《尚书》作者对"九德"说和"三德"说的论述,都表明"德"在《尚书》中不仅已经被抽象和提升为一个哲学概念,而且还有了最高哲学本体的意蕴。这一点与"道"形成了鲜明的对比。"道"在《尚书》中只出现了 12 次,德则出现了 114 次;"道"在《尚书》中,还不是一个哲学概念。尽管《尚书》作者已经开始用"道"说明社会现象,并寓善恶是非观念于"道"中,如《洪范》云:"无有作好,遵王之道。无有作恶,遵王之路。"但从总体上看《尚书》中的"道",与"路"对举,表明《尚书》作者对"道"的抽象大致还停留在与"路"相同的素朴的层面上。"道"被抽象为一个哲学概念是在《左传》和《国语》中完成的。因此,我们有理由认为,"德"是一个早于"道"而出现的关乎中国哲学全貌的重要概念。研究中国哲学,应当把"德"作为一个重要的范畴来看待。胡适的《中国哲学史大纲》把《诗经》的时代看成是中国哲学的"结胎时代"，因此他对中国哲学的发生这一问题的讨论是从《诗经》、《左传》和《国语》入手的。如果说中国哲学在《诗经》那里，还仅仅是"结胎"的话，那么，我们的研究则表明，在《尚书》那里，中国哲学已经是一个呱呱落地的婴儿了。因此，我们主张把《尚书》作为成熟的中国哲学典籍来对待。

其次，"德"与"道"的互动和影响，形成了中国哲学知"道"、成"道"、行"道"三个环节相统一的认识和把握世界的基本格局。

在中国哲学史上，德原本是早于道而出现的一个哲学范畴，但是，到了春秋时期随着论道的社会思潮的出现，德的哲学意蕴，尤其是德作为最高本体范畴的意蕴，在儒家那里逐渐呈弱化的趋势。就孔子德论来说，德的最高哲学本体的意蕴已极其微弱，其伦理意蕴开始凸显。尽管如此，在孔子那里，德在多数情况下，还是作为一个哲学范畴而存在的。孔子的德源于天道，直接生成于天道。此一思想构成了孔子哲学的前提。从逻辑上说，这是孔子哲学的第一个环节。把外在的天道内化为德，成为人的内在之性，则是孔子哲学的第二个环节。这一环节是通过融"德"于"仁"、"德""人"统一、"仁""人"统一的过程来完成的。具有了仁德，成为圣人君子之后，如何把自己的内在之性实现出来，是孔子哲学的第三个环节。这一环节的核心就是把自己的内在之性（仁德）对象化在认识和改造世界的活动中，或如孔子所说"博施于民而能济众"，这是孔子哲学的最终目的和归宿。孔子哲学的这三个环节，初步确立了以儒家为代表的中国哲学认识和把握世界的基本思维路数和思想特点。对此，我们可作如下表述。

西方哲学在认识和把握世界的过程中虽然也触及德性的来源、生成和实现，但其着眼点是对形上之理的追寻。中国哲学则相反，它主要是围绕德性的来源、德性的生成和德性的实现展开，因此，对形上之理的追寻不是中国哲学的最终目的，而只是中国哲学的逻辑前提。如果说西方古代哲学更倾向于对形上本体的探究和追寻的话，那么，对于中国哲学来说，知"道"、知"天"，只是其思考宇宙和人生的第一个基本步骤。知了天道，明了形上之理，掌握了外部世界的普遍规律和一般本质之后，还需要进一步把外在之理转化为内在之性，即所谓"化知成识"，从而使人成为掌握了物质世界本质和规律的圣贤，实现外部世界之理（道）与人的内在之性（德）的统一。

这是中国哲学的第二个基本步骤。但是，只是走到这一步，中国哲学的使命还没有完成，只有进到了治国安民的社会实践这一层次和境界，才是真正意义上的中国哲学。因此，中国哲学的第三个也是最后一个环节就是，如何把内在于人的德性对象化于人类的生活和实践活动中。借用《大学》八条目的说法（"物格而后知至，知至而后意诚，意诚而后心正，心正而后身修，身修而后家齐，家齐而后国治，国治而后天下平"），格物致知（认识把握宇宙人生的形上之理）是中国哲学的第一个环节，诚意正心修身（把外在之理转化为内在之性）是中国哲学的第二个环节，齐家治国平天下（把内在之性对象化于改造世界的实践活动中）是中国哲学的第三个环节。中国哲学认识和把握世界的这三个环节，形成了它不同于西方哲学的思维路数和基本特点。

还应注意的是，作为中国哲学史上最早出现的宇宙本体概念之一的"天德"，因为种种原因，虽一度被后人所忽视，但是，在郭店竹简的《成之闻之》等篇中，"德"所具有的最高宇宙本体的意蕴还是得到了发展，对此我们应予以高度的重视。《成之闻之》两次谈到"天德"：一次是"小人乱天常以逆大道，君子治人伦以顺天德"。小人违背了这些"天常"，也就是违反了大道；君子治理人伦，也就是遵循了天德。这里"大道"和"天德"，所要表达的内涵是完全一致的。还有一次是："圣人天德何？言慎求之于己，而可以至顺天常矣。"天常、天德、大道，在这里都是同等程度的概念，都是表达宇宙本体的最高哲学范畴。《易传·系辞下》讲："天地之大德曰生，圣人之大宝曰位。"则是对"德"所具有的宇宙本体意蕴的直接说解。荀子认为，君子之德与天地相合，君子之德奉天法地，与万物相契合，称之为天德，所以，他说："变化代兴，谓之天德。"（《荀子·不苟》）特别值得一提的是，张载《正蒙·神化》："神，天德；化，天道。德，其体；道，其用，一于气而已。"张载所谓"神"不是神灵之神，而是神妙莫测的"天"（《正蒙·天道》："天之不测谓神，神而有常谓天。"）。天不仅仅是物质实体，更是形上之道，所以，《正蒙·至当篇》说："天也，形而上也。"在这一意义上说，"天"就是"天德"，天德是"体"。相对于"德"而言，"道"是"用"。从这里我们不难看出，在张载看来，"德"在"道"先，先有"德"，后有"道"。"道"是在逻辑上低于"德"的一个宇宙本体范畴。张载对"德"、"道"关系的这一看法，完全符合中国哲学历史发展的实际。

　　因此，我们有理由认为，"德"是一个早于"道"而出现的关乎中国哲学全貌的重要概念，"德"在由其本义向哲学范畴抽象和提升的过程中对中国古代哲学和伦理思想发展产生了重大影响。研究中国哲学，应当把"德"作为一个重要范畴来看待。

（编辑：李翔海）

儒家哲学面面观

北大中国文化研究

（第 1 辑）

我的儒学观

郭齐勇

摘　要：儒家文化既是中华民族精神最集中的代表，又因其"与时俱进"的品格而有了时代的特性。马克思主义中国化的过程就是在儒家文化的土壤上进行的。儒家修身成德之教有益于当代公民社会的公德建设。儒学是参与现代化的积极力量。儒学的主要精神与价值理念，仍然是人之所以为人，中国人之所以为中国人的安身立命之道，是当代中华法治社会的民族文化认同与伦理共识之基础。提倡开放的儒学或开放的"新儒学"，主张儒学与马克思主义、西方学术、诸子百家之学的相互拥抱、互补兼容。儒学作为前现代文明中的一种，当然有其时代的附着物，这是我们必须扬弃的。

关键词：开放的儒学　民族精神　马克思主义中国化　公德建设

作者简介：郭齐勇，哲学博士，武汉大学哲学院、国学院教授，武汉大学国学院院长（武汉，430072）。

一　简述我的儒学观

我深知今天儒学仍在边缘，即使是主张中国文化的学者中，仍有不少人对经学、儒学莫名其妙地深恶痛绝。我主张儒家学者要在体制内外利用一切机缘在中国大陆再植灵根、重建儒学，要主动地与主流派的中国马克思主义，与自由主义等西化派，与当代西方，与各文明传统，与基督教、天主教、道家和道教、佛教、伊斯兰教等对话、互动。[①]

① 参见郭齐勇《中国儒学之精神》，复旦大学出版社，2009。这是笔者近年最重要的著作之一。

我个人持一种开放的儒学的观点，我不认为有什么铁板一块的中国文化或一成不变的儒学。孔子是"圣之时者"，儒家是"时间的人"，与时偕行，不舍昼夜。在今天这个时代，儒学、儒家或儒教当然是具有今天的时代精神的儒学、儒家、儒教。我提倡开放的儒学或开放的"新儒学"，主张儒学与马克思主义、西方学术、诸子百家之学的相互拥抱、互补兼容。

中国文化或国学，包罗至广，丰富多彩。我不同意把中国文化、国学简单地化约为儒学（当然儒学是其中的重要内容）。儒学与除儒家之外的诸子百家之学，与道教、佛教，与地域文化或民间文化并非绝对对立。历史上，儒家与上述诸家大体上是处在合理的冲撞与相互补充的文化生态之中的。我们今天更没有必要持门户之见，以为诸家相互抵触，绝对排斥。从人格境界的追求或文化修养来说，儒道释一直是相辅相成的，正如杜甫（诗圣）、李白（诗仙）、王维（诗禅）在唐诗中相得益彰一样。

中、西、马，诸子百家，儒、释、道，耶教、回教、印度教等，各著精彩，各有其长，都是人类走上现代化的重要思想与文化资源，都可以作创造性转化与综合，取长补短，交流互动，以为当今中国和世界之用。而以当代开放的儒家的立场视之，以他者的视域，更能发现自我的精粹与缺弱，故儒家欢迎各种批评，并善于借鉴各家的成败得失。

我所谓开放的新儒学或新儒家，不仅要做自身修养，著书立说，更重要的是做事，是参与现代社会的生活，参与政治社会及各方面的活动，在做人中做事，在做事中做人。真正的儒学从来都是生活的儒学，实践的儒学。我不同意蒋庆先生的心性儒学与政治儒学的划分。儒学史上从未有过只讲心性修养而不参与社会事务的儒家。儒家是平实的、生活化的。儒家从来都讲经世致用，按钱穆先生的讲法，从来都是在社会政事、教育师道、经史博古、文章子集之学上全面发展的。古往今来真正的儒家，多数是修身律己，有境界追求的人，宵衣旰食、脚踏实地服务大众，有奉献精神，有行政能力与才干，有胸量，有事业，上能美政，下能美俗，能风化、影响周围的人。这就是内圣与外王的一致。对于像我这样从事教师这一职业的人来说，对学生多投入一些时间与精力，教书育人，提携青年，参与社会活动，比著书立说更为重要。我还是同意所谓"三不朽"中立德、立功、立言的次序。

与大多数中国人一样，我生活的社会与家庭背景是儒家式的。我个人的生活方式也是儒家式的，我的学业、专攻，也主要在儒学。故我对儒学有研究的偏重，又有深厚的情感。但这不妨碍我对马克思主义、西方学术、耶教、回教、印度教、诸子百家（特别是道、释）的尊重与学习，也不妨碍我对儒学的批评与更化。儒家是"为己之学"，儒家教会、增强我们自我修养、自我学习、自我反思、自我超越的能力，并有一系列的方法，如博学、审问、慎思、明辨、笃行等等。读儒书，使儒家中人或新时代的儒者更加关心国事民瘼，更加关爱劳苦大众及其子女，更加敬业地投身教育、学术、文化等事业，更加积极地服务于社会，更加谦虚、慷慨、包容，也更有平常心和实践精神，此即所谓"极高明而道中庸"。

我认为，以儒家文化作为切入点和主要视域，来研究民族精神与时代精神的融贯，可深化这一主题；但我绝不排斥，相反非常希望其他学者以道家（教）、佛教，各时段的地域、民族、民间文化等为支点或领域来研究民族精神与时代精神的融贯。毋宁说，这适成一种学术生态的互补关系。

有人说儒家是所谓"泛道德主义者"，这也是因为对儒家知之甚少所致。孟子曾说："徒善不足以为政，徒法不能以自行"（《孟子·离娄上》）。儒家的范围甚广，很难归结为道德的或泛道德的，政治的或泛政治的。就儒家与政治的关系而论，历史上真正的儒家从不阿附权贵，不是历代权威政治的附庸。虽然历史上不乏曲学阿世的陋儒，但这不是儒学的主流，儒家有以"天"或"德"抗位的传统和批判的精神，乃至"闻诛一夫纣矣，未闻弑君也"。儒家在观念、制度及化民成俗的三层次中，有许多因素成为改善传统政治的良性的东西，这里有不少可以转化为现代法治社会、民主政治建设与陶冶公共知识分子的重要资产。儒家的某些理念曾转化为传统社会的一些制度，有一些制度其实是值得我们反刍的，其中的价值常常被我们忽视。儒家有极为丰富的公共意识与公德心，其对公与私、公德与私德、公利与私利的看法，也绝非流俗所言，它当然也不可以归结为所谓的"个人主义"、"集体主义"云云。

儒学不是博物馆或图书馆，也不是什么"孤魂"、"游魂"、"野鬼"。海外的一些汉学家、中国学家，对现代中国社会非常隔膜。他们不知道，儒学是生活，儒学有草根性。即使是在农业社会之后，即使清末民初以来基本社会架构与生活方式发生了翻天覆地的变化，儒学、儒家仍活在民间，就在老百姓的生活——当下的生活之中，在社会大众人生的伦常之间，在日用而不知之间。我们当然希望把日用不知提升为自觉自识。我们在孔繁森、吴天祥、桂希恩、周又山等当代楷模的身上，乃至在民间，如信义兄弟身上都可以找到大量的儒学因素的积淀。① 我个人即是出身生长于武昌巡司河畔的平民家庭，又在农村与工厂等最下层民众中生活了十数年，至今还有平民朋友，深知民间家庭、社群、人性、人心之主流，老百姓的生活信念与工作伦理还是儒家式的，主要价值理念仍然是以"仁爱"为中心的仁、义、礼、智、信等"五常"（内涵当然也与时迁移，有新的时代精神渗入）。现在一些健康的民间宗教、企业中，吸纳了大量的儒家核心价值。中国特色的社会主义核心价值观一定要以"仁爱"为主要德目。

儒学与现代化并不是绝对对立的，它是参与现代化的积极力量，而且不仅仅只具有克服现代病、治疗现当代顽疾的作用，也不仅仅只具有心理慰藉的作用。儒学的主要精神与价值理念，仍然是人之所以为人，中国人之所以为中国人的安身立命之道，是当代中华法治社会的民族文化认同与伦理共识之基础。人们常常身在宝山不识宝，儒学丰富的内在宝藏还有待我们一代代人去发掘、发现与转化。

儒学其实是教养，是文明。当今的社会，尤其需要提升民众、国民的教养水平，尤其需要强调文明的程度。健康的现代市民社会需要"温良恭俭让"和有所敬畏的公民。公民社会是凸显个体教养与社会公德公信的社会，故现代性的诗书礼乐之教养，不仅对君子，而且对每一个公民都是必要的，它毋宁是现代公民社会的必需，是构建当代文明社会的基础。文化修养的形成，需要环境、氛围的熏陶，长时间的、几代人的积累。儒家教育是性情教育。真正的儒家式的人、家庭与社会的幸福指数很高，幸福感最强。

这并不是说儒家、儒学中都是珍宝，没有糟粕，可以全盘照搬，全面复古。儒学作为前现代文明中的一种，当然有其时代的附着物，这是我们必须扬弃的。儒学的本质是变动不居、趋时更新的。时代的限制可以随着时代而代谢、扬弃。我特别要说的是，不要苛求儒家、儒学、儒教。大家都不苛求基督教、印度教、伊斯兰教、佛教、道家道教，为什么一定要苛求儒学，一

---

① 孔繁森、吴天祥都是大家熟知的全国道德模范。武汉市武昌区原副区长（现为调研员）吴天祥数十年如一日扶弱济困。桂希恩是武汉大学中南医院教授、全国防治艾滋病的专家，很有爱心，关爱农村病友。武汉市蔡甸区镇宁堡村委会副主任周又山忠厚仁孝，在 2008 年初抗雪灾中舍身救人，英勇牺牲。信义兄弟是武汉市黄陂区李集街孙水林、孙东林兄弟，工程承包商，有仁爱忠信之心。2010 年春节前夕，孙水林为赶在年前把工钱发到农民工手上，在返乡途中遭遇车祸，一家五口身亡；在天津的弟弟孙东林为完成哥哥的遗愿，来不及料理兄嫂侄女的后事，在老母亲支持下四处筹款，并赶在腊月二十九返乡，将 33.6 万元工钱送到 60 余位农民工手中。此事在全国有很大反响，是感动中国的人物。

定要它给予我们现成的科学、民主、自由、人权等现代价值呢？不给予这些现成的东西就没有价值吗？其实，儒学与基督教等一样，不能直接地开出科学、民主、自由、人权等，但通过我们的批判继承、创造转化，它可以更好地转化并吸纳现当代价值，更好地使现代价值健康地植根于既有的文化土壤。每一个时代的人都有特定时代的责任，我们不能推卸自己的责任，我们也不能把责任都推给古人，让古人承担一切。对儒学采取简单抛弃、一味排斥、不讲道理的态度，轻率肢解，信口开河，或视之如寇仇的方式，是最容易做到的，但那是思想懒汉的做法。这种人没有担当意识。对于我们的有志气有智慧的青年人来说，一定要肯下工夫去切磋琢磨自家的文化基因、文化土壤。这里面有很多不简单的东西。例如"礼"、"三礼"中就有大量宝贝，有很多复杂的面相与深刻的内涵，绝不是所谓"吃人"、"杀人"就可以盖棺论定而弃之如敝屣的，那就把洗澡水与婴儿一道泼掉了。其实，换一个角度看，无论哪一种成文或不成文的文化制度都有吃人、杀人的一面，今天的消费文化、大众文化、网络文化、色情文化、官场文化，不吃人不杀人吗？

现在是开放与对话的时代，我作为新时代的儒者，一直勉励自己以开放的胸怀，接纳、促进新时代的诸子百家，促进古与今、东与西、中西马、文史哲、儒释道、诸子百家间的对话，以及广义的儒教徒、基督教徒、伊斯兰教徒、印度教徒、佛教徒之间的对话，在文明对话的过程中，把自己的珍宝承传下来并努力地输送出去，让全人类共享！儒家有丰富的资源与马克思主义、自由主义、社群主义、女性主义等等思潮对话，在对话中彼此理解、沟通、融会、丰富。一方面，以上这些主义不是绝对对立的。儒家有很多思想、价值可以与民主政治相连接或作铺垫。丹尼尔·贝尔曾说，我个人在政治上是一位自由主义者，在经济上是一位社会主义者，这并不妨碍我在文化上持的守成主义立场。这里所说的文化守成主义不是政治上的保守主义，也不是文化上的抱残守缺，而是守先待后，创造转化。另一方面，与前所说，我们都需要以他者的视域来观照自身，也只有以他者的视域，在文明的比较之中，才能看清自己的缺弱和优长。当然，用庄子的说法，在以物观之、以俗观之、以差观之、以功观之、以趣观之的基础上，还要上升到以道观之的意境。

现在又是思考或反思的时代，思考或反思流俗，反思启蒙，反思习以为常，反思思维定势，反思一百多年来时髦人士对中国文化的理解，反思成见，反思科技文明，反思商业化，反思现代性，反思全球化，反思文化工业或大众文化或官场文化，反思功利时代，反思金钱与权力拜物教，反思人类中心主义，反思今天的评价体系，反思对根源性、对神圣性、对敬畏之心、对终极价值与安身立命之道的解构或消解，反思对列祖列宗创造并传承下来的文明遗产和中华文化精神不抱敬意的态度，重建崇高，重建信念与信仰。我们尤其要反思教条主义，反思全盘西化，当然要誓死捍卫各色人等说话的权利。这就是文化的生态平衡即"和而不同"。

现在还是文化自觉的时代，是中华民族文化复兴与重建的时代。我对开放的儒家、儒学、儒教，充满了信心。我们中华文化当然要有自己的立足之地，要自立于世界民族之林，当然要有自己的文化主体意识而不能是无本无根的，不能只沉溺于拾人牙慧。我们当然要以自身的民族文化传统为其"体"。但传统或文化（心性的或价值的或观念的文化、制度的文化、器物的文化）总是流动的、变异的。今天的中华文化已是以传统中华文化为主特别是以其中的儒家型社会文化为主，而不断融合、消化外来文化的新文化。这一新文化体用如一，即体即用。但它的内核与主干，当然是固有的精粹，否则，我们拿什么去与人家对话？拿人家的余唾去与人家对话吗？我们只是"抛却自家无尽藏，沿门托钵效贫儿"的精神弃儿吗？总之，我们要以健康的心态面对传统与现代间、东方与西方间的种种切切，一定要有定力，有主心骨。

在构建和谐社会，迎接民富国强之际，千万不要忘记发挥儒家资源的积极作用！儒家不怕被误会被批评，儒家丰富的思想资源还有待年轻一辈人及一代一代人去研读、开发与创造性地转化并代代相传！儒家教育一定要从娃娃抓起，一定要进入国民教育体系。儒家中人有所为，有所守，同时要到中小学、社区、民间组织、企业、媒体及各部门中去，从蒙学读物讲起，从《四书》讲起，从基本的做人之道与公德讲起，努力地美政美俗。当代新儒学是中国健康的现代化的重要的建设性的辅助性的力量。儒家中人有所为，有所守！当代儒家的文化理想与终极关切仍然是"横渠四句"："为天地立心，为生民立命，为往圣继绝学，为万事开太平！"

二　儒学与现代化中国

党的十七大报告指出："弘扬中华文化，建设中华民族共有精神家园。中华文化是中华民族生生不息、团结奋进的不竭动力……加强中华优秀文化传统教育……增强中华文化国际影响力。"党的十六大报告指出："民族精神是一个民族赖以存在和发展的精神支撑。一个民族，没有振奋的精神和高尚的品格，不可能立于世界民族之林……在五千多年的发展中，中华民族形成了以爱国主义为核心的团结统一、爱好和平、勤劳勇敢、自强不息的伟大民族精神。"党的十六届六中全会决议指出："弘扬我国传统文化中有利于社会和谐的内容，形成符合传统美德和时代精神的道德规范和行为规范。"

对于传统文化的价值理念，我们发掘得越深，我们拥有的价值越丰厚，就越能吸纳外来文化的精华，使之成为建设我国社会主义现代文化的资源。

21世纪是一个全球化的时代。"全球化"实际上是"现代化"的一个过程和阶段。全球化是经济、贸易、科技的一体化、趋同化。但现代性是多元的，现代化不等于西化，更不等于美国化。经济全球化不意味着文化一元化。近代以来西方现代化的历程和包括东亚在内的世界其他地区的现代化经验表明，全球化、现代化绝不只是西方民主制度与理性价值的普遍化。麦金太尔在《追寻美德》一书中已经对西方启蒙理性和以功利、权利为中心的现代西方社会提出了深刻检讨。而西方后工业社会已经暴露出的种种负面，也鲜明地提示了西方的制度和理念存在着片面性、单向度性和"平面化"的弊病。中国固然需要参照、借鉴西方的制度文明和价值理念，并使某些制度与价值真正在中国生根，以成为中国现代化的助缘；然而，中国的现代化有着自己的道路与模式，自己的特殊性，离开了民族化的现代化也是难以成功的。

面对西方文化铺天盖地地席卷域内和西方宗教的无孔不入的渗透，我们一定要有文化自觉与文化安全意识。新时代的全球化的挑战，启示我们要有自己的民族认同和伦理共识。如果没有民族认同，中国这样一个多民族的国家就会在全球化的浪潮中、现代化的过程中被"化"掉，在市场经济的大潮中被冲"散"掉。如果没有伦理共识，也形成不了一个健康的法治社会。因为法治的背后有着信念信仰和伦理共识的支撑。

中国的现代化道路决定了大力发展社会主义市场经济是我们的必由之路。市场经济为中国的发展带来了活力。但是，不可否认的是，在市场经济条件下，人们的价值观念也出现了一些问题，物质主义、拜金主义、权力拜物教和特权思想正日益成为社会主义市场经济的毒瘤，吞噬着市场经济所创造的成果，也吞噬着人们善良的伦理道德观念。

面对全球化与市场经济的双重挑战，中华民族如何在不脱离世界文明大道的基础上，完成自己的现代化，并昂然自立于世界民族之林？这是时代给我们提出的重大课题。新时代的挑战，呼唤着弘扬和培育自己的民族精神，共建我们这个多民族国家的共有的精神家园。如果没有自己的民族精神和时代精神，我们就会丧失精神支柱，乃至丧失中华民族。

民族性与时代性、民族精神与时代精神之间有着张力。民族精神，相对强调民族的殊异性和本民族特征的延绵性、连续性；时代精神，则相对强调人类的普遍性和社会历史的阶段性。然而，两者之间又有其统一性。任何一个走在时代前列的民族，其民族精神都是民族性和时代性的统一，或者说是优秀传统与时代精神的结合。一个与时俱进的民族，必然随着时代的发展而不断弘扬和培育民族精神。

经济全球化、世界一体化或网络文化时代的来临，并不意味着民族性的消解，也不意味着前现代文明已毫无作用。中华民族及其文化在数千年中形成了自己的精神系统、信念信仰、终极关怀、思考与行为方式、伦理生活秩序、价值理念、审美情趣。这些东西固然随时更化，不断变迁，但是，仍然有其一以贯之的精神，这是中华民族及其文化可大可久的根据。中国文化从来就是多元多样的。儒家、道家、墨家及诸子百家，道教、佛教及中华各民族历史上的各种文化及诸流派，作为文化资源都是瑰宝，在今天都有同等的价值与意义。我们非常尊重这些文化资源。当然，术业有专攻。

儒学不仅是农业文明的产物，也是华夏族群的精神形态，是中国乃至东亚社会文化的结晶，蕴含了东亚各民族的民族性格、终极信念、生活准则、生存智慧、处世方略。而儒家之所以能够在秦汉以后的社会成为一个主导的思想，这与儒家既能传承传统的典章制度又善于趋时更新、因革损益是分不开的。所以，儒家文化既是中华民族精神的最集中的代表，又因其"与时俱进"的品格而有了时代的特性，曾经灿烂辉煌的中国农业社会的儒家文化中的许多因素，尤其是精神因素，不可能不具有超越时空的价值与意义。作为族群的意识与心理，儒家文化在今天仍是活着的。

儒家文化的地位是自然形成的，并不是自封的。儒家本来就是平民之学，是王官之学下移到民间的产物。在礼坏乐崩的时代，春秋末期孔子兴办私学，承担上古三代的文化传承的使命。战国末期到西汉中期的社会，通过选择，在诸子百家中逐渐确立了儒家的地位。儒家思想比较平易合理，使朝野都能接受，满足了"内裕民生，外服四夷"的社会心理，适应了承平时期凝聚社会人心，积极有为地推展事功的需要。儒家讲礼乐伦理教化，虽在实行时会打一些折扣，但大体上与民众的稳定和平、淳化风俗的要求相适合。社会要繁荣发展，秩序化、和谐化是基本的要求。礼教使社会秩序化，乐教使社会和谐化。在分配经济资源，在财产与权力的再分配过程中，儒家满足人民的一个基本公正合理的要求，强调民生，制民恒产，主张惠民、富民、教民，缩小贫富差距，对社会弱者、老弱病残、鳏寡孤独予以保护。其推行的文官制度、教育制度，为平民、为农家子弟提供了受教育及参与政治的机会。这个文官制度，就成了我们的一个国本，它使得历代各级政治有了新鲜血液，有了民间基层的人士参与。这种制度的建构本身，是儒家理念促成的。这个制度文明背后的理念，是维系人心，协调社会人心的。

　　近世以来，东亚三国迎接西方的挑战，内在思想的资源仍然是儒学。睁眼看世界并鼓动学习西方的人，包括推动马克思主义中国化的先驱、中国共产党人的前辈和近代以来的仁人志士，骨子里恰恰是入世的、进取的，主张变化日新的，是关切国事民瘼、向往大同世界的儒家情结最深的人。他们的为人为学、思想与行为方式，乃至杀身成仁、舍生取义的献身精神，无一不是儒家式的。马克思主义传入中国，恰是以儒家文化为其文化土壤的。我国早期的社会主义者、马克思主义者都以儒家《礼记·礼运》的大同理想作为引进苏俄社会主义、引进马克思主义的文化铺垫。马克思主义中国化的过程中，不仅儒家的社会理想起着极大作用，而且儒家的人格理想、人格操守也激励着中国的马克思主义者、共产党人。"志士仁人，无求生以害仁，有杀身以成仁"，"三军可夺帅也，匹夫不可夺志也"，"先天下之忧而忧，后天下之乐而乐"，救民于水火之中，博施济众，修己安人，修己以安百姓。中国几代马克思主义者所以受民众的拥戴，无不与其人格修养、人格魅力有关。马克思主义与中国的革命、建设的具体实际相结合，包含了与积淀在社会与民众中的儒家文化的诸因素的结合。新中国的制度建构与儒家社会的建构有着难舍难分的关系。毛泽东思想、邓小平理论、"三个代表"重要思想，与儒家传统的经世致用、实事求是、知行合一、民本务实的思想有着内在的关联。毛泽东的《矛盾论》、《实践论》，刘少奇的《论共产党员的修养》，邓小平的易简风格等，都带有儒家色彩。今天，马克思主义中国化最为紧迫的课题，一是科学发展观，强调科学、全面、可持续地发展；二是构建和谐社会；三是社会主义的荣辱观。在这三方面，儒家文化资源都可以起一定的作用。儒家文化有关人与自然、人与社会、人与人、人与内在自我诸关系的讨论非常丰富，很多历史经验、治世方略、人性修养的道理需要我们用当代科学理性精神加以分析与总结，以提供今天的人们来借鉴。

　　总之，马克思主义中国化的过程，其实就是在儒家文化的土壤上进行的。早期的，第一、二代的中国马克思主义的理论家、政治家，无不具有儒家的品格。无论是早期中国共产主义者的社会理想还是我们当下建设中国特色社会主义、构建和谐社会的伟大实践，儒家的仁爱、民本、民富、平正、大同、民贵君轻、兼善天下、和而不同、食货、养老、恤孤等等，都是其铺垫、背景与积极的思想资源。

　　自中西交通以降，与儒学和马克思主义的关系一样，儒学和西学也一直处在互补互动的过程之中。17 世纪末至 18 世纪末，西方大哲莱布尼茨、伏尔泰、孟德斯鸠、狄德罗等都十分推崇孔子、儒学，其实康德、罗素、杜威思想中都有很多可以与儒学会通的地方。基督教与儒教也有不少可以会通之处。贺麟先生是我国西方哲学学科的一代宗师。在他生前，我曾有缘多次拜访、请益。贺先生非常尊重儒学思想资源，对中国文化有很深的理解，对儒家的世界化与现代化，对中西会通寄予厚望。西学在中国的发展当然离不开中国文化，而儒家是中国文化中最为重要的部分，这是毋庸置疑的。在我国，真正懂得西方的社会、文化、哲学、宗教的大家，都是非常尊重本土文明，特别是儒家文化的。这恰好也有助于他们更深刻地而不是肤浅地理解西方与西学。

　　儒家曾不断吸取周边各民族的文化，丰富自身。少数民族不断地给中原带来了活力。反过来说，恰好是在少数民族入主中原之后，例如元代与清代，儒家文化得到长足的发展。今天，儒家仍然是台湾海峡两岸民众的基本信仰与生活方式。海外几千万华人社区，仍然是以儒家文化为主的社区。

　　我们强调重新发掘儒家文化的精神财富，以之作为弘扬民族精神、培育时代精神的重要资源，绝非要鼓吹全面复古，全盘照搬儒家文化的整套东西，更不是试图以中国固有的传统去对抗、抵制外来的文化。儒家文化传统中的确有一些要素由于历史的发展而失去了存在的理由，变成了历史的包袱；另一些要素则可能成为潜在的现代化的胚胎。因此，人们对于"儒家文化传统"本身也存在一个不断重新发现、开掘、回采的过程。我们提倡以批判继承的态度、多元开放的心态，对儒家文化进行创造性的转化。

　　如上所述，儒家文化中的一些因素，要放在改革开放的社会生活实践、日常生活世界与全球化、现代化的视域中，以现代科学与人文思想、意识来加以考察、分析、批判，始可以转化、建设为今天的精神文明中的有益的内涵，成为今天的民族精神与时代精神的有机的成分。21 世纪人类文化的发展趋势是告别"西方中心论",在现代性与根源性之间保持必要的张力。各文化民族重新认同自己的文化传统,重新发掘自己的文化典籍与文化精神,将是未来世界多元文化中的一种发展态势,它有助于自己民族的现代化和世界化,也有助于人类文明的多层面开拓。

我们应系统地研究现代性与根源性之间的辩证关系,以全球化为背景,从民族精神和时代精神的角度全面清理儒家文化,探寻儒家文化在现代社会生活的积淀及创造性转化的途径和模式,探寻多元的现代性;深入挖掘儒家文化资源对当今中华民族精神与时代精神的培育所能贡献的思想观念,提炼儒家思想资源中具有普遍意义的思想观念与价值理想;从文化自觉、民族认同与伦理共识的角度审视儒家思想,探索在经济全球化、文化多元化的世界浪潮中中华民族的民族性特征和中国文化现代化道路的特色,重新检视所谓"国民性"问题;系统清理传统儒家文化的礼乐文明和心性文明资源,绎绎出其中能为当代中国法治社会的建设提供养料的思想资源和能在中国现代化的社会生活中起到积极作用的核心价值观念;为文明对话和全球伦理的建构提供精神食粮;深入考察儒家价值与环境伦理、生命伦理、社群伦理、职业伦理的关系,儒家与现代民主、权利意识、公民社会及现代政治文明的关系,儒学的终极性、宗教性与超越性问题,儒学与女性主义的对话,儒学的草根性及其与生活世界的关系。儒家文化的许多价值理想一直是中国人安身立命、中华文化可大可久的根据。传统农业社会的社会架构和政治体制已经消失,但并不意味着与之相结合过的价值观念、道德意识、思想与行为方式都失去了存在的合理性。在今天,其中大量的精神财富仍然可以创造转化为中国现代化进程的宝贵助缘,为中国的现代化事业提供精神资源。

儒家的精神首先是创造性的生命精神,是人对宇宙的一种根源感。《周易》以"乾元"代表"天"及其大生之德,"天行健,君子以自强不息";以"坤元"代表"地"及其"广生之德","地势坤,君子以厚德载物"。天地把这种广大悉备的生命创造精神赋予人类,因此,人有一种刚健自强、生生不已的主体精神。孔子、曾子、孟子更是极大地张扬了人的自强不息、积极有为的创造精神,将其归纳为"士不可以不弘毅,任重而道远。仁以为己任,不亦重乎?死而后已,不亦远乎"的弘毅自强精神,"富贵不能淫、贫贱不能移、威武不能屈"的"大丈夫"精神,构成了中华民族精神的主体。儒家文化不是守成的僵死的古董,而是主张常变常新、与时俱进的创造性的有机生命。儒者重"时"，孔子就被尊为"圣之时者"。儒家文化主张"因时而变"、"随时制宜"、"与时偕行"、"与日俱新"，这些都可以转化为当代中国与时俱进、开拓进取的时代创新精神。

儒家文化的人文精神乃是孔子"仁学"的精神。一方面，"仁"是人的内在的道德自觉，是人的本质规定性，它凸显了人的道德自主性。另一方面，"仁"又是"天、地、人、物、我"之间的生命的感通，是"天下一家，中国一人"的价值理想。这种价值理想以"己欲立而立人，己欲达而达人"，"己所不欲，勿施于人"等"忠恕"之道作为主要内涵，以"仁义治天下"、"以礼治国"、"礼之用，和为贵"、"四海之内皆兄弟"的礼义仁爱原则作为处世之方。这可以推广为人与人、家与家之间的和睦之道，推广为国家与国家、民族与民族之间的和平之道，推广为宗教与宗教、文化与文化之间的和合之道，乃至推广为人类与动植物、人类与自然的普遍的和谐之道。"和而不同"论承认不同，整合差异。孔子的"仁学"是中华人文精神的内核，是人文主义的价值理想，此不仅是协和万邦、民族共存、文化交流的指导原则，而且也是"人以天地万物为一体"的智慧。无怪乎《全球伦理宣言》的起草者孔汉斯先生把孔子的"己所不欲，勿施于人"作为全球伦理的黄金规则，这是很有见地的。

传统儒家知识分子一直以天下兴亡、人民安康为己任。在儒家的济世理想中，始终洋溢着一种伟大的居安思危、忧国爱民的忧患感。这对于维护民族尊严和国家主权，反对外来侵略，都起到了极其关键的作用。儒家是赞同谋利的。董仲舒"正其义不谋其利"是针对君子修身与统治者治国来说的，而不是针对民众与社会的需要来说的。从儒家的思想来看，儒家常把治国者（君子）与一般民众区别开来。对治国者，儒家要求从严，要求他们"不以利为利，以义为利"，故孔子说"君子喻于义"，"为政以德"。但是，对一般民众，儒家要求甚宽。儒家认为人生而有欲，人的物质欲望亦为天之所生，"饮食男女，人之大欲存焉"，有其正当的存在理由。故儒家言"利用厚生"，言"庶"、"富"、"教"。儒家正义谋利的思想在今天仍有积极意义。而且，儒家文化所主张的"创生""尊生"、"变通""制宜"、"和谐""中庸"、"诚信""敬业"、"见利思义""以义制利"等等思想和智慧也可以转化为现代社会管理和企业管理的宝贵资源。儒家非常重视修身，尤其强调陶冶心灵，养育德性。儒家德目中，"诚"、"信"、"廉"、"耻"等都有深刻内涵，尤其是一系列关于官德的论述与修养工夫论，还有包括监察制等在内的制度文明，在吏治不清的当今，更具有其意义与价值。所有这些，都必须以现代人的公民意识、权利意识、法治观念、道德意识，以社会主义道德文明精神加以引导、改造与运用。

三 儒家修身成德之教有益于当代公民社会的公德建设

蔡元培先生在留德期间撰写的《中学修身教科书》，商务印书馆于1912～1921年间共印行了16版，他还为赴法华工写了《华工学校讲义》，两书在民国期间影响甚大，今人合为《国民修养二种》一书。蔡先生的用心颇值得我们重视，他创造性地转化本土的文化资源，特别是儒家道德资源来为近代转型的中国社会的公德建设与公民教育服务。

蔡先生强调，孝亲是美德！有这一美德的浸润、养育，成就了一个君子的健康的心理、性情、人格、品质，增益了斯人的公德、正义，使其为国家、社会，为公共事务负责任，忠于职守，甚至赴汤蹈火，在所不辞。这就是蔡先生讲的"国之良民即家之孝子"。反之，在社会交往与公共事务中不忠诚、不庄重敬业、不讲信义，不廉洁奉公即是大不孝。

蔡先生强调家庭为人生最初之学校，善良之家庭为社会、国家隆盛之本。他认为，如私德不健全，则很难有健全之公德。受到家庭内部的爱的熏陶，在家有孝心孝行者，走上社会后自然而然地会把这种爱推广到团体、社会、国家，此即为仁义、忠爱。可见，家庭与社会、私德与公德虽有区别，但不是决然对立的，恰恰是有着有机联系的，是可以推己及人、由内而外，逐步加以推扩、实践与体验的。

蔡先生进而以孔子之"仁"的内涵——忠恕之道谈公义与公德，指出由恕开出公义（不侵害他人的生命、财产、名誉等权利），由忠开出公德（泛爱众、图公益而开世务）。他说："人之在社会也，其本务虽不一而足，而约之以二纲，曰公义；曰公德……夫人既不侵他人权利，又能见他人之穷困而救之，举社会之公益而行之，则人生对于社会之本务，始可谓之完成矣。吾请举孔子之言以为证：孔子曰：'己所不欲，勿施于人。'又曰：'己欲立而立人，己欲达而达人。'是二者，一则限制人，使不可为；一则劝导人，使为之。一为消极之道德，一为积极之道德。一为公义，一为公德，二者不可偏废。我不欲人侵我之权利，则我亦慎勿侵人之权利，斯'己所不欲，勿施于人'之义也。我而穷也，常望人之救之，我知某事之有益于社会，即有益于我，而力或弗能举也，则望人之举之，则吾必尽吾力所能及，以救穷人而图公益，斯即'欲立而立人，欲达而达人'之义也。二者，皆道德上之本务，而前者又兼为法律上之本务。人而仅欲不为法律上之罪人，则前者足矣，如欲免于道德上之罪，又不可不躬行后者之言也。"[1] 蔡先生在这里从法律与道德、公义与公德、消极道德与积极道德等方面建构公民社会底线伦理背后的基本原则，是对中华民族"仁爱"之核心价值的"忠""恕"两方面的颇有新意的诠释，至今仍有深刻的意义。

儒家一方面严格门内之治与门外之治，区别公私、义利，另一方面，又从道德上强调私德的养成可以有助于公德的建树。这是从人格养成、性情调节的角度来说的。亲情，健康的家庭生活与孝道，是几千年来中华民族的志士仁人不绝如缕地成长起来的基础，也应当是今天文明社会的公民健康成长的起点与原动力。

蔡先生又强调智、仁、勇三达德，是内在的道德，而又随行为而形之于外。他指出："修德之道，先养良心……良心常有发现之时，如行善而惬，行恶而愧是也。乘其发现而扩充之，涵养之，则可为修德之基矣。"[2] 他肯定为善无分大小、去恶为行善之本、悔悟为改过迁善之机、进德贵于自省等儒家传统的修身工夫与健全的君子人格的培养对公民社会之公德建设的积极意义。蔡先生在民国初年为中学生与赴法劳工写的教科书，在实践上重视社会基层的公民教育，在理论上则超越了福泽谕吉与早期梁启超的公私德对立论。我们知道，福泽于1875年出版的《文明论概略》中把道德分为"私德"和"公德"。实际上，按福泽的看法，属内心活动的，如笃实、纯洁、谦逊、严肃等叫做私德，而与外界接触的表现，及属社交行为的，如廉耻、公平、正直、勇敢等叫做公德。仅按这种定义，儒家并不缺乏公德的资源。梁启超受福泽、边沁的影响，曾于1902年发表《论公德》一文，批评我国传统有独善其身之私德，缺人人相善其群之公德。这个论断显然是片面的。

其实，南宋以后在我国与东亚的民间社会流传甚广、深入人心的朱熹的《家训》中说："事师长贵乎礼也，交朋友贵乎信也。见老者，敬之；见幼

---

① 蔡元培：《国民修养二种》，上海文艺出版社，1999，第57~59页。
② 蔡元培：《国民修养二种》，上海文艺出版社，1999，第130页。

者，爱之。有德者，年虽下于我，我必尊之；不肖者，年虽高于我，我必远之。""人有小过，含容而忍之；人有大过，以理而谕之。勿以善小而不为，勿以恶小而为之。"又说："勿损人而利己，勿妒贤而嫉能。勿称忿而报横逆，勿非礼而害物命。见不义之财勿取，遇合理之事则从……子孙不可不教，童仆不可不恤。斯文不可不敬，患难不可不扶。"朱子说此乃日用常行之道，人不可一日无也。应当说，这些内容来源于诗书礼乐之教、孔孟之道，又十分贴近民间大众。它内蕴有个人与社会的道德，长期以来成为老百姓的生活哲学。这里所说，多由私德推致公德领域了。

赴欧美考察后，梁启超反省自己，遂于 1904 年发表《论私德》一文，指出："公德者，私德之推也，知私德而不知公德，所缺只在一推；蔑私德而谬托公德，则并所以推之具而不存也。故养成私德，而德育之事思过半焉矣。""一私人而无所私有之德行，则群此百千万亿之私人，而必不能成公有之德性。""是故欲铸国民，必以培养个人之私德为第一义；欲从事于铸国民者，必以自培养其个人之私德为第一义。"[①] 梁启超至此不仅完全抛弃了他自己所输入和引进的那种公私德对立理论，而且还深刻地认识到儒家道德近代转化的真正的价值和作用。

1904 年以后的梁启超和民国初年的蔡元培的看法是不错的，实际上清末民初有一大批教育家都在做传统道德的近代转化工作，尤其从行为举止、礼貌用语方面加强对儿童与青少年的品行教育。近代中小学与诸多报刊利用传统蒙学读物、《四书》等资源，接上传入的西方的、新时代的新道德，并倡导从生活实践做起的办法，值得珍视。《弟子规》中对孩童举止方面的一些要求也被继承转化了，如要求孩童站立时昂首挺胸，双腿站直，见到长辈主动行礼问好，开门关门轻手轻脚，不用力甩门等。成立于 1904 年 10 月的天津私立中学堂，即后之南开中学，该校从容止细节上培养学生的自重与尊人。应当说，这都是从日常生活上把私德推为公德，把道德、人生教育落到实处的实践活动，对社会的移风易俗起到了良性的作用。儒家从来就重视道德价值"上以美政，下以美俗"的社会功能。民国时期的"风俗改造"、建立社会公德及中小学修身课程中的"公民教育"，促进了近代社会与人的精神转型，而且当时的媒体与教育界重视规范日常公共社会生活中的行为习惯，改变不良风俗。抗日战争胜利之后，我国台湾地区的中小学重视《四

---

① 梁启超：《论私德》，《饮冰室合集》第 6 册专集之四，中华书局，1989，第 119 页。

书》教育与道德课程，强调"仁爱、正义、礼节、信实、勤俭、孝敬、守法、爱国"等德目与价值的学习与陶冶，有成功的经验。

我们现代的公民教育之目的在于培养年轻人认同、建树"公民身份"、"公民权责"、"公民资质"。但仅此还不够，还应进行价值教育。这是西方20世纪60年代以来兴起的区别于重视知识传授、忽视价值培育的一种取向。价值教育比德育与公民教育更为广泛且重要。①

我们认为，现代社会不仅要强调公民的权利观念，而且还要重视其所应具备的责任与德行。有人主张，"使一个好人成为好公民的先决条件是拥有公民德行，其所强调的公民德行包括：爱国与勇气、人性尊严、认同感、隐私权、自主性、关心他人、关怀社会、包容、公民服务，以及主动参与等。"② 显然，儒家道德资源中不缺乏这些因素，可以做扬弃与接榫的工作。

社群主义期望每个人不但是一个"好人"，更要成为一个"好公民"，他们承袭公民共和主义的上述基本假设，"认为一个好人有足够的潜力成为一个好公民，而使得一个好人成为一个好公民的先决条件是拥有公民德行。因而，社群主义非常重视公民德行的培育，认为公民德行即是一种公共精神，它是每个公民都需具备的潜在能力，因为这个潜在能力才使得公民愿意支持、维护并达成社群的公共善，公民的自由也才能得到真正的保障。"③我们当然不能把儒学归类于社群主义，但在上述问题上，二者的确可以沟通对话。

儒家在人与己关系之自立自律、自强不息、个体人格尊严与道德价值观方面，在人与人关系之宽容、尊重与和谐人际关系、乐于助人方面，在人与社会关系之关心弱势群体与公益事业、有道德勇气、批评精神与尽职尽责于公共事务方面，在人与国家关系之尊重制度规范、民族文化与国家认同、忠诚廉洁方面，在人与世界关系之和平主义、修文德以来之及文明与宗教对话方面，在人与生态环境关系之尊重生命、仁民爱物、厚德载物、天地万物一体方面等，都有丰富的文化精神资源可以发掘、调动、转化出来，用于当世。

---

① 刘国强、谢均才编著《变革中的两岸德育与公民教育》（修订版），香港中文大学出版社，2004，《导言》，第1页。

② 张秀雄、李琪明：《理想公民资质之探讨——台湾地区个案研究》，载刘国强、谢均才编著《变革中的两岸德育与公民教育》（修订版），第30页。

③ 张秀雄、李琪明：《理想公民资质之探讨——台湾地区个案研究》，载刘国强、谢均才编著《变革中的两岸德育与公民教育》（修订版），第32页。

儒学是生活的智慧，特重生命与性情教育，主张知行合一。儒家之教，重在教人成德，所以称为"成德之教"。在儒家看来，道德善恶的标准、道德实践的根据在内心的良知良能，这一本心本性又不是事实经验层面的，而是有超越的天道为源头或理据的。但与基督教不同，儒家不把道德的基础放在外在超越的存在上，而是放在内在心性上，因而十分重视心性修养的工夫。[①] 这一成德之教有着十分丰富且生动的内容与实践性，在今天的家庭、社会、学校的教育中，特别是公民教育与价值教育中，完全可以做创造性的转化。

参考文献

1. 郭齐勇：《中国儒学之精神》，复旦大学出版社，2009。
2. 《先秦儒学关于社会正义的诉求——郭齐勇教授在复旦大学哲学学院的演讲》，2009 年 1 月 11 日《解放日报》理论版。
3. 郭齐勇：《儒学与马克思主义中国化及中国现代化》，《马克思主义与现实》2009 年第 6 期；《新华文摘》2010 年第 8 期转载。
4. 崔涛、郭齐勇：《先秦儒家生态伦理思想探讨》，载邓正来主编《中国社会科学辑刊》，2010 年 6 月夏季卷（总第 31 期），复旦大学出版社，2010。
5. 郭齐勇：《综论现当代新儒学思潮、人物及其问题意识与学术贡献——兼谈我的开放的儒学观》（上）（下），《探索》2010 年第 3、4 期连载。
6. 郭齐勇：《再论儒家的政治哲学及其正义论》，《孔子研究》2010 年第 6 期。

（编辑：孙熙国）

[①] 参见刘国强《从儒家心性之学看道德教育成效之内在基础》，载刘国强、谢均才编著《变革中的两岸德育与公民教育》（修订版），第 91 页。

儒家"仁爱"思想论纲

吴根友

摘　要：统儒家的"仁爱"思想可从两个层面、四个历史发展阶段加以理解。两个层面即核心精神层面——仁者爱人的理想性目标与为仁之方、能近取譬的道德实践方法论和推行"仁政"的政治实践方法论两个大的层面。四个阶段是周秦时代原始儒家的仁爱思想，以孔孟荀为代表。第二阶段是汉至唐代儒家的仁爱思想，其代表人物是董仲舒和韩愈。第三阶段是宋元明清时期的新儒家。第四个阶段是晚清至现代新儒家。当代中国的价值秩序重构要以"仁爱"为心灵的起点。

关键词：儒家　仁爱思想　仁者爱人　仁政　为仁之方

作者简介：吴根友，哲学博士，武汉大学哲学院、国学院教授，武汉大学哲学院、国学院副院长（武汉，430072）。

　　"仁爱"思想并非由儒家最先提出，在中国经典中，《尚书》、《诗经》中均出现过"仁"字，《左传》、《国语》中多次出现过"仁"字。[①] 但是，以"仁爱"思想为核心，重构礼乐文明的新秩序，则始于儒家创始人孔子。因此，我们可以这样说，"仁爱"思想是儒家思想体系的核心与灵魂。近现代以来，不同的思想史、哲学史著作对中国历史上各家"仁爱"思想均有不同程度的论述，然而相当遗憾的是，到目前为止，就笔者的阅读所见，还没有看到一本系统论述中国"仁爱"思想发展历程的专著。本文不揣固陋，

---

　　① 参见葛荣晋著《中国哲学范畴通论》第二十九章"仁"，首都师范大学出版社，2001，第699页。

以简要论纲的形式勾勒儒家"仁爱"思想发展的历程及其基本框架，详细、周全而又准确的论述期待日后以专著的形式来完成。

简洁地说，传统儒家的"仁爱"思想可以从四个历史发展阶段、两个层面加以理解。所谓两个层面，即核心精神层面——仁者爱人的理想性目标与为仁之方、能近取譬的道德实践方法论和推行"仁政"的政治实践方法论两个大的层面。四个阶段是指：周秦时代原始儒家的仁爱思想，以孔子、孟子、荀子为代表。第二阶段是汉至唐代儒家的仁爱思想，吸收了先秦时代阴阳家、道家和墨家思想之后的新仁爱思想，其代表人物是董仲舒对"仁义"的新解释和韩愈对"仁爱"思想的再定位。第三阶段是宋元明清时期的新儒家，他们在吸收了佛道思想之后，特别是在吸收了易传的思想之后，将泛爱万物与生生之德的思想纳入仁爱思想之中，把血缘家庭之爱泛化为天地的秩序，又将生生之意与生生之心规定为"仁之体"。晚明到清代中叶的中国"早期启蒙思想家"王夫之、戴震等人，从气化论的角度又重新诠释宋明儒的"泛爱万物"与"生生之仁"，既表现了与宋明儒的不同，在整体思维框架上又没有超出宋明儒对"仁爱"的新解释。而其后学阮元则继承其反理学思想，以"相人偶释仁"，将"仁爱"思想落实到人伦关系之中。第四个阶段是晚清至现代新儒家，谭嗣同、康有为等人引进西方的平等、博爱思想，将仁爱思想与现代资产阶级的诸价值联系在一起，熊十力等现代新儒家努力接续宋明儒的仁爱思想，也努力将现代西方的平等、博爱思想与仁爱思想链接起来。从而展示了儒家思想与现代人文理想对接的可能性。

一 儒家"仁爱"思想的基本内涵及其发展历程

（一）原始儒家"仁爱"思想的基本内涵

"仁爱"思想是儒家思想的起点。孔子讲，"人而不仁如礼何？人而不仁如乐何？"这句话的意思是说：没有"仁爱"，礼乐等外在的制度都将失去根本精神而变成一个空壳子。因此，是孔子将"仁爱"思想灌注到周公创建的礼乐文化制度之中，使得礼乐文化制度获得了新的生命力。这是孔子"仁爱"思想在中国思想史、文化史上的重大贡献之处。

另一方面，作为个人修养的"仁爱"思想，是孔子对中国道德哲学、伦理学的巨大贡献。他又提出了"克己复礼为仁"的外在道德原则制约的法则和"为仁由己"道德自愿原则。这表明孔子是以继承周代旧文的制度与文化来进行思想创新的。

"为仁由己"，以及"我欲仁，斯仁至矣"等说法，使得孔子开创的以"仁爱"为核心的道德、伦理学充满了一种尊重道德主体自愿的光辉思想。按照中国现代哲学家冯契对"自由"的哲学解释，自由在伦理学领域里包含有自愿与自觉两个方面内容。那么，作为一种伦理学的仁爱思想，则就包含了这两个方面的内容。克己复礼复乐为自觉遵守道德原则，属于道德理性内容。"为仁由己"，"我欲仁"属于自愿方面的内容。

在孔子思想体系中，"仁爱"的内容非常丰富、复杂。作为一种理想社会的原则，"博施于民"的仁政理想状态，儒家所景仰的圣人尧舜也没有完全做到。因此，孔子思想中，"仁政"理想是隐而不显的，他主要继承周代文化的"德政"观念。"为政以德"有很多具体的说法，如惠民、爱民、不伤人、不杀人都是德政的具体表现。德政即是仁爱理想在政治实践中的具体表现。

到了孟子，"仁爱"思想主要表现为一种"仁政"理想。孟子对"仁政"论述得非常充分。如在"仁政"的内容方面，他有如下的论述："今王发政施仁，使天下仕者皆欲立于王之朝，耕者皆欲耕于王之野，商贾皆欲藏于王之市，行旅皆欲出于王之涂，天下之欲疾其君者，皆欲赴诉于王，其若是，孰能御之?"（《梁惠王上》）这种天下人皆欲趋赴于王的仁政理想，正是孔子德政理想的更为具体化的描述。

在达致"仁政"的方法方面，他也有具体的论述：通观《孟子》全书，其"仁政"的具体措施可以概括为四个方面的政策：①确保社会经济基础厚实——"七十者衣帛食肉，黎民不饥不寒，然而不王者，未之有也。"②尊重人民的生命财产——"保民而王，莫之能御也。"③就像关怀自己家庭成员一样关心天下百姓——"老吾老，以及人之老；幼吾幼，以及人之幼。天下可运于掌。"（《梁惠王上》）④乐民之乐，忧民之忧——"乐民之乐者，民亦乐其乐；忧民之忧者，民亦忧其忧。乐以天下，忧以天下，然而不王者，未之有也。"（《梁惠王下》）

孟子坚信："仁者无敌于天下"。他说："不仁而得国者，有之矣；不仁而得天下，未之有也。"（《尽心下》）孟子理想中的"仁政"是："行一不义，杀一不辜而得天下，皆不为也。"（《公孙丑上》）他对现实政治的两种形态——"王道"与"霸道"进行了原则的划分："以力假仁者霸，霸必有大国，以德行仁者王，王不待大。"（《公孙丑上》）这些政治理想在今天看来，尤其是在国际政治原则方面都具有重要的启迪意义。

孟子对孔子"仁爱"思想的发展还表现在对"仁爱"思想的人性基础进行了一种哲学形上学的论证，从人性论的角度提出了人皆有"四端"之心的说法，认为人天生的就具备恻隐之心，羞恶之心，辞让之心，是非之心，并认为这种"四端"之心，就是人禽之间细微差别之所在。这一论述角度，为"仁爱"思想提供了一种普遍的人性基础。而这一思想基本上成为两汉以后儒家人性论的主流思想。

相对于孔子而言，孟子还从"仁爱"之心出发，建构了一套以"仁爱"的道德感情为基础的人间秩序观，那就是《尽心上》篇所说的："君子之于物也，爱之而弗仁；于民也，仁之而弗亲。亲亲而仁民，仁民而爱物。"① 在孟子看来，理想中的人，对于自身以外的物、民、亲人三者之间，保持着一种恰当的爱的情感秩序，那就是：对于物要珍惜，对于与自己没有血缘关系的其他人，要以人的态度对他们，并给予必要的同类的关爱，对于自己的亲人，则是以亲切的、亲近的爱的情感对待他们。由孟子所构设的这一爱的伦理秩序，以及由《礼记》和孟子所反复强调的"爱有差等"的原则，是儒家区别于其他学派的特有的爱的伦理秩序观，并在先秦与墨家、道家的争论中得以凸显出来。历史上的儒家在具体的论述上有很多变化，而能够保持儒家思想流派的身份的统一性，正在于他们认同"爱有差等"的原则与秩序。儒家"爱的秩序观"，对现代人的道德情感提供了有启示意义的秩序感，这也将是在现代社会发展儒学的一个可能的面向。

相对于孟子而言，荀子在有关于仁义的具体内含的阐述方面没有多少新的思想贡献。他主要强调要"隆礼重法"，以实现社会的有序化。不过他的王道政治理想的核心还是"仁爱"精神。在对比王者与霸者的不同时，荀子说："彼王者不然，仁眇天下，义眇天下，威眇天下，仁眇天下，故天下莫不亲也。义眇天下，故天下莫不贵也。威眇天下，故天下莫敢敌也。以不知之威，辅服人之道，故不战而胜，不攻而得，甲兵不劳而天下服，是知王道者也。知此三具者，欲王而王，欲霸而霸，欲强而强矣。"（《王制》）

---

① 朱熹：《四书章句集注》，中华书局，1983，第363页。

在修身方面，荀子也强调仁义的价值。他说："仁义礼善之于人也，辟之若货财粟米之于家也，多有之者富，少有之者贫，至无有者穷。"①

但从整体上说，荀子对于孔子所创发的仁爱思想，贡献不如孟子。

（二）汉唐时代"仁爱"思想的新发展

汉初以黄老道家思想为主，儒家思想处在蛰伏状态。即使如此，大政治家兼思想家、文学家贾谊就充分地认识道"仁爱"思想在政治守势情形下的根本意义。他在《过秦论》上篇分析秦王朝灭亡的原因时指出：秦王朝的灭亡是因为秦始皇在政治治理过程中不施仁义。因此，他对汉朝的最高统治者进言道："人主仁而境内和矣，故其士民莫弗违也；人主义而境内理矣，故其士民莫弗顺也。"② 贾谊对"仁爱"思想的认识基本上还保持着先秦儒家的基本特色。他说："心兼爱人谓之仁。反仁为戾。"③ 这与孔子"仁者爱人"的思想是相当一致的。相对荀子重视礼"养人之欲，给人之求"的约束性一面而言，贾谊更突出了"仁爱"精神在礼制中的灵魂地位。他在论"礼"的问题时说："礼，圣王之于禽兽也，见其生不忍辱负重见其死，闻其声不尝其肉，隐弗忍也。故远庖厨，仁之至也。"④ 又说："故仁者行其礼，则天下安而万理得矣"，最终实现"铄乎大仁之化也"。⑤ 很显然，在仁与礼关系问题上，贾谊表现出了综合孟子与荀子思想复归于孔子的思想倾向，将仁看作礼的灵魂，将礼看成是实现"仁爱"的制度保证。

贾谊在政治生活中十分重视最高统治者要有"仁爱"之心，但在思想体系的建构方面，贾谊还深受黄老道家思想的影响。这突出表现在他以道、德为核心观念，而将"仁爱"看成是"道"在实践层面的一种体现。贾谊这样说道："黄帝曰：'道若川谷之水，其出无已民，其行无止。'故服人而不为仇，分人而不谞者，其惟道矣。故播之于天下而不忘者，其惟道矣。是以道高比于天，道明比于日，道安比于山。故言之者见谓智，学之者见谓贤，守之者见谓信，乐之者见谓仁，行之者见谓圣人。"⑥ 很显然，"仁爱"

---

① 荀子：《大略》，王先谦撰《荀子集解》（下），中华书局，1988，第 515 页。
② 贾谊：《道术》，阎振益、钟夏校注《新书校注》，中华书局，2000，第 302 页。
③ 贾谊：《道术》，阎振益、钟夏校注《新书校注》，第 302 页。
④ 贾谊：《礼》，阎振益、钟夏校注《新书校注》，第 216 页。
⑤ 贾谊：《礼》，阎振益、钟夏校注《新书校注》，第 217 页。
⑥ 贾谊：《修政语上》，阎振益、钟夏校注《新书校注》，第 217 页。

仅是"道"在乐道者身上的一种德性的表现。在另外地方，贾谊将"仁爱"看成是"德"之六美之一，他说："德有六美，何谓六美？有道、有仁、有义、有忠、有信、有密，此六德之美也。"① 他在论述道、德、仁、义的关系时，更加明显地体现了贾谊思想深受黄老道家影响的一面。他说："物所道始谓之道，所得以生谓之德。德之有也，以道为本。故曰'道者德之本也'。德生物又养物，则物安利矣。安利物者，仁行也。仁行出于德，故曰'仁者，德之出也'。德生理，理立则有宜，适之谓之义。义者，理也。故曰'义者德之理也'。"② 由此段引文可知，"仁行"是由德生物而又养物的一种表现，可见"仁爱"思想在贾谊的思想建构中还没有居于核心地位，而仅是其政治思想的重要组成之一。

汉代大儒董仲舒对儒家"仁爱"思想的发展有新的理论贡献。在《春秋繁露》一书中，他多次对仁与义给出了新的规定。他说："春秋之所治，人与我也。所以治人与我者，仁与义也。以仁安人，以义正我，故仁之为言人也，义之为言我也，言名以别矣。仁之于人，义之与我者，不可不察也。众人不察，乃反以仁自裕，而以义设人。诡其处而逆其理，鲜不乱矣。"③ 董仲舒进一步说道："仁之法在爱人，不在爱我。义之法在正我，不在正人。我不自正，虽能正人，弗予为义。人不被其爱，虽厚自爱，不予为仁。"④

上述引文表明，董仲舒要求所有的人都应当以仁之态度待他人，而以义的规范约束自己，特别是统治者更应该如此。这一要求突出了孔子"仁者爱人"的一面（孔子还有"惟仁者能恶人"的一面），从理论上看虽有偏颇之处，但不失为一种有所侧重的新发展。与孔子从来不给"仁"下定义的做法不同，董仲舒对"仁"给出了一个描述性的定义："何谓仁？仁者憯怛爱人，谨翕不争，好恶敦伦，无伤恶之心，无隐忌之志，无嫉妒之气，无感愁之欲，无险诐之事，无辟违之行。故其心舒，其志平，其气和，其欲节，其事易，其行道，故能平易和理而无争也。如此者谓之仁。"⑤

此处，董仲舒以"仁者"之行来定义抽象的"仁"，在理论上虽不周

---

① 贾谊：《道德说》，阎振益、钟夏校注《新书校注》，第 327 页。
② 贾谊：《道德说》，阎振益、钟夏校注《新书校注》，第 327 页。
③ 《春秋繁露·仁义法第二十九》，衡水师范专科学校、中华传统文化研究所编注，袁长江主编《董仲舒集》，学苑出版社，2003，第 194 页。
④ 《春秋繁露·仁义法第二十九》，《董仲舒集》，第 194 页。
⑤ 《春秋繁露·必仁且智第三十》，《董仲舒集》，第 202 页。

全，但对于人们从经验上领会"仁"有帮助，那就是一个既富有同情心，又遵守儒家伦理规范的"君子"就是抽象"仁爱"观念的生动体现。

除上述有关仁者的论述之外，董氏对"仁人"的论述还有另一种描述："仁人者正其道不谋其利，修其理不急其功，致无为而习俗大化，可谓仁圣矣。"① 此处的"仁人"显然是指执政者。

简而言之，董氏通过"仁义之辩"，揭示了仁者，以爱他人为标志的政治哲学道理。虽在理论上将仁义思想褊狭化了，但也是对先秦儒家仁义理论的一种片面化的发展。董氏对仁义的新解释，其着眼点主要在政治哲学方面，不像先秦儒家从多方面来论述仁义思想的丰富内含。这一点我们必须有清醒的认识。

东汉官方的经典文献《白虎通》虽然全面继承儒家的礼制思想，但作为官方的法典文献没有将"仁爱"思想放在核心地位，只是在《性情》论部分将仁义礼智信看着人性的"五常"。然后又在五行与五藏的关系中重新阐发"仁"者好生之德。《白虎通》这样说道："五性者何谓？仁义礼智信也。仁者，不忍也，施生爱人也。"② 又说："五藏，肝仁，肺义，心智，肾智，脾信也。"而肝为什么属仁？《白虎通》的解释是："肝，木之精也。仁者好生，东方者，阳也，万物始生，故肝象木色青而有枝叶。"③《白虎通》一书中"仁爱"精神的边缘化，从一个方面显示了儒家思想官方后的变形，这对于研究儒家思想发展史有非常重要的启示意义。

魏晋南北朝时期，玄学思潮兴盛，佛教、道教思想的兴起与发展，对儒家"仁爱"思想的发展在理论上也有一定的贡献。何晏的《论语集解》、王弼的《老子注》，还是涉及仁、仁义的新解释。何晏的"仁者乐山"章句注云："仁者乐如山之安固，自然不动，万物生焉。"④ 突出了"仁爱"生发万物的意义，显然与东汉《白虎通》以生意释仁有内在关联性。这与先秦儒家，包括董仲舒在内的儒家以爱人释仁有明显的不同，有一定的新意。王弼在注老的过程中，以玄学的形式重新阐释仁义之德如何得以彰显的政治哲学问题。他说："故苟得其为功之母，则万物作焉而不辞也，万物存焉而不劳也，用不以形，御不以名，故仁义可显，礼敬可彰也。夫载之以大道，镇

① 《春秋繁露·对胶西王越大夫不得为仁第三十二》，《董仲舒集》，第 211 页。
② 《白虎通疏证》（上），中华书局，1994，第 381 页。
③ 《白虎通疏证》（上），中华书局，1994，第 383～384 页。
④ 参见侯外庐、赵纪彬、杜国庠《中国思想通史》第三卷，人民出版社，1957，第 108 页。

之以无名，则物无所尚，志无所营，各任其贞，事用其诚，则仁德归厚焉，行义正焉，礼敬清焉。……故仁德之厚，非用仁之所能也，行义之正，非用义之所成也，礼敬之清，非用礼之所济也；……仁义，母之所生，非可以为母，形器匠之所成，非可以为匠也。"（《道德经》三十八章注）① 很显然，王弼想找到实现仁德归厚、仁义所成的根本方法——"道"，否定直接从仁义之德出发以实现仁德归厚的可能性。这一玄学化的解释固然与先秦儒家"仁爱"思想的出发点有很大的偏离，但也有其理论上的深刻之处。孟子曾经反对市仁卖义的"行仁义"的做法，提出"由仁义行"正途。王弼在魏晋政治动荡的时代背景下，要求统治者"达自然之至，畅万物之情"，"因而不为，顺而不施"（《道德经》二十九章注）②，放弃直接"由仁义行"的正面有为做法，以玄学的形式综合儒道二家的思想，从理论上说对于儒家"仁爱"思想的发展有其特定的历史意义。

韩愈是唐代的大文学家，但他对儒家"仁爱"思想的发展却有贡献。在《原道》篇，他从博爱的角度重新阐述了秦汉以来儒家的"仁爱"思想。他说："博爱之谓仁，行而宜之之谓义，由是而之焉之谓道，足乎己，无待于外之谓德。仁与义，为定名；道与德，为虚位，故道有君子小人，而德有凶有吉。"③ 正是以"博爱"来诠释儒家的"仁爱"思想，所以他一反孟子辟杨墨的说法，认为儒墨有相通之处。《读墨子》一文认为，"孔子泛爱亲仁，以博施济众为圣，不'兼爱'哉？""儒墨同是尧舜，同非桀纣，同修身正心以治天下国家，奚不相悦如是哉？""孔子必用墨子，墨子必用孔子。不相用，不足为不能不墨。"④

韩愈已经开始将儒家的"仁爱"思想扩展为对夷狄禽兽之爱了，这种新解释对于宋代学者提出的"仁者与天地万物为一体"的仁爱思想产生了积极的影响。他说："天者，日月星辰之主也。地者，草木山川之主也。人者，夷狄禽兽之主也。主而暴之，不得其为主之道矣。是故圣人一视而同仁，笃近而举远。"⑤ 韩愈将"仁爱"思想明确地规定为对万物、境外少数民族"一视同仁"，是对先秦原始儒家仁爱思想合理的引申，也是东汉以降

---

① 参见侯外庐、赵纪彬、杜国庠《中国思想通史》第三卷，第 119～120 页。

② 参见侯外庐、赵纪彬、杜国庠《中国思想通史》第三卷，第 121 页。

③ 钱仲联、马茂元点校《韩愈全集》，上海古籍出版社，1997，第 120 页。

④ 钱仲联、马茂元点校《韩愈全集》，上海古籍出版社，1997，第 129 页。

⑤ 钱仲联、马茂元点校《韩愈全集》，上海古籍出版社，1997，第 124 页。

重视以"生意"解释"仁爱"思想的一种合理的发展。韩愈对"仁爱"思想的论述虽然不够丰富，但对于宋儒的"一体之仁"思想的产生起到了催化、引发的作用。

（三）宋元明清时代"仁爱"思想的新范式及其转化

宋儒以后，由于受佛教思想的影响，儒家"仁爱"秩序稍微有所变化，更加凸显了"仁爱"的广通性，提出了"仁者与天地万物为一体"的思想。如张载《正蒙·大心篇》有"大其心则能体天下之物"，"其视天下无一物非我"，意思是说：要开阔自己的心胸，才能体察万物，才能认识到万物各自存在的价值和意义。以人心去合天心，才能实现天人合一，物我一体。"大心"的最高境界就是"民胞物与"。张载的《西铭》这样讲："乾称父，坤称母，予兹藐焉，乃浑然中处。故天地之塞吾其体，天地之帅吾其性。民吾同胞，物吾与也。"既然天地是父母，那么天地所生的百姓就是我的同胞兄弟，天地所生的万物就是我的同伴。这一思想是宋代儒家对原始儒家"仁爱"思想的一种新发展。如果说，在孟子那里，物、民、亲三者还有一种远近、亲疏之别，在宋儒那里，物、民、亲三者已经融为一体，"天下一家"，人与物，与他人的关系都被看做是一种家庭成员的关系。这一思想，不仅与现代的人道主义思想相通，而且还与现代的生态主义相通。这样，宋儒就给我们提供了一个新统一的世界秩序：即以仁爱精神为基础的"天道—人性—社群—自然万物融为一体的一统世界图景。[①] 不过，宋儒的"仁爱"思想虽是儒家的而不同于墨家的"兼爱"思想，或者是基督教的博爱，因为其核心精神还是以儒家的血缘亲情为基础的。不同于先秦原始儒家的地方在于：他们将这种血缘亲情泛化为一种充塞天地的普遍道德情感罢了。而这种以血缘亲情为基础的"新仁爱"思想还是有一种亲疏之别的。

张载的这一思想，在同时代的程颢思想中亦有回应，程颢在《识仁篇》说："学者须先识仁。仁者，浑然与物同体。"在《定性书》中说："夫天地之常，以其心普万物而无心；圣人之常，以其情顺万事而无情。故君子之学，莫若廓然而大公，物来而顺应。"这和张载的"大心""民胞物与"的思想如出一辙。

---

① 参见胡治洪《儒学价值与当代世界》，赵林、邓守成主编《启蒙与世俗化——东西方现代化历程》，武汉大学出版社，2008。

南宋大哲学家朱熹在《仁说》篇说中，对传统儒家的"仁爱"思想又有所发展，他继承并发展了程明道以"生物之心"诠释"仁德"的新方向①，他说："天地以生物为心者也，而人物之生，又各得夫天地之心以为心者也。故语心之德，虽其总摄贯通，无所不备，然一言以蔽之，则曰仁而已矣。"

　　他又进一步阐发"仁道"在人心中之妙，说道："盖仁之为道，乃天地生物之心即物而在：情之未发而此体已具，情之既发而其用不穷，诚能体而存之，则众善之源，百行之本，莫不在是。此孔门之教所以必使学者汲汲于求仁也。"

　　朱子"以生物之心"释仁的思想，就思想渊源来说，明显吸取了《易传》哲学"天地之大德曰生"和"生生之谓易"思想。通过对周敦颐、张载、程颢等人"仁者与天地万物为一体"的"新仁学"思想的综合，形成了宋明时期以"感通"、"一体"和"生生"释"仁"的"新仁学"典范。这一新的"仁爱"思想被明代心学大家王阳明所继承，并从心学的立场将其本体化，将这种"本体之仁"看成是"天命之性"与人之"明德"。王阳明这样说道：

　　　　大人之能以天地万物为一体也，非意之也，其心之仁本若是，其与天地万物而为一也。岂惟大人，虽小人之心亦莫不然，彼顾自小之耳。是故见孺子之入井，而必有怵惕恻隐之心焉，是其仁之与孺子而为一体也；孺子犹同类者也，见鸟兽之哀鸣觳觫，而必有不忍之心焉，是其仁之与鸟兽而为一体也；鸟兽犹有知觉者也，见草木之摧折而必有悯恤之心焉，是其仁之与草木而为一体也；草木犹有生意者也，见瓦石之毁坏而必有顾惜之心焉，是其仁之与瓦石为一体也；是其一体之仁也，虽小人之心亦必有之。是乃根于天命之性，而自然灵昭不昧者也，是故谓之"明德"。②

　　上述王阳明所阐述的"仁爱"思想在一定意义上又带有泛神论的特色，这种"新仁学"思想对泰州学派王艮等人产生巨大影响，进而在晚明的社

<hr />

① 程明道："天地之大德曰生"，"天地纲缊，万物化醇"，"生之谓性"……万物之生意最可观，此元者善之长也，斯所谓仁也。《二程遗书》，上海古籍出版社，2000，第167页。

② 吴光、钱明、董平、姚延福编校《王阳明全集（下）·大学问》，上海古籍出版社，1992，第968页。

会条件下生发出带有现代人道主义的思想萌芽。此是后话。

明清易代之际，顾炎武、黄宗羲、王夫之、方以智、傅山等一大批思想家，从不同角度展开了对传统思想的全面反思。他们对传统儒家的"仁爱"思想均有所论述，限于篇幅，仅以王夫之的"仁论"思想为代表。

王夫之的"仁论"内容极其丰富，难以深论，撮其要而论之，在于他"以人道率天道"的"新仁论"思想。[①] 他说：

> "立人之道，曰仁与义。"在人之天道也。"由仁义行"，以人道率天道也。"行仁义"则待天机之动而后行，非能尽夫人之所以异于禽兽者矣。天道不遗于禽兽，而人道则为人之独，由仁义行，大舜存人道圣学也，自然云乎哉！[②]

王夫之这一"以人道率天道"的思想，在《礼记章句序》（约58岁时所写）中就已经初露端倪。他将"仁"看成人文世界之"体"，并将仁看成是"五经"的根本精神，在仁礼互为体用的思想框架下，全面阐发了"仁爱"思想对于人文世界的根本意义。只是他此时还没有将仁礼互为其体的"新仁论"思想上升到人道之独的理论高度。他说：

> 易曰："显诸仁，藏诸用。"缘仁制礼，则仁体也，礼用也；仁以行礼，则礼体也，仁用也。体用之错行而仁义之互藏，其宅固矣。人之所以异于禽兽，仁而已矣；中国之所以异于夷狄，仁而已；君子之所以异于小人，仁而已矣。而禽兽之微明，小人之夜气，仁未尝不存焉，唯其无礼也，故虽有存焉者而不能显，虽有显焉者而无所藏。故子曰："复礼为仁。"……仁之经纬斯为礼，日生于人心之不容已，而圣人显之。逮其制为定体而待人以其仁行之，则其体显而用固藏焉。……《记》之与《礼》相倚以显天下之仁，其于人之所以为人，中国之所以为中国，君子之所以为君子，盖将舍是而无以为立人之本，是《易》、《诗》、《书》、《春秋》之实缊也。[③]

---

① 此点详细论述参见萧萐父、许苏民《王夫之评传》第五章，南京大学出版社，2002，第292~299页。
② 王夫之：《思问录·内篇》，《船山全书》（十二），岳麓书社，2011，第405页。
③ 王夫之：《礼记章句序》，《船山全书》（四），第9页。

在心性论的领域里,王夫之虽也认同宋明儒中"心性不二"的说法,但并未将心性等同起来,因此在"仁说"方面,他既"不同意朱熹的心体即仁说,也不同意王阳明的本心即仁之说"。① 而是辩证地处理心性的关系。一方面,他强调"性函于心"、"仁函于心"②,并说:"仁义,善者也,性之德也。心含性而效动,故曰仁义之心也。仁义者,心之实也,若天之有阴阳也。"③ 又说:"天与人以仁义之心,只在心里面。唯其有仁义之心,是以心有其思之能,不然,则但解知觉运动而已(犬牛有此四心,但不能思)。此仁义为本而生乎思也。"④ 另一方面,他又说:"乃心唯其有其思,则仁义于此而得,而所得亦必仁义。"⑤ 要求人们运用心之知觉去思考,以求得心中所含有的性体之仁义。突出人心之思对人性中隐而不显的仁之体的开显、发用的能动性。

在理欲观方面,王夫之在肯定人循"礼"的前提下,强调了人类社会应当"恃天之仁",以正当的方式追求美色、美味。他说:"君子敬天地之产而秩以其分,重饮食男女之辨而协以其安。苟其食鱼,则以河鲂为美,亦恶得而弗河鲂哉?苟其娶妻,则以齐姜为正,亦恶得而弗齐姜哉?"⑥ 又说:"甘食悦色,天地之化机也。老子所谓犹橐籥动而愈出者也,所谓天地以万物为刍狗者也,非天地之以此刍狗万物,万物自效其刍狗尔。"⑦ 在王夫之看来,人们对美色美味的追求,是天地大化的根本秘密所在。万物相对于人的需要而言,只不过是如祭祀的牺牲品"刍狗"一般,随着人们需求的变化而由必须转变为过时。人性的充分发展,正在于"入五色而用其明,入五声而用其聪,入五味而观其所养",然后"周旋进退,与万物交而尽性",最终达到"以立人道之常"⑧ 的目的。如果人们不懂得"天使人甘食悦色"的"天之仁",结果会是"恃天之仁而违其仁,去禽兽不远矣"。⑨ 这一新仁论思想内容在理论上已经暗含了某种近现

<hr />

① 葛荣晋:《中国哲学范畴通论》第二十九章"仁",第720页。
② 王夫之:《周易内传》卷五,《船山全书》(一),第528页。
③ 王夫之:《读四书大全说·梁惠王上》,《船山全书》(六),第895页。
④ 王夫之:《读四书大全说·告子上》,《船山全书》(六),第1093页。
⑤ 王夫之:《读四书大全说·告子上》,《船山全书》(六),第1093页。
⑥ 王夫之:《诗广传·陈风》,《船山全书》(三),第374页。
⑦ 王夫之:《思问录·内篇》,《船山全书》(十二),第405页。
⑧ 王夫之:《尚书引义·顾命》,《船山全书》(二),第409页。
⑨ 王夫之:《思问录·内篇》,《船山全书》(十二),第406页。

代性的思想因素了。

在政治哲学方面，王夫之提出了"君天下者，仁天下者也"的光辉命题。[①] 在这一命题中虽然还带有汉民族中心主义的陈渣，但却在新的思想条件下重新阐述了先秦原始儒家以"仁爱"精神为核心的政治哲学思想。王夫之反对历史上"王者不治夷狄"的观点，要求用人文的政治代替野蛮的政治。他说：

> 君天下者，仁天下者也。仁天下者，莫大乎别人于禽兽，而使其贵生。苗夷部落之魁，自君于其地者，皆导其人以戾淫虐，沉溺于禽兽，而掊削诛杀，无间于亲疏，仁人固弗忍也。则诛其长，平其地，受成赋于国，涤其腥秽，被以衣冠，渐之摩之，俾诗、书、礼、乐之泽兴焉。于是而忠孝廉节文章政事之良材，乘和气以生，夫岂非仁天下者之大愿哉？[②]

到了清代乾嘉时期，戴震继续沿着气化论的形上学道路，阐发宋明儒开创的新"仁学"思想。他将天道的"气化生生"与人道的"日用生生"联系起来，说道：

> 自人道溯之天道，自人之德性溯之天德，则气化流行，生生不息，仁也。由其生生，有自然之条理，观于条理之秩然有序，可以知礼；观于条理之截然不可乱，可以知义矣。在天为气化之生生，在人为其生生之心，是乃仁之为德也。[③]

此处，戴震虽然将"仁"看成是"生生之心"，但其思想基础与程子、朱熹不同。而且，戴震对"心识"的论述也不同于程子与朱子，他坚持一种光照论的认识论路线，强调心智在经验的学习中成长的过程。另外，在戴震的思想中，他所说的"生生"之德，更偏重于关注下层百姓日常物质生活的一面，与程子、朱子亦有不同之处。如他说："仁者，生生之德也；

---

① 有关此问题的详细论述，可参见（深圳大学）王兴国教授《船山政治哲学的出发点》一文，见王兴国主编《船山学新论》，湖南人民出版社，2005，第634~641页。

② 王夫之：《宋论》卷六，《船山全书》（十一），第174~175页。

③ 《孟子字义疏证》卷下《仁义礼智》。

'民之质矣，日用饮食'，无非人道所以生生者。一人遂其生，推之而与天下遂其生，仁也。"① 因而带有为世俗社会追求"日新"的物质生活提供伦理合理性论证的新道德气象。

因此，戴震对"仁爱"思想的论述既有继承宋明儒的一面，又有自己的理论创新的一面。在一定意义上说，从更高的理论层面回归到先秦原始儒家"仁爱"思想关注"民生日用"的起点上。

"乾嘉学术"后期，著名的学者兼思想家阮元又从训诂学的哲学思考进路发展了儒家的"仁爱"思想。他提出了著名的"相人偶"的"新仁学"思想。阮元将"仁学"看成是孔子的核心思想，如他说："孔子为百世师，孔子之言著于《论语》最多。《论语》言五常之事详矣，惟论'仁'者凡五十有八章，'仁'字见于《论语》者凡百有五，为尤详。若于圣门最详切之事论之，尚不得其传而失其旨，又何暇别取《论语》所无之字标而论之邪？"② 在《〈论语〉论"仁"论》长文里，阮元几乎是通过资料长编的方式，将《论语》涉及"仁"字的资料集中在一起，同时又引证其他文献，以证明孔子的"仁学"思想是他所理解的那样："相人偶为仁"之意。

他为了证明他的"仁，即相人偶"新仁学观点，以训诂的方式引证了大量的语言学文献："许叔重《说文解字》：'仁，亲也。从人二。'段若膺大令《注》曰：'见部曰："亲者，密至也。"会意。'《中庸》曰：'仁者，人也。'《注》：'人也，读如相人偶之人，以人意相存问之言。'《大射仪》：'揖以耦。'《注》：'言以者，耦之事成于此意相人耦也。'《聘礼》：'每曲揖。'《注》：'以人相人耦为敬也。'《公食大夫礼》：'宾入三揖。'《注》：'相人耦。' 《诗·匪风》笺云：'人偶能烹鱼者。偶能辅周道治民者。'……以上诸义，是古所谓人耦，犹言尔我亲爱之辞。独则无耦，耦则相亲，故其字从人二。"③

阮元对"仁爱"思想的解释与阐发在一定意义上又回归到了先秦原始儒家从人际关系角度阐发"仁者爱人"的思想立场，摆脱了宋明理学以降从"生生"和"万物一体"角度论仁的思想传统。然由于时代条件

---

① 《孟子字义疏证》卷下"仁义礼智"。
② 《〈论语〉论"仁"论》，《研经室集》（上），第176页。
③ 《〈论语〉论"仁"论》，《研经室集》（上），第1768～179页。

的限制，阮元的这一"新仁学"思想并未进一步得到充分的发展。到了晚清激烈巨变的时代里，谭嗣同的《仁学》一书则以前所未有的思想跨度，将传统儒家的"仁爱"思想与现代资产阶级的人道主义精神链接起来了。传统儒家的"仁爱"第一次从思想上实现了与现代文化精神的对接工作。

（四）晚清、现代新儒家的"仁爱"思想与人道主义思想的对接

晚清戊戌变法时期，谭嗣同专门写了一部著作，名叫《仁学》，以"仁者通"为核心命题，阐发上下相通，男女相通，内外相通，从而实现上下平等，男女平等的理想社会。由于谭氏此书写得比较仓促，有些概念之间的关系没有说清楚。如在《仁学》开首部分明确地说："以太也，电也，心力也，皆所以通之具。"也即是说，以太、电、心力都是实现通的具体凭借，而"通"的状态才是其"新仁学"的根本精神。但在《仁学一》之一的开头又说："遍法界、虚空界、众生界，有至大、至精微，无所不胶粘、不贯洽、不筦络、而充满之一物焉，目不得而色，耳不得而声，口鼻不得而臭味，无以名之，名之曰'以太'。其显于用也，也谓之'仁'，谓之'元'，谓之'性'；墨谓之'兼爱'，佛谓之'性海'，谓之'慈悲'；耶谓之'灵魂'，谓之'爱人如己'、'视敌如友'；格致家谓之'爱力'、'吸力'；咸是物也。法界由是生，虚空由是立，众生由是出。"① 正因为如此，有人据之以为谭氏哲学具有唯物论的色彩。

然而，在我看来，谭氏《仁学》一书中，讨论"所以通之具"的内容并不是主要的。这不仅表现在具体的文字数目方面，更主要的表现在其理论的旨趣方面。《仁学》的主要思想旨趣在于思考如何实现"通"的社会理想与政治理想方面，并不是一种建立在坚实自然科学基础上的自然哲学。② 所以在《仁学一》之四中，谭氏又说："是故仁不仁之辨，于其通与塞；通塞之本，惟其仁不仁。通者如电线四达，无远弗届，异域如一身也。……苟仁，自无不通。亦惟通，而仁之量乃可完。由是自利利他，而永以贞固。"③又说："夫仁、以太之用，而天地万物由之以生，由之以通。星辰之远，鬼

① 《谭嗣同全集》下册，第 293～294 页。
② 参见拙文《从比较哲学到世界哲学——从谭嗣同《仁学》中的"通"论看比较哲学的前景》，《哲学动态》2008 年第 12 期。
③ 《谭嗣同全集》下册，第 296 页。

神之冥，犹将以仁通之；况同生此地球而同为人，岂一二人之私意所能塞之？亦自塞其仁而已。"①

因此，我个人认为，《仁学》一书在继承宋明儒"仁者与天地万物为一体"的思想基础之上，在"世界历史"的新时代里主要从"通"的角度给予了新的阐释。在一定程度上也吸收了阮元的"相人偶"的新仁学思想。

而在康有为的《大同书》中，他也将传统儒家的"仁爱"思想与现代资产阶级的人道主义结合起来，从而创造出了一种世界大同的理想。

辛亥革命之后，现代新儒家的创始人之一熊十力在其重要著作《新唯识论》（文言文本，1932）、《新唯识论》（语体文本，1944）、《读经示要》（1945）、《明心篇》（1959）等重要著作中，反复阐述"仁爱"思想在儒家思想体系中的核心位置及其具体表现。在《新唯识论》中，他融合佛教与儒家思想，以证明作为人身体主宰之心具有"不有彼我，不限时空，浑然无二无别、无穷无尽"②的普遍仁爱的特性。

在语体本《新唯识论》一书中，熊氏则第一次断言："孔子平生专以求仁为学"③，"孔子平生之学，不外反求本心，洞识仁体。尽己性而即尽物性，本无内外可分也。""《论语》所记孔子言行，一一皆从仁体流出"。④

在《读经示要》中，他更进一步地断言：六经为常道，综群经之言治，道德当"以仁为体"。他说："天地万物之体原，谓之道，亦谓之仁。仁者，言其生生不息也。道者由义，言其为天地万物所由之而成也。圣人言治，必根于仁。易言之，即仁是治之体也。本仁以立治体，则宏天地万物一体之量，可以节物竞之私，游互助之宇。塞利害之门，建中和之极。"⑤

他认为："化民以仁，使之反识自性，兴其物我同体，自然恻怛不容已之几，而后有真治可言。人类前途之希望，实在乎是。若夫群品犹低，惟赖秉钧者以宽仁育天下，使人得自发舒，而日进于善。如其以猜诈惨酷，视百姓如犬羊，而鞭笞之，束缚之，无所不至。此桓谭所以致嘅于亡秦，千古之殷鉴也。"⑥

他在论"治道"九条之末总结道：

---

① 《谭嗣同全集》下册，第297页。

② 《熊十力全集》第二卷，湖北教育出版社，2001，第81页。

③ 《熊十力全集》第三卷，湖北教育出版社，2001，第399页。

④ 《熊十力全集》第三卷，湖北教育出版社，2001，第401页。

⑤ 《熊十力全集》第三卷，湖北教育出版社，2001，第580页。

⑥ 《熊十力全集》第三卷，湖北教育出版社，2001，第581页。

如上九义，第一义中，仁实为元，全即道体。道者万有之本体。说见前。以其在人而言，则谓之性，性者，言其吾人所以生之理也。亦名本心，心者，以其主乎吾身而言也，本来有故，非后起故，故曰本心。亦名为仁。以其生生不已民，备万理，含万德，藏万化，故曰仁。《大学》所云"明德"，亦仁之别名也。诚恕、均平、道德、礼让、中和，用至万善，皆仁也。仁之随事发见，因有种种名目。如本仁以接物处事，则不舍忠信，而谓之诚。本仁以待人，则能以己度人，而谓之恕。本仁以理财立政，则务求两利。毋私一人以害全群，毋私一国以害世界。是谓均平。识得仁体以诚敬存之，自念虑之微，至一切事为之著，莫不循当然之则，则实行之，有得于心，绝非虚妄，此之谓道德。……道必极乎万物得所，而薪向群龙无首之盛者，则亦仁体自然不容已之几也。①

在《明心篇》，他更加深入地论证作为人"心体之仁"的普遍性及其丰富的表现形式，他说："余深信中国先圣发见天地万物一体之义，盖从一切人皆有仁心而体会得来。仁心本不限定在我之一身，实遍在乎天地万物。故仁心之动，常是全体性，决不随顺小己之私欲。"②

并且，他坚信："任何人如肯反己体会，便见得人生要有仁心在。仁心常为吾人内部生活之监督者。吾人每动一念、行一事，仁心之判断恒予小己之私欲以适当的对治。此一事实，万不可不注意。……人生如本无仁心，即人与人之间无有精神相流通，无有道义相联系，纯靠利害来结合，人类早已相互吞噬，绝种矣。"③

熊氏的最后结论是："学不至于仁，终是俗学。""治不至于仁，终是苟道。盖以增长贪嗔痴，毙人亦将自毙者也。呜呼！经学者，仁学也。其言治，仁术也。"④

熊十力之后，第二代台港新儒家与第三代海外新儒家，也都对儒家的

---

① 《熊十力全集》第三卷，湖北教育出版社，2001，第624~625页。
② 《熊十力全集》第七卷，湖北教育出版社，2001，第215页。
③ 《熊十力全集》第七卷，湖北教育出版社，2001，第215~216页。按：熊氏对仁学的表现形态的多样性还有论述，如在《读经示要》卷三说："温良者，仁之本也。""敬慎者，仁之地也。""宽裕者，仁之作也。""逊接者，仁之能也。""礼节者，仁之貌也。""言谈者，仁之文也。""歌乐者，仁之和也。""分散者，仁之施也。"（《熊十力全集》第三卷，第687~688页。）
④ 《熊十力全集》第三卷，湖北教育出版社，2001，第626页。

"仁爱"思想继续进行阐发，限于篇幅与文献的限制，在此暂不能一一述及。而上述四个阶段粗略地介绍了儒家仁爱思想的发展历史，也仅是举其大者，难及细节，各家思想介绍的也不是很平衡。但从这一粗略的概述中可以初步得出这样的结论：不理解儒家"仁爱"的思想，就不能真正理解儒家。没有"仁爱"精神为基础的一切社会规范，如义、礼都将丧失其生命的活力，并且极有可能演变成束缚人性自由发展的桎梏；而没有"仁爱"为基础的智与信，都很难是一种美德。"智"极有可能变成一种助纣为虐的狡黠；"信"可能变成一种绿林好汉式的哥们义气。因此，"仁爱"思想是儒家思想的灵魂。

二 为仁之方，能近取譬——儒家推行"仁爱"思想的方法论

"仁爱"思想是儒家思想的灵魂，"亲亲"、"仁民"、"爱物"的"爱有差等"思想是原始儒家所提供的人间秩序观，但宋儒却将这一秩序观发展成为"仁者与天地万物为一体"的博爱思想，近代的资产阶级学者又将儒家"仁爱"思想与现代资产阶级人道主义精神对接起来，这样，儒家的"仁爱"精神犹如一条生生不息的精神大河，愈到后来愈加宽阔。然而，儒家实践"仁爱"的方法却基本上保持着一种"能近取譬"、推而广之的经验论原则。"仁者爱人"，"施由亲始"可以看做是实践"仁爱"的基本操作程序、具体的方法和现实的出发点。这一方法在个人的道德实践中主要表现为孝悌精神与忠恕之道。而在社会政治领域，这种方法则主要表现为一种"推恩"的方法。

（一）个人的道德与社会实践

1. 孝悌之行，践仁之始

在孔子时代，孔子及其弟子们都特别强调孝悌德目的重要性。对于为仁之方，孔子有两种说法，其一是："弟子入则孝，出则弟，谨而信，泛爱众，而亲仁。"（《论语·学而》）其二是："夫仁者，己欲立而立人，己欲达而达人。能近取譬，可谓仁之方也已。"（《雍也》）孔子的弟子有子，则第一次明确地将"孝悌"看成是"为仁之本"——即践仁之始端。应该说，这是有子在深刻、准确地领会了孔子的"仁爱"思想之后，在实践层面对

孔子思想的一种新发展。"有子曰：其为人也孝悌，而好犯上者，鲜矣；不好犯上，而好作乱者，未之有也。君子务本，本立而道生。孝悌也者，其为仁之本与？"

此段话中的"本"字，朱子训为"根"："本，犹根也。仁者，爱之理，心之德也。为仁，犹曰行仁。"而程伊川对"孝悌为仁之本"一语专门有辩证性的解释，清楚地揭示了孝悌与仁的关系："或问：'孝悌为仁之本，此是由孝悌可以至仁否？'曰：'非也。谓行仁自孝弟始，孝弟是仁之一事。谓之行仁之本则可，谓是仁之本则不可。盖仁是性也，孝弟是用也，性中只有个仁、义、礼、智四者而已，曷尝有孝弟来。在仁主于爱，爱莫大于爱亲，故曰孝弟也者，其为仁之本与！'"

儒家是一个非常重视人的生命经验而又不局限于生命经验的思想体系。"仁爱"是一种博大的伦理情感。但如何在现实生活中让人培养起对同类的关爱之情，则是一个非常现实而又关键之处。现代社会中，家庭生活仍然是我们人的生活的最重要的组成部分之一，而且我们在18岁之前的许多生活习性，特别是为人处世的经验性方法，都是从家庭中获得的。古典社会更是如此。如果一个人在家里都不能爱自己的父母、兄弟，那么他在社会上还能够爱其他的同学、同事甚至是普通的陌生人吗？因此，培养人的爱的伦理情感最直接、最方便的方法就是从孝悌做起，然后才有可能推及他人。当然，从逻辑的周延性看，有了孝悌之情不一定必然地保证人能爱其他陌生人；但反过来看，如果连孝悌之情都没有的人，是不可能爱任何其他陌生人的，甚至会把我们现代世俗社会中奉为圣经的爱情对象也会当成一种实现自己人生目标的工具。

2. 忠恕之道，践仁之方

如果说通过孝悌之情来培养人的仁爱之心，是通过原始组织——家庭生活形式来训练人的道德情感，那么"忠恕之道"，则可以看成是儒家培养"仁爱"感情的普遍的心理学方法。这种方法超越一切场所的限制，而是一种针对人的现实心理而提出的一种人文化成的高妙方法。统而言之，"忠恕之道"就是推己及人之道。析而言之，忠谓尽己，恕为推己及人。王弼释忠恕道："忠者，情之尽也。恕者，反情以同物者也。"元人戴侗训"忠"为"尽己致至之谓忠"，训"恕"为"推己及物之谓恕"。

对于忠恕之道的重要性与具体方法，《中庸》一文说："忠恕违道不远，施诸己而不愿，亦勿施于人。"而《大学》一文则从反面阐述了恕道的重要性，说道："是故君子有诸己而后求诸人，无诸己而后非诸人，所藏乎身不恕，而能喻诸人者，未之有也。"《孟子》一书对"恕道"亦有自己的解释，如孟子说："他人有心，予忖度之"，"强恕而行，求仁莫近焉"。这种以己心去忖度他人之心，即是"恕道"。

这些典型的材料都表明：忠恕之道，犹如持规矩以定方圆一样。故《大学》又称"忠恕之道"为"絜矩之道"。《大学》云："所恶于上，毋以使下，所恶于下，毋以事上；所恶于前，毋以先后，所恶于后，毋以从前；所恶于右，毋以交于左，所恶于左，毋以交于右；此之谓絜矩之道。"

絜矩之道也即忠恕之道，而"忠恕之道"就是实践仁爱的普遍的、具体的心理方法。

有关"忠恕"之道内容，历代学者多有论述。在我看来，清代乾嘉时期著名学者钱大昕的论述颇有新意。他从政治哲学的角度发展了原始儒家的"忠恕之道"，提出了"帝王忠恕"、"圣贤忠恕"的新概念。他说："有诸己，而后求诸人；无诸己，而后非诸人：帝王之忠恕也。躬自厚而薄责于人，圣贤之忠恕也。离忠恕而言仁，则为煦煦之仁；舍忠而言信，则为硁硁之信。故曰：'夫子之道，忠恕而已矣。'又曰：'有一言而可以终身行之者，其恕乎！'《孟子》曰：'自反而仁矣，自而有礼矣，其横逆犹是也，君子必自反也，我必不忠。'是忠为仁礼之本也。《春秋传》曰：'上思利民，忠也。'《论语》曰：'言思忠。'又曰：'主忠信。'子张问政，则曰：'行之以忠。'子贡问友，则曰：'忠告而善导之。'曾子曰：'吾日三省吾身，为人谋而不忠乎？'盖自天子以至庶人，未有舍忠而能行者。后人但以忠为臣道，又以捐躯殉国为忠，而忠之义隘矣。"[①]

更进一步，钱大昕将"忠"看成是"仁礼之本"，并且认为自天子以至庶人，都要以忠为本。他批评了"但以忠为臣道，又以捐躯殉国为忠"的狭隘、残忍思想，含蓄地批评了专制帝王宽以待己，严以责臣的专制政治伦理，可以看成是 18 世纪中国进步思想家对原始儒家"仁爱"思想的一种发展。

（二）修身、推恩与推行仁德、仁政——仁爱在政治生活中的体现

《大学》提出的"修身，齐家，治国、平天下"的一套由近及远的践仁

---

① 《忠恕》，《嘉定钱大昕全集》（柒），江苏古籍出版社，1997，第 483～484 页。

方法，是"四书"系统成为中国士人阶层主要经典之后主流的践仁方法。《大学》认为：

> 古之欲明明德于天下者，先治其国；欲治其国者，先齐其家；欲齐其家者，先修其身；欲修其身者，先正其心；欲正其心者，先诚其意；欲诚其意者，先致其知；致知在格物。物格而后知至，知至而后意诚，意诚而后心正，心正而后身修，身修而后家齐，家齐而后国治，国治而后天下平。自天子以至庶人，壹是皆以修身为本。其本乱而末治者，否矣，其所厚者薄，而其薄者厚，未之有也！

《大学》之后，孟子又提出"推恩可以保四海"的外推方法。这是孟子对孔子仁爱思想发展的结果，他将仁爱思想发展为"仁政"思想，认为执政者如果能做到"老吾老，以及人之老；幼吾幼，以及人之幼"，那么治理天下就是一件易如反掌的事情。

在宋代，通过"格物致知"的方式，要求以"大心，体万物为一体"的内省方式来实现仁爱的理想。如张载在《大心篇》说："大其心，则能体天下之物，物有未体，则心为有外。"二程、朱子都非常重视仁者与天地万物相通的一面，而且常以身体的麻木不仁为例，从反面形象地论证仁者与万物相感通的道德情怀。

而到了清代，像哲学家戴震重新提出"以情絜情"的方式，来实现人的世界的合理化。他说："天下之事，使欲之得遂，情之得达，斯已矣。惟人之知，小之能尽美丑之极致，大之能尽是非之极致。然后遂己之欲者，广之能遂人之欲；达己之情者，广之能达人之情。道德之盛，使人之欲无不遂，人之情无不达，斯已矣。"① 如此等等，都体现了一个个基本的"践仁"方法：由近及远。

要而言之，儒家为了实践"仁爱"的理想，发明了一系列由己及人，由近及远的方法。这种实践仁道的方法论路径，在今天看来仍然有它的现实价值。再好的规则，如果制定规则的人都不能执行，这种规则很难有良好的社会效果。身正可能正人，身不正很难正人。儒家的践仁方法，在形式逻辑上并没有提出一套符合充分必要条件的系统方法，但却提出

---

① 《孟子字义疏证》卷下《才》。

了一个必要的出发点，即当且仅当如此，才有可能。如果不这样，则几乎不可能。

三 “仁爱”思想在当代中国的意义及其新的内涵

也许有人要问，为何当代中国的价值秩序重构要以“仁爱”为心灵的起点？我的回答是：如果当代中国的现代文化建设不以“仁爱”为基础，社会进步了，科学发展了，对于人的幸福而言又有什么意义？孔子曾说：“人而不仁如礼何？人而不仁如乐何？”基督教使徒保罗在《哥林多前书》中也说：“我若能说万人的方言，并天使的话语，却没有爱，我就成了鸣的锣、响的钹一般。我若有先知讲道之能，也明白各样的奥秘、各样的知识，而且有全备的信，叫我能移山，却没有爱，我就算不得什么。我若将所有的一切周济穷人，又舍己身以供焚烧，却没有爱，仍然与我无益。”[①] 这些说法的背景极其不同，但都强调了仁与爱对于道德行为的根基意义。

现代德国哲学家马克斯·舍勒曾批评现代资本主义文化以“有用”作为价值的第一级秩序，而否定人的内在价值的价值序列，认为这是现代资本主义中的“贱民气息”对传统社会“雅人”（类似于中国传统社会中的“君子”）的否定。他认为，人们只有建立起以对上帝的爱为最高价值的心灵秩序，才能建立起人对人的普遍爱。[②] 也许，舍勒的这些主张并不一定能得到非基督教文化圈人们的同意，但舍勒的这些论述非常具有启发性。当前中国的现代文化建设的核心问题之一是如何重建人的心灵秩序，通过此心灵秩序的重建而重建社会秩序。因为，没有心灵的秩序，外在的社会秩序就没有人性的根基。

（一）仁爱思想的当代意义

20 世纪的中国人，经过西方文化的洗礼，在血与火的战争中，摧毁了旧的心灵秩序与社会秩序，重构了新的社会秩序与心灵秩序，引进了西方现代观念与文明秩序，曾经拥抱过自由、民主、科学等价值理想。在大陆，最

① 《圣经·新约》（中英对照和合本·新国际版），香港汉语圣经协会有限公司，2004，第307 页。

② 参见马克斯·舍勒《价值的颠覆·道德建构中的怨恨》，刘小枫编校，罗悌伦、林克、曹卫东译，三联书店，1997，第 17～117 页。

终选择了西方现代思想中非主流甚至是反主流的马克思主义思想，作为重构人的心灵秩序与社会秩序的核心思想，并将马克思主义思想写进宪法，作为全民的指导性思想。然而，现代的中国人的心灵秩序究竟是怎样的呢？

这必须回到马克思主义哲学本身。简洁地说来，马克思主义是一整套无神论的社会政治学说，辩证唯物主义与历史唯物主义思想，再借助现代的科学技术知识与思想，使现代多数的中国人基本上是一个无神论者。中国传统社会以天和祖先崇拜为特征的"泛神论"或曰多神论思想基础被摧毁了。建立在历史唯物论与社会实践论基础之上的中国化的马克思主义的人性论，强调人在社会实践的历史进程中不断完善自身，认为没有抽象的人性，而且人性面向未来是开放的。然而，马克思主义社会理论中的"未来"是一个没有神的引导，而又是尽善尽美的理想状态，在形式上虽还保持了基督教的弥赛亚的理想，但却是一个没有神的光芒，而只是充满着神性的人的共同体。在这样的社会里，人们不用为物质生活发愁，因为在那个理想的社会里物质财富极大地丰富，人们的精神境界极大地提高，没有任何卑鄙、龌龊的私心与私利，因此，社会遵循按需分配的原则。无论是经典的马克思主义，还是中国化的马克思主义，都要求人们相信真理。而真理即是自然的与社会的客观法则。在这样的法则面前，人的主观情感与愿望是无益的。这样，外在的客观秩序决定了人内在的精神秩序。人的情感被视为第二性的东西。

的确，在经典马克思主义文本中，充满了丰富而又深邃的现代人道主义精神，而且马克思主义哲学饱含着对广大被压迫的工人阶级的道德同情的情怀。但是，在马克思主义中国化的过程中，由于中国社会处在深重的民族压迫与阶级矛盾之中，我们过分地发扬了其中的阶级斗争学说，相对地忽视了其中的人道主义思想情怀。在中国的社会主义建设过程中，忽视了马克思主义哲学中普遍的人道主义思想因素，再加上"文化大革命"的影响，中国人的心灵秩序不是建立在普遍的人道主义的道德关爱基础之上的，而是建立在革命年代的阶级斗争的哲学基础之上的。当中国社会在确立以经济建设为中心的历史转向之后，我们的哲学与伦理学并没有来得及思考人的心灵秩序问题。有些人希望以基督教的思想来为中国的市场经济提供伦理基础，有的人希望以儒家的"仁爱"思想来重整当代中国人的道德秩序。这些思想努力都是有意义的理论尝试，但我们必须正视当代中国社会的现实政治制度与文化传统，在综合中、西、马的思想资源基础上重构中国人的心灵秩序。

简要地说，基督教的心灵秩序是建立在人对上帝的爱的起点上的，通过对上帝的爱而使人人相爱。而儒家的心灵秩序是建立在人的"仁爱"之情的基础之上的。仁爱的本质是人与人之间的相互之爱。仁爱虽然没有神的超越根据，但却有神圣的天作为超越的根据。人作为一个大类，在本性上是相近的，从开端处说，人皆有"四端之心"。人与天相通。尽心则可以体认人之为人的真正本性，体认人的真正本性后，就能领悟"天"的真正意义。在儒家的思想传统里，人虽然没有上帝赋予的"自由意志"，却有上天赋予的"道德理性"。人若不能将上天赋予的道德理性展现出来，使自己行同禽兽，则是自绝于人类。传统中国社会的礼法制度秩序，其内在的心灵秩序起点就是"仁爱"。然而，这一思想传统已经被 20 世纪传来的西方文化以及现代中国的生产—生活方式打断了，当代中国社会虽然有自己的外在社会秩序，但缺乏一个与之相适应的内在心灵秩序。我们现在还很难说科学技术已经彻底地战胜了有神论思想，但有神论的思想必须不断地接受现代科学技术的盘问与考察，这是没有人能阻挡得了的。犹太—基督教的一神论思想很难再像古典的中世纪那样成为普世性的信仰，尤其对具有自己深厚文化传统的中国人来说更是如此。因此，想借助基督教哲学提供的心灵秩序来重构当代中国人的心灵秩序是相当困难的。

　　现代宇宙学在相当大的程度上已经将"一神论"的上帝从人心里放逐出去了，我们最多能达成的低度共识是：地球上的人同属一类。在茫茫的宇宙中，我们不能断定是否有我们的同类智慧生物，除了我们必须和平共处的一个共同的地球之外，在可见的将来，我们没有其他可供居住的家园。我们不知道有没有上帝在照管着我们，除了我们之间相互的爱之外，似乎没有其他的出路。我们是同类，我们必须相爱。这是我们人类一切伦理、法律和制度的心理起点。因此，我们人类的心灵秩序只能是以"人与人的相互之爱"为起点。这种相互的爱，是以不危害他人为底线，而以促进他人的发展为目标的关怀之爱，不要希望他人成为自己所理想的那种人物，而是希望他成为他自己所想成为的样子（当然不是为恶意义上的堕落，比如成为杀人犯、吸毒者）。这一"仁爱"之情既是一种道德哲学上的义务，因而可以说一种绝对命令，也是一种真实的情感，即人们像爱自己、爱自己亲人一样的真实情感去关心、帮助自己力所及的他人。每个族群、共同体、国家对于他者来说，皆是如此。因此，我个人认为，现代中国人的希望正在于发扬自己民族的仁爱精神，将由以孝悌为起点的古典仁爱精神转化为现代的人道精神，以

"仁者爱人"的良知，去促进、帮助所有的他者实现他们自己的人生理想，展示他的独特价值，在"仁爱"的光芒里，实现人格的多样性。

（二）当代"仁爱"思想的具体内涵

我在这里从中国哲学立场出发，提出以"仁爱"作为当代中国人心灵秩序的起点，但并不意味着简单地回到传统的儒家。因为，传统儒家的"仁爱"是以孝悌之情为现实的起始点，而当代中国哲学的"仁爱"思想应当在吸收传统儒家"仁爱"思想的合理内容的基础上，以"自尊"、"自爱"为入手处，为起始点，然后推及他人。因此，当代中国哲学的"仁爱"思想可以被转译成现代的人道主义思想[①]，而在精神实质上又与马克思主义的人道主义、现代西方哲学中的人道主义思想都有相通之处，但又不能简单地相互取代。因为，这一新的"仁爱"思想是立足于当代中国社会的现实需要，在综合中、西、马思想资源基础之上而提出的新的哲学概念。[②]

具体地说来，当代中国的"仁爱"思想至少应当包含如下的三个方面的内容。

第一，就精神实质来说，当代的"仁爱"思想首先应当以自尊、自爱为其逻辑的起点。而传统儒家的孝悌之情则可以作为其现实的起点之一，同学、同乡、同事、朋友之间的友情也可以作为现代实践"仁爱"精神的现实起点之一。这是因为现代生活的开放性与多元化的缘故。

第二，就实践"仁爱"的方法论来讲，个人实践与社会提倡结合，家庭教育与学校教育并重。政治形式的推进与文化教育的宣传相结合。但就其世俗性来说，"仁爱"的实践还是从自身做起，从身边做起。由近及远，切近而思，仍然是实践仁爱的最有效的方法。因为"仁爱"道德感情与道德心理不是一种宗教情感，它无需借助对于一个外在超越的神的信仰，而是要通过道德情感的感化与感动，再辅以道德文化的教育，从而变成一种道德信念（切记，不是宗教信仰）。

第三，作为一普遍的社会道德心理来讲，"仁爱"思想应当作为一社会

---

① 早在一百多年前，谭嗣同在《仁学》一书中就以上下四方，男女内外"通"、平等来重新诠释"仁"，对中国古典的仁爱思想的现代转化作了创造性的解释。康有为在《大同书》中也做了类似的工作。

② 当前，我们的政府提出"以人为本"的口号，这虽然是政治性的话语，但其中多少透露出了一点新的气息，蕴含了以人道主义或说仁爱为基本价值起点的思想。

的基本共识而要大张旗鼓、堂堂正正地去宣传。要通过各种文化传播的方式宣传民族的优秀文化遗产——仁爱思想。而且，可以有一些公益性的社会组织来推动这种思想。而从事这一公益事业的从业人员应当具有一种虔诚的态度，在现代社会以一种朴实的生活方式来担当这种道义，从而促进社会风气的转变。就这一点来说，以推广"仁爱"为己任的社会公益组织的从业人员要向真正的宗教组织的从业人员学习，过一种非常简朴而又符合现代人健康常识的生活。

正如传统的"仁爱"思想需要全社会的成员"推己及人"一样，现代的"仁爱"思想更需要"推己及人"。一个人可能是"自尊"的，可能是爱自己的，却并不能保证他是尊敬他人，爱他人的。"个性独立"很容易被误读为"个人孤立"，"自爱"很容易被误读为"自私"。当人缺乏对"同类"的基本认识与关怀之后，人的自尊与自爱就极容易滑向"唯我独尊"与"自私自利"的境地。由于中华民族的道德文化传统深受儒家思想的影响，提倡以"仁爱"作为国人与同类相处的心灵起点，正如在基督教传统里提倡以爱上帝作为心灵的起点一样，不仅能为外在的社会秩序提供内在的人性根据，而且还将起到整合被后现代思潮碎片化了的人类整体的积极作用。依笔者之见，在当代中国现代文明的建设过程中，提倡一种"新仁爱"思想，可以为中国的现代文化提供全民族能够认同的文化共识，增强中华民族的整体认同感，消除人与人之间的冷漠感，以"仁者爱人"的世俗理性去化解各种宗教信仰的矛盾冲突。在一定意义上说，以"仁者爱人"的人文教化为各种宗教对话提供一个合理的、宽容的世俗社会平台。

（编辑：孙熙国）

生活儒学关键词语之诠释与翻译

黄玉顺

摘　要："生活儒学"说的是在重建儒学，即建构儒学的一种当代思想理论形态时，在观念系统中将"生活"视为作为大本大源的"存在"。"生活儒学"应当译为 Life Confucianism。为区别于海德格尔的"存在"（存在者的存在）和"生存"（人的存在），生活儒学特别选用"生活"来表示存在，这样的"存在"已涵盖并且超出了海德格尔的"存在"与"生存"。生活儒学的其他关键词语还有"生存"、"存在"、"存在者"、"爱"、"仁爱"、"是"、"有"、"思"、"本源"等。

关键词：生活　生活儒学　存在　思

作者简介：黄玉顺，哲学博士，山东大学高等儒学研究院教授、副院长（济南，250100）。

自 2004 年正式提出"生活儒学"① 以来，经常遇到怎样将生活儒学的若干关键词语翻译成英文的问题，这不仅涉及发表有关文章时所需要的英文摘要的问题，而且越来越多地涉及在某些英文刊物上发表、全文转载时怎样将整篇文章翻译成英文的问题。进一步说，这其实不仅是翻译（translation）问题，而首先是诠释（hermeneutics）问题，即怎样理解（perceive）和解释

---

① 参见黄玉顺《关于"生活儒学"的一场讨论》（2004 年 5 月）、《生活儒学导论》（2005 年 1 月），均收入《面向生活本身的儒学——黄玉顺"生活儒学"自选集》，四川大学出版社，2006。关于生活儒学，另参见黄玉顺《爱与思——生活儒学的观念》，四川大学出版社，2006；《儒学与生活——"生活儒学"论稿》，四川大学出版社，2009；《儒家思想与当代生活——"生活儒学"论集》，光明日报出版社，2009。

（interpret）生活儒学的关键概念。为此，很有必要专文处理一下这些问题。

1. 生活儒学：Life Confucianism

近年来，汉语学术界不止一人提出了"生活儒学"的说法①，但基本上都是说要将现成既有的儒学加以"生活化"——运用到实际生活当中去，意谓"（关乎）生活的儒学"而非"生活儒学"。例如，龚鹏程教授的著作就题为《生活的儒学》，② 应当译为 Confucianism of life。

而"生活儒学"有别于"生活的儒学"，并不是说要将现成既有的儒学"生活化"地运用到实际生活当中去（这一点恰恰是许多不熟悉生活儒学的人对生活儒学的一种望文生义的误解），而是说在重建儒学，即建构儒学的一种当代思想理论形态时，在观念系统中将"生活"视为作为大本大源的"存在"——生活即是存在，生活之外别无存在；而这里所说的存在并不是存在者的存在，更不是存在者；一切存在者皆由存在所生成，即是由生活所生成。因此，此"生活"并非彼"生活"，"生活儒学"应当译为 Life Confucianism。

这是因为英语的名词短语，既可以是"形容词＋名词"的形式，也可以是"名词＋名词"的形式。后者的例子如"价值判断"：value judgment。前一名词或形容词是对后一名词的性质的规定，而非对象的规定。因此，Life Confucianism 意谓这种儒学的基本宗旨乃是生活。

2. 生活：sheng-huo／shenghuo／life

之所以将"生活儒学"译为 Life Confucianism，还有一个重要原因，就是英文"life"并没有相应的形容词形态，我们只能采用名词形态。与此相关的几个形容词，并不是生活儒学所谓"生活"的意思：①live：［定语］活的，有生命的；正在使用着的；尚在争论中的；精力充沛的，充满活力的；实况播送的；等等。②alive：［表语］活着的，在世的；有生气的，有活力的；等等。③living：活着的；现存的；在使用着的，在活动中的；适宜居住的；等等。这些均非"存在"意义的"生活"。这个 living 有时也可译为汉语"生活的"，但其含义是指"赖以维持生活的"，例如，"生活条件"（living conditions）。此外，living 作为动名词，主要有两个意思：一是"生计"，二是"活着"。总之，live、alive、living 皆非生活儒学所谓"生活"之意。别无选择，生活儒学的"生活"只能译为 life。

---

① 例如林安梧教授、龚鹏程教授、李承贵教授等。
② 龚鹏程：《生活的儒学》，浙江大学出版社，2009。

当然，译为"life"也有可能产生误解，因为英语"life"也可译为汉语"生命"，若干哲学派别都将"生命"作为自己的基本范畴，例如，中国的现代新儒学，西方的意志主义和生命哲学。但是我们实在别无选择，只能在思想的阐述中加以说明：生活儒学所说的"生活"意谓存在，而不是任何存在者或存在者的存在，这与现代新儒学、意志主义和生命哲学截然不同，后者都将生命视为某种形而上的存在者。

进一步说，"生活"其实原是汉语固有的一个词语，早在战国时期便已出现，有时可以译为"shenghuo（生活）（life）"。如孟子说："民非水火不生活；昏暮叩人之门户，求水火，无弗与者，至足矣。"（《孟子·尽心上》）宋代孙奭《孟子注疏》解释："人民非得其水、火，则不能生活；然而昏暮之时，有敲人之门户而求之水、火，无不与之者，以其水、火至多矣。"孙奭《孟子注疏·公孙丑上》还说："《太甲》曰'天作孽，犹可违；自作孽，不可活'，此之谓也"者，……如己自作其灾孽，不可得而生活也。"这是宋代汉语"生活"的一个实例。

当然，这些"生活"并不全然吻合生活儒学所谓"生活"之义，但也有一定的对应性：现代汉语"生活"有时指人的生活，即一种形而下存在者的存在，这里包含着孟子、孙奭所说的意思——生存、存活；有时指本体意义上的生活，即一种形而上存在者或其存在（如梁漱溟所说的"生活"[①]）；有时则指存在，即生活儒学之所谓"生活"。

汉语"生活"乃由"生"与"活"构成，具有丰富的含义，有时可以译为"sheng-huo（生–活）（growing-living）"。解释如下。

3. 生：sheng/grow/give birth to

对于汉语中的"生"，许慎《说文解字》说："生：进也。象屮木生出土上。"其实，这个字由两个部分构成：上"屮"下"土"。《说文解字》："屮：艸木初生也。象丨出形，有枝茎也。"宋代徐铉注释："象艸木萌芽，通彻地上也。"这就是说，"生"字的本义就是草木在大地上萌芽、生长。这恰好大致与英语 grow 的本义对应，可以译为"sheng（生）（grow）"。

无独有偶，英语"grow"与汉语"生"一样，都不仅仅指草木的生长，也指一般的生长、生成和形成，包括人的生长、成长。例如："The younger

---

① 参见黄玉顺《当代儒学"生活论转向"的先声——梁漱溟的"生活"观念》，《河北大学学报》2008 年第 4 期。

generation is growing up"（青年一代正在成长）。汉语"生"也不仅指草木之生，也指人之生。这并不是什么"比喻"，而是：

（1）grow：人之生与草木之生的同源性和共生性。人与草木原来在本真情境中乃是共同生长、共同存在于大地上的：这样的一种生活领悟（life comprehension），佛家谓之"无分别智"（nir-vikalpa-jn ~ a^na），意味着在"生"或者"grow"的本源意义上，作为有分别的存在者的人和草木，尚未存在，即尚未生成、尚未被给出。于是"生"也就有了下一意义。

（2）give birth to：生成、给出。这在哲学和思想上具有特别重要的意义，在英语中就是一个非常重要的哲学观念"give"（给予）。哲学存在论的核心问题其实就是"给予"问题，即：存在者是怎样被给出的？其结果是找到一个"原初所予者"（the primordial given）或者"自身所予者"（the self-given），即本体或上帝。但本体或上帝也是存在者，它们又是怎样被给出的？这就追溯到先于存在者的纯然存在。

而对汉语"生"的翻译，则可以表达为"give birth to"。英语"birth"同样也不仅仅指人的出生、诞生，也指事物的开始、起源。例如："Lifestyle gives birth to culture."（文化源于生活方式）。"The needs of the epoch will give a second birth to Confucianism."（时代的需要将使儒学复兴）。所以，"give birth to"也可以指事物的生成。例如《老子》讲的"天下万物生于有，有生于无"（第四十章），可以译为"All things under heaven are given birth to by the Being, the Being is given birth to by the Nothingness"。《老子》的意思就是：形而下存在者（万物）是由形而上存在者（有）给出的，而形而上存在者是由存在（无）给出的。

4. 活：huo/hydro-acoustics/living

关于汉语"活"的本义，许慎《说文解字》说："活：水流声。从水，昏声。"昏，上氏、下口，古读"郭"，这里表示"活"字的读音。这就是说，"活"本义其实是一个模仿水流声音的象声词。例如《诗经·卫风·硕人》："河水洋洋，北流活活。"这大致与英语 hydro-acoustics（水—声）对应。

"活"进一步用作形容词时，其意思是形容活泼。例如清初著名画家石涛说："墨非蒙养不灵，笔非生活不神"；"墨海中立定精神，笔锋下决出生活，尺幅上换去毛骨，混沌里放出光明"；"山川之形势在画，画之蒙养在墨，墨之生活在操，操之作用在持"（《石涛画语录》）。此"生活"即"生动活泼"之意。汉语形容词"活"与英语形容词"living"的某些用法是大致对应的。这种意义的"生—活"可以译为"sheng-huo（growing-living）"。

例如儒家常讲的"源头活水"，可以译为"living water from the source"。

通常的"生活"之"活"，则本来是一个动词，如上引孟子所说"民非水火不生活"之"活"，这大致与英文"live"对应。组成名词"生活"，则大致与英语"life"对应。

但是，从汉语"生"与"活"的词源来看，"生活"的含义远比"life"更为深邃，尤其具有本源存在的意义：如果"生"意味着人与草木同生共在的"无分别智"，那么"活"意味着倾听存在的"水声"。这种"水声"，中国文化称之为"天命"或者"命"（口、令）；能够倾听并言说之，那就是"圣"（耳、口）。

5. 生存：existence

"生活"涵盖了"生存"的含义，但远不止"生存"之义。在哲学或思想的话语中，"生活"并不是"生存"。生活儒学所说的"生活"意谓"存在"——先行于任何存在者的存在。而"存在"与"生存"并不是一回事。海德格尔对此已有严格区分："生存"仅仅是说的此在（Dasein）的存在，亦即"把生存专用于此在，用来规定此在的存在"[1] ——"也就是说，人的存在"[2]，而不是一般存在者的存在，更不是先行于任何存在者的存在。因此，"生活"不能译为"existence"。这也正是生活儒学与作为一种"生存主义"（existentialism）的海德格尔哲学的根本区别所在。

笔者已经多次指出，海德格尔在这个基本问题上其实是自相矛盾的：一方面，存在是先行于任何存在者的，"存在与存在的结构超出一切存在者之外，超出存在者的一切存在者状态上的可能规定性之外"[3]，那么，存在当然也是先行于此在的，因为"此在是一种存在者"[4]；但另一方面，探索存在却必须通过此在这种特殊存在者，即唯有"通过对某种存在者即此在特加阐释这样一条途径突入存在概念"，"我们在此在中将能赢获领会存在和可能解释存在的视野"。[5] 如果这仅仅是在区分"存在概念的普遍性"和我们"探索"、"领会"、"解释"存在概念的"特殊性"[6]，那还谈不上自相矛

---

① 海德格尔：《存在与时间》，陈嘉映、王庆节译，三联书店，1999，第 49 页。
② 海德格尔：《存在与时间》，第 30 页。
③ 海德格尔：《存在与时间》，第 44 页。
④ 海德格尔：《存在与时间》，第 14 页。
⑤ 海德格尔：《存在与时间》，第 46 页。
⑥ 海德格尔：《存在与时间》，第 46 页。

盾；但当他说"存在总是某种存在者的存在"①，那就是十足的自相矛盾了，因为此时存在已不再是先行于任何存在者的了。

为区别于海德格尔的"存在"（存在者的存在）和"生存"（人的存在），生活儒学特别选用"生活"来表示存在，这样的"存在"已涵盖并且超出了海德格尔的"存在"与"生存"。

6. 存在：Being/being

生活儒学说到"存在"，人们总以为这是一个外来词。其实不然，"存在"本是汉语固有的一个词语，古已有之，至迟在隋唐时期便已经出现。兹举数例如下：

《礼记·仲尼燕居》："礼犹有九焉，大飨有四焉。……如此，而后君子知仁焉。"唐代孔颖达疏："仁犹存也。君子见上大飨四焉，知礼乐所存在也。"

清代毕沅编《续资治通鉴·宋徽宗政和元年》："辛巳，诏：'陈瓘自撰《尊尧集》，语言无绪，并系诋诬，合行毁弃；仍勒停，送台州羁管，令本州当职官常切觉察，不得放出州城，月具存在，申尚书省。'"该诏书应为宋代原文。

清代顾治禄《满庭芳·芍药》词："廿载音尘如梦，风流散，半没荒烟，空存在，青袍未换，霜鬓杜樊川。"

当然，以上各例"存在"都是说的某种存在者的存在状态，而不是说的纯粹存在。

（1）纯粹存在：Being

无论中西，传统观念总是用一个形而上存在者来说明众多形而下存在者，用"一"来说明"多"：哲学用本体来说明现象，宗教用上帝来说明世界。这就形成了"形而上存在者→形而下存在者"的思维模式。但形而上者和形而下者都是存在者，故生活儒学进一步追问：存在者何以可能？于是追溯到纯粹存在，这就有了"存在→形而上存在者→形而下存在者"的建构，这是人类全部观念的三个基本层级。

这里必须严格区分纯粹存在和存在者的存在。上文谈到，海德格尔在存在问题上是自相矛盾的。他说"存在总是某种存在者的存在"，这固然不无道理，但只适用于轴心期以后的情况。《老子》所说的"无"，就是"无物"的存在，即无存在者的纯粹存在。因此，从纯粹存在看，不能像

---

① 海德格尔：《存在与时间》，第11页。

巴门尼德那样讲："存在者存在，不存在者不存在"（Estin einai, ouk estin me einai）。[①] "无"并非"不存在"，恰恰相反，无才是本源性的存在，因为一切存在者皆源于无："天下万物生于有，有生于无"（《老子》第四十章）。

然而，这样的"存在"在英文中找不到对应词（这也正是海德格尔所说的"遗忘存在"的一个例子），因为"to be"不能作为一个名词使用在陈述中。因此，我们只能用其动名词形态"being"。然而"being"这个形态往往是指的存在者、而不是存在。"being"可指：①存在，生存；②生命；③存在物，生物，人；④本质，特质；⑤上帝（the Being），例如 the Supreme Being。

但是，我们别无选择，只能用"being"来翻译汉语的"存在"。但为了有所区别，我们使用大写的"Being"而去掉前面的定冠词"the"（否则就是指称上帝了）。

（2）存在者之存在：being

如果纯粹"存在"使用大写的"Being"，那么存在者之"存在"使用小写的"being"就应该是没有问题的了。例如人们常说的"A man's social being determines his thinking."（人的社会存在决定其思想）

7. 存在者：a being/beings

无论是形而上存在者，还是形而下存在者，都是存在者。我们有时需要兼称这两种存在者，即称谓一般的存在者。但是，既然我们已经把形而上"存在者"译为大写的 the Being，而把形而下"存在者"译为小写的 being，那么，涵盖这两者的一般"存在者"又该如何翻译？这确实是一个问题。或许可以采取这样的译法，就是 a being（单数）或者 beings（复数）。这里的"a being"与上文谈到的存在者之存在"being"（无定冠词）是有所区别的。

8. 在：zai/Being

作为生活的指谓，"存在"具有深邃的意蕴。汉语"存在"由"存"与"在"构成，这是两个非常古老的词语。

汉字"在"是否出现在甲骨文中，存疑。徐中舒主编《甲骨文字典》认为："卜辞用'才'为'在'"；而甲骨文"才"字形，"示地平面以下，丨贯穿其中，示艸木初生从地平面以下冒出"；"卜辞皆用为'在'，而不用其本义"。[②] 卜辞用"才"为"在"，这是对许慎《说文解字》的一种修正。许慎说：

---

① 参见《西方哲学原著选读》上卷，商务印书馆，1981，第31页。此处译文略有改动。

② 徐中舒主编《甲骨文字典》，四川辞书出版社，1989。

"在，存也。从土，才声。"他认为"在"里的"才"仅仅是读音，这是不对的，按甲骨文的用法，"在"字的含义恰恰就体现在"才"上。《甲骨文字典》对"才"字的字形分析，与《说文解字》完全一致："才：艸木之初也。从丨上贯一，将生枝叶。一，地也。"这就是说，"在"字最初就是"才"字，其字形已包含了"地"，也就是"土"的意思。

显然，"存在"乃是"才"字固有的一种含义。简单来说，"在"或"才"的含义是：草木之初生（本义）；存在（引申义）。这个字与上文谈到的"生"字的字形对应："一，地也"对应于"土"；"从丨上贯，将生枝叶"对应于"屮"。因此，这两个字的本义非常接近：草木生长在大地上。同时，与"生"一样，"在"不仅是说的草木的存在，而且是说的人的存在。人和草木同生共在，即是"无分别智"的纯粹存在。因此，这种意义的"在"仍可以译为"Being"。

9. 存：cun/co-exist/mutually care for

汉字"存"可能不见于甲骨文，但仍是一个非常古老的词语。汉语"存"有两层基本含义：

（1）生存、同生共在、存在：survive/co-exist/being

汉语"存"的本义之一是同生共在，犹如上文谈到的"生"、"在"均有同生共在之义。《说文解字》认为："存：恤问也。从子，才声。"上文讨论"在"时已经指出，"才"其实也是有意义的，那么，"存"字由"才"和"子"构成。上文也已谈到，"才"的意思是草木初生。而"子"则是人之初生。由此可见，"存"比"生"、"在"更加鲜明地体现了人和草木同生共在、万物一体的"无分别智"。所以，尽管就"存"的日常用法来看，它与英语"survive"对应；但就其本义看，它更与英语"exist"尤其是"co-exist"对应。而"存"与"exist"一样，具有"存在"的含义。这就是说，存在就是万物一体的同生共在。

（2）关爱、仁爱：mutually care for/love/benevolence

汉语"存"的本义之二是关爱。《说文解字》将"存"解释为"恤问"。"恤问"又叫"存问"，这个词语直到民国年间还是常用的。《说文解字》解释："恤：忧也。"例如《诗经·大雅·桑柔》："告而忧恤。"显然，"恤"是出于同情（commiserate or sympathize），同情出于关爱（care for）、源于仁爱（benevolence or humaneness）。因此，"恤问"的反面是"不闻不问"，即麻木不仁。联系到"存"字的上一层含义同生共在，那么，"存"的本义即互相关爱，可以译为 mutually care for。如此看来，诗人王勃的名句"海内存知己，天涯若比邻"，其所谓"存"就不仅仅是在说朋友存活着、存在着，而且是在说友人与诗人互相关爱着、牵挂着，而"天涯若比邻"正是同生共在的生活感悟。

这样一来，作为存在的"存"就几乎直接与"仁"是一回事了。上文曾引孔颖达疏"仁犹存也"亦有这层意思。而这正是生活儒学的一个基本观念：爱即在，在即爱。①《中庸》所说的"诚"能"成己"、"成物"，"不诚无物"，其实也是这个意思。惟其如此这般地理解存在与仁爱——以仁爱为大本大源也就是以存在为大本大源，生活儒学才是真正的儒学。

由此说来，孟子所说的人生"三乐"之一"父母俱存"（《孟子·尽心上》）就不仅仅是说的父母健在，而且是说的他们与子女在爱的情感中共同生活。孟子对"仁"或"爱"与"存"之间的密切关系深有体会，这是人们过去还没有意识到的："人之所以异于禽兽者，几希，庶民去之，君子存之。舜明于庶物，察于人伦；由仁义行，非行仁义也。"（《孟子·离娄下》）"君子所以异于人者，以其存心也。君子以仁存心，以礼存心。仁者爱人，有礼者敬人。"（《孟子·离娄下》）"虽存乎人者，岂无仁义之心哉？……孔子曰：'操则存，舍则亡。出入无时，莫知其乡。'惟心之谓与！"（《孟子·告子上》）"存其心，养其性，所以事天也。"（《孟子·尽心上》）"养心莫善于寡欲。其为人也寡欲，虽有不存焉者，寡矣；其为人也多欲，虽有存焉者，寡矣。"（《孟子·尽心下》）这些论述中的"存"与"仁"，恐怕都须重新解释。

10. 爱：love

在儒家话语中，"爱"与"仁"有时无区别，有时则是有区别的，这是中国训诂学中所谓"浑言之"与"析言之"的区分。"浑言"是说两者不加区别，那么，"仁"就是"爱"，例如："樊迟问仁，子曰：'爱人。'"（《论语·颜渊》）"析言"是指两者相对而言、有所区别，那么，将"仁"与"爱"相对而言的一个典型例子，就是孟子所说的："君子之于物也，爱之而弗仁；于民也，仁之而弗亲。亲亲而仁民，仁民而爱物。"（《孟子·尽心上》）这种与"仁"相区分的"爱"，可以译为 love。须注意者，"爱物"并不是说的"爱惜东西"，而确实是在说 love。

11. 仁（仁爱）：humaneness

在生活儒学看来，"爱"与"仁"的分别乃是在观念层级上的区分：

---

① 黄玉顺：《爱，所以在：儒学与笛卡儿哲学的比较》，见《儒家思想与当代生活——"生活儒学"论集》。

"爱"一定是说的情感；而"仁"则不然，有时是说的形而下的道德情感行为或者伦理规范，可译为 benevolence；有时甚至是说的形而上的本体，可译为 humanness（不是 humaneness）（儒家心学以人之仁性为本体）；而有时则说的是本源情感，可译为 love。儒家所说的"仁"之所以不可定义，缘由就在这里。

这样的同时涵盖上述三层含义的"仁"，在英语里是找不到对应词的；比较而言，"humaneness" 较为接近。英语"humaneness" 通常译为汉语"人道"，大致对应了孟子所说的"仁民"、"爱物"两层意思，如"Humane Society" 既指动物保护协会（爱物），也可指拯救溺水者协会（仁民）。不仅如此，"humaneness" 的词根是"human"，意谓人的、有人性的、通人情的、人类的等等。这较接近儒家之所谓"仁"，如孟子所讲的"仁也者，人也；合而言之，道也"（《孟子·尽心下》）。

12. 是：shi/to be/this/this being/the beings/trueness

迄今为止，研究上古汉语判断词"是"的，常常是研究西方哲学的学者，他们往往以为中国缺乏西方那种以"to be"为核心的"存在"观念，这其实是出于对中国文化传统、古代汉语的隔膜。英语的"to be"，汉语在不同场合中分别以"是"、"有"、"在"翻译之，三者在中国文化中具有不同观念层级的意义，我已做过专门讨论，就其在上古汉语中的情况，大致来说："在"谓存在；"有"谓形而上存在者；而"是"谓依据形而上存在者来判定形而下存在者，作动词时可以译为"to be"。[1]

但还不仅如此。当其对形而下存在者的存在进行判断时，汉语"存在"的两层意义（存在与仁爱）可以同时蕴涵其中，这就是汉语的"是"。据汉语专家肖娅曼教授对上古汉语系词"是"的研究成果：第一，"是"做出判断的根据，是一个形而上的存在者，且是某种神圣的东西，如天帝、上帝等；第二，"是"所判断的对象，是形而下的存在者（可以译为"this being"或者"the beings"）；第三，这种判断不仅是存在判断，而且是价值判断，亦即不仅涉及事实上的"有无"（there is or isn't），而且包含道德上的"是非"（right or wrong）。[2] 按照儒家的看法，是非道德判断的根本依据在于是否仁爱。

因此，汉语"是"作为判断词用法的出现，是在中国轴心时期的中期、

---

① 黄玉顺：《爱与思——生活儒学的观念》第一讲第三节"是、有、在：儒家'存在'观"。

② 参见肖娅曼《汉语系词"是"的来源与成因研究》，巴蜀书社，2006。

晚期，即在春秋、战国时代。① 这一点很值得注意：跟西方古希腊一样，中国轴心时期正是形而上学的建构时期；而"是"出现在此时，绝非偶然。

这个"是"，有时可以译为"this"。海德格尔的"此在"（Dasein）就有这样一种含义（Da）。② 不过，西方哲学中的"thisness"（"此"性、"这一个"）只含有存在者的"是否"（is or isn't）意义，没有价值论的"是非"（right or wrong）意义。英语中同时含有"是否"和"是非"意义的是"true or false"，在这个意义上，"是"可以译为"trueness"。

13. 有：you/the Being（not the God）

在中国上古的观念中，如果说"是"指向形而下存在者，那么"有"就指向形而上存在者。老子所说的"万物生于有"、"有名万物之母"（《老子》第四十章、第一章）就是这种含义用法的典型。

许慎《说文解字》对"有"的解释，极其意味深长："有：不宜有也。《春秋传》曰：'日月有食之。'"这就是说，"有"即不应当有，犹如日食、月食之不正常。段玉裁《说文解字注》解释："有，谓本是不当有而有之称，引申为凡有之称。"意谓"有"的本义乃是"不当有而有"。这就意味着：形而上存在者是不当有的。为什么不当有？这在今天看来应该是很清楚的：有是对无的背离，形而上存在者是对存在的背离，这种背离失却了本真。将形而上者视为"莫须有"的东西，这在今天看来实在是一个很了不起的观念。

这种意义的"有"可译为 the Being。但须注明：这并不是一定指称上帝。

由此，我们便确定了汉语表示"存在"观念的"是"、"有"、"在"在英语中的对应译法：

在（存在）：Being

有（形而上者）：the Being（not the God）

是（形而下者）：this being/the beings

与"有"相对的是"无"，可以译为：the Nothingness。上文已经谈过，在中国上古的本真观念中，在即无，无即在。

14. 思：think/thinking/thought

不论是在原创儒学，还是在生活儒学中，"思"都是一个非常重要的观

---

① 肖娅曼：《汉语系词"是"的来源与成因研究》。中国的轴心时期，我称之为"原创时期"，而把它分为三个阶段，即西周、春秋、战国。

② 海德格尔：《存在与时间》，第154页。

念。例如孟子论"思"：

（1）形下之思：思的主体和对象都是形而下存在者。例如，"欲贵者，人之同心也。人人有贵于己者，弗思耳矣!"（《告子上》）这里"思"的主体是"人"、"人人"，即一种形而下的存在者，故其所思的对象也是形而下的存在者。又如，"周公思兼三王，以施四事"（《离娄下》）。周公、三王当然都是形而下者：圣人并不是神。

（2）形上之思：思的对象是形而上存在者。例如，"仁义礼智，非由外铄我也，我固有之也，弗思耳矣"（《告子上》）。这里的"仁义礼智"是说的"德性"（四德），在儒家心学中是指的作为本体的人性，即是形而上者。此处之"思"，即是哲学本体论意义上的"反思"（reflexion）。孟子所说的"万物皆备于我矣，反身而诚，乐莫大焉"（《尽心上》），就是这种形上的反思，因为这里的"诚"所指的是"万物皆备于我"，即是作为形而上者的德性本体。孟子所说的"诚者天之道也，思诚者人之道也"（《离娄上》），其"思"也是形上之思。但儒家所谓"诚"并不一定是指的形而上者，有时也指作为存在显现的本源情感——本真的仁爱，上文谈到的《中庸》所说"诚"能"成己""成物"、"不诚无物"就是这种意义。

（3）本源之思：存在之思——思无。例如，"耳目之官不思，而蔽于物；物交物，则引之而已矣。心之官则思；思则得之，不思则不得也。此天之所与我者。先立乎其大者，则其小者不能夺也"（《告子上》）。这里的关键在于"思则得之"，此"之"指代"天之所与我者"、"大者"，即指德性本体；但在孟子心目中，这个本体其实是被"立"起来的，而立的途径即"思"；因此，"思"显然是先行于作为形而上者的本体的，故此"思"绝非存在者之思，而是存在之思、本源之思。

不过，这些不同观念层级的"思"，都可以这样翻译：动词译为"think"，动名词译为"thinking"，名词译为"thought"。生活儒学的代表作《爱与思》，即可译为 *Love and Thought*。

15. 本源：the Root-Source/the Source

生活儒学的宗旨，是要追溯万事万物的本源，然后由此出发，重新给出形而上者、形而下者，据此重建儒学——建构儒学的一种当代思想理论形态，以解决当代生活中的问题。而"原教旨"的儒学则不然，它不能回归生活、重建儒学，就是"无本之木，无源之水"。因此，"本源"是生活儒学的一个极为基本的观念。

尽管"本源"原是一种比喻的说法，但却来自中国文化的深厚传统，例如《大学》的"物有本末"、《老子》的"上善若水"。中国哲人几乎都推崇水。水的特征是随物赋形，自己并无固定之形，故非"形"而上者、"形"而下者之喻，在这种意义上，水即是无。

不过，"本源"这个词语却有两种用法：

（1）如果"本"与"源"分开说，相对而言，则其意义大为不同："本"是说的本体、形而上者，属于中国传统哲学的"本末"范畴，按"本"的本义，可译为"the Root"；"源"是说的存在、即无，可译为"the Source"。这种意义的"本源"，便可译为"the Root-Source"。

（2）但是，生活儒学通常所说的"本源"，却是另外一种用法，指"本之源"，也就是"源"，故当译为"the Source"。在汉语中，"源"是今字，而"原"是其古字（参见《说文解字》）。如孟子说："君子深造之以道，欲其自得之也。自得之则居之安，居之安则资之深，资之深则取之左右逢其原。"（《离娄下》）这种"本源"，是说作为存在的生活、生活情感——仁爱情感。

须注意的是，孟子所说的"有本"、"无本"，其所谓"本"其实是在说"源"：

> 徐子曰："仲尼亟称于水曰：'水哉！水哉！'何取于水也？"孟子曰："源泉混混，不舍昼夜，盈科而后进，放乎四海。有本者如是，是之取尔。苟为无本，七八月之间雨集，沟浍皆盈，其涸也可立而待也。"（《离娄下》）

显而易见，这里的"本"是在说"源泉"。

所以，生活儒学所说的"生活本源"并不是说的"生活的本源"，而是说生活即本源，故当译为"life as the Source"。

（编辑：宇文利）

朱子理气关系的三种不同解读

丁为祥

摘　要：理气关系是朱子哲学的核心，但如何解读其关系则又是理解朱子哲学的重心。自其哲学形成以来，大体经历了三种不同的解读；这三种不同解读也必然会使朱子哲学呈现出不同的面貌：从时空的维度出发，往往会以理与气之不可分割关系来说明其先后关系，这就使其哲学表现出一种宇宙生化论的规模，但对其理先气后关系却无法做出恰切的说明；从形式逻辑的视角出发，无疑会以其理先气后关系对二者的不可分割关系作出说明，这种解读虽然也可以使其哲学呈现为一种本体论建构，但又存在着无法落实的偏弊；从道德理性之超越性视角出发，虽然可以准确地把握其理先气后关系以及其本体论立场，但又会对其本体之遍在性形成一定的偏取。直至目前，这三种不同的解读视角也就代表着人们研究朱子哲学的三种不同进路。

关键词：朱子　理气关系　理先气后　三种解读

作者简介：丁为祥，哲学博士，陕西师范大学哲学系教授（西安，710062）。

　　理气关系问题是朱子哲学的核心。它不仅体现着朱子对中国历史文化的系统继承与全面总结，而且也表现了朱子对自然世界与人伦秩序的一种系统说明与重新安排。因此，理气关系也就代表着朱子处理人生所有关系的一个基本原则。但是，由于朱子的理气关系并不是一种单向度的关系①，而在其

---

①　严格说来，朱子的理气关系包括"理先气后"、"理与气不可分割"以及"理静气动"与"理一分殊"四层，但从具有决定性意义的角度看，则主要表现为"理先气后"与"理与气不可分割"两层，也就是朱子所谓的"在理上看"与"在物上看"以及决定某事物之所以为某事物的"其性"与"其形"，所以本文的"理气关系"主要就对这两种关系而言，也是从对这两种关系之不同统一的角度来分析人们对朱子理气关系的不同诠释进路的。

不同的规定之间，不仅存在着相互限制的问题，同时也存在着相互落实、相互渗透与相互证明的关系，因而如何理解朱子的理气关系，实际上也就成为人们如何把握朱子哲学的一种表征。自元仁宗皇庆二年（1313）将朱注的《四书》规定为科举考试的法定教科书以来，人们就开始了对其哲学的解读与诠释；与此同时，对朱子理气关系的不同理解也就拉开了历史的帷幕。

一　时空维度之生成论解读

在朱子哲学源远流长的历史演变中，明代是一个极为重要的时期。这不仅因为明代皇家一起始就倡导朱子学，而且民间的师儒授受也非朱子学莫属。所以，《明史·儒林传》概括说："明太祖起布衣，定天下，当干戈抢攘之时，所至征召耆儒，讲论道德，修明治术，兴起教化，焕乎成一代之宏规。"[①] 从民间的情况来看，"原夫明初诸儒，皆朱子门人之支流余裔，师承有自，矩矱秩然。"[②] 这说明，明代是朱子学定于一尊的时代，它不仅得到了官方的大力提倡，而且也赢得了民间的普遍信从。正因为如此，所以对朱子学的真正解读是从明代开始的。

明代朱子学的第一传承是曹端。关于曹端之学，其弟子彭泽认为，明代"文明之盛、经济之学，莫盛于刘诚意（基）、宋学士（濂），至道统之传，则断自渑池曹先生始"[③]，意即曹端就是明代儒家道统的第一传承。对于曹端在明代儒学中的地位，明儒殿军刘蕺山也评价说："斯道之绝而复续者，实赖有先生一人。"[④] 由此可见，曹端在明代理学中确实占有开创者的地位。不过，对于曹端之学，刘蕺山又说："先生之学，不由师传，特从古册中翻出古人公案，深有悟于造化之理。"[⑤] 这说明，曹端的学术探讨主要是通过对前人成说之不同理解或不同解读形成的，而其解读与诠释的主要对象，就是朱子学。

曹端对朱子学的解读是从"动静"的角度展开的。在朱子学中，所

---

① 张廷玉：《明史·儒林传》，《二十五史》卷十三，中国文史出版社，2002，第 1525 页。
② 张廷玉：《明史·儒林传》，《二十五史》卷十三，中国文史出版社，2002，第 1525 页。
③ 黄宗羲：《明儒学案·师说》，《黄宗羲全集》第七册，浙江古籍出版社，2005，第 9 页。
④ 黄宗羲：《明儒学案·师说》，《黄宗羲全集》第七册，浙江古籍出版社，2005，第 9 页。
⑤ 黄宗羲：《明儒学案·师说》，《黄宗羲全集》第七册，浙江古籍出版社，2005，第 9 页。

谓理静气动也是其理气关系之一，因为朱子曾明确地说"气则能凝结造作，理却无情意，无计度，无造作"①，因而反过来看，这也就是所谓"若理，则只是个净洁空阔底世界，无形迹，他却不会造作；气则能酝酿凝聚生物也"。②自然，这就是所谓理静气动说。正因为理与气的这一关系，所以朱子又常常借用"人马之喻"③来说明其理气关系。在整个宋元时代，朱子的这一规定并没有遇到质疑；但到了明代，这种理静气动的说法便遭到了强烈的质疑。所以，曹端当时就明确地提出了自己的不同看法：

> 周子谓"太极动而生阳，静而生阴"，则阴阳之生，由乎太极之动静。而朱子之解极明备矣。其曰"有太极，则一动一静而两仪分。有阴阳，则一变一合而五行具"，犹不异焉。及观《语录》，却谓"太极不自会动静，乘阴阳之动静而动静"耳，遂谓"理之乘气，犹人之乘马，马之一出一入，而人亦与之一出一入"，以喻气之一动一静，而理亦与之一动一静。若然，则人为死人，而不足以为万物之灵；理为死理，而不足以为万物之原，理何足尚，而人何足贵哉！今使活人乘马，则其出入、行止、疾徐，一由乎人驭之何如耳。活理亦然。不之察者，信此则疑彼矣，信彼则疑此矣，经年累岁，无所折中，故为《辨戾》，以告夫同志君子云。④

曹端的这一怀疑，看起来仅仅是指朱子不应当有如此矛盾的说法，实际上，其怀疑本身就已经隐含着一种全新的视角。这个视角就是从时空的维度来重新理解朱子的理气关系。为什么这样说呢？因为在朱子哲学中，太极（天理）是指超越的形上本体，所以太极之不会动静，正是其作为宇宙万物之形上本体的体现。实际上，太极的这一规定也是朱子对应于佛老之形上超越智慧而对儒家道德理性的对扬，——其对太极天理之"净洁空阔"的规定也正是针

---

① 黎靖德编《朱子语类》卷一，中华书局，1986，第3页。
② 黎靖德编《朱子语类》卷一，中华书局，1986，第3页。
③ 朱子对理气关系的"人马之喻"主要源于扬雄的《扬子法言》，其《修身》云："人之性也善恶混，修其善则为善人，修其恶则为恶人；气也者，所以适善恶之马也与！"（《二十二子》，上海古籍出版社，1986，第813页）
④ 曹端：《辨戾》，《曹端集》，中华书局，2003，第23~24页。

对佛教禅宗之所谓"昭昭灵灵的境界"而言的。但当曹端提出如此修正——一定要给太极加上启动发用的属性之后，看起来是为了维护太极本体的至上性与绝对性，但一当太极从"不自会动静"的"净洁空阔"转化为可以启动发用的"活人"与"活理"时，从朱子的角度看，这同时也就使其从超越的形上本体转变为实然的宇宙生化之源了。刘蕺山所谓"深有悟于造化之理"一说，正是就其这一扭转对"造化之理"的落实与兑现而言的。

当然，这只是从朱子哲学出发所作出的分判，问题在于，曹端为什么会发现朱子哲学的这一"矛盾"？其发现"矛盾"的视角又是一种什么样的视角？如果从这个角度看，那么曹端发现"矛盾"的视角显然属于一种"在物上看"的视角。就是说，他是从理与气之不可分割的角度来理解其先后关系的，所以他对朱子的理气人马之喻就无法接受，尤其无法接受"太极不自会动静，乘阴阳之动静而动静"一说。也就是说，在曹端看来，既然太极作为万事万物的形上根底，那么它就必须包含启动发用的属性；如果缺乏这一功能，那么它也就只能成为"人为死人，而不足以为万物之灵；理为死理，而不足以为万物之原，理何足尚，而人何足贵哉！"显然，曹端之所以要为太极加上启动发用的属性，将其从"死人"、"死理"转化为"活人"与"活理"，就是为了确保太极天理的至上性；但其对太极天理至上性之启动发用式的确保，却只能使太极从"净洁空阔"的形上本体进入启动发用的形下世界，从而成为宇宙万物的生化之源了。明儒对朱子理气关系的不同解读，就以这种维护、修正与弥补的方式拉开了帷幕。

到了稍晚的薛瑄，就开始正面修正朱子的理气关系了。不过，薛瑄对理气关系的修正却是以正面继承的方式展开的。比如对于朱子的理气关系，薛瑄解释说："理气本不可分先后，但语其微、显，则若理在气先，其实有则具有，不可以先后论也。"[1] 看起来，薛瑄这里似乎主要在于坚持朱子理与气的不可分割性，但由于他明确坚持"理气不可分先后"，因而实际上也就等于否定了朱子的理先气后说，或者说是以理与气之不可分割关系修正了朱子理与气的先后关系。但薛瑄并不同于曹端，他对理气关系的探讨并不是从动静的角度入手的，而是认为"原夫前天地之终静，而太极已具；今天地之始动，而太极已行。是则太极或在静中，或在动中，虽不杂乎气，亦不离乎气"[2]。这说

---

① 薛瑄：《读书录》卷二，《薛瑄全集》，山西人民出版社，1990，第 1070 页。
② 薛瑄：《读书录》卷三，《薛瑄全集》，第 1074 页。

明，在太极、动静与理气关系上，薛瑄仍然坚持朱子理与气之形上形下分界的基本立场，但由于他认为"理只在气中，决不可分先后。如太极动而生阳，动前便是静，静便是气，岂可说理先而气后也"①，又说："窃谓理气不可分先后。盖未有天地之先，天地之形虽未成，而所以为天地之气，则浑浑乎未尝间断止息，而理涵乎气之中也。及动而生阳，而天始分，则理乘是气之动而具于天之中；静而生阴，而地始分，则理乘是气之静而具于地之中。分天分地，而理无不在；一动一静，而理无不存。"② 所以，薛瑄实际上是以朱子理与气之不可分割关系否定了其理先气后关系。这样，朱子原来"未有天地之先，毕竟也只是理。有此理便有此气"③，以及"万一山河大地都陷了，毕竟理却在这里"④ 所表现出来的天理之超越性存在，以及其理先气后说，也就全然落实到具体的阴阳与动静中了，并且也只能通过"阳动"与"阴静"来说明。

这样一来，朱子理与气的双重关系，也就开始向一个方向集中：这就是从理先气后向理与气的不可分割性集中；或者说是从对理气关系的"在理上看"开始向"在物上看"转移。这一转向的极致，就必然会使理学演变为气学；从而使其理与气的双重关系演变为一种单向度的关系。所以，到了罗钦顺，就形成了如下明确的结论：

> 理果何物也哉？盖通天地，亘古今，无非一气而已。气本一也，而一动一静，一往一来，一阖一辟，一升一降，循环无已。积微而著，由著复微，为四时之温凉寒暑，为万物之生长收藏，为斯民之日用彝伦，为人事之成败得失，千条万绪，纷纭蠓螬而卒不可乱，有莫知其所以然而然，是即所谓理也。⑤
>
> 理只是气之理，当于气之转折处观之。往而来，来而往，便是转折处也。夫往而不能不来，来而不能不往，由莫知其所以然而然，若有一物主宰乎其间而使之然者，此理之所以名也。⑥

---

① 薛瑄：《读书录》卷四，《薛瑄全集》，第 1120 页。
② 薛瑄：《读书录》卷三，《薛瑄全集》，第 1074 页。
③ 黎靖德编《朱子语类》卷一，第 1 页。
④ 黎靖德编《朱子语类》卷一，第 4 页。
⑤ 罗钦顺：《困知记》卷上，中华书局，1990，第 4 页。
⑥ 罗钦顺：《困知记》续卷上，第 68 页。

显然，在罗钦顺看来，理只有彻底落实于气中才能获得真实的存在；也只有在气之往来转折处，才能真正认知天理。这就使朱子以超越性著称的理学演变为气机生化之学了。之所以如此，关键在于，无论是曹端对朱子理静气动说的弥补还是薛瑄对其理先气后说的修正，实际上都是对理气关系的"在物上看"，也都是从时空的维度进行解读的。

关于朱子理气关系的这种解读一直延续到 20 世纪，——钱穆先生的《朱子新学案》就坚持这样的解读，并且为我们提供了一个反向理解同时也能够反向证明的典型。关于朱子的理先气后说，由于朱子本人言之凿凿，因而钱穆也不得不承认这一规定，但由于他同样是从时空的维度去理解朱子的理气关系的，因而其对朱子理先气后说的认可总显得有点勉强；而在更多的情况下，他又尽可能地高扬其理与气的不可分割关系，以尽可能地虚化或弱化其理先气后关系。比如钱穆说：

> 就于物而观，则理气自见不可分。若屏物离气，单从理上看，则理为虚理，非实理。朱子既不专主从虚处脱离事物求理，但亦不许专就实处，只就气上认理，不向上求。其中深趣，诚当潜玩。又说兼始终，始终即是本末先后，即是既兼理气而合一看之，又必知理先气后也。谓理气决是二物，此语不可拘，细看前后自知。①

在钱穆对朱子理气关系的这一分疏中，其无论是"于物而观"还是"就实处言"，都可以说是言之凿凿，但一当说到"向上求"时，则除了"潜玩"之外，就只有"此语不可拘，细看前后自知"这种较为含糊说法了。——而其"兼理气而合一看之"的说法，则明确地表现了钱穆本人的择取。这说明，钱穆实际上既不理解也不赞成朱子的理先气后说，当然也可以说他的历史视角本来就无法接纳这种来自形上超越视角的命题，所以他始终无法准确理解也不愿接受朱子的理先气后说。

正因为如此，所以对于朱子"太极只是个天地万物之理"一说，钱穆就一定要给太极加上气的含义规定。实际上，这与曹端为太极加上启动发用属性完全属于同一性质的修正。问题在于，曹端之所以要为太极加上启动发用属性完全是为了维护太极的至上性，而钱穆为太极弥补以气的含义规定则完全是为了强调太极作为宇宙始源的性质。钱穆说：

---

① 钱穆：《朱子新学案》上册，巴蜀书社，1986，第 170 页。

一气之化而为两，此乃后起之体，非原始之体也。天地原始之体，则曰太极，太极兼理气而为一体。及其分阴分阳，对待为体，则在天地之后矣。阴阳本一体，论先后，则应以阳动为主。如天地本一体，论先后，则先天而后地。理气本一体，论其先，则理先而气后也。①

在这里，钱穆先生之所以一定要强调"太极兼理气而为一体"的性质，并且始终坚持"理气本一体"，不仅说明其太极已经从朱子的天地万物之形上本体演变为实然的宇宙之始源，而且其"太极兼理气而为一体"的说法也就完全丧失了天理之"净洁空阔"的形上品格。这说明，对于朱子的理气关系，如果不能从超越时空的角度去理解，就始终无法准确理解其作为天地万物之形上本体的基本含义。

二　逻辑视角之本体论解析

中国传统素来缺乏逻辑思想，因而一般说来，国人也不会专门从逻辑的角度去分析一种哲学。但又不能说国人根本就没有逻辑思想，其理论之间也缺乏系统的逻辑联系。倘若真的如此，那么古人的思考必然是一团乱麻，充其量也只有时间向度之自然的顺序。即如朱子而言，他为什么一定要先讲理气论而后讲心性论，然后才是格物致知论，此中必然有一种逻辑；即使其理气论之所以称为理气论而不称为气理论，也必然有其逻辑的思考于其中。但是，由于中国的逻辑并没有形成系统的理论形态，也缺乏系统的表达，因而也就造成了中国似乎缺乏逻辑的思想幻象。

到了 20 世纪，由于中西文化的交会融合，西方的形式逻辑连同其哲学一并传入中国，这就为从逻辑角度分析朱子的理学创造了条件；而随着国人的出洋留学，以西方的形式逻辑整理中国的传统思想也就成为一种潮流。在这方面，冯友兰先生的朱子哲学研究就堪称是一个典范。

冯友兰早年在中国公学求学时，就对逻辑怀着的强烈兴趣，他说："我学逻辑，虽然仅仅只是一个开始，但这个开始引起了我学哲学的兴趣。我决心以后要学哲学。对于逻辑的兴趣，很自然地使我特别想学西方哲学。"②

---

① 钱穆：《朱子新学案》上册，第 195～196 页。
② 冯友兰：《三松堂自序》，三联书店，1984，第 198 页。

留学美国哥伦比亚大学以后，他又将西方的逻辑学视为能够点石成金的"手指头"①，由此可见其对逻辑的重视。就对中国哲学的研究而言，冯友兰也主要是借助西方的逻辑实在论对中国哲学进行系统梳理，而在其研究的过程中，也仍然有着非常强烈的逻辑分析色彩，甚至也可以说他就是专门对中国哲学进行逻辑分析的。因为直到晚年，冯友兰对自己一生的中国哲学研究仍然是从逻辑分析的角度来定位的。他自我评价说：

> 中国需要现代化，哲学也需要现代化。现代化的中国哲学，并不是凭空创造一个新的中国哲学，那是不可能的。新的现代化的中国哲学，只能用近代逻辑学的成就，分析中国传统哲学中的概念，使那些似乎是含混不清的概念明确起来，这就是"接着讲"与"照着讲"的区别。②

正由于冯友兰非常看重逻辑，所以他系统梳理中国哲学的逻辑实在论也就主要是通过逻辑的视角展开的。这一点也同样典型地表现在他对朱子理气关系的解读与诠释上。20世纪30年代，冯友兰撰写其第一部《中国哲学史》，其中关于程朱的理气关系就是借助亚里士多德的质料与形式的关系进行诠释的。他说：

> 伊川所谓之理，略如希腊哲学中之概念或形式。以后道学中之理学一派，皆如此主张。……道学中之理学一派亦受所谓象数之学之影响，立"理"与"气"之分；气为质而理为式；上文已言。质在时空之内，为具体的事物之原质，可以有变化成毁。式则不在时空之内，无变化而永存。以道学家之术语言之，则气及一切具体的事物为形而下者，理则为形而上者也。③

---

① 大概在1922年左右，蔡元培以北京大学校长的身份，到美国考察……在一次中国留学生的欢迎会上，蔡元培说："有一个故事，一个人交了一个朋友，会点石成金。随便一块石头，只要他用手指头一点，那块石头就变成金子了。那个朋友对那个人说，'你要多少金子，我都可以点给你。'那个人说：'我不要金子。我只要你的那个手指头'。"蔡元培说："你们在这里留学，首先要学的是那个手指头。那个手指头就是方法，当然还是资产阶级的方法。（冯友兰：《三松堂自序》，第217页）冯友兰接着评论说："在清朝末年，严复算是比较懂得西方哲学的了。但是他的精力主要用在翻译，没有来得及用那个手指头研究中国哲学。胡适是在哲学方面用那个手指头比较早的一个成功的人。"（冯友兰：《三松堂自序》，三联书店，1984，第198页。）

② 冯友兰：《中国现代哲学史》，广东人民出版社，1999，第200页。

③ 冯友兰：《中国哲学史》，中华书局，1961，第875～876页。

这就是冯友兰对程朱理气关系的解读与诠释。其最为成功之处，就在于他通过逻辑来说明理与气的形上与形下关系，比如他分析说："'形而上者'，'形而下者'，本《易·系辞》中二语，依理学家所与之意义，则形而下者之器，即在时空中之具体的事物；形而上者之道，既超越时空而永存之抽象的理也。形上见于形下；无形下之器，则形上之道不可见。故曰：'离了阴阳更无道'。然道乃'所以一阴一阳者'；'所以一阴一阳者'非阴阳，故云'道非阴阳'也。此注重形上形下之分，理学一派皆如此。"① 显然，通过质料与形式的逻辑关系，冯友兰确实较为准确地把握了理与气的形上形下之别。

不仅如此，冯友兰还依据这种逻辑继续分析朱子的理静气动与理先气后，以解决二者之间的主从关系。他比较说：

> 理世界为一"无形迹"之"净洁空阔底世界"。理在其中，"无情意，无计度，无造作"。此其所以为超时空而永久（Eternal）也。此具体的世界为气所造作；气之造作必依理，如人以砖瓦木石以建造一房；砖瓦木石虽为必需，然亦必须先有房之形式，而后人方能用此砖瓦木石以建筑此房。砖瓦木石，形下之器，建筑此房之具也；房之形式，形上之理，建筑此房之本也。及此房成，而理即房之形式，亦在其中矣。
>
> 依逻辑言，理虽另有一世界；就事实言，则理即在具体的事物之中。②
>
> 就朱子之系统言，一理必在其个体事例之先，盖若无此理，即不必有此个体事例也。至于理与普通的气为有之先后，则须自两方面言之：盖依事实言，则有理即有气，所谓"动静无端，阴阳无始"；若就逻辑言，则"须说先有是理"。盖理为超时空而不变者，气则为在时空而变化者。就此点言，必"须说先有是理"。③
>
> 如尚未有舟车之时，舟车之理或舟车之概念已先在。然其时只有概念而无实例，所谓"但有其理而已，未尝实有是物也"。所谓发

---

① 冯友兰：《中国哲学史》，第879页。
② 冯友兰：《中国哲学史》，第904页。
③ 冯友兰：《中国哲学史》，第906页。

明舟车，不过发现舟车之理而依之作出实际的舟车，即舟车之概念
之实例而已。故凡可能有之物，无论其是天然的或人为的，在形而
上之理世界中，本已具有其理。故形而上之理世界，实已极完全之
世界也。①

在冯友兰的这一系列解读中，不仅朱子天理之"无形迹"、"净洁空阔"
以及其"无情意，无计度，无造作"与"超时空而永久"等属性，都
得到了较为准确的说明，而且朱子的理先气后关系也同样得到了较为明
确的落实，"如尚未有舟车之时，舟车之理或舟车之概念已先在。……
所谓发明舟车，不过发现舟车之理而依之作出实际的舟车，即舟车之概
念之实例而已"。所有这一切，当然都建立在"依逻辑言"的基础上，
因而也可以说冯友兰对朱子理气关系的解读与诠释主要是借助逻辑实现
的。

正因为冯友兰对朱子理气关系的解读是借助逻辑实现的，因而这就
存在着一个问题，就是说，所谓理先气后只是从逻辑上说是如此，就实
际存在而言，则只能说是"有理即有气"，或者说，"就事实言，则理即
在具体的事物之中"。这样一来，冯友兰所诠释的理先气后也就只能说是
"就逻辑言"是如此，至于其实际关系，则仍然是"有理即有气"——
理与气不可分割。虽然朱子的理气关系本来就有不可分割一层，但如果
理气关系只有这一层或主要在这一层讲，起码说明这种解读与诠释是不
太成功的。

为了合理地说明朱子的理先气后关系，冯友兰不得不在逻辑实在论中寻
找答案。因为他发现，虽然他也可以借助"逻辑"说明其理先气后，但这
种说明的理论效力也就仅仅是"依逻辑言"而已，并不是真实的存在，也
不具有真正的说服力。所以，他自己也反思说：

这个"存在"是怎么个存在法呢？譬如说，在没有飞机之前，就
有飞机之理，如果这个"有"的意思就是存在，它存在于什么地方？
如果说它存在于发明人的思想之中，那只是人的思想，并不是客观的飞
机之理。如果说它不存在于任何地方，照一般的了解，这就说它不存

① 冯友兰：《中国哲学史》，第 898 页。

在。在西方哲学中，新实在论者大概也觉得有这一类的问题，于是他们就创造了一个词：Subsist（潜存）。我也沿用了这个词。可是一个真正的哲学问题，并不是创造一个词所能解决的。①

这说明，虽然冯友兰以"逻辑"的方式论证了朱子的理先气后说，但对于这种论证结论，连他自己都难以相信。只是由于理先气后说是朱子所反复申明的，所以冯友兰才不得不硬着头皮坚持。

抗日战争期间，冯友兰有"贞元六书"之作。在这一阶段，也许是为了鼓舞全民抗战的士气，冯友兰放弃了他原来所借助的质料形式说，而以中国传统中的真际与实际来诠释朱子的理气关系。真际与实际原本为佛教的概念，但自从张载借助其说明儒家的诚明关系之后，似乎也就成为儒家或中国传统的本有概念了。不过，冯友兰虽然借用了真际与实际概念，可其相互关系却仍然是逻辑的关系。这样一来，他的真际实际说也就像穿着长袍马褂的洋教士。请看他关于真际与实际关系的分析：

> 就真际之本然言，形而上者之有，不待形而下者，惟形而上者之实现，则有待于形而下者。例如"圆"，圆之所以为圆者，或圆之所以然之理，之有，不待于形而下者，而其实现，即在实际上有一事实底圆，则必待于形而下者，如一粉笔画底圆，必待粉笔所画之线。②

> 由此我们可知，在旧理学中所有理气先后之问题，是一个不成问题底问题，亦可说是一不通底问题。若问一理与其实际底例之间之先后，这个问题，是可问底，因为一类事物，即一理之例，之实际地有，可以是有始底。例如飞机一类之物，即飞机之理之实例，之实际地有，是有始底。对于此问题，我们答以理先于其实际底例而有。这并不是说理与其实际底例之间，可有在先之关系，亦不是说理之有是有始底，而只是说，即于未有此类事物，即此理之实际底例时，此理亦本来如此。本来如此即所谓本然。但若问及理与气间之先后，则此问题，是不通底。因为此问题若成为问题，则须先假定理与气皆是在时间底，或其一是在时间底。又须假定，理与气是可有在先或在后之

---

① 冯友兰：《三松堂自序》，第 250～251 页。
② 冯友兰：《新理学》，《冯友兰文集》第四卷，长春出版社，2008，第 019 页。

关系底，或其一是可有此等关系底。又须假定理与气是有始底，或其一是有始底。但这些假定俱是错底。所以理先气后之问题，根本不成问题。①

由于这里既存在着真际与实际式的中式包装，实际上又以西洋的逻辑关系为依据，所以冯友兰一方面坚持"就真际之本然言，形而上者之有，不待形而下者，惟形而上者之实现，则有待于形而下者"；同时，对于理先气后这一难缠的问题干脆直接宣布它"是一个不成问题底问题，亦可说是一不通底问题"。为什么这样说呢？因为在他看来，"若问一理与其实际底例之间之先后，这个问题，是可问底，因为一类事物，即一理之例，之实际地有，可以是有始底。例如飞机一类之物，即飞机之理之实例，之实际地有，是有始底。对于此问题，我们答以理先于其实际底例而有"。"但若问及理与气间之先后，则此问题，是不通底。因为此问题若成为问题，则须先假定理与气皆是在时间底，或其一是在时间底。又须假定，理与气是可有在先或在后之关系底，或其一是可有此等关系底。又须假定理与气是有始底，或其一是有始底。但这些假定俱是错底。所以理先气后之问题，根本不成问题。"在这里，冯友兰又等于取消了理先气后问题，或者说认为这是一个没有意义的问题。

20 世纪 40 年代以后，冯友兰又试图以西方唯实论的共相与殊相来分析朱子的理气关系。在他看来，"共相就是一般，殊相就是特殊或个别。这二者之间，是怎样区别，又怎样联系呢？在西方哲学中，首先明确提出这个问题，而又加以详细讨论的，是柏拉图。在中国哲学中，首先提出这个问题，而还没有加以详细讨论的是公孙龙。……一直到宋代的程颐，才有了详细的讨论。朱熹又继续这个讨论，使之更加深入。他们虽然没有用共相和殊相、一般和个别这一类的名词，但是他们所讨论的是这个问题"②。显然，在冯友兰看来，程朱"虽然没有用共相和殊相、一般和个别这一类的名词，但是他们所讨论的是这个问题"。可是，一当他真正要用共相与殊相的关系来套解朱子的理气关系时，他又感到不胜其难。比如他说：

① 冯友兰：《新理学》，《冯友兰文集》第四卷，第 40~41 页。
② 冯友兰：《三松堂自序》，第 247 页。

所谓逻辑分析，是相对于物质分析而言的。把一个具体的东西送到化学实验室，看他是什么成分构成的，这是物质的分析。物质的分析可以在实验室中进行的，逻辑的分析只能在思维中进行。一个方的东西，逻辑思维不能分析出构成它的成分，但可以分析出它有两个方面，一个方面是它的形，另一个方面是它的性。它既然是方的东西，它必然有一定的形体，它可能是一个方桌，也可能是一块方砖，无论是什么，这都是它的形。它既然是一个方的东西，它必然有得于方之所以为方者，这就是它的性；方之所以为方者就是方之理。简单一点说，它既然是一个方的东西，它就必然有方的规定性，这就是它的方性。方性是方的东西的主要性质，这就是朱熹所说的"生物之本也"。一个方的东西是一个具体存在的东西，它必定有一些什么东西支持它的存在，作为它的存在的基础，这就是朱熹所说的"生物之具也"。①

在这里，冯友兰又借用朱子的"其性"与"其形"来说明朱子关于理气的"生物之本"与"生物之具"的关系，并试图以"性"与"形"的关系来说明理的先在性，以对应于朱子的"然"与"所以然"。所以他得出结论说："朱熹仍然认为，照理论上说应该还是理先气后，他认为理是比较根本的。就这一点说，先后问题就是本末问题，理是本，气是末；也就是轻重问题，理为重，气为轻。本和重在先，轻和末在后，这样的在先就是所谓逻辑的在先。"②

当冯友兰借用"然"与"所以然"以及"本"与"末"的关系来说明理先气后时，按理说，这样的分析实际上就已经非常接近朱子的原意了，但由于冯友兰的这一路分析都是从形式逻辑走来；而形式逻辑既是人对客观事物及其内在联系认识的结论，同时也是人们思维的工具，因而形式逻辑本身并没有独立存在的基础。所以，到了其一生的最后一部著作——《中国哲学史新编》中，冯友兰就不得不沿着共相与殊相的逻辑关系或者说是人们的认识逻辑再次将共相归还于殊相，也就是说，他最后不得不将逻辑先在的理归还于实然的生化之气。所以，他总结说：

① 冯友兰：《中国哲学史新编》第五册，人民出版社，1988，第159～160页。
② 冯友兰：《中国哲学史新编》第五册，第167～168页。

在中国传统哲学中，对于这种关系有三种说法：理在事上，理在事先，理在事中。三种可以归结为两种：理在事外，理在事中。一类事物之理，如有相应的材料，依照它而成为其类的分子，他也就在其类分子之中了。用另外一种说法，一类事物之理实现了，由无存在而成为有存在了。存在于什么地方？就存在于其类分子之中。这就是所谓"理在事中"，也就是一般寓于特殊之中。①

当冯友兰将"共相"归还于"殊相"、将"理"归结于"事"时，也就无可遏止地将"理"归还于"气"了。② 在这里，如果我们套用冯先生的逻辑，那么也就不得不承认：对于他所探讨了一生的朱子之理先气后问题，他最后也不得不以所谓"理在事中"——理与气的不可分割性为其最后归宿了。这说明，仅仅以形式逻辑的视角是不足以理解并说明朱子的理先气后关系的。

三　超越视角的诠释及其偏取

其实对于逻辑，中国传统文化中虽然缺乏系统的表达，但国人的思考却从来都不缺乏逻辑。比如孔子曰："富与贵，是人之所欲也；不以其道得之，不处也。贫与贱，是人之所恶也，不以其道得之，不去也。"③ 再比如："不义而富且贵，于我如浮云。"④ 如果说这只是孔子的一时激愤之语，那么请看孟子的抉择。孟子曰："鱼，我所欲也；熊掌，亦我所欲也，二者不可得兼，舍鱼而取熊掌也。生，亦我所欲也；义，亦我所欲也。二者不可得兼，舍生而取义也。"⑤ 在孔孟的这一系列论述中，不仅存在着明确的逻辑关系，而且还体现着一种主体的一种义不容辞的价值抉择或实践抉择逻辑。否则的话，我们就无法理解孔子何以会以"道"与"义"为标准，在"富与贵"

---

① 冯友兰：《中国现代哲学史》，第209页。
② 冯友兰先生的这一走向还可以证之于蔡仲德先生的《冯友兰评传》。蔡先生在评价冯友兰的《新理学》探讨时指出："它所讨论的其实就是哲学中的'共相'与'殊相'、一般与特殊的关系问题，其结论是'理在事先'，理先于具体事物而有，理比具体事物更根本（先生后来承认正确的结论应该是'理在事中'）。"（蔡仲德：《冯友兰评传》，《文史哲》1996年第4期；又见冯友兰《中国现代哲学史·附录》，第264页）
③ 《论语·里仁》，国际文化出版公司，1993，第1266页。
④ 《论语·述而》，第1276页。
⑤ 《孟子·告子上》，国际文化出版公司，第1410页。

和"贫与贱"之间进行无可置疑的抉择，当然也无法理解孟子何以一定要坚持"舍生而取义"的人生态度。这说明，国人及其传统文化确实有其逻辑，不过这种逻辑并不是对事事物物进行概念之认知性比较的形式逻辑，而是依据一定的价值标准对事物进行评判的主体抉择逻辑或主体实践逻辑。就是说，国人及其传统文化对思想概念并不是从对象的角度进行比较性认知，而是直接从价值理性的角度进行轻重、本末之类的主体抉择或实践抉择的。

这种主体性的价值抉择或实践抉择就是中国人的逻辑，也就是朱子理先气后说的真正成因；而真正沿着这一思路来诠释朱子理气关系的，就是明代的王阳明与当代的牟宗三。王阳明的诠释是从朱子格物致知说的角度展开的。早年，他曾沿着朱子的为学路径进行格竹子实践，以后又按照朱子的读书之法进行读书穷理实践，但所有这些实践都无一例外地失败了。直到居夷处困的龙场，才在生死煎熬的逼迫下大悟格物致知之旨，从而发现"圣人之道，吾性自足，向之求理于事物者误也"。① 这里的大悟，首先就在于发现朱子的格物致知之路根本走不通，所以直到晚年，王阳明还对其龙场大悟总结说：

> 先儒解格物为格天下之物，天下之物如何格得？且谓一草一木亦皆有理，今如何去格？纵格得草木来，如何反来诚得自家意？我解格作正字义，物作事字义，《大学》之所谓身，即耳目口鼻四肢是也。欲修身，便是要目非礼勿视，耳非礼勿听，口非礼勿言，四肢非礼勿动。要修这个身，身上如何用得工夫？心者身之主宰，目虽视而所以视者心也，耳虽听而所以听者心也，口与四肢虽言动而所以言动者心也，故欲修身在于体当自家心体，常令廓然大公，无有些子不正处。主宰一正，则发窍于目，自无非礼之视；发窍于耳，自无非礼之听；发窍于四肢，自无非礼之言动；此便是修身在正其心。然至善者，心之本体也。心之本体，哪有不善？如今要正心，本体上何处用得功？必就心之发动处才可著力也。②
>
> 众人只说格物要依晦翁，何曾把他的说去用？我着实曾用来。早年

---

① 王守仁：《王阳明全集·年谱》，上海古籍出版社，1992，第1229页。
② 王守仁：《语录》三，《王阳明全集》，第119页。

与钱友同论做圣贤要格天下之物，如今安得这等大的力量？……遂相与叹圣贤是做不得的，无他大力量去格物了。及在夷中三载，颇见得此意思，乃知天下之物本无可格者。其格物之功，只在身心上做，决然以圣人为人人可到，便自有担当了。①

在这里，前者所谓"纵格得草木来，如何反来诚得自家意"，自然是指外向的格物物理无关于主体自身之正心诚意，因而也就无关于主体自身对价值理性与道德理性的自觉与担当，这自然包含着对认识外在物理世界的一种剔除；后者所谓"其格物之功，只在身心上做，决然以圣人为人人可到，便自有担当了"，则正是就主体自身的道德自觉与价值抉择而言的，从而也就将为学方向牢牢锁定在主体的道德担当与道德实践问题上了。所以，如果我们承认朱子的理先气后关系本来就是一个道德理性之价值抉择的命题，那么王阳明对朱子格物致知说的这一扭转，反倒是符合其天理论之根本方向的。

但当王阳明将朱子的理气关系全然扭转到道德理性与价值抉择的立场后，却又发生了一个意想不到的吊诡。本来，按照朱子的规定，天理的实质虽然也就是仁义礼智之类的道德伦理，但由于其天理首先是以宇宙万物的形上本体出现的，因而也就必然会像月印万川一样具有理一分殊的表现形式：当天理落实于人伦社会，自然就会表现为道德伦理的形态；但当天理落实于自然时，也就只能表现为万物所以生生之理了。这样一来，朱子的天理也就必然包含着自然物理方面的内容。证之于朱子"上而无极太极，下而至于一草、一木、一昆虫之微，亦各有理。一书不读，则阙了一书道理；一事不穷，则阙了一事道理；一物不格，则阙了一物道理。须著逐一件与他理会过"②的论述来看，应当说天地万物所以如此的生生之理也必然在其天理的涵括之中；其体系之所以被称为宇宙本体论，也首先是因为其天理并不仅仅是道德性的伦理，同时也包括自然物理方面的内容，——这就是朱子一定要将外向的格物致知作为人之道德自觉之必要前提的根本原因。但当王阳明仅仅从道德伦理之价值抉择的角度来理解天理及其内涵时，也就将朱子关于自然物理方面的内容全然抛弃了。证之以王阳明"纵格得草木来，如何反来

---

① 王守仁：《语录》三，《王阳明全集》，第 120 页。
② 黎靖德编《朱子语类》卷十五，第 295 页。

诚得自家意”的反诘以及其“格物之功，只在身心上做”的正面规定，包括其所谓“知识愈广而人欲愈滋，才力愈多，而天理愈蔽”[①]的诸多批评，应当说王阳明确实抛弃了朱子哲学中关于客观物理方面的认知性内容。这样一来，就圣贤追求而言，其完全聚焦于“身心之学”之道德实践的格物工夫固然具有简易直接的特点，但毕竟剥离了外在的物理世界，这也就在一定程度上抛弃了儒家对客观知识的追求。如果将王阳明心学看作是对朱子哲学的一种继承，那么这无疑是一种扭转与偏取性的继承。

更大的偏取还在后边。当现代的牟宗三沿着王阳明的思路，继续对朱子哲学进行批评与扭转性的诠释时，他发现朱子连道德理性自身的基本属性也无法正确理解了。这就是牟宗三所谓的“只存有不活动”一说[②]，因而认为朱子存在着将儒家道德理性存在化、物理化之嫌。他分析说：

> 原本讲道体是能起宇宙生化之体，是形而上的，同时亦即有道德的涵义，是故宇宙秩序即是道德秩序；原本讲性体是能起道德创造之体，是道德的，同时亦即是形而上的涵义，是故道德秩序即是宇宙秩序。而今道体性体之分际混漫而为一，只是对存在之然而为其所以然之“存在之理”、定然之理，即是其性，心神脱落而旁落，性只存有而不活动，其自身无论在人在物（都）是不能起道德创造之用者，是即其道德力量之减杀。在物处，固不能起道德创造之用，只收缩而为一存在之理，舟车有所以为舟车之理，砖阶有所以为砖阶之理，枯槁有所以为枯槁理，此即是其定然之性、木然之性。在人处，人虽能自觉地作道德实践，然此性自身仍不能起道德创造之用。……盖性体只是理，并无心之活动义之故，并非本心即性故，心从性体上脱落下来只成为后天的实然的心气之灵之心。依是，人之道德实践只是依心气之灵之收敛凝聚，常常涵养，发其就存在之然而穷其所以然（即性）之知用，以便使心气情变之发动皆可逐渐如理，如理即是如性，是则性理只是被如、被依、被合者，而其自身并不能起道德创造之用也。此即道德力量之减杀。[③]

① 王守仁：《语录》一，《王阳明全集》，第28页。
② 关于牟宗三批评朱子天理观的“只存有不活动”一说以及其“即存有即活动”的正面含义，请参阅丁为祥《牟宗三“即存有即活动”释义》（《文史哲》2010年第6期）一文，该文对这一问题有较为详细的分疏。
③ 牟宗三：《心体与性体》一，《牟宗三先生全集》第5卷，联经出版事业公司，2003，第90页。

在牟宗三看来，既然朱子将儒家的道德理性理解为只存有不活动，因而其所谓天理也就只能成为一种决定存在之所以存在的"存在之理"了，这样一来，不仅无法正确发挥道德理性的抉择、实践及其创生作用，而且事实上也就只能成为在"继别"基础上的"别子为宗"① 了。显然，牟宗三这里完全是从道德理性之即体即用、即存有即活动的特性出发来评判朱子的天理观的，但由于他不仅剥离了道德理性之自然基础方面的内容，而且也彻底斩断了从自然物理角度来理解道德理性的任何可能，因而其最后也就必然要剥夺朱子道德理性的身份。所谓的"别子为宗"一说，正是这一思路的必然结论。作为解读与诠释，这可能就成为最严重的一种偏取了。

但牟宗三完全从道德理性之价值抉择及其实践创生的角度来理解朱子的理气关系则是确定无疑的。格之于孔孟的相关论述与历代儒家的基本立场，应当说牟宗三的这一角度是无可置疑的。那么问题究竟出在哪里呢？这就涉及宋明理学乃至整个儒学的一个重大基本问题，即道德价值与自然秩序的关系问题。朱子的理气关系之所以不断地受到人们各种各样的误解、扭转乃至于偏取性的批评，既与朱子对这一关系的把握有关，同时也与人们对这一关系的认知和解读有关。当然，所有这些把握和认知，并不是没有问题的。

四 道德价值与自然秩序：朱子的选择及其不足

要理解儒家关于道德价值与自然秩序的关系，首先要理解儒学之所以为儒学的形成逻辑，尤其要理解孔孟在这一问题上的基本观点以及朱子天理观的具体发生与具体形成。

当孔子断言"天何言哉？四时行焉，百物生焉。天何言哉"② 时，无疑是包含着对道德价值与自然秩序关系的某种肯认的。尤其是其效法天的"予欲无言"与"岁寒，然后知松柏之后凋也"③ 一说，也明确地表现了孔子直接以自然现象提炼、指称君子人格的表达。但在儒家看来，这种关系究竟是一种什么样的关系呢？究竟是应当以自然秩序来证明人的道德价值呢还是应当以人的道德价值来观照自然秩序，从而给自然秩序以道德价值的投

---

① 牟宗三：《心体与性体》一，《牟宗三先生全集》第 5 卷，第 49 页。
② 《论语·阳货》，第 1311 页。
③ 《论语·子罕》，第 1283 页。

影，使自然秩序显现出明显的道德色彩？笼统地看，当然可以说二者兼而有之，也各有其道理，因为历史上的思想家往往是二者兼而有之的。但在二者并列的条件下，究竟以何者为第一性存在以对另一者作出说明，则孟子是一种选择，而荀子又是一种选择。

孟子既然认为"无恒产而有恒心者，惟士为能"①，那么他在志与气的关系上也就必然会选择以志帅气的态度，虽然他也知道"志壹则动气，气壹则也能动志"②，但就他自己的选择而言，则只能是一种"志壹则动气"或以志帅气的态度。也就是说，在自然秩序与道德价值的关系上，孟子必然会选择以道德价值来观照、诠释自然秩序的进路。但荀子则恰好相反，从其"天行有常，不为尧存，不为桀亡"③，以及其对人之"饥而欲饱，寒而欲暖，劳而欲休，此人之情性也"④ 的定位来看，荀子也必然会以自然秩序的演变，来说明人之道德价值的具体生成。本来，格之以孟子"恒产"与"恒心"以及"志"与"气"的互动关系，应当说这两种思路都有其合理性，其相互也可以是并行不悖的关系。但如果从儒学之所以为儒学的道德理想主义角度看，那么我们就不能不承认孟子"以志帅气"的态度其实更接近于儒家道德理想主义的本质。

不过，思想毕竟是一种受制于现实的精神活动，所以，当董仲舒继孟荀而起，他所继承的思路就不是孟子而是荀子，而其对自然秩序与道德价值关系的处理也不是以道德价值观照自然秩序，而是明确地以自然秩序的演化来说明人的道德价值之具体生成的。此所以他既有"人副天数"一说，——完全从天道宇宙论的角度来说明人之道德价值的形成，⑤ 同时又有"天人感应"一说，——从而又以人的行为对天的影响以及天对人之行为的反应来体现天的意志；⑥ 而他所谓的性三品之说，也典型地表现了人性的禀气赋形原理以及人性善恶的具体生成；至于其以阴阳五行标宗的气化宇宙论，说到底也不过是以天道生化的方式来说明人的道德价值的具体形成而已。这种完全从自然秩序出发来说明人的道德价值所以形成的思路，就是汉唐儒学气化

① 《孟子·梁惠王上》，第 1354 页。

② 《孟子·公孙丑上》，第 1363 页。

③ 张觉：《荀子校注·天论》，岳麓书社，2006，第 200 页。

④ 张觉：《荀子校注·天论》，第 296 页。

⑤ 锺肇鹏主编《春秋繁露·人副天数》，河北人民出版社，2005，第 805 页。

⑥ 锺肇鹏主编《春秋繁露·同类相动》，第 814 页。

宇宙论背景下的天人合一思路。

但汉唐儒学的这一思路，不仅遭到了玄学的扬弃、佛教的批判，而且也受到了北宋理学家的深入反省。张载说："知人而不知天，求为贤人而不求为圣人，此秦汉以来学者大蔽也。"① 又说："孔孟而后，其心不传，如荀扬皆不能知。"② 张载所谓的"不知天"，并不是指汉唐儒学不知天道运行及其自然秩序，而主要是指其缺乏超越的价值理想，从而也就仅仅从自然目的论的角度来理解天道运行及其生化作用了；至于"求为贤人而不求为圣人"也就主要是指其仅仅从禀气赋形之生理角度来理解圣人而言的。所以，张载之后，理学家就一直以"学绝道丧"③ 来理解汉唐时代的儒学。

在这一背景下，当大程自豪地宣称："吾学虽有所受，天理二字却是自家体贴出来"④ 时，绝不是在宣布他对天理概念的始发权。因为作为概念，不仅张载哲学中就大量地运用过天理概念，而且作为先秦儒家经典的《乐记》就已经在娴熟地运用天理概念了。在此基础上，当朱子表彰其思想先驱与理学前辈，认为"性、情、心，惟孟子横渠说得好"以及"伊川'性即理'也，横渠'心统性情'二句，颠扑不破"⑤ 时，也绝不是在表彰这两个命题的认知意义，而是在表彰这两个命题的思想价值。所有这些，都说明从孔孟一直到宋明儒，他们的逻辑其实就是依据一定的道德理性所展开的价值评判逻辑与价值抉择逻辑。对于这种价值抉择逻辑，只有从价值理性的角度才能明其所以，也只有从价值评判的角度，才能真正理解其所包含的意义。

具体到天理来说，当大程提出"天理云者，这一个道理，更有甚穷已？不为尧存，不为桀亡"⑥ 时，就是明确地指谓永恒、超越的形上本体而言的，所以他才认为"这（天理）上头来，更怎生说得存亡加减"。⑦ 因而，对于构成万物质材性的气，这一超越的形上本体无疑具有无可置疑的价值先在性，所以小程也说："离了阴阳更无道，所以阴阳者是道也；阴阳，气也。气是形而下者，道是形而上者。"⑧ 在这里，"所以阴阳"就是指使阴阳

① 张载：《张载集·张载传》，中华书局，1978，第 386 页。
② 张载：《张载集·经学理窟》，第 273 页。
③ 范育：《张载集·正蒙序》，第 4 页。
④ 程颢、程颐：《二程集·程氏外书》卷十二，中华书局，1981，第 424 页。
⑤ 黎靖德编《朱子语类》卷五，第 93 页。
⑥ 程颢、程颐：《二程集·程氏遗书》卷二，第 31 页。
⑦ 程颢、程颐：《二程集·程氏遗书》卷二，第 31 页。
⑧ 程颢、程颐：《二程集·程氏遗书》卷十五，第 162 页。

成为阴阳者，因而所谓"道"，也就指使阴阳成为阴阳的价值根据而言的。在这里，如果仅仅从实然存在的属性上看，那么形而上与形而下也就是理与气的基本区别；只有从道德理性之价值评判的角度看，则所谓道、理才具有无可置疑的先在性。显然，这里所谓的"道"、"理"以及"所以阴阳"等等，也都是从道德理性之价值评判与价值次序的角度作出规定的。

正因为如此，所以朱子的理先气后也就表现为两种情形：其一即所谓"在理上看"；其二则是从理与气之不可分割的角度"推上去"看。朱子说：

> 所谓理与气，此决是二物。但在物上看，则二物浑沦，不可分开各在一处，然不害二物之各为一物也。若在理上看，则虽未有物，而已有物之理。[①]
>
> 或问："理在先，气在后。"曰："理与气本无先后之可言。但推上去时，却如理在先，气在后相似。"
>
> 或问："必有是理，然后有是气，如何？"曰："此本无先后之可言。然必欲推其所从来，则须说先有是理。"[②]

在这里，所谓"在物上看"和"在理上看"自然代表着人们认知事物的两种不同视角；而这种不同视角又主要源于理与气之两种不同的存在属性，即所谓形而上与形而下之别。但所谓"推上去时"，则又是指从"理与气本无先后之可言"的角度追溯到二者共同的价值之源的角度看。所以说，朱子所谓理先气后，既有二者不同存在属性的关系，更主要的则是指从价值之源的角度对二者所作出的价值定位。

当然，从实存的角度看，这种"在物上看"与"在理上看"固然代表着形而上与形而下两种不同视角的区别；但如果从价值理性、从我们置身其中且与我们同时共在之此在世界及其所赖以形成的角度看，则理与气又确实存在着"生物之本"与"生物之具"的差别。正是根据其对此在世界所以形成的不同作用与不同价值，朱子又有如下论断：

> 天地之间，有理有气。理也者，形而上之道也，生物之本也。气也

---

① 朱熹：《答刘叔文》，《朱熹集》卷四十六，四川教育出版社，1996，第2243页。
② 黎靖德编《朱子语类》卷一，第3页。

者，形而下之器也，生物之具也。是以人物之生，必禀此理然后有性，必禀此气然后有形。其性其形虽不外乎一身，然其道器之间，分际甚明，不可乱也。①

在这里，从宇宙天道的"生物之本"与"生物之具"，到决定具体事物之所以存在的"其性"、"其形"，显然都是就理与气对具体事物的不同作用而言的。因而这里所谓的"先后"，既不是指时空维度之存在系列上的先后，也不仅仅是指概念之逻辑层次上的先后，而主要是从其对宇宙天道及其具体事物之存在价值上的轻重次序而言的，因而所谓理先气后，也首先是一个价值理性之轻重位次与主体抉择的次序。冯友兰先生"本末、轻重"的诠释，实际上已经接近于朱子理先气后说的本义，惜乎其对西方形式逻辑的过分迷恋，最后又拐到共相与殊相的关系上去了。

但对于朱子来说，他之所以要如此区别理气，是因为在他看来，理与气不仅存在着不同的价值轻重，而且从认知的角度看，也存在着不同的次序。就天理的存在而言，它无非表现为两种形式：这就是表现于自然界中之所以然与表现于人伦社会中之所当然；而在所以然与所当然之间，似乎又存在着一种基础与递进的关系。所以，虽然理与气存在着不同的价值次序，但对人的认知而言，又存在着不同的进程。所谓格物致知，就是要通过对自然事物之所以然的认知，以增强人伦道德之所当然及其自觉性。关于二者的这种关系，笔者曾在一篇文章中作过简短的分析：

> 所谓"所以然"，自然是指万事万物的［所以］存在之理；所谓"所当然"，则显然是站在主体的角度，指人伦的当然之则。朱子的巨大拓展，就在于以宇宙万物的所以然之理论证人伦的所当然之则。他说："天下之物，则必各有所以然之故，与其所当然之则，所谓理也"（《大学或问》上）。又说："天道流行，造化发育，凡有声色貌象而盈于天地之间者，皆物也。既有是物，则其所以为是物者，莫不各有当然之则，而自不容已，是皆得于天之所赋，而非人之所能为也"（《大学或问》上）。这就是说，从天地万物禀气赋形之宇宙生化的角度看，是先有其所以然之理，然后才有其所当然之则。但如果站在"物"（包括

① 朱熹：《答黄道夫》，《朱熹集》卷五十八，第2947页。

人）之认知与修养的角度看，则必须是先认知其所当然之则，然后才能更穷其所以然之理，所以朱子又说："自其一物之中，莫不有以见其所当然而不容已，与其所以然之不可易者"（《大学或问》上）。"知事物之当然者，只是某事知得是如此，某事知得是如此。到知其所以然，则又上面见得一截"（《朱子语类》卷六）。……从这一集中论述来看，朱子是明确地以所以然之理作为所当然之则的本体依据，又以所当然之则作为其所以然之理的现实表现的……①

这样一来，朱子的理气关系也就表现为几个不同的系列：从实然存在的次序看，"理又非别为一物，即存乎是气之中。无是气，则是理亦无挂搭处"②；但从价值系列来看，则"未有这事，先有这理。如未有君臣，已先有君臣之理；未有父子，已先有父子之理"。③ 如果从人之认识、自觉的角度看，则必须是先认知人伦所当然之则，然后才能更穷其所以然之理；而人伦的当然之则又必须以宇宙生化之所以然为其人伦当然之则的根本依据。在这一基础上，我们自然也就可以理解朱子为什么如此重视格物致知了。这主要是因为，在朱子看来，如果仅仅认知到人伦所当然的层面，那就只能属于"某事知得是如此"而已，只有到达"知其所以然，则又上面见得一截"。就是说，仅仅知得人伦之所当然，也就相当于只知"其然"；只有知得宇宙万物之所以然，才等于并且也能够更为深入地了解其"所当然"。朱子的这一思路，显然是将宇宙万物的所以然作为人伦道德之所当然的本体依据来运用的，当然也包含着直接从自然现象中提取道德资源的思想。

从这个角度看，在自然秩序与道德价值的关系上，朱子显然继承了汉唐儒学的思路，即其确实有以自然秩序来说明道德价值的意图；但在对理气关系的价值定位上，则朱子又是明确的价值优先之宋明儒的立场。这样一来，我们固然可以说朱子的理气关系确实体现了汉唐儒学与宋明儒学的统一，但由于自然秩序与道德价值的不可通约性，因而当他试图通过自然秩序来为道德价值提供本体依据时，一定程度上也就确实存在着消解道德理性的超越性与创造性之嫌。当然另一方面，其言之凿凿的理先气后说，又证明他确实始

---

① 丁为祥：《以普遍诠释超越还是以超越架构普遍——朱子哲学理路的再反思》，《陕西师范大学学报》2007 年第 4 期。

② 黎靖德编《朱子语类》卷一，第 3 页。

③ 黎靖德编《朱子语类》卷九十五，第 2436 页。

终坚持着宋明儒之道德理想主义的超越性立场。明代气学包括钱穆先生之所以要颠倒朱子的理气关系，就是试图从汉唐儒学之自然生成论的角度来说明道德理性之超越性视角所以形成的结果；而冯友兰先生最后之所以要回归于"理在事中"，既因为他没有看到朱子理先气后说中所包含的超越性价值及其含义，同时也因为他通过人的认识所形成的逻辑次序根本无法说明也无法抗衡于自然事物之生成性的次序。至于王阳明与牟宗三之所以会对朱子哲学形成一定的偏取，则既是其对自然秩序与道德价值不可通约性自觉的表现，同时也是其试图通过道德理性来观照自然并给自然秩序以道德价值之说明的结果；而其对自然秩序的漠视与对物理探索的抛弃，又确实存在着使道德理性挂空以至于孤绝化的危险。这样一来，朱子对汉唐儒学与宋明儒学不同视角的会通，也就将自然秩序与道德价值的关系再次提到了当代儒学的面前。

（编辑：张永）

中国传统文化与生死智慧

郑晓江

摘　要：本文主要探讨中国传统文化中的重要的组成部分：生死智慧，将从王羲之在《兰亭集序》中提出的"生死困顿"入手，分析王阳明、罗近溪之生死智慧在解答这一生死困顿中的作用，并延及现代中国人应该如何汲取其精华，解决自身的"生死困顿"问题。

关键词：中国传统文化　生死智慧　《兰亭集序》　王阳明　罗近溪

作者简介：郑晓江，江西师范大学哲学系教授、道德与人生研究所所长。（南昌，330027）。

自有生命之物产生以来，便有了生死的现象；唯人类出现之后，才有所谓生死问题。死亡是有生之物生命中止的现象，而生死问题则是人们对死亡这种现象的性质与状态的看法、评判和观念。如果这些对生死问题的看法不是一般的知识性的分析，逻辑上的把握，而是在全面了解的基础上，达到了一种高妙之境，且能够穿透生死问题，使我们能够更好地安排"生"、更坦然地面对"死"，则就构成了所谓的"生死智慧"。本文将从王羲之在《兰亭集序》中提出的"生死困顿"入手，分析王阳明、罗近溪之生死智慧在解答这一生死困顿中的作用，并延及现代中国人应该如何汲取其精华，解决自身的"生死困顿"问题。

一　"未知生，焉知死"

长期以来，人们皆有一沿袭的观念：中国人重"生"的种种事务，而对"死"则讳莫如深，不太深究。如果追问这一看法出自何处？人们常常会提及《论语·先进篇》中的一段话："季路问事鬼神"。"子曰：'未能事人，焉能事鬼？'敢问死。曰：'未知生，焉知死？'"[①] 这似乎是说：如果人生之事尚未处理好，就不必考虑"鬼"之事；人们尚未知生，何能知死？若欲知死后的状况，应当先知生前的状况。"鬼"者，归也，归于死后之域也。因此，孔子这些话的引申义是：人只应该专注于生前之事，对死后之事不必去深思；人们知"生"即可，何必又何能知"死"呢？由于孔子之言对中国文化及民族心理影响巨大，于是，人们便得出了中国人忌讳谈死，只言生只顾生，把死亡的问题推至遥远的不可知的领域而搁置起来。

笔者曾经也基本上认可这种看法，但这些年来通过较为深入地对中国传统文化与思想的研讨，我发现这是一种似是而非之论。

我们先从传统文化与思想的角度来看。鲍延毅先生曾以一人之力编撰了一部大辞典《死雅》。这是一本汉语"死亡"的同义、近义词语专门辞典，收录了古今汉语典籍及近代以来中文报刊中有关"死亡"的文言、白话、雅言、俚语、普通话与方言等的同义词和近义词语10494条。稍稍翻阅这部辞书，我们就能发现，一个令人惊恐的"死"字，竟然能在中国的历史上派生出一万多条的词语，且无比的丰富。其实这并不奇怪，中华民族向来被西方人认为是一个"最为养生送死操心的民族"。"死亡"作为一个实存的事件，虽然呈现出形貌的大体一致，但在中国人心理与精神层面上却折射出无穷的变化，积淀成了深厚的生死文化的传统，表现在语言上则有着几乎数不清的表达方式。

比如同样是"死"，因为去世者的地位不同则有着不一样的称呼。《死雅》第1003页载："凡丧，三品以上称薨，五品以上称卒，自六品达于庶人则称死。"不仅如此，仅一个"薨"字，又派生出了"薨夭"（指皇帝子女少年死亡）；"薨殁"（指王侯之死）；"薨逝"（指王侯、后妃或大员死亡）；还有"薨奄"、"薨殂"、"薨徂"、"薨背"、"薨陨"、"薨殒"、"薨落"、"薨谢"等等说法。[②] 王力先生指出："因为死是人们所最忌讳的，所以常常给它们找别名。"[③] 也因此，以"死"的别名为最多。所以，中国人

① 杨伯峻：《论语译注·先进》，中华书局，1963，第120页。
② 鲍延毅：《死雅》，中国大百科全书出版社，2007，第1004～1005页。
③ 王力：《汉语史稿》（下），科学出版社，1958，第586～587页。

不是不谈"死"，而是以各种艺术的方式、避晦气和避讳的心态"大谈"生死问题。今人若翻阅这部大辞书，一定会为如此丰富的关于"死"的语词而惊叹不已；我们也可以掩卷深思一下，中华民族的先民们，为何创造出如此多的表现死亡的词汇呢？

实际上，语言虽然是人所创造，但也是人们难以逾越的"思维家园"，现实中所遭遇的种种问题，必然表现在历史流传且生生不息的语言当中。这就可以回答本文开头提出的问题：中国历史上，关于死亡的词汇如此之多，如此丰富，怎么会不思"死"、不言"死"呢？而生死问题乃人生中重大问题，孔夫子焉能不论？所以，表面呈现给我们的是民间百姓在日常生活中忌讳言"死"，但实际上则是人们大量地使用"死"的代名词来谈有关死亡的各种问题。因此，在中国传统文化中，中国人恰恰是积淀着厚实的"死生亦大矣"、"生死事大"的精神观念，给世人的形象是"最为养生送死操心的民族"。

二 生死事大

以艺术的美学的方式谈论生死问题的最佳作品之一，当然要数王羲之的《兰亭集序》了。东晋穆帝永和九年（公元 353）三月三日，王羲之与谢安、孙绰等 41 人，在山阴（今浙江绍兴）兰亭"修禊"，即古人一般于阴历三月上旬的巳日（魏以后定为三月三日），群聚于水滨嬉戏洗濯，以袚除不祥和求福，是古人的一种游春活动。此次兰亭"修禊"，名士们于风和日丽之中，流觞曲水、饮酒做诗，再由王羲之合为一篇，并作序，是为文与字皆为绝品之《兰亭集序》。其中记叙了兰亭周围山水之美和友朋聚会的欢欣之情，表达了王羲之人间美景好时光皆短暂，而人之生死又皆无常的深深感慨与叹息。其云：

> 永和九年，岁在癸丑，暮春之初，会于会稽山阴之兰亭，修禊事也。群贤毕至，少长咸集。此地有崇山峻岭，茂林修竹；又有清流激湍，映带左右，引以为流觞曲水，列坐其次。虽无丝竹管弦之盛，一觞一咏，亦足以畅叙幽情。是日也，天朗气清，惠风和畅。仰观宇宙之大，俯察品类之盛。所以游目骋怀，足以极视听之娱，信可乐也。
>
> 夫人之相与，俯仰一世，或取诸怀抱，悟言一室之内；或因寄所

托，放浪形骸之外。虽趣舍万殊，静躁不同，当其欣于所遇，暂得于己，快然自足，曾不知老之将至；及其所之既倦，情随事迁，感慨系之矣。向之所欣，俯仰之间，已为陈迹，犹不能不以之兴怀。况修短随化，终期于尽。古人云："死生亦大矣。"岂不痛哉！

每览昔人兴感之由，若合一契，未尝不临文嗟悼，不能喻之于怀。固知一死生为虚诞，齐彭殇为妄作。后之视今，亦犹今之视昔。悲夫！故列叙时人，录其所述，虽世殊事异，所以兴怀，其致一也。后之览者，亦将有感于斯文。[①]

王右军在《兰亭集序》中，以山水自然美景与人间饮酒赋诗为背景，要"畅叙幽情"：人们的性情有别，爱好不同，或"悟言一室之内"，或"放浪形骸之外"，都可以享受不同的人间乐事。但人之一生，仅是俯仰之间，短暂得如白驹过隙；以前所欣喜之事，转眼便为陈迹。右军于是悲从中来：人寿命的长短由"造化"而定，一切终将化为乌有。因此，"死生亦大矣"，"岂不痛哉"！右军之痛，就痛在生死无常，人生如梦。他反对道家"一死生"、"齐彭殇"之说，集下众人之《诗》，写下诗集之《序》，认为后人亦将有感于此"生死事大"。

此"悲夫"者，实是王右军享受佳节、美景、情谊、醇酒之时，俯仰天地自然大化、人类生命实存，思及人之自然寿命有限，死将让人之一生所求所得化为乌有；而死的虚无，亦使人生中的一切也变得虚无了，如此，岂不悲从中来？其生死困顿恰恰在于：人生过程中死亡降临之速及丧失一切的恐惧和焦虑，此即所谓"死生亦大矣"的深刻含义。因为人之实体生命的存在既是短暂的，也无法超越死亡而达到永恒，而道家"生死齐一"之说亦不能提供令人信服的精神资粮，所以，"岂不痛哉"！可是，此生死困顿何仅仅是右军？应该说是千古相续的人类生死困顿，是谓"后之览者，亦将有感于斯文"！千百年来，对《兰亭集序》人们叹其文其字之美，却不知"感于斯文"之"文"并不是指此"文"，而是指"死生亦大矣，岂不痛哉"之叹是古今人共同的感慨。

所以，《古诗十九首·驱车上东门》有云："浩浩阴阳移，年命如朝露。人生忽如寄，寿无金石固。万岁更相送，圣贤莫能度。"[②]《古诗十九首·生

① 赵振铎：《骈文精华》，巴蜀书社，1999，第102~104页。
② 闻人倓：《古诗笺》，上海古籍出版社，1980，第8、8~9、7页。

年不满百》中写道："生年不满百，常怀千岁忧。昼短苦夜长，何不秉烛游？"①《古诗十九首·回车驾言迈》也有："所遇无故物，焉得不速老……人生非金石，岂能长寿考？"② 雄桀一时的桓温，在率兵北伐时，"见前为琅琊时种柳，皆已十围，慨然曰：'木犹如此，人何以堪！'攀枝执条，泫然流泪"。③ 雄才大略的魏武帝，临江酾酒赋诗，却道出了"对酒当歌，人生几何？譬如朝露，去日苦多。慨当以慷，忧思难忘。何以解忧，唯有杜康"④ 的诗句。这些饱含深情实感的诗文，内在的含义都是人们对死亡必切断人生进程的恐惧与焦虑；而要消解此恐惧与焦虑，则唯在寻找到如何超越死亡，获得永生之路。

三 "死生"乃"昼夜"

从王羲之撰《兰亭集序》表达出人类生死困顿千余年后，大约在明正德年间，大儒王守仁（1472～1529，字伯安，别号阳明）在南都讲学，有学生问"死生之道"的问题，其实这也是人类生死困顿的另一种表达形式。阳明子回答："知昼夜即知死生。"于是，学生再问"昼夜之道"是什么？阳明子说："知昼则知夜。"学生还是不解："昼亦有所不知乎？"阳明子意思是：以"昼"喻"生"、以"夜"喻"死"，如果人们视生死更替犹如昼夜相代，于是便不会有死之恐惧了，而要知"夜"（死）则需要先知"昼"（生）。可是，学生仍问：人人都在"生"，何能不知"生"呢？而"夜"之后必为"昼"，人"死"之后怎能"生"呢？阳明子说："汝能知昼！懵懵而兴，蠢蠢而食，行不著，习不察，终日昏昏，只是梦昼。惟息有养，瞬有存，此心惺惺明明，天理无一息间断，才是能知昼。这便是天德，便是通乎昼夜之道而知，更有什么死生？"⑤ 这是说：虽然人人都活着，但如果只知求食求衣求睡求性，其余则一概不知，一概不求，那便只是"梦昼"——活着犹如睡着了，不省人事，与死无异。一个人只有不唯清醒时孜孜于"天理"、睡梦中亦归之"天理"，涵养成自我之"天德"，这样便

---

① 闻人倓：《古诗笺》，上海古籍出版社，1980，第8、8～9、7页。
② 闻人倓：《古诗笺》，上海古籍出版社，1980，第8、8～9、7页。
③ 徐震堮：《世说新语校笺》，中华书局，1984，第64页。
④ 《曹操集》，中华书局，1957，第5页。
⑤ 吴光等编校《王阳明全集》，上海古籍出版社，1995，第37、1324页。

与超越时空之本体"良知"合为一体，如此则何有"生死"？如此就可以"昼夜生死"——把由"生"而"死"的变化视为白天与黑夜的周转一样，这样，就能对自己何时死去毫不在意，无动于心，而专心致力于人伦道德的领悟与践履。这实际上就是阳明子对人类生死困顿的解答。

大概又过了七八十年，王阳明的三传弟子罗汝芳（字惟德，号近溪，1515~1588）也运用"生死乃昼夜"的智慧安慰了那些对生死的困惑者，其效果还相当显著。一天，罗汝芳途经泰宁，师友聚会，共商学问。其中有一位学者谈及一个年老的士大夫因病生命垂危，未免伤感不已。罗汝芳从容地道：大家不必过于伤悲，"死生"不过就是"昼夜"罢了，是常事也。在座的诸位皆改容说：死生乃昼夜，古人确实有此一说。但是"夜"之后当然会是"昼"，而人"死"后又哪能"生"呢？罗汝芳再言："诸君知天之昼夜果孰为之哉？盖以天有太阳，周匝不已而成之者也。心在人身，亦号太阳，其昭朗活泼，亦何能以自已耶？所以死死生生，亦如环如轮，往来不息也。"① 罗汝芳的意思是说：天地之所以会从"昼"而转为"夜"，是因为太阳周转不息；而良知灵明之"心"对于人而言，犹如太阳一般。其变化不居，昭朗活泼，周转不息，所以，人由"生"而之"死"，如环如轮，往来不停，故而亦可以"昼夜"论"生死"矣。罗汝芳的讲述刚停，坐中就有一位年高者立起抚掌笑曰：我平日里常常思及生死问题，便心神不安啊，今闻此言，可以让我安心矣！这其实也是近溪子对人类生死困顿的解答。

王阳明与罗汝芳的意思是一致的：如果人们在一生中能够复返"天理良知"之本，由有限之个我现实生命去与无限之宇宙本体生命合一，借助于后者，个人之生命也就无限了，如此便可以超越死亡而永恒，昼夜生死，这就解决了生死困顿，"知死生之说"了。

明嘉靖七年（1528），一代大儒王阳明重病于越返归，舟行至江西南安府青龙铺将临终，门人周积问遗言，"先生微哂曰：'此心光明，亦复何言？'顷之，瞑目而逝"。② "此心光明"亦即阳明子之精神与"天理良知"合为一体，超越了生死，于是，无有生死恐惧。60 年之后，罗汝芳亦行将就终，益王府的左长史万言策求字，罗汝芳写道："此道炳然宇宙，原不隔

---

① 罗汝芳：《罗汝芳集》，《罗近溪师行实》，凤凰出版社，2007，第 850、851 页。
② 吴光等编校《王阳明全集》，上海古籍出版社，1995，第 37、1324 页。

乎分尘，故人已相通，形神相入，不待言说。古今自直达也。后来见之不到，往往执诸言诠，善求者一切放下。放下，胸目中更有何物可有耶？愿同志共无惑焉。盱江七十四翁罗汝芳顿首书。"真是以与"道"合一、一切"放下"为精神支柱淡然面对生死之关。万言策出来碰上了建昌知府袁世忠，叹云："先生当弥留之际，志意坚定，言动不失故常，字势遒劲，行列端整，且计日反真如归故宅，一切放下宗旨，进于忘言也已。"① 阳明子以"此心光明"面对生死之际，罗汝芳以"计日反真如归旧宅"静对生死之关，他们都达到了生死坦然之境。

可见，"生死，昼夜也"的智慧确实有实际的效果。之所以有效，乃在于一般人恐惧死亡，实是害怕死亡让自己丧失了一切，而且是永远的不可挽回的丧失，犹如王右军在《兰亭集序》中所表达的千百年来人类的生死困顿。而"死生，昼夜也"的智慧正说明了人死不等于一切都归于什么都没有的"无"了，生命乃在宇宙天地间永恒地周流不息，这就给对死亡充满恐惧者以极大的心灵慰藉，更关键的是，还给人们指明了人生的方向，建构了生活的准则。

四 生生之道

"昼夜生死"的观念是一种典型的儒家式超越生死的智慧，要深刻掌握这种生死智慧，我们还是要回到对孔子"未知生，焉知死"之说的理解上。

其实，按明代大儒罗汝芳的理解，孔子所言"未知生，焉知死"之说，并非人们平常所理解的——人们只要也只能知道"生"之事，而"死"之事是不必也不能够去了解的意思——而是说，知其"生"者方可知其"死"，因为"死"犹如"生"。但是，为何"死犹生"呢？这是不是道家所说的"生死齐一"呢？非也。在此，有三种主要的认知模式：首先，一般人都把"生"仅仅理解为生命、身体之"生"，把"死"理解为生命、身体之终结。所以，人们只需知"生"而无需也不能去知"死"。这是一种实体性的生命观，是对生死问题的误解。其次，是道家"生死齐一"的认知模式，以我之生命、身体之"生"乃"道"之外化，而人之"死"则不过就是复返于"道"，这似乎也是一种"死犹生"的看法。再次，则是罗近

---

① 罗汝芳：《罗汝芳集》，《罗近溪师行实》，凤凰出版社，2007，第850、851页。

溪的看法，他认为：孔子此处之"未知生"之"生"并非指人之生命、身体之"生"，而是"仁"，即"生生"之理，这是一个动宾结构，指的是宇宙间创生万物、长养万物的本根本源之"生命力"。所以，人之"生"是"生生"之道的表现；人之"死"也是"生生"之道的另一种表现形式。这就叫做知"生"即"生生"之道，也就知"死"之理了；反之，不知"生"即"生生"之道，又如何能够知"死"呢？

从个体的实体性的生命而言，有"生"之始亦有"死"之终；而从宇宙间生生不息之"生命力"而言，个体生命之"生"固然是"生生"之显现，而其"死"不也是"生生"之道的另一种形式的显露吗？故而只有"生生"（后一"生"字可以理解为个体生命之"生"）之"生"与"死"，而无"生生"之终了之"死"，因为"死"亦是"生生之道"的表现形式。

所以，如果我们摒弃了实体性的生命观，而立于大本大源的关系性生命——"生生"之道——来理解"未知生，焉知死"，就能够明白"死犹生"之理了，也就可理解孔子"未知生，焉知死"之意是：知道了"生生"之道，也就可以知道"死"之理了；不知道"生生"之道，又焉能知道"死"之理呢？

这一"死犹生"的观念，可以说，是中国传统文化中最重要的生死智慧之一。其来源可以直接上溯到《周易·系辞上》"《易》与天地准，故能弥纶天地之道。仰以观于天文，俯以察于地理，是故知幽明之故。原始反终，故知死生之说。精气为物，游魂为变，是故知鬼神之情状。"[①] 理解此《易》理之奥秘的关键在于：人们必须从万殊（万事万物）之中、从自我的个体生命之上，去"原始反终"，以体悟"生生"之本体，意识到个体生命之上是关系性生命，这样便脱出了个我化之生活，立于生命之本的基点来思考"生死"问题。于是，人们就可以运用"生生之道"视"死"为"生"。这样一种体悟必可消解"死亡"带给人们的恐惧与痛苦，并为人们如何安排人生之路奠定基础，确立准则，此为"死生之说"。

五　儒家"死犹生"与道家"生死齐一"

那么，这样一种直溯"生生"之大本大源而达到的"死犹生"的生死

---

① 高亨：《周易大传今译》卷五《系辞上》，齐鲁书社，1983，第 511 页。

智慧，究竟有何现实的功用呢？又如何解决千百年来就存在并表现于王右军《兰亭集序》中的人类生死困顿呢？

我们可以仔细推敲一下，死亡对人们的威胁究竟是什么？人们为何会恐惧、焦虑于死呢？一般而言，人类的生死问题有无穷之多，但最严重的则有二：一是，"死"让我们丧失了一切，包括生命、身体、财富、社会的地位、人际的关系，等等，这引发人们深深的恐惧和痛苦；二，既然人"生"而必"死"，死亡降临又如此之速，那么，我们人世间的一切作为又有何意义？我们生前又究竟应该怎样活命？这引发人们的生死焦虑，也正是王右军及千百年来人们生死困顿的主要内容，是谓"岂不痛哉"！根据阳明子、近溪子的看法，我们应该从以下两个方面来加以解决。

首先，我们必须超脱个体人"生"而之"死"的实存，去"原始返终"，亦即立于"生生"之本源来观"生"与"死"，这样就可以明白：人的生与死、万物的成与毁，无不都是"生生"之道的外显，知此，则"死犹生"矣，则无"死"矣！如此，面对死亡，人们亦可安心坦然了。这样一种说法，把死亡的神秘面纱一把揭开，让人们无需再由困惑于死而恐惧于死。其次，也是更重要的一点是：既然"死"之本质为"生"，则处理好"生"之事，也就解决了"死"之事。于是，"死犹生"的生死智慧，也就引导人们由"死"而入"生"，直面人生的诸问题，并获得如何"生"的正确方向与原则。

具体而言，"生生"之道表现在天地之间，是日月星辰的运行、春夏秋冬的更替、万物竞生竞长的自然秩序，是宇宙井井有条、自然而然的性质；表现于人间社会，这种秩序便显现为仁义礼智信、忠孝慈悌等的规则规范。因此，人们只要合于"天道"以为"人道"，遵循伦理与道德的原则去动、停、行、止，则无疑复返了"生生不息"之大道，不仅刚健有为地"生"，亦能超越死亡而"息"。

在此，我们可以比较一下儒家的"死犹生"与道家的"生死齐一"之说。在道家学者看来：人们必须从事事物物的生死存亡中超脱出来，立于"大道"本体的立场来对待生死，从而意识到"生"与"死"皆不过"一气所化"，"死"不过是人与物向大道本体之回归，如此，又何必何苦要为自我之"死"而悲痛？又为何要为他人的去世而伤心？这就达到了委任运化之生死自由之境了，此就是王右军《兰亭集序》中所不信之"一死生"与"齐彭殇"之说。

儒道二种生死智慧的功用似乎有一致之处：都可以解决人们的生死困顿；但本质上则不同。关键在于道家之"道"的基本性质是自然而然，所以人们以之面对生死，便是"知其不可奈何而安之若命"式的坦然，如庄子"妻死，鼓盆而歌"的旷达。而儒家之"道"的"生生"，则显现为人伦道德的条理，所以，人们以之面对生死，便是践履仁义礼智、修齐治平，乃至"杀身成仁"、"舍生取义"，如文天祥"人生自古谁无死，留取丹心照汗青"式的坦然。所以，道家解决生死困顿的智慧是被动式的顺应命运的安排；而儒家解决生死困顿的智慧则是较为积极主动的有为。其实现的具体方法与途径也与道家的生死智慧大异：人有生理生命，又有精神生命，后者又可分出道德的生命，亦即人们在世间以认识、显发、践履人伦道德为生存核心的生命。生理生命随着人们寿限的到来，必有完结的那一天；而人之道德生命的发扬光大，则会因其造福社会与民众事业的永恒性，也因其道德楷模矗立于人世间，更因其精神人格的伟大，而能够超越时空之限囿，达到永垂不朽，这即实现了人之生命的永恒。所以，如何透过生命现象界的"死灭"获得生命理性上精神中的"不灭"，是人们建构合理之死亡观以解决生死困顿的基础，亦是得到健康之人生观的核心所在。

这样，中国传统儒家超越死亡的智慧，可细分出三个步骤。一是将个我之生命与亲人之生命相沟通，将自我与家庭家族融会贯通而为一，这样，个人生命虽然必在某时某地归于结束，但血脉却在家庭家族中绵延不绝，此为"虽死犹生"。做到这一点的关键，正在践履"孝"道。二是将个我之生命溶入社会国家之大生命中，治国平天下，从而载之史册，传之久远，是为不朽，此为"虽死犹荣"。做到这一点的关键，正在尽其"忠"。三则是沟通天人，将"小我"之生命汇入自然宇宙之"大生命"中，借助于后者之无穷无限性，获得自我生命的永恒，此为"虽死而永存"。当个体生命的死成为类我生命之"生生不息"中的某个环节时，人们的生死困顿也就消弭于无形。做到这一点之关键，在回归"生生"之道以发显"仁"德。如此，生死皆存在皆快乐，是谓"乐天知命"，则人们何会痛苦于"死"之将临？所以，超越了生死，解决了生死的困惑，就会有完完全全的"死"之坦然与安心。

六　超越死亡

我们再把目光投射到现实的中国社会。可以说，生死问题具有最大的普泛性和紧迫性，因为，人世间的生死困厄是人人都会遭遇到的严重问题。据统计，2009 年，中国总人口为 13.35 亿，死亡人口 943 万人，死亡率为 7.08‰。若以逝者一人有直属亲友 6 人计，则有 5658 万人有生死哀伤问题；若以每一逝者约有 10 个左右的次亲朋友来计，则每年又有 9430 万人有生死之痛的问题。三项相加，中国一年约有 1 亿 7031 万人有生死问题的产生。也就是说，中国每年有约 1/10 以上的人口有生死问题的困扰。若再加上每年清明、冬至等的祭祀活动，也许全中国 13 亿人口中的大部分都直接或间接地与生死问题有关，而我们却没有基本的系统的生死观的教育。

生死不由人，由生之死是人生的一个自然现象，又是对人之情感特别震撼的现象。每个有正常寿命者，除必须面对自我之死外，还必然要面对亲友以及其他非正常死亡现象的悲惨场景。一般而言，伴随着死亡现象的产生，人们必然会产生悲伤、不安、恐惧、痛苦、焦虑等负面情绪，这让人不得不去正视死亡带来的悲痛与生命中的失落等问题。而且，如此巨大数量的要处理生死问题的人群，是需要进行全面而深入的生死观教育的，是需要进行临终关怀及悲伤抚慰的，也是需要让人们学会由死观生的方法，来获取正确的人生方向的。

另有几个数据也相当惊人：中国每年约有 10 万人丧生于车轮之下，每年自杀人数也在 28～30 万人之多。而 2008 年 5 月 12 日发生在四川汶川的 8.0 级大地震，遇难人数就达到了 8.7 万人（死亡 6.9 万多人，失踪约 1.8 万多人）。其中的北川县，据统计，总人口 161 万人中有 19956 人遇难，约占总人口的 12.4%；另有 4311 人失踪，26916 人受伤，6075 人因震致残，还有 1023 个孩子成为孤儿，14.2 万人无家可归。在北川县曲山镇，生命的损失更是令人震撼：4 万居民有 2 万多人遇难，亲友亡故家庭达到 90%。发生在 2010 年 4 月 14 日的青海玉树地震，也造成了 2698 人遇难，失踪 270 人，其中遇难学生达到 199 人。2010 年 8 月 7 日发生在甘肃省的舟曲泥石流灾害，也已造成 1447 人遇难，失踪 381 人。如此庞大的正常及不正常的死亡人口，以及更大数量的需要处理死亡问题的人群，让我们迫切地需要生死的智慧。而最高的生死智慧是达到"超越死亡"之境，以解决我们的生死困顿，并回归人世间如何生活的信念。但是，生活在现代社会中的人要获得"超越死亡"的智慧是非常困难的。现代社会物质主义、享乐主义、个人主义盛行，埋首现世社会的各种享受已成绝大多数人的生存模式，这必然导致越来越大的死亡恐惧与痛苦。因为，现代人的生死困顿更甚于古之王右军的生死困顿，也无法超越死亡，在死亡的虚无面前，人们怎不万分痛苦？关键在于，现代人更加"个我"化了。所谓个我化，即人们缩入个体之我的坚壳，认为生命是个我的，生活是个我的，人生亦是个我的。所以，唯个人之利是求，唯个人之欲是求，这种完全凸显"个我"的人生观，固然能使人关注自己当下此在的生存、生活与人生，固然能抓住当下此在的物质性获取及生活的享受；但在面对死亡时则必会感到一无依傍，成不了罗近溪先生所言之"死犹生"，人之死成了无可挽回的死，个体生命的丧失无法成为人类生命和宇宙生命延续中的死，最个我化的生活与最个我化的人生也就导致了最个我化的死亡，其引发的死亡恐惧与焦虑——即生死困顿——必然是相当强烈的。

中国传统生死智慧的核心目标即在"超越死亡"，并"由死观生"来获得规划人生的资源与动力。可是，现代中国人走科学主义之路难以"超越死亡"；宗教之"超越死亡"的路仅对很少一部分人（信徒）起作用。关键在于，现代中国人用来对付死亡的传统文化资源，如儒家的"杀身成仁"、"舍生取义"、"立德立功立言"之"三不朽"的生死智慧；道家"生死齐一"的智慧；民间百姓"阴间与阳间"的智慧；佛家"六道轮回"、"涅槃"的智慧等等，已基本被打碎并遭遗弃，而新的应对生死问题的智慧又没有建构出来。于是，人们只好硬扛着，许多人是在对死亡极度的恐惧中走向人生终点站的，可名之曰：生死品质极低。而且，绝大多数人（尤其是老年人）又不好意思对他人诉说死亡之痛，无法表达对死亡的恐惧与担忧，更得不到社会及专业人士的帮助及抚慰。他们也许深夜辗转反侧于睡榻，常常在内心自问：死是什么？死之后我到哪儿去了？现代工业化、技术化的对遗体的处置方式更加深了无数中国人透心之凉式的恐惧。

记得笔者在云南作完一场关于生死智慧的演讲后去休息室，途中被几十位来听讲的老人团团围住。一位老人拉着我的手说："郑教授，您这样讲死亡，我们就放心了。"看着他们略显浑浊的眼睛，我强烈地体会到老人的激动与感谢之意，同时我也大为震撼并有些纳闷：自己究竟讲了些什么，能让这些老人如此激动与开心呢？

稍一思考，我恍然大悟：在演讲中我曾谈到现代生死智慧的核心观念应该是"死是生活的终止，生命可以永存"的原理，意思是说：逝者虽然已矣，但其生命的重要组成部分却可以存在下去，这种思想的内核正是从孔子到阳明子、近溪子所坚持的"生生之道"的生死本体之论。因为当人们生理生命结束之后，人在世间构建的血缘生命、人际生命、精神生命还存在。意识到这些道理非常重要，人们可以从中明白自我生前的责任是：第一，随顺自然之生理生命的发展，去成家立业，孝顺长辈抚育后代，构建自我之血缘亲缘生命，获得爱情与亲情；第二，努力地从一个生理性、自然性的生命蜕变为社会性生命，建构良好的人际关系和社会关系，获得人情与友情；第三，努力奋斗，创新创业，立德立功立言，获得永恒之精神生命，获得"万物皆备于我"之灵魂"大乐"，终则超越死亡。

这样一种生死的智慧是要人们真正明白：死亡是人之生活的终止，人之生命，如血缘亲缘生命、人际社会生命和精神超越生命可以永存，那么，人之死就不是全部的毁灭，死后生命的永存能解决现代人的生死困顿，给我们以莫大的心灵宽慰。并且，这一原理的运用也让人们寻获了在人生过程中究竟应该追求什么？以何为最大的人生价值和意义？这即是：生命不仅仅是它的物质形态，人离开世界，并不是一切都结束了，反过来我们便可以反思生命的意义，好好把握生活，珍惜生命，创造价值，尽自我之血缘亲缘生命、人际社会生命、超越精神生命的多维立体地活，以使自我的生命得到更加精彩，更好地延续，这便是我们面对生死困顿的答案，这便是我们需要人生奋斗的理由之一。

这也即是学习生死智慧的意义所在："生"，我们无法自主选择；"死"，亦不以我们的意志为转移。我们所能自做主宰的只是人生中的一段"活"的过程。只有死亡才告诉人们生命的有限，生活的享受也是有限的。所以，生命中最最重要的不是物质的财富而是人际的关系与精神的追求。

我们固然不要放弃适当的物质享受，否则生活将了无乐趣，生理生命也无法生存；但我们更应该去努力于世间之情的酿造，努力发挥精神生命的创造性。而要做到这一点，必须在活得很好时，在观念意识上先行到"死"，由"死"观"生"，这样，我们就可以在生活中，在与人相处的过程里，不斤斤计较，不执著不放，名利心淡薄一些，生命从容一点，交往纯洁一些，生活也要简单一些。这样，当我们必不可免地逝去之后，可以把血缘的人际的社会的生命留在世上——即把"情"留在世上；把思想留在世上——即把精神产品留在世上。这就把"死"转变成了"生"的动力和求取的内容，寻获到生死的意义与价值。这即是死亡给我们每一个生者的教益。

总之，我们必须立于中国传统生死智慧的基础之上，由人之生理生命而深入去体悟生命的多重性，认识到生命是可以在"死"之后延续永恒的。在这样的基础上，我们才能真正建构卓越的现代生死观，以展开自我的人生之路，应对生活的挑战，以及死亡的结局。让我们能更加珍惜生命、善待生命、创造生命的辉煌；同时也消解了王右军在《兰亭集序》中表达出的千百年来人类的"生死困顿"，这就大大提升了自我抵御死亡焦虑与恐惧的能力，终则达到超越死亡之理想境界。

（编辑：秦维红）

出土文献与中国哲学研究的新进境

北大中国文化研究
（第1辑）

从简帛文献看孔子后学的思想取向

李景林

摘　要： 结合简帛文献和儒家传世文献，可以看到孔子之后儒家思想有一种明显的"内转"趋势。《五行》揭示了"圣"德与听觉意识及"乐"之间的深刻关联，并强调"慎独"之独特内涵，以此突出内心自由和"心"之修养的地位。而重情，尤其是亲亲之情，在郭店简中也有突出的表现。《六德》和《唐虞之道》从不同的角度揭示了亲亲之情在伦理和政治生活中的重要地位。《性自命出》即情言性，在心与物相接的感应之几上言教化，并以"反善复始"的"复性"义规定此教化成德之本质内涵。这些文献通过对心、性、情以及气等具体论题的探讨，丰富了对人之最本己的能力和可能性及其实践道路的理解，深化了孔子所开启的"内转"的精神方向，为孟子的出场做了思想史的铺垫。

关键词： 简帛文献　孔子后学　内转　心　性　情

作者简介： 李景林，北京师范大学哲学与社会学学院教授（北京，100875）。

过去我们研究先秦儒学，多只以孔、孟、荀为对象。我们常觉得孟子是继承了孔子"仁"的一面，而荀子则继承了孔子"礼"的一面。这三者似乎是一个平列的关系。其实，在孔子以后到孟子，先秦儒学有一个长时间的发展。这个发展，过去有思孟学派的说法。近几十年来相关简帛文献的出土和研究，使这个发展的内容有了一个展现给我们的机会。孔子的系统是一个很平衡的系统。孟子和荀子都承认孔子思想的特点是"仁智"的平衡和统一，孟子里引子贡的话，说是"仁且智，夫子既圣矣"①，荀子也说："孔子仁智且不蔽。"② 其仁与礼的平衡，实根源于此仁智的平衡。结合简帛文献来看，孔子后学思想到孟子的发展，有一个内转的趋向。这个内转的趋势，是由曾子、子思一系的思想所代表的。

一 孔子所开启的文化价值方向

在孔子以前，中国社会有关人生、伦理和价值的思想，乃表现于一种宗教的观念系统中。这个观念系统的核心，是作为至上神的"天、帝"信仰。张光直教授曾以"连续性"一概念来概括中国古代文明起源的特征，以区别于西方"破裂性"的文明起源方式。"连续性"文明强调文明的创设与其所从出的原始自然状态的连续与和谐，它保留了原始思维那种整体性的意识形式。③ 孔子以前的宗教伦理观念，一方面具有这种"连续性"的特征；另一方面，它作为一种宗教性的观念，又表现出一种对人的功利性的理解方式。孔子所开创的儒家思想传统，与他所面对的这一宗教伦理传统的上述两个特征有密切的关系。

就第一个方面而言，因为三代的天帝观保留了一种有机整体论的宇宙观和生存连续性的观念，天帝并未切断与人的亲缘性而独立为一个创世的精神本原。天帝至上神与物质世界和血缘人伦体系的未分化特征及其人格意义的缺乏，使它难以发展出作为文化核心价值基础的宗教体系，相反，却易于人文化为哲学形态的形上本体。这对孔子及先秦儒家心性之学的思维方式、理论内容及发展方向都有着决定性的影响。

就第二个方面而言，在孔子之前，周人的文化价值观是宗教性的。在周人的观念中，至善的本原在天帝，人则被理解为一种功利性的存在。《左传·僖公五年》引《周书》说："皇天无亲，唯德是辅。"《尚书·召诰》说："王其德之用，祈天永命。"这两条材料，即很好地说明了这一点。在这种宗教性的视域中，人的行为动机是功利性的（"祈天永命"），人亦由此被理解为一种功利性的存在。

---

① 《孟子·公孙丑上》。
② 《荀子·解蔽》。
③ 参阅张光直《连续与破裂：一个文明起源新说的草稿》一文，见《中国青铜时代》，北京三联书店，1999，第 487～496 页。

孔子既继承了周人传统的"天命"观念，又在此基础上，在这天命观念的内部，提出"义、命"的内在区分。人之天职和使命，乃躬行仁义；行为的结果，则不在人的可求和应求的范围之内，只能归之于"天"或"命"。这种对"义、命"关系的理解，使传统的天命观发生了重要的转变：把行"义"由宗教义的祈神邀福之手段，转变成人行的内在动机和天职。孔子的这一思想，规定了以后儒家对天人关系和人之价值实现方式的基本理解。

孔子转变了周人天命观中把人仅仅理解为一种功利性存在的立场，反思并发现人之最本己的能力和可能性，在于躬行人道。对"天"或"天命"从根本上作人文的理解，从而把善的原则转变为人之本有的规定。孔子乃以"仁"这一概念统摄此点。《论语·颜渊》："为仁由己，而由人乎哉？"《述而》："子曰：仁远乎哉？我欲仁，斯仁至矣。"《里仁》："有能一日用其力于仁矣乎？我未见力不足者。"都表现了这一点。这本身即可看成文化价值观念意义上的一种"内转"。但《论语》言仁，多是根据学生的不同性情特点，因人因时因地随处点化、提示，指示给人以切实践履以实现、领悟仁的方法和道路。而对仁之践履过程具有普遍性和奠基性的"性与天道"的问题，在《论语》中还没有成为正面探讨的显性议题。孔子的思想因而呈现出浑沦圆融的气象。比如他既重视仁，也重视礼，二者构成一个平衡的系统。

但是这种平衡，不是仁和礼的平列，甚至对峙，而仍然是以人的自觉和人格的完成为其根本与归宿。相对而言，"仁"讲的是人的品德和理想，侧重内心精神和情志内容，所以仁总与"爱"相连属；"礼"讲人的社会规范，是行为的社会原则，侧重于"文"和伦理一面。孔子以忠恕论仁，即侧重爱心之推扩；讲克己复礼，则注重伦理原则的教化功能。但实质上，它们乃从不同的角度表述了同一内容：二者可统归为"为仁由己"，即人之自觉和道德人格的挺立。在现实的修养过程中，推己及人的自觉与有意识地遵从礼义规范的磨炼可以相对地分开。但是，从原则上说，推己及人的忠恕之道，已经内在地包含着礼所规定的节和度，在这个意义上说，以社会的责任和义务为目的的行为和人格，仍然以人的内心的自觉为内容，仍然是"为仁由己"。

由孔子开启的这一"内转"的趋向，一方面确定了一个思想发展的基本方向，即人有自身的价值和使命，人的价值之实现奠基于践履自身之使命；另一方面也蕴含着一种理论需要，即进一步丰富和完善对"人之最本己的能力和可能性"之具体内容的理解。

二 前辈与后辈弟子

史称孔子弟子三千，身通六艺者七十余人。孔子身后儒家思想学术的发展，似乎是一件很难说清楚的事。对于孔子后学的分化，历来存在有不同的看法，如从韩非而来的"儒分为八"的八派区分；传经之儒与传道之儒的划分；由《论语》而来的所谓德行、言语、政事、文学的"四科"划分；宋儒以来孔、曾、思、孟的道统传承说；前期弟子、后期弟子的区分，等等。这些说法之间又互有交叉。《史记·仲尼弟子列传》言孔子弟子"受业身通者七十有七人"，而司马迁谓出于孔氏古文之《弟子籍》，有事迹和年岁者35人，见于《论语》者27人，而确有明证者仅20人而已。① 这些弟子不见得都有思想上的建树，亦不见得在思想、学术发展上都有地位。看孔子后学思想发展的大势，崔东壁和钱穆先生的一个看法可以借鉴。崔述《洙泗考信余录》卷之一云：

> 《春秋传》多载子路、冉有、子贡之事，而子贡尤多，曾子、游、夏皆无闻焉；《戴记》则多记孔子没后曾子、游、夏、子张之言而冉有、子贡罕所论著。盖圣门中子路最长，闵子、仲弓、冉有、子贡则其年若相班者，孔子在时既为日月之明所掩，孔子没后为时亦未必甚久；而子贡当孔子世已显名于诸侯，仕宦之日既多，讲学之日必少，是以不为后学所宗耳。若游、夏、子张、曾子则视诸子为后起，事孔子之日短，教学者之日长，是以孔子在时无所表见，而名言绪论多见于孔子没后也。不然，闵子"具体而微"，仲弓"可使南面"，何以门人皆无闻焉，反不如"得一体"者独能传经于后世乎？由是言之，羽翼圣道于当时者颜、闵、子贡、由、求之力，而子贡为尤著；流传圣道于后世者游、夏、曾子、子张之功，而曾子为尤纯。②

钱穆先生《先秦诸子系年·孔子弟子通考》首肯并引申崔述之说云：

---

① 说参崔述《洙泗考信余录》卷三，见《崔东壁遗书》，上海古籍出版社，1983，第403页。
② 《崔东壁遗书》，第378~379页。

崔说甚是。余考孔门弟子，盖有前辈后辈之别。前辈者，问学于孔子去鲁之先，后辈则从游于孔子返鲁之后。如子路、冉有、宰我、子贡、颜渊、闵子骞、冉伯牛、仲弓、原宪、子羔、公西华，则孔门之前辈也。游、夏、子张、曾子、有若、樊迟、漆雕开、澹台灭明，则孔门之后辈也。虽同列孔子之门，而前后风尚，已有不同。由、求、予、赐志在从政，游、夏、有、曾乃攻文学，前辈则致力于事功，后辈则精研于礼乐。此其不同一也。……大抵先进浑厚，后进则有棱角。先进朴实，后进则务声华。先进极之为具体而微，后进则别立宗派。先进之淡于仕进者，蕴而为德行。后进之不博文学者，矫而为玮奇。①

要言之，崔述和钱穆先生区分孔子前、后辈弟子，认为前辈弟子事孔子之日长，仕宦之日多，讲学时间少，且为孔子之明所掩，故其特点不在学术、思想之创造和传授，而在德行、事功等方面。后辈弟子事孔子日短，教学之时间长，在孔子殁后，有机会发展出其独立的学说系统，故其特点在研精于礼乐、创立学说宗派。此说合乎情理。孔子前期弟子，多为随孔子周游列国者。其所作出的贡献，在于协助孔子树立一个学行的传统。后期弟子则可有机会在此基础上对孔子所开创的儒家学说进行思想理论上的发展。《论语》中有子、曾子称"子"，《礼记》多记曾子、游、夏之言，皆说明了此点。另外，孔子对伦理、文化、礼乐及价值的重建，怀有强烈的使命感和担当意识，对社会现实亦极具批判的精神。在这些方面，前期弟子的表现并不突出，这正说明其为孔子"日月之明所掩"。后期弟子从曾子始，乃显示出一种"以德抗位"之精神，体现了一种超越于现实政治的独立自觉的意识和开一代新风的气概。子思亦颇继承了这样一种精神。思孟都主张"德"超越于势位，孟子说"曾子、子思同道"，与这一共同的意识有关。由此，乃形成孔子后儒家之主要流派。

从文献的记述看，这也是合乎历史实际的。细绎韩非"儒分为八"之说，其本意是要说明世所存者多为"愚诬之学，杂反之辞"，不足为治，必须以刑赏法度来治国②，并非从儒家思想学说的关系来讲问题，实不足据以论孔子以后儒家思想学术之发展。而儒家文献中所记孔子后学言行，涉及学

---

① 钱穆：《先秦诸子系年》，商务印书馆，2001，第94～95页。
② 见《韩非子·显学》。

术思想之关系，探寻孔子以后儒家思想的开展，当以之为主要依据。如
《荀子·解蔽》所述曾子、有子、子思、孟子思想，明显地就是一种注重内
省的"神秘主义"。[①] 观《礼记》所记后期弟子之注重丧祭、孝道亲亲，近
几十年出土简帛资料所涉及子游、子思等的重心、重情、重乐、求己的思想
倾向，再参照《孟子》内求于心而尽心知性知天的学说系统，大致可以看
出孔子以后思想学术发展的脉络。

宋儒讲孔、曾、思、孟的传承关系，是一种道统论的讲法。但就我们现
在所能掌握的资料看，它并非全无根据。孔子到孟子近二百年，儒家思想发
生了很大变化。尽管孔子的系统里已有关于人性的讨论，并肯定道德的先天
基础，尽管孟子说自己的学说是"私淑"于孔子，但直接从孔子来看孟子，
其注重心、性、情、才、气的学说系统，仍使学者感到很是突兀。我们结合
简帛资料和儒家传世文献，可以看到孔子以后儒家思想一种明显的内转趋
势。曾子之说，实就忠恕而生发开去。其忠恕之实，曾子开之以孝道。曾子
学说之要，乃以忠恕之道，贯乎"孝"德而为其本，由此转向内在省思之
途。此一路向，既下开思孟一系，亦远开宋明理学之先。以后儒家所言心、
性、情、才、气的思想系统，皆与此相关。这一趋势，子思这一系为其主要
的代表。当然，宋儒的说法很粗疏。现在看来，思孟一系思想不是孤立的，
它和曾子、子游、子夏、公孙尼子等都有着思想、学术上的关联。

三 圣与智

从荀子对思孟学派的批评来看，思孟的一个特征，是其"五行"说，

---

① 《荀子·解蔽》："曾子曰：是其庭可以搏，恶能与我歌矣。空石之中有人焉，其名曰觙。
其为人也善射以好思，耳目之欲接，则败其思，蚊之声闻，则挫其精。是以辟耳目之欲而
远蚊之声，闲居静思则通。思仁若是，可谓微乎？孟子恶败而出妻，可谓能自强矣；有子
恶卧而焠掌，可谓能自忍矣，未及好也。辟耳目之欲，可谓能自强矣，未及思也。蚊之声
闻则挫其精，可谓危矣，未可谓微也。夫微者，至人也。至人也，何强？何忍？何危？"此
一段话，是从心性的角度评论儒家诸子。此处批评曾子、觙、孟子、有子。"觙"，郭沫若
认为即"伋"也就是子思（见郭沫若《儒家八派的批判》，见《十批判书》，东方出版社，
1996，第 146 页以下）。这应该说是荀子思孟学派强调内在性的所谓神秘主义的一个系统的
批评。荀子又批评腐儒慎言，"括囊无咎无誉"，亦值得注意。因为《礼记》、《缁衣》等四
篇，亦特别主张慎言。孟子虽辩，然言"予不得已也"，与荀子"君子必辩"的气魄不同。
荀子的"君子必辩"，与其注重"知"和"智"有关；与此相反，子思这个"括囊"般的
慎言，与其"神秘主义"是有关的。郭沫若的上述说法是可信的。

由此而有一种神秘主义的特征。从郭店简和帛书《五行》篇我们可以知道，这五行说涉及的一个重要内容，就是圣、智的问题。我曾经做过一篇小文，讲荀子批评思孟五行是神秘主义①，根据在其混淆了天人。② 现在看来，这只是问题的一个方面。从另一个角度看，郭店简的《五行》和帛书的《五行》，其讲圣、智的问题，实质上是重心、重情。这与荀子的重智、重礼的思想倾向是有很大区别的。从这一个角度看荀子对思孟的批评，可能更带根本性的意义。

《五行》篇既讲"五行"，又讲"四行"。而五行和四行的区分，涉及天道和人道、德与善的关系问题。郭店简《五行》篇说：

> 德之行五和谓之德，四行和谓之善。善，人道也。德，天道也。③

"四行和"指"仁义礼智"之和而言；"五和"则指"仁义礼智圣"五行之和而言。所谓"和"，即能达以上诸德之内外和合而归于一心，以成就人格之谓。"仁义礼智"四行和之"善"，所成就者，即今人所谓的道德境界；而"仁义礼智圣"五行和之"德"，所成就者，则为即道德而超越道德的天人合一境界。故前者为"人道"，而后者为"天道"。

《五行》篇又以圣、智对举，五行和可以用"圣"来表征，四行和可以用"智"来表征。"五行"和"四行"的对比，从人格成就上讲，就是"圣"和"智"的对比。郭店简《五行》篇说：

> 见而知之，智也。闻而知之，圣也。明明，智也。赫赫，圣也。"明明在下，赫赫在上"，此之谓也。闻君子道，聪也。闻而知之，圣也。圣人知天道也……见而知之，智也……四行之所和也。和则同，同则善。④

又说：

---

① 即《荀子·非十二子》所谓"甚辟违而无类，幽隐而无说，闭约而无解"。
② 见李景林《思孟五行说与思孟学派》，《吉林大学社会科学学报》1997 年第 1 期。
③ 李零：《郭店楚简校读记》，北京大学出版社，2002，第 78 页。
④ 《郭店楚简校读记》，第 79 页。

　　智之思也长，长则得，得则不忘，不忘则明，明则见贤人，见贤人则玉色，玉色则形，形则智。圣之思也轻，轻则形，形则不忘，不忘则聪，聪则闻君子道，闻君子道则玉音，玉音则形，形则圣。①

又说：

　　金声，善也。玉音，圣也。善，人道也。德，天［道也］。唯有德者，然后能金声而玉振之。不聪不明，不圣不智，不智不仁，不仁不安，不安不乐，不乐无德。②

　　我们可以把上引郭店简《五行》篇中一系列概念对照起来，看看它们有哪些不同的特点：

　　五行：仁义礼智圣　　德　圣　闻　玉音　天道
　　四行：仁义礼智　　　善　智　见　玉色　人道

　　《五行》篇讲仁义礼智"四行"是"善"，"善"的内容是"人道"；而仁义礼智圣"五行"是"德"，德的内容，所显示者为"天道"。又认为"四行"所标志者为"智"德，与之相对应的，是"善"或"人道"；而"五行"所标志者为"圣"德，圣乃能"知天道"。这与《庸》、《孟》的思想是一致的。孟子以仁义礼智四德为"善"，人先天本具此四德，故言"人性善"。又《孟子·尽心下》谓"圣人之于天道也"，正以圣人或"圣"与"天道"相对举。《中庸》说："诚者，天之道也；诚之者，人之道也。诚者不勉而中，不思而得，从容中道，圣人也。诚之者，择善而固执之者也。"此以"诚"、"圣"为"天道"、"择善"之知为"人道"。《中庸》以"诚"和"圣"为同一层次的概念。又《中庸》下文既言圣可以"配天"（31章），"圣人之道"，"发育万物"，"峻极于天"（27章），又言"至诚"可以参天地，育万物（22章），"立天下之大本，知天地之化育"（32章），都

---

① 《郭店楚简校读记》，第 78~79 页。
② 《郭店楚简校读记》，第 79 页。李零先生原在"不聪不明"下补"不明不圣"四字，不妥，故不录。

说明了这一点。在这里，我们可以看到一个一脉相承的思想传统。

故《五行》的系统，其核心是讲圣、智。圣者知天道，智者知人道。《五行》篇的作者以为"圣"的价值高于"智"的价值。"圣"可包含"智"的意义，反之则不可。圣、智，又以"圣"为中心。《五行》和《庸》、《孟》都强调圣者才能知天道。那么，圣人怎样知天道？通过什么方式知天道？从前面的引文我们知道，圣人的知天道，与听觉、音乐、内心的直悟所达之心灵自由有密切的关系。此点是应该注意的。圣、听本为一字之分化，圣与声亦相通，其在字源上有相关性。古书圣又训"通"。故"闻而知之者圣"，注重内在的听觉意识，可能有相当深远的文化渊源。见而知之，与空间意识相关，听则与时间意识相关。后者关联到历时性的内在生命体验。①

《五行》讲"见而知之"者"智"，"闻而知之"者"圣"。《孟子·尽心下》也讲到这一点。从孟子的说法看，"闻而知之"者，皆于文化、文明、思想有所原创者；而"见而知之"者，则只是在文化和思想上有所继承的智者和贤人。② 这与《礼记·乐记》所说的"知礼乐之情者能作，识礼乐之文者能述，作者之谓圣，述者之谓明，明圣者，述作之谓也"，在精神上是一致的。圣的"作"或原创性，表现为与天地内在精神上的沟通、对此天人合一之真理内容的把握及在此基础上所实现之思想和人文创制。《乐记》说"作者""知礼乐之情"，下文又说"穷本知变，乐之情也"，就说明了这一点。"述者"则偏于外的认知。故以"识礼乐之文"和"明"来做说明。"识礼乐之文"，或者"述"从表象上"看"即可，此由乎"见而知之"。而"知礼乐之情"，"穷本知变"，则是"作"，乃必由乎心灵的原创。

正因为《五行》篇所谓圣与"闻"的听觉意识相联系，所以，它特别

---

① 参阅李景林《听——中国哲学证显本体之方式》，载《本体诠释学》第二辑，北京大学出版社，2002。

② 《孟子·尽心下》之末章云："孟子曰：由尧舜至于汤，五百有余岁，若禹、皋陶，则见而知之；若汤，则闻而知之。由汤至于文王，五百有余岁，若伊尹、莱朱，则见而知之；若文王，则闻而知之。由文王至于孔子，五百有余岁，若太公望、散宜生，则见而知之；若孔子，则闻而知之。由孔子而来至于今，百有余岁，去圣人之世，若此其未远也；近圣人之居，若此其甚也，然而无有乎尔，则亦无有乎尔！"此处所举汤、文王、孔子，皆"闻而知之"者，在文化、文明、思想上皆有所创造，此正儒家所称"闻而知之"的圣人。而禹、皋陶、伊尹、莱朱、太公望、散宜生等，皆只是于思想、文化上有所称述的贤人、智者而已。

注意圣与"乐"的关系。它用"玉色"来形容"智"，而用"玉音"来形容"圣"。其实，其以"玉音"说圣，绝不仅是一种形容。前引郭店简《五行》用"乐"的"金声玉振"来论圣之集大成："金声，善也。玉音，圣也。善，人道也。德，天〔道也〕。唯有德者，然后能金声而玉振之。不聪不明，不圣不智，不智不仁，不仁不安，不安不乐，不乐无德。"这个说法，以后孟子也在"接着讲"。孟子亦用"金声玉振"来说明孔子为圣人之集大成者。《孟子·万章下》："孔子之谓集大成。集大成也者，金声而玉振之也。金声也者，始条理也；玉振之也者，终条理也。始条理者，智之事也；终条理者，圣之事也。"不仅如此，孟子还在讲"仁义礼智圣"五行的同时，又讲"仁义礼智乐"。《孟子·离娄上》："仁之实，事亲是也；义之实，从兄是也；智之实，知斯二者弗去是也；礼之实，节文斯二者是也；乐之实，乐斯二者，乐则生矣，生则恶可已也，恶可已，则不知足之蹈之手之舞之。"《五行》从听觉意识和音乐的角度讲"圣"德，孟子既言"仁义礼智圣"，又讲"仁义礼智乐"，其中有甚深意味。一方面，儒家认为礼乐同源，而"乐"直接关涉人的内在的情感生活，其化人也速。而圣的成就与自由，亦必在这种内在的心灵和情感之创造性的转变的历程中见其功。《礼记·乐记》论"乐"的教化功能说："致乐以治心，则易直子谅之心油然生矣。易直子谅之心生则乐，乐则安，安则久，久则天，天则神。"这段话和前引《孟子》及《五行》篇以"金声玉振"言圣德的话，精神完全一致，可以互参，另一方面，乐具有感通天人之作用。《乐记》说："大乐与天地同和"，"乐者天地之和也"，"乐著大始，而礼居成物"，讲的就是这个意思。圣的成就亦具有此种内在的沟通天人的意义。

《五行》篇由"乐"而引申出了一个聪、明、圣、智、仁、安、乐、德、天道的观念序列。同时，前引《乐记》的话，亦由乐以治心，引发出了一个乐、安、久、天、神的观念序列。这是两个在精神上完全一致的序列。音乐可以与天地相通，乐师、瞽史有能力以吕律和谐来沟通天人，这在古书中不乏其例。《五行》篇及思孟的系统，继承了这一点。荀子从"五行说"的意义上批评思孟为神秘主义，绝非无的放矢的臆说。

四　慎独与贵心

郭店简儒家类著作，显现出一种明显的"贵心"的倾向。上文讲《五行》的圣、智系统，实即体现了这一点。"仁义礼智圣"五行所表现之圣德，其重要的特点是重听觉意识，由此关涉对"乐"，对乐之通天人的强调。我们从郭店简其他篇章中，亦可以看到对乐教的重视。如《性自命出》重"心术"："凡道，心术为主。"又，"凡学者求其心为难，从其所为，近得之矣，不如以乐之速也"。重乐教，其实就是强调心的修养的重要。

按儒家的看法，礼和乐都根源于情。不过礼之功用要在外范和节制；乐则直接能够感动人之内心的情感，从而具有潜移默化的感化人心和移风易俗之作用。从孟、荀两家的比较来看，孟子的重乐与荀子的重礼，不仅涉及教化之道的问题，更涉及对心性和道德本原的不同理解问题。《五行》篇重乐，同时亦在修养成德上转向对内心自觉和情感生活之创造性转变的强调，而对外范之礼，则注重由转化其形式性而归于一心的意义。《五行》篇强调"乐"的意义，已如前述。《五行》对"慎独"问题的讨论，则体现了它对作为仪式系统的"礼"的看法。

《五行》中关于"慎独"的理论很有特色。郭店简《五行》有两个地方谈到"慎独"：

> "淑人君子，其仪一也"。能为一，然后能为君子，【君子】慎其独也。
> "［瞻望弗及］，泣涕如雨"。能"差池其羽"，然后能至哀，君子慎其［独也。］①

与之有关的文字还有接下来的一段：

> ［君］子之为善也，有与始，有与终也。君子之为德也，［有与始，无与］终也。②

《礼记》的《大学》、《中庸》、《礼器》诸篇皆言及"慎独"。观其言"慎独"之义，一言修为工夫，其要点在一个"慎"字。所以，郑玄解《中

---

① 李零：《郭店楚简校读记》，第79页。
② 李零：《郭店楚简校读记》，第79页。［　］内"无与"，李零《郭店楚简校读记》补为"有与"，荆门市博物馆《郭店楚墓竹简》补为"无与"（文物出版社，1998，第152页，注二十二）。按帛书《五行》，当从后者。

庸》首章论"慎独"说："慎独者，慎其闲居之所为。"这是从修养工夫上讲，其所重在一个"慎"字。但为什么要讲此"慎"的工夫？这就追溯到一个更深的层面，那就是人的存在是内外一体的，诚于中必形于外，心广体胖，德不可掩。形色与内心生活，是互成互体的两面，不可分割。而诚中形外的德化之效，更为儒家所重视。这一点，《大学》、《中庸》都讲到了。所以，此"独"之所重，乃在于人的内心生活之自由的完成。这就涉及在成德上人之内心情感与礼仪作为规范性之间的关系问题。上引郭简《五行》的话，讲的就是这个问题。

《礼记·礼器》篇也讲到这一点，可以参照理解："礼之以少为贵者，以其内心也……是故君子慎其独也。"这是说，我们注重"礼"的形式方面少一些，就是要强调对内心的关注，君子"慎独"，意在于此。这是"慎独"的更深层面的意义，它关注在"独"的内涵，而不是"慎"的工夫。《五行》的"慎独"说，讲的就是这一方面的意义。

这里，我们要强调是，《礼器》讲到圣人立礼，应关注礼之有外内、多少、大小、高下、文素等不同的方面，"礼之以少为贵"，只是其中的一个方面。而《五行》所言"慎独"，则是"仁义礼智圣"五行之和谐为一所达到的最高的德性成就，表现了一种根本的思想学术取向，这是应予注意的。

帛书《五行》之《说》的部分，对这个"慎独"说有系统的解说。帛书《五行》的解释如下：

> "能为一，然后能为君子"，能为一者，言能以多【为一】。222 以多为一也者，言能以夫【五】为一也。"君子慎其独"，慎其独也者，言舍夫五而慎其心之谓【独】。【独】223 然后一。一也者，夫五夫为【一】也也，然后德之一也，乃德已，德犹天也。
>
> 不在衰绖也然后能【隆】226 哀。夫丧，正经修领而哀杀矣，其至内者之不在外也。是之谓独，独也者，舍体也 227。
>
> "君子之为善也，有与始，有与终"，言与其体始，与其体终也。"君子之为德也，有与始，无 228【与终】。有与始者，言】与其体始；无与终者，言舍其体而独其心也。①

---

① 【　】中文字原缺，此据魏启鹏先生《德行校释》校补，巴蜀书社，1991，第 29~32 页。

这两者结合起来，可以看出《五行》的"慎独"是把礼的仪式系统转化为内心的自由。"一"指五行的归于一心。"有与始"、"有与终"、"无与终"，指"与其体始"、"与其体终"、"舍其体而独其心"。这个"体"字，学者多解释为身体的体，这是不对的。简本由"至哀"而言"慎独"，而帛书《五行》的《说》则将其解释为"舍体"、"独心"。而这个舍体独心，是在强调"哀"的内心情感的充分表现，而"正经修领"会导致"哀哀"的意义上提出的。这很合乎郭店简《五行》的精神。所以，这个"体"字，应是指礼的形式而言。《礼记·孔子闲居》讲"三无"："无声之乐，无体之礼，无服之丧。"孔颖达《正义》："此三者，皆谓行之在心，外无形状，故称无也。"这应是"舍体"的最恰当的解释。①

这样，郭店简《五行》所说的"［君］子之为善也，有与始，有与终也。君子之为德也，［有与始，无与］终也"，就可以得到一个恰当的解释。"与其体始，与其体终"，是说始终勉力行礼，这只是"善"。而"有与始，无与终"之所以可称作"德"，而与天道合一者，是因为它已经完全摆脱了礼仪形式的外在束缚，而完全达到了行为的自然和自由。这也就是孔子的"七十而从心所欲不逾矩"，亦完全与《中庸》"诚者，天之道也……诚者，不勉而中，不思而得，从容中道，圣人也"之义相合。

强调圣德合天道，是内心的自由，而不由乎外，这是思孟五行说的根本精神。《五行》篇重"乐"，同时亦在修养成德上转向对内心自觉和情感生活之创造性转变的强调，而对外范之礼，则注重由转化其形式性而归于一心的意义。

《五行》由圣德与听觉意识及"乐"之间的深刻关联揭示出圣德与内心自由的关系，由慎独之独特内涵强调转化礼之形式性而归于一心的意义，皆突出了"心"之修养的必要性。这些，实与其"贵心"的观念相关。

《五行》篇有"耳目鼻口手足六者，心之役也"②之说。帛书《五行》的《说》部则由之引申出心好仁义而"贵心"的看法。《帛书·五行》云：

　　"耳目鼻口手足六者，心之役也。"耳目也者，悦声色者也；鼻口者，悦臭味者也；手足者，悦燮（佚）徐（愉）者也。〈心〉也者，

---

① 参阅李景林《帛书〈五行〉慎独说小议》，《人文杂志》2003年第6期。

② 李零：《郭店楚简校读记》，第80页。

悦仁义者也。之（此）数体者皆有悦也，而六者为心役，何〈也〉？曰：心贵也。有天下之美声色于此，不义，则不听弗视也。有天下之美臭味于此，不义，则弗求弗食也。居而不间尊长者……不义，则弗为之矣。何居？曰：几不□〈胜〉□，小不胜大，贱不胜贵也哉！故曰心之役也。耳目鼻口手足六者，人□□，□〈人〉体之小者也。心，人□□，人体之大者也，故曰君也。①

帛书《五行》论人心，提出"心贵"说。此言"心贵"，要在"心悦仁义"。由此，区分出"大体"与"小体"，以"心"为"人体之大者"，而以感官为"人体之小者"。这便涉及心性与道德本原的问题了。孟子论人的存在，亦区别"大体"与"小体"，强调"心"作为"思"之官的主宰作用以"先立乎其大"②，又言"理义之悦我心，犹刍豢之悦我口"，"理义"为"人心所同然"之"好"③，这同《五行》篇"耳目鼻口手足六者为心役"之说以及帛书《说》文所作之引申，在精神上是高度一致的。当然，孟子的思想更加丰富细密，它完善了儒学关于心性和道德本原的观念和思想系统。

五　心、性与情、才

陈荣捷先生研究孔子后学，揭示出一个重要的特点，即从《礼记》和《家语》看，孔子殁后，丧祭礼和孝道成为弟子讨论的中心问题。④ 丧祭礼和孝道关乎亲亲。重情，尤其是亲亲之情，这在郭店简中也有突出的表现。

郭店简讲伦理，很重视"夫妇、父子、君臣""六位"和"圣智、仁义、忠信""六德"。而"六德"对应于"六位"，构成后者的德性内容。对此，不仅《六德》篇有集中的讨论，《成之闻之》更把它看成天所降之"大常"的具体内容。《成之闻之》："天登大常，以理人伦，制为君臣之义，作为父子之亲，分为夫妇之辨。是故……君子治人伦以顺天德。"⑤ 又，"昔

---

① 此处引《五行》篇，据庞朴先生《竹帛〈五行〉篇校注》，见《庞朴文集》第二卷《古墓新知》，山东大学出版社，2005，第146页。
② 见《孟子·告子上》。
③ 见《孟子·告子上》。
④ 参阅陈荣捷《初期儒家》第一节、第九节，《史语所集刊》第47本，1976。
⑤ 李零：《郭店楚简校读记》，第122页。"登"，荆门市博物馆《郭店楚墓竹简》作"降"。

者君子有言曰‘圣人天德’何？言慎求之于己，而可以至顺天常矣……是故君子慎六位，以祀天常。"① 由此可见"六位"、"六德"的重要意义。应该注意，这里的"圣人天德"，以及求己、慎"六位"而能达天常的思想，正与五行之和的圣德可达天道的观念一致，证明它们都属于思孟的思想系统。

而这六德、六位，其所重，正在血缘的亲亲之情。《六德》篇提出的"仁内义外"说，就说明了这一点：

> 仁，内也。义，外也。礼乐，共也。内立父、子、夫也，外立君、臣、妇也。疏斩布绖杖，为父也，为君亦然。疏衰齐牡麻绖，为昆弟也，为妻亦然。袒免，为宗族也，为朋友亦然。为父绝君，不为君绝父。为昆弟绝妻，不为妻绝昆弟。为宗族疾朋友，不为朋友疾宗族。人有六德，三亲不断。门内之治恩掩义，门外之治义斩恩。②

这个仁内义外说，讲的是家族伦理与社会伦理在治理原则上有不同的特征和偏重。这和孟子所批评的告子的仁内义外说的角度有所不同。这里一是强调亲亲重于尊尊，即所谓"为父绝君，不为君绝父"；二是强调尊尊的社会伦理规定本原于亲亲的原则。我们可以结合《礼记·丧服四制》和《孝经·士章》来理解这一点。《礼记·丧服四制》说："门内之治恩揜义，门外之治义断恩。资于事父以事君而敬同。贵贵尊尊，义之大者也。故为君亦斩衰三年，以义制者也……资于事父以事母而爱同。天无二日，土无二王，国无二君，家无二尊，以一治之也。"《孝经·士章》说："资于事父以事母而爱同；资于事父以事君而敬同。故母取其爱，而君取其敬，兼之者父也。故以孝事君则忠，以敬事长则顺。"《丧服四制》的说法与《六德》篇的角度完全一致。《六德》篇讲"门内之治恩掩义，门外之治义斩恩"，讲"内、外"的关系，是就丧服举例而言。《丧服四制》和《孝经·士章》则揭示出"父"的兼具"亲亲"与"贵贵尊尊"这一特征，从理论上更清楚地说明了这内与外的内在联系和区别。"父亲"这个角色，兼具有"爱"、"亲亲"与"敬"、"尊尊"这两面，所以，社会伦理可以从家族伦理中推出，社会

---

① 李零：《郭店楚简校读记》，第 122 页。
② 李零：《郭店楚简校读记》，第 131 页。

伦理应以家族伦理为本原。下文说"先王之教民也，始于孝弟"，也是这个意思。由此可见《六德》之重亲亲之情。

郭店简《唐虞之道》言禅让，也强调了亲亲与尊贤统一的原则。

从理论内容上看，《唐虞之道》乃以亲亲、尊贤言仁、义，并由此理解禅让之义："尧舜之行，爱亲尊贤。爱亲故孝，尊贤故禅……孝，仁之冕也；禅，义之至也……爱亲忘贤，仁而未义也；尊贤遗亲，义而未仁也……爱亲尊贤，虞舜其人也。"又，"禅也者，上德授贤之谓也。上德则天下有君而世明。授贤则民兴效而化乎道"。① 此以亲亲、尊贤释仁义，以尊贤或上德授贤释禅让之义。

那么，从禅让的角度看，这个"尊贤"或"上德授贤"与"亲亲"是什么关系？《唐虞之道》说："古者尧之与舜也：闻舜孝，知其能养天下之老也；闻舜弟，知其能事天下之长也；闻舜慈乎弟〔象□□，知其能〕为民主也。故其为瞽盲子也，甚孝；及其为尧臣也，甚忠；尧禅天下而授之，南面而王天下，而甚君。故尧之禅乎舜也，如此也。"又，"唐虞之道，禅而不传。尧舜之王，利天下而弗利也。禅而不传，圣之盛也。利天下而弗利也，仁之至也……必正其身，然后正世，圣道备矣。故唐虞之〔道，禅〕也"。"极仁之至，利天下而弗利也。"② 由此看来，尧之以"尊贤"或"上德授贤"为内容的禅让，实完全被归结为孝悌亲亲之德。"亲亲"与"尊贤"、孝与忠，表现的是内与外、血缘伦理与社会伦理的关系。"仁"为内在的德，"利天下而弗利"，为仁德之于社会的落实。这两个方面的统一，其根据即先秦儒家的絜矩之道或以修身为本的德治原则。此即《唐虞之道》的禅让说的基本内容，由此亦可见出其对亲亲之情的重视。

重亲亲之情，这还只是郭店简思想重情的一个非常具体的表现。郭店简《性自命出》篇从比较普遍的理论角度提出了一套以性情论为核心的性命天道论，以为其治心成德的教化修养论提供根据。

《性自命出》开首一段说：

> 凡人虽有性，心无定志，待物而后作，待悦而后行，待习而后定。喜怒哀悲之气，性也。及其见于外，则物取之也。性自命出，命自天

---

① 李零：《郭店楚简校读记》，第 95、96 页。
② 李零：《郭店楚简校读记》，第 95、96 页。

降。道始于情，情生于性。始者近情，终者近义。知情者能出之，知义者能纳之。好恶，性也，所好所恶，物也……凡性为主，物取之也……虽有性，心弗取不出。[①]

这里所说"喜怒哀悲之气，性也"和"好恶，性也"都不必视为对"性"所下的定义，而需从"情生于性"或"情出于性"的角度来理解。这里讲"凡人虽有性，心无定志，待物而后作"，又"及其见于外，则物取之也"，又"凡性为主，物取之也"，都是在说，"性"在"心"与"物"相交感中表现于喜怒哀悲或好恶之"情"。在这心与物的感应之几上，乃有善恶之趋向表现出来。《性自命出》重乐教，强调"乐"为"求心"之捷径，正是着眼于这个感应之几。又《性自命出》以为教化成德虽必在人心之感物而起的情态表现上见其功，但并非出离自然，背离其性，对此，性自命出有一个表达，叫做"反善复始"。总而言之，即情言性，在心与物相接的感应之几上言教化，并以"反善复始"的"复性"义规定此教化成德之本质内涵，这是《性自命出》性情论的特点。

谈到性、心、情的关系，有人认为那是宋儒才讨论的问题。其实，对这个问题，先秦儒家已多有论述，且已构成其性善观念、自力超越价值实现方式的思想依据。《中庸》首章说："天命之谓性，率性之谓道，修道之谓教。"又，"喜怒哀乐之未发，谓之中，发而皆中节，谓之和。中也者，天下之大本也；和也者，天下之达道也。致中和，天地位焉，万物育焉"。此言"中和"，其核心内容是"情"（喜怒哀乐）。但是，由于《中庸》在讲天命性道和"中和"的这两段论述之间还隔着一段论"慎独"的话，所以，天命性道与"情"（中和）之间的逻辑关系，并不是太清楚。但我们从《性自命出》"性自命出，命自天降，道始于情，情生于性"的说法可以显见，《中庸》"喜怒哀乐"之发与未发的中和论，讲的正是"情生于性"的问题。从《中庸》后文我们也可以知道，在其作者看来，"情"之"中和"便是"尽性"，便是天道之落实与呈现。《中庸》首章未直接讲到"天命之谓性"与"中和"之"情"的关系，其实是把"即情显性"的性情关系当做一个已知的前提了。

---

① 李零：《郭店楚简校读记》，第108页。"虽有性，心弗取不出"，李零《校读记》断为"虽有性心，弗取不出"。

在先秦儒家的观念中，出自天命的性，其内容即一个"情"字。在"情"上才能见"性"之本真。由此，我们才可以理解孔子为什么那么重视人的先天质素对人之成德的意义，也才可以理解孟子讲"性善"，为什么要从"情"上说。正是基于对性、心、情关系的这种理解，先秦儒学形成了其独特的"圣人之道"，那就是尽心知性以知天，存心养性以事天。这里，"心"的核心内容是"情"，不是"知"。

情与"才"的关系问题，由孟子提出，"才"即与"气"相关。但在简帛文献中，"气"的问题已经提出，如上《性自命出》所言"喜怒哀悲之气，性也"。这个说法很容易使人把它理解为仅以人的生物本性为内容的所谓"自然人性论"。但是，从我们上面的分析来看，这里的"气"也许更恰当的理解应该是人之生命实存之整体，而情感正是此生命实存之表现。《性自命出》即情言性，而教化成德亦是着眼于人心以情应物之几，从而实现生命实存之转化与提升。

《五行》篇经部虽不言"气"，但是它谈论德性之修养也注意从人之情感、容色等实存方面展开，如说："仁之思也精，精则察，察则安，安则温，温则悦，悦则戚，戚则亲，亲则爱，爱则玉色，玉色则形，形则仁。"[①]这里对仁之思的描述，从内心态度、情感到形色逐步转化，细致入微。最后落脚于"玉色"，这表征着人之生命实存转化提升之后的整体气象。

帛书《五行》之《说》部有"仁气"、"义气"、"礼气"之说，"知君子之所道而偊然安之，仁气也"；"知君子之所道而杀然行之，义气也"；"安而敬之……既安之矣，而有愀愀然而敬之者，礼气也"。此"气"乃指一种与心相关之"情"和力量、冲动之表现。《五行》篇提出"仁气"、"义气"、"礼气"之"气"的观念来说明身心的关系，把"气"理解为人的德行之内在的驱动力。它已经注意到德行不仅仅是知和情的问题，道德之知和情之所以具有发行实践的能力，乃是因为它伴随着一种内在的冲动力量：气。气乃是着眼于人之身体性的一个概念。帛书《五行》说部尚未形成一种关于"气"的系统观念用以表征人的身体性。孟子则提出"养气说"，统以"气"表述人的身体性，以志、气并举，从本体论和修养论上系统地论述了身心合一这一原则，从而对性善的观念作了更深一层的阐述。

---

① 李零：《郭店楚简校读记》，第78页。

综上所述，出土文献所呈现的孔孟之间儒家思想开展的丰富图景告诉我们，孔子之后，在他所开启的"内转"之途上，其弟子后学从心性论、修养论、形上学、伦理及政治思想等各方面展开探索，丰富了对人之最本己的能力和可能性及其实践道路的理解。孔子的浑沦圆融的思想体系，通过弟子后学有关心、性、情、气等各种具体论题的讨论，其理论内蕴得以充分展开。有这些探索做铺垫，孟子的出场就显得是顺理成章的了。

（编辑：魏波）

近年来出土的简帛文献与
中国哲学史研究

摘　要：本文围绕近年来出土的简帛文献对中国哲学史研究的影响，从五个方面，即近年来的出土文献与中国哲学史料、近年来的出土文献与《周易》经传研究、近年来的出土文献与"七十子"及其后学研究、近年来的出土文献与老子及黄老道家研究、近年来的出土文献与早期经典诠释问题等，进行了讨论。

作者简介：杨庆中，中国人民大学哲学系教授（北京，100872）。

一　引言

中国哲学史的研究，既是一种哲学的研究，又是一种史学的研究。作为史学研究，史料的占有无疑是十分重要的。中国古代典籍浩如烟海，这为中国哲学史的研究提供了丰富的资料。但由于史阙有间，对于某些历史时期，或某些历史时期的某些流派，人们仍然因为史料的匮乏而无法描述其面目。因此，中国哲学史的研究往往不得不面对这样尴尬的局面：一方面，传世典籍浩如烟海，令人目不暇接；另一方面，对于一些关键时期的关键人物，文献所及又少得可怜，甚至连蛛丝马迹都难寻到。

20 世纪 70 年代以来，上述情况开始发生了改变，这主要归功于考古发掘出土的一批又一批弥足珍贵的简帛文献。这些出土文献，多为失传了的、对于认识某一历史时期的思想学术十分重要的文献资料，对于人们完整地认识中国学术史和中国哲学史具有无与伦比的意义。诚如李学勤先生所说："简帛书籍的发现研究作为学术前沿，带动了不少学科的进步，影响是多方面的，但关系最直接、影响最大的，显然是学术思想史"；"大量简帛'惊人秘籍'的出现，迫使学者们对学术思想史的若干根本问题作重新审查和思考"，"由于简帛的发现，古代学术思想史必须重写"，"因为新发现涉及中国传统文化的核心典籍，对古代学术思想看法的改变，同时也必然波及对后世，一直到近代若干学术思想问题的认识……"① 这种"波及"，其范围当然也包含中国哲学史的研究。② 本文拟围绕近年来的出土文献与中国哲学史研究，对此予以申论。

二 近年来的出土文献与中国哲学史料

中国哲学史学科，诞生于 20 世纪初叶，因而深受活跃于当时史学界的疑古思潮的影响，这使得中国哲学史的研究在史料的甄别、取舍方面受到了很大的限制。例如提到先秦儒家，人们大概只对孔、孟、荀比较"熟悉"，而孔孟之间的百余年和孟荀之间的百余年间的思想发展脉络，便不十分清楚。又如研究中国易学史，《易传》之后，由于文献阙如，不得不转入汉代中期的象数易学的描述，显得十分突兀。虽然《史记》、《汉书》对孔子传《易》的世系言之凿凿，但并没有足够的资料帮助人们了解这一时期的情形。又如关于孔子，在经学时代的观念中，与之相关的史料是相当丰富的。但 20 世纪初叶以来，许多典籍要么被打入伪书的行列；要么把其著作的年代推得过于靠后。其结果是，研究孔子，除了一部《论语》勉强可信之外，基本上再没有什么可依赖的史料了。类似的情况在其他历史人物身上或重要典籍中也经常发生。可以说，从中国哲学史学科诞生之日起，中国哲学史料学便面临着巨大的危机。

然而，20 世纪 70 年代以来，随着一批批简帛书籍的出土，人们越来越发现，事实并非如疑古学者所担心的那样，而是相反，先秦及秦汉时期的许多与中国哲学相关的史料大部分都有值得信赖的成分，至少不是无中生有，

① 李学勤：《新出简帛研究丛书总序》，湖北教育出版社，2003。
② 张显成先生指出，"简帛在哲学史上的研究价值是十分巨大的，特别是随着上海博物馆楚简的陆续刊布，相信中国哲学史的研究必将还会有重大发展"（见氏著《简帛文献学通论》，中华书局，2004，第 341 页）。

与其"疑"而"拒"之，不如"释"而"证"之①，这就为中国哲学史史料学研究带来了一片新天地。正所谓"自地佑之，吉无不利"！

综合 20 世纪 70 年代以来的考古发现，与中国哲学有关的简帛典籍，比较著名的约有：

1972 年 4 月，在山东临沂发掘出土的《孙子兵法》、《孙膑兵法》、《六韬》、《尉缭子》、《管子》、《晏子春秋》。②

1973 年 5～12 月，在河北定县八角廊村西汉中山怀王刘修墓中出土的《论语》、《儒家者言》、《哀公问五义》、《保傅传》、《太公》、《文子》等。③

1973 年 12 月，在湖南长沙马王堆 3 号墓出土的大批帛书与竹木简，与中国哲学有关的有《周易》（包括《易经》和帛书《易传》）、《春秋事语》、《战国策》、《老子》、《黄帝四书》、《式法》等。④

1977 年在安徽阜阳双古堆出土的《诗经》、《周易》、《万物》等。⑤

1983 年 12 月，在湖北江陵张家山出土的《盖庐》。⑥

1988 年初，在湖北江陵张家山 136 号墓出土的《庄子·盗跖》。⑦

1993 年 3 月，在湖北江陵荆州镇郢北村王家台出土的秦简"易占"（有学者认为系《归藏》）。⑧

1993 年冬在湖北荆门郭店出土的竹简，内容包括《老子》甲乙丙三本、《太一生水》、《缁衣》、《五行》、《鲁穆公问子思》、《穷达以时》、《性自命出》、《成之闻之》、《尊德义》、《六德》、《语丛》等。⑨

---

① 廖名春：《试论冯友兰的"释古"》，收入氏著《中国学术史新证》，四川大学出版社，2005。

② 山东省博物馆、临沂文物组：《山东临沂汉墓发现〈孙子兵法〉和〈孙膑兵法〉等竹简简报》，《文物》1974 年第 2 期。

③ 国家文物局古文献研究室、河北省博物馆、河北省文物研究所定县汉墓竹简整理小组：《定县 40 号汉墓出土竹简简介》，《文物》1981 年第 8 期。

④ 国家文物局古文献研究室、河北省博物馆、河北省文物研究所定县汉墓竹简整理小组：《定县 40 号汉墓出土竹简简介》，《文物》1981 年第 8 期。

⑤ 国家文物局古文献研究室、安徽省阜阳地区博物馆阜阳汉简整理组：《阜阳汉简简介》，《文物》1983 年第 2 期。

⑥ 张家山汉墓竹简整理小组：《江陵张家山汉简概述》，《文物》1985 年第 1 期。

⑦ 荆州地区博物馆：《江陵张家山两座汉墓出土大批竹简》，《文物》1992 年第 9 期。

⑧ 荆州市博物馆《王家台 15 号秦墓》，《文物》1995 年第 1 期。

⑨ 荆门市博物馆：《郭店楚墓竹简》，文物出版社，1998。

1994 年，上海博物馆从香港购回 1200 多支战国竹简，简的内容包括书籍 80 多种，内容涉及儒家、道家、兵家、杂家等，其中多数古籍为佚书，个别见于今本，主要有《易经》、《诗论》、《缁衣》、《子羔》、《孔子闲居》、《彭祖》、《乐礼》、《曾子》、《武王践阼》、《赋》、《子路》、《恒先》、《曹沫之陈》、《夫子答史蒥问》、《四帝二王》、《曾子立孝》、《颜渊》、《乐书》等等。①

上述这些简帛文献，有些有今传本，可证古书之不伪；有些是前所未见的佚书，可补史料之不足。以定州简为例：定州简《论语》是目前发现最早的《论语》抄本，简数有 620 多枚，共 7000 余字，虽不足今本《论语》的一半，但文字差异多达 700 余处，分章上也有独特之处。这对于了解《论语》的成书，校勘传本《论语》具有非常重要的意义。② 定州简《儒家者言》"上述商汤和周文的仁德，下记乐正子春的言行，其中以孔子及其门弟子的言行为最多。所记多为对忠、孝、礼、信等道德的阐发，这部书的大部分内容，散见于先秦和西汉时期的一些著作中，特别在《说苑》和《孔子家语》之内，但它比这些书保存了更多的较为古老的原始资料"。③ 有学者还怀疑这部分材料当是《孔子家语》的原型。④ 而定州《文子》简 277 枚，共 2790 字。其中属今本《道德篇》的简有 87 枚，计 1000 余字，另少量竹简文字与《道原》、《精诚》、《微明》、《自然》等篇内容相似，余者皆是于今本《文子》中找不到佚文。《汉书·艺文志》诸子略道家下著录《文子》9 篇，自注曰："老子弟子，与孔子并时，而称周平王问，似依托者也。"简文内容与《汉书·艺文志》所说颇同（只是"平王"前未见"周"字），主要是平王与文子的问答。长期以来，传本《文子》被认为是伪书，定州本《文子》的出现，"会对《文子》的研究和正名，提供宝贵的依据"。⑤

　　又如马王堆帛书《易传》，大量记载了孔子与弟子讨论《周易》卦爻辞

① 朱渊清：《再现的文明——中国出土文献与传统学术》，华东师范大学出版社，2001。

② 河北省文物研究所定州汉墓竹简整理小组：《定州汉墓竹简论语》，文物出版社，1997，第 1～2 页。

③ 国家文物局古文献研究室、河北省博物馆、河北省文物研究所定县汉墓竹简整理小组：《定县 40 号汉墓出土竹简简介》，《文物》1981 年第 8 期。

④ 李学勤：《简帛佚籍与学术史》，江西教育出版社，2001，第 394～395 页。

⑤ 河北省文物研究所定州汉简整理小组：《定州西汉中山怀王墓竹简〈文子〉的整理和意义》，《文物》1995 年第 12 期。

的言论，不仅证明今本《易传》确与孔子有关，而且还让人们对于孔子的思想有了进一步的认识。① 又如《孙子兵法》一书，不少人怀疑其作者不是春秋时代的孙武，而是战国时期的孙膑。但在山东临沂银雀山汉墓"《孙子兵法》和《孙膑兵法》竹简同时被发现，对于解决长期以来存在着的关于这两部书的一些悬而未决的问题，有十分重要的帮助"②。阜阳双古堆《诗经》简共 170 余支残简，有今本中近 65 篇（有的仅有篇名）《风》诗和《小雅》中的《鹿鸣》等篇③，虽都不完整，但因"绝非《毛诗》系统"，"也不是"鲁、齐、韩三家《诗》中的某一家④，所以对于早期诗学的研究很有价值。……至于郭店简、上博简等等，其足以令世人刮目相看的文献资料更是所在多有，因后面还将涉及，此处不再一一枚举。

　　总之，上述简帛文献的出土，为我们揭示了诸多尘封已久的思想历史的原貌，不仅如此，也纠正了我们多年来对于古人的诸多误解。中国学术思想研究的方法、观念都在因这些史料的发现而发生着变化。难怪有不少学者都不约而同地惊叹：中国哲学、学术史将可能因此而重写！⑤ 而国学大师饶宗颐先生则预测道，近 20 年的考古新发现，特别是大批楚简的出土和研究，有可能给 21 世纪的中国带来一场"自家的文艺复兴运动以代替上一世纪由西方冲击而起的新文化运动"！⑥

三　近年来的出土文献与《周易》经传研究

　　《周易》是中国古代最有历史、最具代表意义的重要经典之一，经学时代，他简直就是中国传统知识分子的哲学教科书。卜筮的外衣使其免遭

---

① 廖名春：《试论孔子易学观的转变》，《孔子研究》1995 年第 4 期。

② 《山东临沂西汉墓发现〈孙子兵法〉和〈孙膑兵法〉等竹简的简报》，《文物》1974 年第 2 期。

③ 阜阳汉简整理组《阜阳汉简与〈诗经〉》，胡平生、韩自强《阜阳汉简〈诗经〉简论》等论文，《文物》1984 年第 8 期。

④ 胡平生、韩自强：《阜阳汉简〈诗经〉简论》，《文物》1984 年第 8 期。

⑤ 如杜维明指出，"郭店楚墓竹简出土以后，整个中国哲学史、中国学术史都要重写"（见氏著《郭店楚简与先秦儒道思想的重新定位》，载《中国哲学》第二十辑，辽宁教育出版社，2000）。萧萐父指出，"楚简及上博楚简的全面研究……有可能重新改写中国学术史、经学史以及楚国文化史等"（氏著《郭店楚简的价值和意义》，《郭店楚简国际学术研讨会论文集》，湖北人民出版社，2000，第 16 页）。

⑥ 转引自萧萐父《郭店楚简的价值和意义》，《郭店楚简国际学术研讨会论文集》，第 13 页。

秦火，得以完整流传。但其本来面目究竟如何？伏羲画卦，文王（周公）重卦，孔子作传；"人更三圣，世历三古"的传统史说究竟可靠不可靠？这点一直受到人们的质疑。特别是孔子与《易传》的关系，更是被炒得沸沸扬扬，20世纪，甚至有人认为孔子根本就没有与《周易》经传发生过关系。①

1973年12月，在湖南长沙马王堆3号墓中出土的帛书《周易》卷后佚书（本文称之为帛书《易传》）中，大量记载了孔子论《易》的言论。弥足珍贵的是，还记载了孔子自述其学《易》的目的：

> 夫子老而好易，居则在席，行则在囊。子赣曰："夫子它日教此弟子曰：'德行亡者，神灵之趋；智谋远者，卜筮之繁。'赐以此为然矣。以此言取之，赐缗行之为也。夫子何以老而好之乎？"夫子曰："君子言以榘方也。前祥而至者，弗祥而巧也。察其要者，不诡其德。《尚书》多阅矣，《周易》未失也，且有古之遗言焉。予非安其用也。"……"赐闻诸夫子曰：'逊正而行义，则人不惑矣。'夫子今不安其用而乐其辞，则是用倚于人也，而可乎？"子曰："谬哉，赐！吾告女，《易》之道……故《易》刚者使知惧，柔者使知刚，愚人为而不妄，慚人为而去诈。文王仁，不得其志以成其虑，纣乃无道，文王作，讳而避咎，然后《易》始兴也。予乐其知……"子赣曰："夫子亦信其筮乎？"子曰："吾百占而七十当，唯周梁山之占也，亦必从其多者而已矣。"子曰："《易》，我后其祝卜矣，我观其德义耳也。幽赞而达乎数，明数而达乎德，又仁〔守〕者而义行之耳。赞而不达于数，则其为之巫；数而不达于德，则其为之史。史巫之筮，乡之而未也，好之而非也。后世之士疑丘者，或以易乎？吾求其德而已，吾与史巫同涂而殊归者也。君子德行焉求福，故祭祀而寡也；仁义焉求吉，故卜筮而希也。祝巫卜筮其后乎？"②

这是有关孔子和《周易》关系的极重要的材料，是孔子讲《周易》的一个有力的旁证。我们虽然不能据此遽认孔子是《易传》的作者，但所谓孔子

---

① 参见杨庆中《二十世纪中国易学史》第二章，人民出版社，2000。

② 引自廖名春《帛书〈易传〉初探》，文史哲出版社，1998，第165～166页。

与《易》没有发生过关系的说法无疑是不攻自破了。

不仅如此，透过帛书《易传》的记载，还可以大大丰富研究孔子的直接材料。据专家统计，传世本《易传》与帛书《易传》共有"子曰"、"夫子曰"、"孔子曰"135 次。① 这等于在《论语》之外，又多出了 100 多条研究孔子的材料。其实，揆诸近年来出土的简帛书籍，多出的又何止这 100 多条！上博简中还多得很呢！我们甚至可以说，不言简帛，不足以言孔子。由此对比传世文献，则以前被疑作伪造假的许多前汉典籍的相关记载，都有重新认识的必要。

除了孔子传《易》之外，帛书《周易》还让人们对汉初易学的面貌有了进一步的认识。② 《史记》和《汉书》都曾记载了先秦至汉代的易学传承，但秦末汉初的易学究竟是个什么样子，由于史料缺乏，一直不得而知。帛书的出土，在很大程度上为解决这个困惑提供了帮助。此外，汉代象数易学中的诸多问题如卦气问题、卦序问题等，在这批帛书材料中也能找到一些踪迹，③ 这是很有意义的。

帛书《周易》之外，上博简《周易》，阜阳汉简《周易》也都颇有特色，对于校勘传本《周易》具有一定的意义，对于了解《周易》的成书、版本的流传也不无重要价值。④

近年来，在与《易》有关的考古发掘中，还有一项重大的发现值得一提，这就是 20 世纪 80 年代以来学界争论颇火的数字卦。这项研究，不仅让人们看到了早期筮占的部分真面，而且还证明重卦并不始于文王。这对于理解传统所谓"伏羲画卦、文王重卦"之说很有价值。更有趣的是，2001 年

① 黄沛荣：《易学乾坤》，台北大安出版社，第 207 页。杨按："135 次"包括了帛书《昭力》、《缪和》篇的内容。二篇中是否有孔子的言论，学者尚有争议，笔者同意李零先生的观点，肯定二篇中有孔子的言论（李零：《简帛古书与学术源流》，三联书店，2004，第 244 页注［1］）。

② 朱伯崑：《帛书易传研究中的几个问题》，《国际易学研究》第一辑，华夏出版社，1995。

③ 廖名春：《帛书〈易传〉象数学说考释》（《象数易学研究》一，齐鲁书社，1996），邢文：《帛书周易研究》，人民出版社，1997，第 183 页；邢文：《卦序与易学的起源——易类简帛的卦序意义》（《中国哲学》第二十三辑，辽宁教育出版社，2001），刘大钧：《卦气溯源》（《中国社会科学》2000 年第 5 期），刘大钧：《关于"图""书"及今本与帛本卦序之探索》（《象数易学研究》一，齐鲁书社，1996），刘大钧：《今本帛本卦序与先天方图及'卦气'说的再探索》（《象数易学研究》二，齐鲁书社，1997）。

④ 参见陈仁仁《上海博物馆藏战国楚竹书〈周易〉研究综述》（见《周易研究》2005 年第 2 期）；胡绳平：《阜阳双古堆汉简数术数间论》（见《出土文献研究》第四辑，中华书局，1998）；韩自强：《阜阳汉简〈周易〉研究》（上海古籍出版社，2004）。

在陕西长安县西仁村发掘的有字陶拍中，有两件上面刻有数字卦，其中陶拍2上的数字卦从右至左依次为：

八八六八一八

八一六六六六

一一六一一一

一一一六一一

依照奇阳偶阴的原则转化为《易经》的符号卦则为《师》、《比》、《小畜》、《履》四卦。陶拍1上的数字卦从右至左依次为"六一六一六一"、"一六一六一六"，转化为符号卦则为《既济》、《未济》二卦。《师》、《比》、《小畜》、《履》四卦是《易经》第七、八、九、十卦，《既济》、《未济》二卦是《易经》第六十三、六十四卦。李学勤先生认为，"这样的顺序排列，很难说出于偶然"。① 青年学者廖名春先生也指出："从这六卦的排列同于《周易》卦序类推，其他58卦的排列也当与《周易》同。因此，这种数字卦也应是由六十四卦组成的。能确认这一点，就意味着它也是由三画卦'八八相重'而来，不然，就不可能刚好不多不少正是64卦。"②

或许有一天，人们真能从地下发掘出全本的周初面貌的《易经》呢！

四 近年来的出土文献与"七十子"及其后学研究

在先秦，儒学号称显学，但研究儒学的人都知道，20世纪，一说到先秦儒学，可资利用的材料大概只有《论语》、《孟子》和《荀子》了。正如李零先生所说："现在出版的哲学史，总是习惯以'孔—孟—荀'三段论讲儒家，中间跳过的恰恰是孔子最直接的学生。"③ 这种现象的确颇为尴尬。其实，关于孔子的学生，也就是所谓的"七十子"，并不是没有史料，《礼记》中就有不少的记载，只是人们不敢相信，总害怕它们是伪书。现在看来，这层忧虑似乎是可以部分地解除了。

---

① 李学勤：《新发现西周筮数的研究》，见《周易研究》2003年第5期。
② 廖名春：《长安西仁村陶拍数字卦解读》，见《周易研究》2003年第5期。
③ 李零：《简帛古书与学术源流》，三联书店，2004，第296页。

长沙马王堆出土帛书中有一篇东西，被整理者命名为《五行》。整整 20 年后，1993 年冬，出土于湖北荆门郭店村的众多竹书中，有一篇自名为《五行》。"二十年前的研究已经指明，这个《五行》篇，正是荀子在《非十二子》中作为子思孟轲学派代表作来批判的那个'五行'说；二十年后它与《缁衣》等相传为子思的著作相伴再次出土，并自名曰《五行》，于是多了一层内证，而使此前的断案铁证如山，永毋庸议。"① 这是一个非常了不起的发现，它使一度模糊不清的思孟学派开始重新被人们认识。不仅如此，据李学勤先生研究，郭店竹简中有一部分，如《缁衣》、《五行》、《鲁穆公》就属于史书所记《子思子》的内容。② 另外，如《成之闻之》、《性自命出》、《尊德义》等，李先生认定也与《子思子》有关，并指出："这些儒书的发现，不仅证实了《中庸》出于子思，而且可以推论《大学》确实可能与曾子有关。《大学》中提出的许多范畴，如修身、慎独、新民等等，在竹简里都有反复的论述引申。……由此可见，宋以来学者推崇《大学》、《中庸》，认为《学》、《庸》体现了孔门的理论理想，不是没有根据的。"③

当然，郭店竹简中的儒家著作，哪些是子思一系的作品，哪些不是，学者间还有争论④，但统而言之，"它们反映的主要是'七十子'的东西，或'七十子'时期的东西，其中也包含了子思一派的东西"⑤，应该是没有问题的。况且，在数量更大的正在陆续公布的上博简中，还发现很多"《孔子世家》和《仲尼弟子列传》中的人物，如颜回、仲弓、子路、子贡、子游、子夏、曾子、子羔、子思等人，有些甚至就是以他们的名字题篇。它们是'七十子'的东西，这点更明显"⑥。看来，不言简帛，简直是不能言先秦儒

① 庞朴：《竹帛〈五行篇〉与思孟五行说》，《哲学与文化》1999 年 5 月第 26 卷第 5 期。
② 李学勤：《荆门郭店楚简中的〈子思子〉》，《文物天地》1998 年第 2 期，第 28～30 页；又见《中国哲学》第 20 辑《郭店楚简研究》，辽宁教育出版社，1999，第 75～80 页。
③ 李学勤：《先秦儒家著作的重大发现》，1998 年 6 月 8 日《人民政协报》；又见《中国哲学》第 20 辑《郭店楚简研究》，辽宁教育出版社，1999，第 13～17 页。
④ 陈来指出："墓中所随葬的竹简文献，合理地推测，应是墓主用以教授太子及国子的教本。而教本中的儒家文献，必然是从流行的诸多的子书、记、说中选编而成的，或者就是当时流行的一种选编本。"（见氏著《荆门竹简之〈性自命出〉篇初探》，《孔子研究》1998 年第 3 期）杨按，该墓墓主身份迄今尚无定论，不过，陈先生视随葬竹简文献为"选编本"，颇为朴实可信。
⑤ 李零：《郭店楚简校读记》（增订本）"前言"，北京大学出版社，2002，第 4 页。
⑥ 李零：《郭店楚简校读记》（增订本）"前言"，北京大学出版社，2002，第 4 页。

家了。

这种说法一点也不为过！方兴未艾的相关研究越来越证明着这一点。如先秦儒家关于心性问题的看法，尤其是孔孟之间，七十子及其后学的看法，传世文献反映得非常之少。过去，透过《孟子》一书，人们多少能知道一点信息。《告子上》引公都子的话说：

> 或曰："性可以为善，可以为不善；是故文武兴，则民好善；幽厉兴，则民好暴。"或曰："有性善，有性不善；是故以尧为君而有象；以瞽瞍为父而有舜；以纣为兄之子，且以为君，而有微子启、王子比干。"①

公都子话中的"或曰"指的是谁，《孟子》书中没有说明，东汉人王充所著《论衡·本性篇》中的一段记载弥补了这一不足，其曰：

> 周人世硕以为人性有善有恶，举人之善性，养而致之则善长；恶性，养而致之则恶长。如此，则情性各有阴阳，善恶在所养焉。故世子作《养性书》一篇。宓子贱、漆雕开、公孙尼子之徒，亦论性情，与世子相出入，皆言性有善有恶。②

按照王充的说法，公都子话中的第一个"或曰"，当是指世硕，第二个"或曰"，当是指宓子贱、漆雕开等人。据《汉书·艺文志》记载，世硕有"世子二十一篇"，自注："名硕，陈人也，七十子之弟子。"宓子贱有"宓子十六篇"，自注："名不齐，字子贱，孔子弟子。"漆雕开有"漆雕子十三篇"，自注："孔子弟子漆雕启后。"公孙尼子有"公孙尼子二十八篇"，自注："七十子之弟子。"③《论衡》与《汉书》的记载，可信程度有多大，以前的研究并不是十分清楚。郭店楚简有《性自命出》（又出现在上博简中）一篇，从一个侧面反映了当时的儒家学者关于人性问题的看法④，虽然目

---

① 杨伯峻：《孟子译注》下册，中华书局，1984，第258～259页。
② 北京大学历史系《论衡》注释小组：《论衡注释》第一册，中华书局，1979，第190页。
③ 班固：《汉书》，中华书局，1962，第1724～1725页。
④ 参见陈来《荆门竹简之〈性自命出〉篇初探》，《孔子研究》1998年第3期。

前学者在关于该篇的作者问题上尚未形成统一的认识，但它确实说明了孔子之后，在七十子及其后学之间曾经流行过反思人性的思潮，而这恰恰是孟子性善说和荀子性恶说的思想资源。① 可以说，郭店简与上博简中有关人性问题的材料，为人们系统梳理、认识先秦儒家的人性论、心性论、性情论、性命论提供了最可靠、最权威的史料，因而也使相关的研究成为可能。

又如先秦儒家的天人观，在郭店简中得到了出人意料的表现。如《穷达以时》中说：

> 有天有人，天人有分。察天人之分，而知所行矣。有其人，无其世，虽贤弗行矣。苟有其世，何难之有哉?②

这是一段非常值得研究的文字，他的意义不仅仅限于能够照应上荀子"天人相分"的观念，对于理解孔子、孟子的天人观，也至关重要。③ 以前人们围于《论语·公冶长》中子贡的一句"夫子之言性与天道，不可得而闻也"④的话，对孔子的天道观鲜有讨论。实际上，如果结合郭店简、上博简及马王堆帛书《易传》的材料，则这一问题是很值得重新引起人们的重视的。

总之，出土简帛材料中有关先秦儒家的部分，像一个富矿，正等待着人们去开发！谁不去开发，谁大概就没有资格谈先秦儒家了。绕不过，避不开，引人入胜！

五　近年来的出土文献与老子及黄老道家研究

在近年来的出土简帛中，有关道家的材料也十分丰富。1973 年在长沙马王堆出土的帛书《老子》甲乙本，曾经引起学术界的轰动，1993 年在郭店出土的楚简《老子》甲、乙、丙本，更使老学成为学术热点之一，问题则主要集中在老子其人其书的研究及简本、帛本、今本的关系等。

---

① 参见庞朴《孔孟之间——郭店楚简中的儒家心性说》（《中国哲学》第二十辑）；郭齐勇：《郭店儒家简与孟子心性论》；东方朔：《〈性自命出〉篇的心性观念初探》（均见《郭店楚简国际学术研讨会论文集》）。

② 李零：《郭店楚简校读记》（增订本），第 86 页。

③ 梁涛：《先秦儒家天人观辨正——从郭店竹简谈起》，Confucius2000 网，2002 年 10 月 25 日。

④ 杨伯峻：《论语译注》，中华书局，1980，第 46 页。

关于老子其人其书，20 世纪曾经有过"早出说"和"晚出说"的争论①，但由于史料不足，双方都未提出有力的证据说服对方。简帛文献的出土，虽然没有终结上述争论，但为这种争论提供了新材料和新视野。如李学勤先生就结合出土简帛中的有关文献，综合研究，得出结论：

> 郭店简里的《老子》三组，只是《老子》一书的摘抄本。这有其内证，《老子》丙组附有《太一生水》，而《太一生水》乃道家后学所作，其文字所本的《老子》篇章，有的不见于郭店简，充分说明当时《老子》绝不限于简本的那么多。摘抄本自然要晚于内容更多的原本。
>
> 简中还有一些作品，是引申推演《老子》的，例如《恒先》。《恒先》不仅袭用《老子》，而且在思想上有相当大的跨进。这表示《老子》比简早，而且要早相当大的时段。
>
> 我们还可以把马王堆帛书中的《黄帝书》放在一起考察。《黄帝书》作于先秦，不少学者都认为应属战国中期（参见唐兰《马王堆出土〈老子〉乙本卷前古佚书的研究》，《考古学报》1975 年第 1 期；龙晦《马王堆出土〈老子〉乙本前古佚书探原》，《考古学报》1975 年第 2 期），其内容多本《老子》，看来《老子》成书应更早些。我曾从各方面材料考虑，认为《老子》其书"不晚于战国早期"。②

李先生的这个考证，同时也在一定意义上回答了帛本、简本与传世本三者之间的关系。当然，学者之间关于这个问题的看法并不一致，还有待于进一步研究。

此外，关于儒道关系问题，也是楚简出土以来学术界所讨论的一个热点问题。例如，通行本第 18、19 章对于"仁义"、"孝慈"颇持否定的态度，将二者与"大伪"放在"相类的地位上"。而郭店简本"并未以仁义、孝慈与大伪相提并论"③，"早期的道儒关系远没有达到冲突尖锐化和激化的程度"。④ 这很发人深省，对于人们理解早期儒道关系也十分有价值。

---

① 商聚德等：《中国哲学史史料学论稿》，河北教育出版社，2004，第 243 页。
② 李学勤：《孔孟之间与老庄之间》，《中国思想史研究通讯》第六辑。相关的研究还可参看刘笑敢《从竹简本与帛书本刊〈老子〉的演变》（见《郭店楚简国际学术研讨会论文集》）。
③ 裘锡圭：《郭店〈老子〉简初探》，《道家文化研究》第十七辑，三联书店，1999。
④ 李存山：《从郭店楚简看早期道儒关系》，《中国哲学》第二十辑，辽宁教育出版社，1999。

又如有无问题，简文有一句话："天下之物生于有，生于无。"与传世本"天下万物生于有，有生于无"相比，少一"有"字。对此，有学者认为简本优于传世本，并指出这表明在《老子》哲学中，"有"、"无"共同作为万物存在的始源，"天下之物生于有，同时天下之物也生于无"，"无"并不比"有"根本。① 但问题是，这里究竟是抄漏了一个"有"字，还是文本原就如此，学者并没有一致的看法。② 从哲学的层面讲，"天下万物生于有，生于无"，与"天下万物生于有，有生于无"，虽然只是一字之差，但其哲学意向却有着本质的不同。有学者指出，在《老子》一书中，"无"字虽然出现一百余次，但很少用作名词，因而没有明确的"无"的哲学概念。③ 这种看法值得引起重视。至于"有"，据朱伯崑先生的研究，"老庄哲学中的'有'就古代汉语说，是有这个，有那个的简称，相当于英文中的'There is'，德文中的'Dasein'，都是就个别存在物及其特征说的。所以魏晋时期的人，又称为'群有'，'万有'，提出'有不能以有为有'，'济有者皆有'的命题。在中国传统哲学中，没有形成'有'为一般及存在自身这样的抽象的观念……"④ 的确，如果"有"在老子那里已经被解释为一种具有一般意义的抽象概念，以魏晋玄学家的理论水平之高，就没有必要再提出"群有"、"万有"的概念，和"有不能以有为有"、"济有者皆有"的命题。相反，他们提出了这样的概念和命题，说明在此之前"有"并没有成为具有一般意义的抽象概念。所以，研究老子哲学中的有无问题，似乎还应该考虑到整个中国哲学发展史的背景。⑤

在郭店楚简中，有一篇《太一生水》，抄在《老子》丙本之后，原文不长，却很有特色：

> 大一生水，水反辅大一，是以成天。天反辅大一，是以成地。天地［复相辅］也，是以成神明。神明复相辅也，是以成阴阳。阴阳复相辅也，是以成四时。四时复［相］辅也，是以成寒热。寒热

---

① 丁原植：《郭店竹简〈老子〉释析与研究》，万卷楼图书有限公司，1998，第213页。
② 沈清松：《郭店楚简〈老子〉的道论与宇宙论——相关文本的解读与比较》，《中国哲学》第二十一辑，辽宁教育出版社，2000。
③ 刘笑敢：《经典诠释与体系建构》，《中国哲学史》2002年第2期。
④ 朱伯崑：《朱伯崑论著》，沈阳出版社，1998，第554页。
⑤ 笔者认为，从诠释的层面引申老子的"道"，挖掘出有无统一的观念，是可行且可理解的。但从实证的层面说，老子的"道"似乎并没有明确的有无统一的意涵。

复相辅也，是以成湿燥。湿燥复相辅也，成岁而止。故岁者，湿燥之所生也。湿燥者，寒热之所生也。寒热者，［四时之所生也］。四时者，阴阳之所生［也］。阴阳者，神明之所生也。神明者，天地之所生也。天地者，大一之所生也。是故太一藏于水，行于时，周而又［始，以己为］万物母；一缺一盈，以己为万物经。此天之所不能杀，地之所不能埋，阴阳之所不能成。君子知此之谓［□，不知者谓□］。

天道贵弱，削成者以益生者，伐于强，责于［□；□于弱，□于□］。下，土也，而谓之地。上，气也，而谓之天。道亦其字也，青昏其名。以道从事者必托其名，故事成而身长。圣人之从事也，亦托其名，故功成而身不伤。天地名字竝立，故讹其方，不思相［当：天不足］于西北，其下高以强。地不足于东南，其上［□以□。不足于上］者，有余于下。不足于下者，有余于上。①

如果从哲学的角度去诠释，可以说它是一篇讲宇宙论的文字。② 这篇文字的思想归属，学者意见不一，还在继续争论。③ 笔者认为，与这种争论同样重要的，乃是它的"古代数术思想"的背景。④ 这个背景知识不清楚，则理解这篇文字的本来意义可能是相当困难的。⑤ 近年来出土的大量简帛文献中，与古代数术相关的《日书》的出土相当可观。也许在那里面可以找到一些线索，包括汉代象数易学的线索。

在出土的道家著作中，"最新也最重要的发现是上博简《恒先》。此篇是属于古代的道论，即在中国真正够得上称为哲学著作的东西"⑥，这对于研究先秦道家无疑是很有帮助意义的。其他如《庄子》、《文子》的有关文

① 李零：《郭店楚简校读记》（增订本），北京大学出版社，2002，第32～33页。

② 庞朴：《"太一生水"说》，《中国哲学》第二十一辑，辽宁教育出版社，2000。

③ 李学勤认为，《太一生水》当为关尹的学说（见氏著《荆门郭店楚简所见关尹遗说》，《中国哲学》第二十辑。叶海烟则认为，《太一生水》于庄子的宇宙观比较接近（见氏著《太一生水与庄子的宇宙观》，《中国哲学》第二十一辑）。

④ 见拙著《太一生水与庄子的宇宙观》，第42页。

⑤ 邢文在所著《〈太一生水〉与〈淮南子〉:〈乾凿度〉再认识》中对此作了颇富启发意义的梳理（载《中国哲学》第二十一辑），这一思路值得进一步开拓。另，李泽厚先生认为，应将《太一生水》与先民的原始巫术仪典联系起来考察，也颇具启发意义（见氏著《初读郭店竹简印象记要》，《世纪新梦》，安徽文艺出版社，1998）。

⑥ 李零：《简帛古书与学术源流》，第305页。

献，也是弥足珍贵的材料。而 1973 年长沙马王堆出土的四篇古佚书——《经法》、《十大经》、《称》和《道原》，被学者断定为《黄帝四经》①，对于研究汉初黄老之学也极具价值。

六　近年来的出土文献与早期经典诠释问题

春秋战国时期，是诸子百家，尤其是其中的儒家诠释经典——《诗》、《书》、《礼》、《乐》、《易》、《春秋》，努力实现"哲学的突破"的思想文化空前繁荣的时期。这一点，传世文献虽然语焉不详，但也透露了非常丰富的信息。然而，由于受疑古思想的影响，这样一个对于中国文化来说十分重要的事情，长期以来却一直被忽视，乃至于早期经学的研究几乎是一片空白。近年来的简帛文献的出土也为扭转这一局面提供了非常丰富的材料。

众所周知，在传世文献中，"六经"的最早出处是《庄子·天运》篇："孔子谓老聃曰：'丘治《诗》、《书》、《礼》、《乐》、《易》、《春秋》六经'"②。但向来的研究，对于该篇的记载，敢于相信的人并不多。幸运的是，郭店楚简中的资料，似乎能够帮助人们解除这层疑惑。《语丛一》说：

> 礼，交之行述也。
>
> 乐，或生或教者也。
>
> 〔书，□□□□〕者也。
>
> 诗，所以会古今之诗也者。
>
> 易，所以会天道、人道也。
>
> 春秋，所以会古今之事也。③

郭店简下葬的年代被学者厘定为公元前 300 年左右④，墓中楚竹书，其成书、抄写当然更应靠前，因此可以证明，战国时期"六经"的地位已经是相当地突出了。又如《六位》（原《六德》）篇亦云："夫夫，妇妇，父父，子子，君君，臣臣，六者各行其职，而馋谄无由作也。观诸《诗》、

---

①　唐兰：《马王堆出土〈老子〉乙本卷前古佚书的研究》，《考古学报》1975 年第 1 期。

②　陈鼓应：《庄子今注今译》，中华书局，1983，第 389 页。

③　李零：《郭店楚简校读记》（增订本），第 160 页。

④　荆门市博物馆：《荆门郭店一号楚墓》，《文物》1997 年第 7 期。

《书》则亦在矣，观诸《礼》、《乐》则亦在矣，观诸《易》、《春秋》则亦在矣。"① 又，马王堆出土的帛书《要》篇也将《易》、《诗》、《书》、《礼》、《乐》并称，说："故《易》之为书也，一类不足以亟之，变以备其请者也。故冒之易又君道焉，五官六府不足尽称之，五正之事不足以至之，而诗书礼乐不□百扁，难以致之。"② 又说："《尚书》多阙矣，《周易》未失也。"③ 这些都证明在中国思想史上，"六经"地位的突显是相当早的，而且很可能与孔子有关。

传统经学有孔子编订六经之说，此说是否全然可信，还可以进一步讨论。从近年出土的简帛材料看，孔子对它们进行过独具特色的诠释，这种诠释在儒家内部产生了重大的影响，进而使"六经"受到了人们的更多的重视，应该是不成问题的。以《周易》为例，孔子的诠释就是沿着由"巫"进乎"史"，又由"史"进乎"德"的进路完成的。根据帛书《易传》提供的材料，我们已完全可以勾勒出孔子诠《易》的准则、体例及方法了。——这是一种人文主义的诠释路线，准宗教的《周易》正是因着这样的诠释，而实现了其"哲学的改造"的。又据上博简可知，孔子对《诗经》的诠释也是很下工夫的。由此不免想到《礼记·经解》篇的如下记载：

> 孔子曰："入其国，其教可知也。其为人也，温柔厚敦，《诗》教也；疏通知远，《书》教也；广博易良，《乐》教也；絜静精微，《易》教也；恭俭庄敬，《礼》教也；属辞比事，《春秋》教也。故《诗》之失愚，《书》之失诬，《乐》之失奢，《易》之失贼，《礼》之失烦，《春秋》之失乱。其为人也，温柔厚敦而不愚，则深于《诗》者也；疏通知远而不诬，则深于《书》者也；广博易良而不奢，则深于《乐》者也；絜静精微而不贼，则深于《易》者也；恭俭庄敬而不烦，则深于《礼》者也；属辞比事而不乱，则深于《春秋》者也。"④

如果不是对"六经"下过一番解释的功夫，怎么可能得出这样精辟的结论呢！因此，利用简帛材料及传世材料，重新梳理孔子及先秦儒家经典诠释的

---

① 李零：《郭店楚简校读记》（增订本），第131页。
② 廖名春：《帛书〈易传〉初探》，第280页。
③ 廖名春：《帛书〈易传〉初探》，第279页。
④ 阮元刻《十三经注疏》，中华书局，1984，第1609页。

思路，已是可行之事，也将成为中国哲学研究的重点之一。近年来，有学者呼吁建立中国的诠释学①，这的确是一个有意义的学术问题，相信简帛文献的研究，尤其是简帛文献及早期儒家经典诠释的研究，一定会对中国诠释学的建立起到十分积极的推动作用。

七　结　语

以上，我们提纲挈领，从五个方面对近年来的出土文献对中国哲学史研究的影响进行了粗线条的描述。事实上，细节的问题还正多得很呢！近代中国著名学者王国维先生指出："古来新学问起，大都由于新发现。"② 这句话，在近年来简帛学研究者的文章中出现频率极高，这一方面反映了这些"新发现"的确令人振奋；另一方面也说明人们在这些"新发现"面前表现出了极大的信心。确实是这样，与这些"新发现"相关的问题，没有一个不是前沿性问题；而对这些"新发现"的相关解释，没有一个不丰富乃至更新着人们对中国学术思想史的认识，诚如李学勤先生所说："新出土简帛书籍与学术史研究的关系尤为密切。学术史的研究在最近近几年趋于兴盛，已逐渐成为问世领域内的热门学科，而简帛书籍的大量涌现，正在改写着古代学术史的面貌，影响甚为深远。"③ 面对新史料、新问题，中国哲学史的研究能做些什么？又应该做些什么呢？"合世界学者之全力研究之，其所阐发尚未及其半，况后此之发见亦正自无穷，此不能不有待少年之努力也"！④

（编辑：魏波）

---

① 汤一介：《能否创建中国的解释学?》，《学人》第 13 期（1998 年 3 月出版）。
② 王国维：《最近二三十年中中国新发见之学问》，《王国维文集》第四卷，中国文史出版社，1997，第 33 页。
③ 李学勤：《简帛佚籍与学术史》，第 7 页。
④ 王国维：《最近二三十年中中国新发见之学问》，《王国维文集》第四卷，第 38 页。

20世纪中国
哲学研究

北大中国文化研究

（第 1 辑）

中国现代直觉论与生命哲学

胡　军

摘　要： 不同于西方文化充分理性化的道路，中国文化则更注重直觉方法。中国现代直觉论包括以下主体内容。第一，直觉是向内处理和研究人的精神生活或生命的取向或态度或途经。第二，对生命的把握不能采取将其看作外在对象的认知进路。第三，不同于一般意义上的生命概念，任何个体生命都是一整体。第四，此种把握不是静态的、死的，而是动态的、流动的。第五，此种把握绝对不是借助于语言、语词、概念做只是形式的无内容的把握，而是对生命内容的深切体悟与直接切入。第六，此种把握需要经过长期的努力或艰苦的摸索或百般的计较才有可能。第七，直觉不仅仅是一种方法，而且更是一种境界。

关键词： 直觉　理性　生命哲学　境界

作者简介： 胡军，哲学博士，北京大学哲学系教授（北京，100871）。

一

就中国现代哲学研究的状况来说，无论就人物、流派和专题，均已达到相当水平，研究成果颇为丰富。如中国传统哲学与现代化的关系历来就是中国现代哲学研究的重头戏，这方面的研究成果颇为壮观，尤其是关于新儒家思想的研究成果，几乎是目不暇接，时有新著出现。又如，西方哲学在中国发生过或大或小影响的流派，如马克思主义哲学、进化论、实在论、现象学、实用主义、分析哲学、后现代主义、基督教哲学、康德黑格尔哲学、存在主义哲学、解释学等近 20 年来也都有不少研究专著出版，研究也相当的深入，如此等等。

但是，使我们颇感遗憾的却是，对于中国现代哲学中盛行的直觉论却很少有学者专门做过较有系统和深入的研究。有的研究著作虽有涉及，却也轻描淡写，一笔带过，而不是对此做专门的研究。这一研究现状与直觉论在中国现代哲学曾发生过的重要作用是不相称的。其实，我们只要稍加注意，就能发现这样一个事实，即中国现代哲学家虽然重视辩证法、分析方法、归纳方法等，也曾经撰文做过积极的宣传和普及，但他们对于这些有外面传来的重要的科学的或哲学的方法确有很大的隔膜。而且由于中国传统文化的情结，他们却似乎更青睐于直觉的方法。

众所周知，20 世纪 20 年代梁漱溟为了突现中国传统文化与哲学的现代价值曾经高举起直觉论的大旗，认为中国传统哲学走的就是直觉主义的路径。他还身体力行以直觉来解读传统儒家思想。他坚信儒家的直觉论要高于西方的理智或分析的方法。正是因为他的大力提倡，直觉论在当时的中国思想界、学术界曾产生过较大的影响。

后来的冯友兰也指出，分析的方法或用他自己的话说"正的方法"只能带领我们走到哲学殿堂的大门口，而要达到哲学的顶点只有借助于"负的方法"。熊十力哲学方法就是直觉的方法，而排斥所谓的科学的方法。贺麟等人则试图将直觉方法与辩证法、分析方法结合起来建构哲学方法论系统。新儒家的代表人物如牟宗三、唐君毅等则更进一步认为，唯有直觉的方法能够引导我们进入道德理想的境界。简单罗列，我们就能轻而易举地发现，上述的思想家更为重视的是直觉的方法，而不是分析的、归纳的、辩证的方法。可见，加强中国现代哲学的直觉论研究有助于全面深入系统地推进中国现代哲学的研究，更有助于我们准确地理解中国现代哲学的特质。当然，这样的研究也有助于我们使中国现代哲学的研究走上新的高度。

不过，这里需要特别注意的是，我们此处所谓的直觉方法在中国现代哲学家那里有不同的称谓。梁漱溟高扬直觉或直觉方法，后来改用理性。当然他所说的理性与西方哲学所谓的理性决然不同，却与他早期的直觉有相同之处。冯友兰将与分析的方法或"正的方法"不同的方法叫做"负的方法"。而在熊十力的思想深处是排斥科学的或分析的方法的，因他想要真正把握的则是内在的"真的自己"，所以他的方法可称之为"真的自己的觉悟"。我们现在可以清楚地知道，他所谓的"真的自己的觉悟"的途径主要的仍然是直觉或直觉方法。又比如唐君毅哲学思想体系中，此种直觉方法也有着不同的称谓，这就是他所谓的"超越的反省法"。方东美早年就曾对柏格森的直觉思想有着浓厚的兴趣，他后来的哲学思想研究的惯用的途径主要的也是与科学途径不同的所谓的"人文途经"。当然，像牟宗三等哲学家却是直接用"智的直觉"来申说自己的哲学思想方法的。虽然上述的称谓很是不同，但我们不能否认这样的事实，即这些不同的称谓的指向却是相同的，即它们都不约而同地指向直觉或直觉方法。

就中国哲学研究的主要方法论而言，直至今日，如分析方法、归纳方法、辩证法等，都还带有强烈的自然科学色彩，上述的种种研究方法在当今的人文学科的研究领域内迄今仍然是支配性的、占主导地位的研究方法，其作用真是无可估量。舍弃了这些方法，我们好像简直是谁也无法来进行学理性的系统的研究。

从中国现当代的学术史的发展来看，谁也不可否认，这些研究方法确实具有巨大的优点。但是理性却明确而清晰地告诉我们，任何方法在具有其不可否认的优点之外，也必然带有本身不可避免的缺陷或不足。那么上述的这些方法论究竟具有什么样的缺陷或不足呢？

深入的分析和研究使我们不难发现这些方法的共同缺陷在于：它们都不得不借助于语言、概念或语词对研究对象做外在的、形式的、零打碎敲的研究。这样的研究越系统、越深入，也就越具有形式化的特点，离实际存在的事物也越远。也是在这样的方法的作用下，对象与研究对象的主体被打成两橛。不可否认的是，这样的研究方法虽也能在一定程度上反映客体的某些属性，但我们却不可能通过它们真实而全面地达到或进入被研究的对象之中。

尤其是以这样的方法来研究人内在的精神生活、情感生活和信仰世界时，我们不能不感觉到自己简直是在盲人摸象。所以19世纪中期以来，以心理学、生物学、人文学科等学科为背景的哲学家们或思想家们在试图努力抛弃上述的研究方法，而积极地提倡直觉方法。他们认为，此种方法能够引领我们直接走入研究对象的内部，对对象做全面深入系统直接的体悟或直接认取。尤其是要进入形而上学所追求的那种最高的境界并进一步借以实现自己道德理想的研究者，也就必须要诉诸这里所讲的所谓的直觉或直觉方法。或者我们在此可以更进一步说直觉本身在此已不只是一种方法，而是一最高的道德境。就中国现代哲学而论，有中国现代哲学家如贺麟就积极提倡这样的看法。他认为，后理智的直觉已经不是一种方法，而是一种精神境界了。

更为重要的是，由于受到西方的生命哲学的影响，20世纪20年代以来有些哲学家已经自觉地意识到中国传统哲学的方法不同于西方哲学的分析方法。如果说西方哲学是以理智的分析的方法为主的话，那么中国哲学的方法显然与此不同，所以梁漱溟等人认为如果中国传统思想有自己的方法的话，此种方法应该就是直觉方法。受梁漱溟的影响，此后的熊十力、冯友兰、贺麟、方东美、唐君毅、牟宗三等在积极地提倡此种直觉或直觉方法。其他如张君劢、钱穆等人也十分重视直觉或直觉方法。

当然我们必须认识到，直觉方法不是万能的，也有自己的局限性或不足。因此，直觉方法必须与科学的或分析的方法结合才能在思想、哲学的研究领域内发挥其积极的作用。加强对中国现代哲学直觉论的研究有益于我们促进直觉方法论逐步得到提升，也有益于我们能够更进一步运用此种方法推进生命哲学的研究，促进道德学科的发展，以期在关于人生哲学思想的研究领域取得更大的成绩。

加强中国现代哲学直觉论研究还有助于我们更进一步地推进中、西、印文化和哲学的比较研究。因为中国现代哲学中的直觉理论从其来源上说，既有中国传统哲学的思想资源，也有西方康德尤其是柏格森直觉思想的巨大影响。当然印度的唯识学也对中国现代的直觉及其方法有过影响。如梁漱溟的直觉方法或思想就是柏格森、唯识学和儒家等诸家思想方法融合的产物。熊十力的直觉方法也可以说是儒家思想方法和唯识学方法的自觉综合的结果。所以在研究中国现代哲学直觉论研究的过程中，我们可以理清直觉思想的来龙去脉，从中比较研究中、西、印关于直觉论思想的异同。

在此我们必须注意到这样一个历史事实，即上述各家关于直觉的思想都是凭借汉语来进行解读的，所以中国传统思想中的类似直觉的思想也就在不知不觉中渗透进了现代各家的直觉思想系统之中。所以要真正看清楚中国现代哲学思想中关于直觉的种种论述，我们首先就必须重点了解中国传统思想的特色。而要达到这一目的，你就不得不将中国传统思想与西方古代哲学思想尤其是古希腊哲学思想及其方法论做一番大概的对比。通过这样的比较，我们就能清楚地看出中西哲学思想传统走的路向是很不同的。这样的对比也能使我们理解中国现代哲学思想中直觉或直觉方法的来源、自身的特征及其不可避免的局限性。

二

从现象上看，中国传统哲学家与西方哲学家的一个显著的区别似乎在于，中国哲学始终重视的是人本身的生命或精神，而从不关注对外部自然的研究。即便是受过西方哲学长期影响的中国现代哲学家，他们的哲学思想的意趣也绝大部分地投放在人生哲学上。不信的话，你细看梁漱溟、熊十力、冯友兰、唐君毅、牟宗三等人的著述，就会了然他们哲学思想共同关注的焦点不在外在的世界和社会，而在人生境界，或用中国传统思想的术语说，在内在的修身养性。

其实，苏格拉底以前的哲学，如毕达哥拉斯、赫拉克利特等人关注的重点固然在自然万物，但苏格拉底却将他的眼光投向了人自身，用他的话说就是"认识你自己"。也就是说，至少从苏格拉底开始，古希腊哲学也将重点放在了人生哲学的研究上。粗粗一看《柏拉图对话集》中有着丰富的关于"美德是知识"、"什么是正义"等围绕社会、人生的问题的讨论，我们也知道他们讨论的重点了。

但是，中国传统思想却与古希腊哲学家讨论人生问题的路向大异其趣。翻看关于古希腊的文化史、科学史，我们就比较可以清楚地知道，古希腊哲学家大都也是几何学家。如毕达哥拉斯、柏拉图、亚里士多德、欧几里得等都是著名的几何学家。这样的学术背景极大地影响了他们的哲学观，尤其是他们的哲学方法论。这就是说，他们讨论哲学问题时首先注重的就是几何学方法的运用。传说柏拉图学园的门口就挂着这样的牌子，上面写着"不懂几何学者，请勿入内"。熟悉古希腊教育的学者都清楚，古希腊的初级和中等教育有所谓"四艺"说。"四艺"包括这样几门课程，即算术、几何、音乐与天文。这与我们古代的小学教育有着很大的不同。只有完成了这样的教育之后，才有少数的优秀学生进入柏拉图学园进行深造。

科学史教科书告诉我们，古希腊学者由于酷爱几何学，甚至耽搁了代数学的发展。按其本性来说，几何学主要就是一门论证的艺术。几何学固然看重结论，但更重视的却是得出结论的过程或推导、论证的过程。比如说，"三角形的内角之和是180°"。我们要得出这一结论就应该求证，且这样的求证过程必须充分、明确、系统。所以，我们细看《柏拉图对话集》中几乎所有的对话都有这样的特色。①强调的是论证的过程而不是结论，而且这样的过程如果是完全而详尽的话，那么也就逻辑地包含着结论，所以结论也就不是很重要了。②讨论的问题要明确，要清楚，重视的是"一"，而不是"多"，这里所说的"一"和"多"的理念也是源自几何学的方法的，因为几何学所说的点或圆等永远是理想的点或圆，它们就是"一"，而经验世界中的点或圆永远就是"多"，它们分有的是几何学上的点或圆，如此等等。③因为重视的是推导过程或论证的过程，而从不涉及终极性的答案，所以大部分对话的结论都是模糊不清的，是开放性的，而从不提供终极性的真理性的结论。④但是对话的推导过程却是明白的，清楚的，并且是充分的。我们极想获得的结论就蕴涵在思想的论辩或推导的过程中。

上述的几何学方法强调的是清楚、明确、系统的论证。而此种清楚、明确、系统的论证也必须借助于同样清楚、明确、系统的语言来表述或分析或论证。思想的明确、清晰是古希腊哲学思想的最大特色。当然，古希腊哲学思想中也同样不乏神秘主义的色彩。但清晰、明确的思想与神秘思想可以同时并存于古希腊的哲学思想系统中。他们尽其所能，极力追求明确、清晰的思想，凡是能够讲清楚的，他们绝不含糊。由于首先能够得到清晰、明确的论证或表述的是关于自然万物，所以自然科学就此得到长足的发展。关于社会发展、演变的思想虽然远不像自然万物能够明确和精密，但是人的理性的成熟和发展，却也构造出了不少揭示社会性质和结构分析的理论。于是，社会科学紧随着自然科学之后不断成长和成熟起来。以数学模式来精确地处理经济问题、金融问题便是显著的例证。人文学科也同样是在理性的追寻之下慢慢地培育发展起来，心理学、人格学、情感学等学科也在不断地繁衍滋长。同理，在西方，即便是信仰的上帝，同时也可以是认知的上帝、知识的上帝。中世纪的教父们努力把希腊的"知"与希伯来的"信"统合起来，以为信仰奠定学理性的基础，从而借助学术发扬出信仰真理的力量。托马斯·阿奎那就是试图将对上帝的信仰建筑在理性知识的基础之上。他提出了关于上帝存在的五种论证。如他从事物的运动、因果关系、可能性与必然性、完善性和目的性等方面对上帝的存在做了尽可能详尽的理性论证。虽然他提出的五种论证在哲学理论上充满着种种的困难，有的论证在今天看来甚至是荒谬的。但有一点却是非常清楚的，即他在积极地运用理性的思辨来为上帝的存在寻找理性知识的根据。正是因为这一点，所以我们可以说，罗马天主教在中世纪的贡献，就在于使理性与信仰结合起来。信仰在引导人类的生命，而理性则为信仰提供知识基础。① 成熟而健康的信仰不是任意妄为，而是有着理性知识基础的。信仰确实不同于理性的知识，但是信仰的内容却可以通过理性知识的安排来为信仰奠定知识的基础。

上面的简单回顾，就使我们清楚地看出，西方的文化走着一条充分理性的道路，哲学家和其他研究领域内的思想家都在积极地提倡和努力运用理性来研究自然、社会和人生。于是，我们看到，关于自然、社会和人生的种类繁多的学科和教科书绝大多数都出自于西方思想家之手。

不可否认的是，西方也有着不同于理性的分析方法的思想家，如柏格森对于直觉的不遗余力的提倡便是。但要注意的是，柏格森本人的困境在于，他本人在阐述直觉及其方法论的时候，也不得不诉诸清晰的语言来告诉我们直觉及其方法论究竟是什么样的东西，它与科学的或分析的方法有着何种差异。当柏格森如此思考的时候，他没有意识到自己也在贴在理性思考的边缘行走。

三

中国传统哲学却走着一条完全不同于西方哲学的路子。

我们细读中国传统思想典籍，在其中几乎找不到几何学或任何其他相关的代数学等的踪迹。其结果也就是，论证、说理不是我们传统哲学思想的特色。即便是《九章算术》这样的数学典籍也缺乏学理方面的明确、系统、充分的论证。这一点在明末时已为徐光启所意识到。他在利马窦的口授下翻译欧几里得的《几何原本》。对于《几何原本》，他深表钦佩。译毕，他写下一篇小短文，比较了《几何原本》与《九章算术》的异同，曾经这样说过："其义略同，其法全阙。"也就是说，在关于结论性的论说上，中国的与古希腊的似乎没有太大的不同。但是其间的最大区别则在于，《几何原本》对于得出结论的过程有着详尽繁密而明确充分的论证。而《九章算术》却仅仅停留在得出一般性的实用结论，而对于为什么能够得出这样结论的过程却未曾留过心，且也缺乏严密的推导过程。因此徐光启才说"其法全阙"。

---

① 参见邬昆如《人生哲学》第四章"教父世代的人生哲学"、第五章"中世纪的人生哲学"，中国人民大学出版社，2007。

由于上述的原因，中国古代的思想家论述问题时从来不留意论证的方法与过程。他们关注的只是原则性的结论。而且他们思想的兴趣也完全在以一种充满诗意的或散文式的文体申说人生与社会及其相互关系之类的问题和意义。这样的诗意语言具有极强的暗示性，却缺乏明确清晰的含义。

不但古代如此，现代中国哲学家也是如此。他们认为哲学就是人本哲学或生命哲学或人格哲学，因此这样的哲学显然是不能运用分析方法或其他的科学方法来研究的，因此只能反之于人的生命本身，进入生命之内，于是都在自觉而积极地运用各种方法积极提倡直觉方法。如熊十力就是这样一位哲学家，他就曾明确地主张哲学与科学各有不同的关注对象，所以应将它们区别开来，而不能误用科学的方法来处理人生问题。冯友兰和张岱年虽早年在清华大学期间同属于中国现代实在论哲学的阵营，但即便是他们也能够清楚地意识到，为了达到外在的实在，或达致最高的人生境界，仅仅使用分析方法或科学方法是难以奏效的。此种情形如用柏格森的语言来表述的话就是，分析的方法或科学的方法是围绕着物体在外面打转，这样的方法是绝对不能够使我们进入物体之内的。

我们尤须注意的是，在柏格森或受其影响的中国现代哲学史中那些坚持直觉方法的思想家看来，分析方法的另一弊端在于，它必须要用语言来表述所研究的对象。好的文学作品的语言，如果应用得当，可以帮助我们进入作品中主人公的内心世界之中，与主人公同命运、共呼吸。但是要注意的是，语言在此的作用也仅仅是起着帮助的作用或工具的作用。一旦我们进入了主人公的内心世界，我们也就不再需要语言或文字。任何语言只是起着一种桥梁作用，过了河就必须拆桥。如果此时还执著于语言，我们就不免在自己与主人翁的内心世界之间筑起了一道不可逾越的围墙。

同样的道理，在科学思想体系中用语言来描绘外在实在的做法却也间隔了我们与外在事物的联系。为什么呢？众所周知，我们在这个世界中随便择取任何一个事物，我们都会发现，它是圆的或方的，也同时是有几何图形的，是硬的或是软的，是有温度的等。更重要的是每一事物都具有众多的物理的和化学的等方面的性质，如此等等。但如果我们选取任何一种语言来表达事物时却发生了我们往往不加注意的性质上的根本改造。比如当我们用"重"这一语词来表述某一事物时，毋庸置疑，那个事物本身是重的，但用来描述这一事物的语词"重"本身却没有重量。而且当用"重"这一词语来描述事物时，我们已经完全忽略了事物的其他所有的性质。我们也注意到，语词的运用必须是一个一个叠加的，且是一维性的。但是被描述的对象恰恰与此完全相反，它们是多维度的，是在某一时间空间内立体的存在，如此等等。人类的困境在于，我们没有其他更有效的工具或手段或技术来描述和表达事实上存在的对象。

运用语言描述外在事物尚且会出现上述的种种困境。如果不得已而用科学方法和语言来研究人类的生命，那么我们将会面临着更多的问题。

应该说，上述的分析方法和语言给哲学带来的问题并没有为中国哲学家们所明确地意识到。可以说，中国现代哲学的直觉论思想方法的相关问题绝大部分是从西方引进的。康德哲学关于智的直觉的理论，西方生命派哲学的代表柏格森的直觉理论等在 20 世纪 20 年代的中国有着广泛深入的影响。

尤其是梁漱溟在其早年的代表作《东西文化及其哲学》一书中运用柏格森的"直觉"来解读孔孟儒学思想，申说中国文化为什么不同于西方文化的理由。应该说，国内最早介绍柏格森直觉思想的并不是梁漱溟，但梁漱溟运用直觉解读中国文化却在当时的国内有着巨大的影响。

第一次世界大战爆发后，欧洲学者率先对科学及其方法的局限性提出了不少尖锐的批判，于是有"科学破产"的说法在中国国内不胫而走。恰逢此时，批判科学方法与分析方法的柏格森思想也正处于强盛的势头。这就引起了国内学术界的关注，柏格森的著述也就持续地被译成中文而影响着国内的学术界。柏格森的直觉思想是中国现代直觉思想的主要源头。

当然，柏格森直觉思想在中国流传并不是直接来自法国，而是主要绕道美国而后转入中国。因为他的思想和著述首先是被翻译成英文，在英文世界产生影响后，随被中国学界重视。

1919 年 9 月 20 日，美国哲学家约翰·杜威（John Dewey）在北京大学法科大礼堂里开始了他著名的"五大讲演"。在杜威的"五大讲演"中，有一章名为"现代的三个哲学家"，分别介绍了詹姆士（Willian James）、柏格森和罗素（Bertrand Russell）的生平与思想。作为讲演的修辞手段，杜威的介绍在这三个人的相互参照下进行，尤其强调了柏格森与詹姆士之间的相近之处。文章也较为全面地介绍了柏格森思想在西方人文传统和当时代思想界的整体背景。

在杜威之后来中国讲学的英国著名哲学家罗素也曾在北京大学有过"五大讲演"。罗素是分析哲学的开创者和积极的提倡者。有趣的是，当罗素在世界范围内大力提倡分析方法的时候，柏格森的直觉主义及其方法也正处于鼎盛时期。在罗素看来，逻辑分析方法与直觉方法是对冤家，要大力弘扬逻辑分析方法就必须将直觉方法置于死地而后快。于是，在来中国讲学的前后，他在其文章、书籍中对柏格森的直觉思想及其方法有过极其严厉的批评。

其实，在杜威、罗素来华讲学前，就有中国学者著文介绍柏格森的直觉思想及其方法。如 1913 年钱智修在《东方杂志》上发表了《现今两大哲学家学说概略》，这或许可以说是最早介绍柏格森思想的文章。但是显然这篇文章在当时中国学界的影响是微乎其微的。杜威与罗素则不同，因为他们当时来华前已经是具有世界性影响的哲学家，他们来华讲学的影响是巨大而深刻的。可以说，其影响持续地支配了当时中国的学术界、思想界的走向达四五年之久。有这样巨大影响的美国哲学家杜威居然将柏格森的哲学思想列入了三位有影响的世界性的哲学家名单之中，这对当时的中国学界无疑具有轰动的效应。

如下的一个思想史的事实也使柏格森的直觉思想及其方法迅速走俏中国学界，这就是，柏格森的哲学具有东方的或中国式的思维方式。不能说中国传统思想中就有柏格森的直觉思想及其方法，但不可否认的是，中国传统思想早就有直觉思想的某些极其重要的因素。中国学界有能力接受杜威和柏格森的思想。对于罗素哲学却有着另样的情景。中国人敬仰罗素及其思想、方法，且此种敬仰延续了好几十年，但罗素来华讲学时所讲的那些话题几乎没有一个中国学者能够听懂，更不要说普通中国人了。就连杜威也自谦，他也不懂罗素的逻辑分析方法的理论。他还紧接着补充道，即便在全世界真正能够弄懂罗素哲学思想的学者人数也只能在 20 位以内。同样使我们感觉到极大遗憾的是，即便在现在的中国哲学界真正懂得逻辑分析方法和分析哲学的又有多少人呢？于是，我们发现这样一个有趣的现象，即罗素的哲学思想是典型的西方的，而柏格森则不同，他的哲学思想，尤其是他关于直觉思想的论述既具有西方思想的色彩，也有与中国传统思想相通之处。难怪，当罗素在中国严厉批评柏格森直觉思想及其方法的时候，梁漱溟有点坐不住了，尽管他本人对罗素是很敬仰的。于是，他写了篇小短文要与罗素商榷。文章题为《对于罗素之不满》。① 对于罗素之批评柏格森表示出了强烈的不满。梁

---

① 梁漱溟：《对于罗素之不满》，原载《中华新报》（上海），1921，又见《梁漱溟全集》第四卷，山东人民出版社，1991，第 651～654 页。

漱溟对罗素的批评当然也有不少偏颇之处，但却清楚地反映出梁漱溟与柏格森直觉思想及其方法之间默契与互通。其实，中国现代那些对于生命哲学思想有强烈兴趣者都会自觉地持守柏格森哲学思想的立场，而对罗素的分析方法颇不感冒。

通过两位英语世界的著名哲学家的来华讲学，柏格森直觉思想迅速在当时的中国思想界、学术界走红。

当其时在美国的冯友兰也关注着柏格森的思想。1921 年前后他就从事英文学习和研究柏格森的直觉思想。方东美也就在此段时间内接触到了柏格森的直觉思想，并表现出了极大的学术兴趣。他在美国威斯康星大学所做的硕士学位论文就是关于柏格森直觉思想的。他后来所积极提倡的"人文途经"进路就是源自柏格森的直觉思想及其方法的。

四

中国现代哲学家对直觉方法的理解也存在着种种差异，比如牟宗三所谓的"智的直觉"显然不同于梁漱溟的，也不同于方东美的，而是得自于康德的。他就是以康德的"智的直觉"为自己的道德形而上学奠定基础的。但与康德不同的是，康德认为作为有限的人类是不可能具有智的直觉的，只有上帝才具有智的直觉。牟宗三却显然不同意康德的观点，这是由于他本人的哲学立场决定的，因为他正是要通过"智的直觉"使我们进入人生的或圣人的精神境界。哲学立场遂使他坚定地指出，中国哲学认为人可以具有智的直觉。尽管有此种差异，但不可否认的是，牟宗三的"智的直觉"还是来源于康德的。牟宗三关于智的直觉思想的论述是中国现代哲学中最为系统详尽的理论。

牟宗三是受到康德的"智的直觉"理论的启发，遂认为儒家思想本与智的直觉紧密地联系着的。这中间当然有牟宗三本人对康德的"智的直觉"的理论的误读。因为我们很难说儒家思想体系有自己的明确的系统的直觉理论，且在西方哲学史中，直觉思想本就是与其他的种种方法论，尤其是与逻辑分析方法论对举的。如柏格森就是将自己的直觉方法用来与科学的分析的方法对举，以表明直觉方法有着自己独特的运用领域和不可替代的优越之处。不同的哲学方法论之间的激烈的争辩和讨论也就历史地形成了互补共进的态势。所以在西方，逻辑分析方法获得了长足的进步，同样直觉方法也走上了逐步发展的路途。

但在儒家思想体系中，没有这样强烈的方法论的学术背景，既没有分析的方法，当然也无所谓直觉方法。我们最多只能说，儒家思想体系有着某些与直觉方法类似的要素。儒家思想对于生命的关怀经常运用的就是体悟、体验、反省自问的进路。

其实不但儒家思想如此，道家的思想也是如此。老子说："道可道，非常道；名可名，非常名。"可道之道不是永恒之道。同理，可名之名也不是永恒之名。《道德经》开篇的这两句话就明确而清楚地点出了永恒的或最高的实体是不能言说的。或者说，任何言辞都是有限的。我们不可能通过有限的言辞或语来进入最高的万事万物的本源之中。

佛家思想更是。正是为了矫正世人对文字或语言的迷失，禅宗南派创始人六祖慧能提倡"顿悟"成佛说，主张不立文字，专靠当下的领悟把握佛理。他所谓的"顿悟"是说凭自己的智慧或根器"单刀直入"，直接地把握佛理。慧能如是说道："一闻言下便悟，顿现真如本性。"所以他们反对念经拜佛，甚至反对坐禅。为什么呢？因为在他们看来，佛性就是人性，这就是他们的"本性即佛"说。"本性是佛，离性无别佛。"既然人性即佛性，所以大可不必向身外去求，长途跋涉去西天取经。"佛向身中作，莫向身外求。"佛不在遥远的彼岸，而就在自己的内心中。只需反身内求，当下体认，"自性若悟，众生是佛"。于是，也就无须念经拜佛，同样也不必立文字。"真如佛性"不在语言文字之内，不必通过念经拜佛这些外在的形式表现出来。

要把握"佛法大意"，只有抛却语言文字。雪峰义存禅师云："我若东道西道，汝则寻言逐句。我若羚羊挂角，若向甚么处摸。""佛法大意"不在语言文字中。如在语言文字中，那么我们就可以循着逻辑的规则寻找摸索。但禅宗是坚决反对这样的做法，称之为"死于句下"。"佛法大意"本不在语言文字中，所以不可以通过语言文字的迹象来求的。这就是所谓的"羚羊挂角"。

禅学大师铃木大拙在其《通向禅学之路》一书中说道：我们没有能突破知性的各种局限，因为它们已经非常强烈地控制了我们的大脑。然而禅宗却宣称，语言是语言，它只不过是语言。在语言与事实并不对应的时候，就是应当抛开语言而回到事实的时候。逻辑具有实际的价值，应当最大限度地活用它，但是当它已经失去了效用或越出了它应有的界限的时候，就必须毫不犹豫地喝令它"止步"！可是，随着期望的增长，我们却没有能够得到我们所期待的精神的和谐宁静、彻底的幸福，甚至对人生与世界更靠近一步都不可能，灵魂深处的苦闷也无法表露。这时光明降临在我们全部存在之上，这就是禅宗的出现。因为它使我们领悟了"A 即非 A"，知道了逻辑的片面性。……"花不红，柳不绿"这是禅者所说的玄妙之处。把逻辑当成终极真理，就只能作茧自缚，得不到精神的自由。看不见活生生的事实世界。可是，现在我们找到了全面转换的金钥匙，我们才是实在的主体，语言放弃了对我们的支配力，当我们有了发自本心的活动而锄头也不再被当成锄头的时候，我们就赢得了完完整整的权力，也没有锄头一定要是锄头的时候。不仅如此，按照禅者的看法，正是当锄头不必是锄头的时候，拒绝概念束缚的物实相才会渐渐清晰地呈露出来。

概念与逻辑的专制崩溃之日，就是精神的解放之时。因为灵魂已经解放，再也不会有违背它的本来面目使它分裂的现象出现了，由于获得了理性的自由而完完全全地享有了自身，生与死也就不再折磨灵魂了。因为生与死这种二元对立已不复存在，死即生，生即死，虽死而生。过去，我们总是以对立、差别的方式来观察事物，与这种观物方式相应，我们又总是对事物采取了对立的态度，可是，如今我们却达到了能从内部来即物体察的新境界。于是，灵魂便是一个完整的、充满了祝福的世界。

著名哲学家维特根斯坦就曾经在可以言说的东西和不可言说的东西之间画下一道严格明确的界限。他说过这样的话，诚然有不可言说的东西。它们显示自己，此即神秘的东西。哲学的正当方法固应如此：除可说者外，即除自然科学的命题外——亦即除与哲学无关的东西外——不说什么。于是，每当别人要说某种玄学的事物，就向他指出：他对于他的命题中的某些符号，并未给以意谓。对于别人这个方法是不能令人满意的——他不会觉得这是在教他哲学——但这却是唯一正当的方法。我的命题由下述方式而起一种说明的作用，即理解我的人，当其既已通过这些命题并攀越其上之时，最后便会认识到它们是无意义的（可以说，在他已经爬上梯子后，必须把梯子丢开）。他必须超越这些命题，然后才会正确地看待世界。对于不可说的东西，必须沉默。命题是可以言说的东西，外界的实在是不可言说的。对于不可言说的，我们必须保持沉默。可以说，禅宗的思想有着与维特根斯坦的看法极其相似之处。

其实柏格森在维特根斯坦之前就以一种十分明确的方式突出了直觉方法的重要性。他认为，概念的分析只能停留在事物的外围、现象，而不能洞察事物的本质。他指出，要真正能够把握事物的实质就不能仅仅运用理智的力量，还必须借助于直觉的力量。直觉能够使我们从总体上来把握事物的内在本质。概念只能运用于死的寂静的事物，而不能运用于生活和运动。他认为，哲学的真正的世界观，是直觉，是生活。人的生活是活的流水；宇宙中充满着创造的精神，它是一种活生生的动力，是生命之流。生命之流是数学等自然科学知识所无法把握的，只能由一种神圣的同情心，即比理性更接近事物本质的感觉所鉴赏。他说：哲学是从其过程、生命原动力方面来理解和把握宇宙的艺术。

正是基于这样的看法，柏格森指出，概念的思维模式应该是科学思维的模式，应该是理智的模式，所以概念思维不应该是哲学思维的模式，或者说概念思维是哲学思维中的低级模式。哲学应该属于直觉的领域。当然他并没有将这两者完全地对立起来，认为它们是可以统一起来的，但此统一的基础应该是直觉。他这样说道："科学和形而上学在直觉中统一起来了。一种真正直觉的哲学必须能实现科学和哲学的这种渴望已久的统一。"当然，直觉并不反对概念的认识，而是一定要以概念的认识为其基础。

由于概念不能使我们把握认识对象的整体和其本质，所以我们只能在概念认识的基础上依赖于直觉。那么我们是怎么样借助于直觉而把握事物的呢？柏格森说，直觉"是一种单纯而不可分割的感受"。

我们以阅读为例来理解什么是直觉。在阅读中，我们显然不能仅仅停留在文字或概念式的认识之中。作家在其创作过程中也显然没有把文字或概念看成是其真正的目的。他的目的是要通过语言文字或概念来揭示出一定的境界或状态，帮助我们进入这一境界或状态之中。如果我们不能领会作家的企图，而只是仅仅停留在语言文字或概念的认识中，那么这显然是我们自己的过错，是对作家企图的真正误解。我们注意的是，语言文字或概念仅仅是一种工具或手段。这正如中国古代思想家王弼所说的那样："言者所以明象，得象而忘言。象者所以存意，得意而忘象。"他认为，言是得象的工具，象也只是得意的工具。言和象是得意的工具，故得到了意就应该抛弃言和象。如拘泥于物象，就会妨碍对义理的把握；如拘泥于语言，就会妨碍对于物象的表达。因此要想真正地把握住义理，就得忘象。如拘泥于语言文字或概念，那么我们永远也不可能真正地进入境界或状态或义理之中。

阅读时读者要努力直接进入阅读对象之中，与对象融成一片。一个优秀读者的注意力并不是投放在语言文字之上的，他是在不经意间或无意识地阅读语言文字时直接地进入作品的对象之中，与对象打成一片。

如果采取这种观点学习和研究孔子的哲学思想，那么我们就不能仅仅停留在对孔子用来表达自己思想的概念或语词的爬梳和分析之上，而应该是进一步进入孔子思想的境界中去，必须要与孔子本人进行对话或交流，使自己的心灵直接地与孔子的相碰撞。用柏格森的话说，就是要与孔子进行一种理智的交融，"这种交融使人们自己置身于对象之内，以便与其独特的从而是无法表达的对象相符合"。所说的"无法表达的对象"就是思想，就是人格，就是生命，就是所要达到的境界。

阅读《论语》时，我们既要细心地阅读经典，理解其中的每一字每一句，也要能不断地掩卷思索玩味，想见孔子的为人处世，时时努力地进入孔子思想的深处，极力使自己成为孔子本人，与孔子的生命之流贯通融会在一起，仿佛身处孔子的时代境遇之中。这样长期的沉潜涵泳，体味深察，我们就能逐渐地进入孔子思想之中，领略他的思想妙处。学习和研究中国传统的哲学思想尤其要重视这一点，而不能停留在概念的演绎、分析之上。把研究的兴趣完全投放在语言文字或抽象概念的分析演绎上往往会丢失中国传统哲学思想的精义。

我们承认逻辑思维的重要作用，但逻辑思维并不是我们思想的全部，而且逻辑思维自有其局限性，所以它应该得到直觉思维的补充。在紧张的逻辑思维之后，直觉思维的能力就得到了展现。它产生一种勃发的、动态的顿悟境界，给人的思想灌注巨大的清新感和欢乐感，从而加速理性思维的运思，加大理性思维的流量；它使人们能够在问题丛生的杂乱中找到摆脱思维困顿的突破口从而明确前进的方向。一旦直觉思维的能力处在紧张的运思之时，它就会呈现出一种特别的境界。在此境界中，直觉思维能以一种直接、整体的方式领悟和体认周围一切的奥秘。这时各种局部的形式及其界限消退了，它们形成了一个浑然融合的整体。在这样的境界中，主体和客体之间的界限消失，两者融为一体。这就是柏格森所说的"入戏"。我进入了作品中的主人公的生命深处，仿佛我自己就是主人公。

总之，中国传统哲学思想中不能说有着柏格森等人的直觉思想及其方法的系统理论，但我们完全有理由说，中国传统的禅宗与西方的直觉思想及其方法有着相通之处，只是没有得到升华或没有系统化。之所以没有得到升华或系统化的主要原因，还是在于中国传统哲学思想与西方哲学的文化的或知识的背景全然是不一样的。

五

我们在前面曾经指出过，西方哲学，无论是古希腊的，还是近现代的，都具有强烈的科学的背景，他们的哲学思想都与几何学、数学等紧密相连。而中国传统哲学思想却不一样，根本与科学思想毫无瓜葛。正是由于这样的原因，在西方，科学的分析的方法得到了长足的发展与广泛的运用。也正是这样的原因，也促使思想家一直在关注和思考着科学的分析方法的弊端。显然科学分析方法绝对不是哲学思考的唯一的方法。提倡直觉方法的思想家正是意识到了科学分析方法的局限性，于是奋起高扬直觉方法，以弥补科学分析方法的不足。可以说，科学分析方法与直觉方法的尖锐对峙既有利于科学分析方法的进步，也有利于直觉方法长足发展。

中国传统哲学思想缺乏这样的学术背景，所以我们没有自觉的科学分析方法理论，也同样没有强烈的直觉方法的意识。需要注意的是，我们的古人虽没有强烈的直觉方法意识，但我们却具有类似的直觉方法的要素。正是在这样独特的文化思想传统中诞生的中国现代哲学家们似乎对直觉思想及其方法更为钟情，而对西方独有的科学的方法、分析的方法却时时处处表现出格格不入的情绪。他们中很少有人对科学方法和分析方法有强烈的兴趣，而对直觉方法感觉到持久而浓厚兴趣的却大有人在，本文所研究的对象都对直觉方法情有独钟，都在自己的哲学思想体系中将最崇高的位置留给了直觉。而少数几位对科学方法、分析方法曾经感觉到极大兴趣的，也最终转向了直觉或直觉方法。如冯友兰后期指出，要到达他所谓的最高的人生境界即天地境界必须借助于所谓的"负的方法"。同样，曾经研习过数理逻辑的牟宗三也坚定地持守这样的思想立场即只有直觉才是他的道德形而上学的坚实的理论基石，只有这样的形而上学才能最终开出所谓的民主与科学的外王。这样的看法尽管不免一厢情愿，但却清楚地表现出他本人对于直觉及其方法的执著与持守。

我们在此必须注意到的另一个现象是，中国现代哲学家看到直觉论与其他种种哲学方法的差异是正确的，但却过分强调了直觉方法的排他性，梁漱溟、熊十力、牟宗三等人显然具有这样的明显的倾向。如梁漱溟早期在其《东西文化及其哲学》一书单挑出直觉来解读传统的儒家思想，进而纵论中国文化的特色。这种思想史的处理态度与方法，都不免流于偏颇。有的哲学家看到了不同哲学方法之间的不同，试图将各种哲学方法综合融会在一个系统内，但这样的尝试是值得赞赏的，但其处理的方法却很值得商榷。

中国现代哲学家在讨论研究直觉方法的时候，都未曾对什么是直觉方法这一最为复杂也是最为重要的问题提供清晰而明确的解说。这本就在情理之中，因为直觉或直觉方法本来就是针对着分析方法的，如果将直觉或直觉方法讲得头头是道，清楚明白，那就好像不是直觉方法，而转而成为了分析的方法了。所以，直觉本身难以给出清楚的解析。能够给出明确而清晰的解析的已经不是直觉了。但是只要细读他们关于直觉的论说，我们可以大致将他们关于直觉或直觉方法的思想归结为如下七点。

第一，所谓直觉是一种向内处理和研究人的精神生活或生命的取向或态度、途经。你去细看中国现代哲学家们，不能说是全部，但绝大多数讨论就是生命哲学或精神生活。在他们看来，要处理生命、精神等问题，唯一可用的态度只能是他们所谓的体悟、感悟。如用我们现在的话讲，这就是直觉。

第二，对于生命的把握或认知不能采取将其看作外在对象的认知进路。这样的认知进路隔绝了主体与客体，是完全与当下的生命不搭界的。还需注意的是，我们更不能借助于其他的种种非生命的手段，如言语或分析的话语系统，而必须让自己直接地进入生命本身。这就是所谓的"一闻言下，顿见真如佛性"。也正是在这样的思维状态下，我们细读中国传统典籍，就会轻而易举地发现，儒释道三家对于言语文字并不看重。《论语》中就有"子欲无言"、"天何言哉！天地行焉，万物生焉"等。道家更是强调此点。佛家中的禅宗干脆不立文字，当下认取。他们此类趋向，用现代的话语说就是直觉。在他们看来，唯有依靠着直觉而不必借助于第三者为媒介才能直接进入生命状态本身之中。

第三，不同于一般意义上的生命概念，任何个体生命都是一整体。这样的生命截然不同于用语言、概念或其他类似的手段把捉到的生命，因为它们是不能分割的，所以我们不能运用科学的或分析的方法对之做零打碎敲的分析或破裂的处理。而只能对之做整体的把握或领悟。

第四，此种把握不是静态的、死的，如科学的分析方法所运用的语言、概念那样的静态的或死的，而是动态的，是流动的。就是在这样的流动的、动态的过程中一个灵动的生命进入另一个活生生的生命之中，这是生命与生命的动态的融合。

第五，此种把握绝对不是借助于语言、语词、概念做只是形式的、无内容的把握，而是对生命内容的深切体悟与直接切入。因为任何语词都具有普遍的性格，而生命却是具体的当下的特殊的存在。为语词把捉住的不是真实的有血有肉的生命，而是抽象掉了生动的具体的个性的一般，是死去了的东西。语言或概念过滤掉了的正是生命本身。我们不要轻信通过语言来观照到的生命。在这一过程中语言已经偷偷地变换了对象的本质。

第六，此种把握需要经过长期的努力或艰苦的摸索或百般的计较才有可能。比如看戏时的入戏要求我们不能分神，不能三心二意，而是需要全身心地投入；欣赏名画时的入画，情景融为一体、泯灭主客；听音乐或演唱某一曲目时，听者或演唱者必须对作品有着深入的理解，要能够入乎其内，达到听者或演唱者进入曲目之中的境界。

第七，在某些中国现代哲学家看来，直觉不仅仅是一种方法，而且更进一步是一种境界。如贺麟就反复申说直觉的这一性质。他将直觉区分为前理智的直觉和后理智的直觉。他认为，后理智的直觉主要的已经不是一种方法，而更是一种境界。而且在中国现代哲学家们看来，依靠着分析的方法我们绝对不可能达到最高的人生境界。在他们看来，真正能够帮我们进入这样的最高境界只有一条路，这就是直觉或"负的方法"或"真底自己的觉悟"。冯友兰早期是坚持以分析的方法或正的方法来使中国哲学现代化，但在构建自己的哲学思想体系时幡然醒悟，分析方法只能将我们领到哲学殿堂的大门口，要真正登堂入室还得有另一种叫做直觉的方法或"负的方法"。

上述的七点概括可以使我们从整体上把握中国现代哲学家关于直觉及其方法的精髓。

在此我们需要格外注意的是，由于中国现代哲学家关于直觉及其方法的思想有着不同的思想来源，他们对直觉及其方法也会有着不同的理解，因此我们所论述的某一位哲学家的直觉及其方法不一定完全具有上述的七点，有可能只具有其中的某几点。因为上述七点是整体上对于中国现代直觉论的综括，很有可能不适合某一位或某几位思想家。

我们也必须认真考虑的是，中国现代哲学家，特别是新儒家的代表，他们的直觉思想方法的主要缺陷在于还未能成功地将直觉方法与演绎、归纳、分析等科学方法结合融会起来。他们的哲学观仍然偏重于心性之学，对于外在实在的研究不重视，在方法论上也就容易轻视分析、演绎、归纳诸种科学方法，而偏重直觉及其方法。他们虽然怀抱从内圣开出外王的崇高的治学目标，但是由于此种原因，他们的治学目标是决计不可能实现的。人生境界或道德理想确实很难从纯粹的科学的分析方法来达致。但是如果不重视科学的分析方法，而完全将直觉及其方法抬高到一个不合适的地位，其结果也就是既很难达到内圣的境界，更开不出外王业绩，如果这里所谓的外王是指科学与民主的话。在我看来，科学、民主、法治、学理等均是理性化的果实。从本质上看，现代化就是理性在制度和器物层面上的落实。粗粗地翻看一下西方科学技术史，我们就能清楚地看到，所谓的科学必须同时具有两个要素，一个是古希腊形而上的抽象的明确的经过确证的理论系统，再一个就是文艺复兴之后兴起的精确的可控的实验技术。这两者在 16 世纪的欧洲结合而形成了科学。我们可以认清，这两个要素都需要高度发展了的理性。不幸的是，这两个要素在我们自己的传统内不具备，而新儒家各位也并没有真正地认识到这一点，更不知从何着手来开出外王。所以，其结果，免不了两头落空。

当然，理性本身也有着不可避免的局限，甚或弊病。历史告诉我们，正是理性曾给人类带来了不少的灾难。但是反过来看，我们同样也发现，没有一种思想方法是绝对完美的，是没有局限或弊病的。正因为理性的方法有这样或那样的局限，才诱发了柏格森等哲学家来积极提倡所谓的直觉及其方法。这两种方法应该是互补的。我们的看法是，正是科学的分析的方法诱导了直觉的方法。同样，直觉的方法也在补充着科学的分析的方法。

中国古代思想不重视思想的论证或推导，当然也就根本没有论证、推导必须具有的方法论系统。这一思想传统对于中国现代哲学的重要影响就是中国现代哲学不得不引进西方哲学的各种方法论。由于中国现代哲学家关于直觉及其方法、关于分析的方法主要是从西方引进的，所以他们的哲学方法论必然就没有西方所具有的哲学的和科学的方法论的背景。他们因此也就没有能够充分地认识到这两种方法论之间真正应该具有的互补关系，而只看到了这两种方法之间的排斥的关系。正是由于这一重要的原因，他们也不能正确地处理好它们之间的关系，而过度倚重了直觉及其方法。

我们现在研究中国现代的直觉论和直觉主义就应该清醒地认识到，直觉的方法与科学的或分析的方法之间既有着不同或相互排斥的关系，也有着相互补充的关系。科学的或分析的系统方法论需要直觉来补充。同理，直觉方法也需要科学的或分析的方法滋养。

（编辑：张永）

殷海光的终极关怀、文明反思与"人"的理念

王中江

摘　要：只要仔细研究就会发现，殷海光不是那种伴随一个时代而出现也伴随一个时代而逝去的人物，他一生的奋斗具有超越具体历史空间和时间的不朽性，其中最重要的就是他对"人"的终极关怀。在人类从事的各种事务和目标中，一种是属于短期性的目标，一种则是属于长期性的目标。殷海光探讨和追求的"人"的理念，则是属于人类的长远性工作和目标。正是在这一长远目标追求中，他反思了现代文明对"人"的扭曲，批判了没有自我和个性的"现代人"，昭示了人之所以为人的条件、目标和崇高价值，也正是由此他的奋斗具有了超凡的意义。

关键词：殷海光　终极关怀　文明反思　"人"的理念

作者简介：王中江，哲学博士，北京大学哲学系教授（北京，100871）。

一　精神苦旅、"人类关怀"与"人"的理念

正如殷海光生前自己就意识到的那样，他一生的学术和思想不能用严格专业意义上的标准来衡量，他曾将自己同他的西南联大同学王浩作过对比，这是大家知道的。[①] 另外，殷海光所反抗的威权政治，争取自由民主制度和

---

① 林毓生先生也注意到了这类批评，并作了回应。参阅林毓生的《论台湾民主发展的形式、实质、与前景：纪念殷海光先生逝世三十周年》，见瞿海源、顾忠华、钱永祥主编《自由主义的发展及问题》，桂冠图书公司，2002，第4页。

价值，已变成了历史研究的一部分。有人也许会这样想，殷海光离我们的时代很远了。如果真是这样，殷海光的精神生命就会像他的自然生命一样短暂。他没有为我们留下恒久的遗产，他对我们当代不再具有意义和典范性，更别说是对于未来了。但我强烈地意识到，殷海光不是那种伴随一个时代而出现也伴随一个时代而逝去的人物，他一生的奋斗具有超越具体历史空间和时间的不朽性。

从他的超越面上而论，他距离我们一直很近，他对我们的意义没有丝毫减少。那么，他的"超越性"究竟在哪里呢？对此，我们可能会有不同的认识和答案。林毓生先生在纪念殷海光的文字中，认为殷海光一生奋斗所具有的永恒意义，是他那执著的"道德热情"。① 在纪念殷海光逝世三十周年之际，林先生又指出殷海光留给我们的精神遗产是在理想与生活之间始终努力保持一致的人格（即韦伯所说的"终极价值与其生命意义的内在关联的坚定不渝"）②，是内心不可遏制的"公共关怀"。张灏先生强调，殷海光一生的生命基调是在任何挫折之下都坚守"理想主义精神"，尽管他所抱持的理想前后有所变化，但朝向未来不断"摸索"、"焦虑地思考"、对新的境界永不满足的心灵则贯穿了殷海光的一生，这是"一条没有走完的路"。③ 不管是林先生说的"道德热情"、"公共关怀"，还是张灏先生说的"理想主义精神"，这都是尝试在殷海光复杂而又不平凡的经历中，探寻殷海光奋斗和追求的"超越性"意义。我想提出讨论的是殷海光对"人"的终极关怀。在我所掌握的材料和认识所及的程度上，我相信这是殷海光一生的最高关怀，而且就其一般意义而论也是人类一直所关怀的。在我们想为人类服务的工作和目标中，一种是属于短期性的工作和目标，一种则是属于长期性的工作和目标。殷海光探讨和追求的"人"的理念，则是属于人类的长远性工作和目标。正是在这一长远目标追求中，殷海光为我们昭示了人

---

① 参阅林毓生的《殷海光先生终生奋斗的永恒意义》，见《殷海光全集》拾捌)，桂冠图书公司，1990。以下凡引此书，注为《全集》和页码。

② 参阅林毓生的《论台湾民主发展的形式、实质、与前景：纪念殷海光先生逝世三十周年》，见瞿海源、顾忠华、钱永祥主编《自由主义的发展及问题》，桂冠图书公司，2002，第3页。林先生说："殷海光的躯体虽然已经消逝三十年了；但，他的精神却持续长存于天地之间。具体而言，他的精神展现于他追求的理想，以及他在追求这些理想的时候所秉持的，在公共领域中的情怀与人格"（同上书，第1页）。

③ 参阅张灏的《一条没有走完的路——为纪念先师殷海光先生逝世两周年而作》，同上书。

之所以为人的条件、目标和崇高价值，也正是由此他的奋斗具有了超凡的意义。

毋庸讳言，殷海光不是我们所说的体系化的哲学家。这不是说殷海光的哲学思想没有内在的逻辑和实质上的系统[①]，而只是说殷海光没有通过严密的、有组织的形式上的结构和体系，来向我们系统地展示他的哲学思想。殷海光在哲学和思想上的思考、体悟、认知和研究，是通过一系列长短、大小不等的论文、文章表现出来的，这一点同样适用于他对"人"的问题的思考和讨论。在殷海光中年不幸逝世而只50年的生涯中，他早就对工业文明造成的人的价值和意义的失落深感忧虑，尽管他的"人"的理念主要是在他人生的最后几年中以明确的意识而提出的。1965年，殷海光在《〈思想与方法〉再版序言》中回顾了他的精神之旅，并开始对"人"的问题展开更多的思考：

> 在各行职业中，我是以思想为职业的人。……我不独以思想为职业，而且以思想为生活。……我思想的问题，从前多半是哲学上比较专门的问题；近年来多半应用哲学的技术来思考近代中国的问题和我们所处时代与环境的大问题。在我思索这些问题的时候，我是从两个不同但在我又关联在一起的目标出发：从前我思想的时候一直是以追求真理为目标的。近年来我又增加了一个题目，就是"人该怎样活下去才好"。这真是一个重大的难题，我相当为这个问题而苦恼。对于这个问题，我想出的端绪是，人除了致知以求真外，尚须藉一种道德原理来锻炼心灵以肯定这种道德原理。[②]

从原来比较多地关注知识问题，到后来比较多地关注人生问题，这确实反映了殷海光思想前后之间发生的一定变化。

不同的思想家往往有不同的思想经历，有的似乎太不爱变化，一直坚持

---

① 殷海光在《〈海光文选〉自叙》中总结说：他的"这些文章所论列的方面固然不同，但是它发展的轨迹却是有明显的线索和条理的。在一方面，我向反理性主义、蒙昧主义（obscurantism）、褊狭主义、独断的教条毫无保留的奋战；在另一方面，我肯定了理性、自由、民主、仁爱的积极价值——而且我相信这是人类生存的永久价值"（见《海光文选》第1卷《社会政治言论》，友联出版社有限公司，1971）。

② 贺照田编《思想与方法》，上海三联书店，2004。

自己固有的格调和节奏；有的似乎又太爱变化，在他那里没有什么是确定不移的。① 对于殷海光思想前后期的变化，我们已经有一些讨论了。我不想夸大殷海光思想前后的变化，尤其不想把这种变化视为原来是一个样后来完全是另一个样的整体自我革命。我们是在不变中的变和变中的不变来看待殷海光思想的前后关系的，哪怕是变化很大的方面。在有的方面，殷海光一直没有变，如他坚持科学、理性、自由、平等和正义的信念始终一贯。但在有的方面，他的思想确实有所变化，而且变化还不小。如后期他对中国传统文化的态度变得温和了，这是其中之一；他更加关注"人"的问题，提出"科学的人本主义"和"道德的重建"，这是其中之二；最后，他在同疾病的顽强战斗中，他寻找到了超越性的力量和价值，信仰绝对根源性的上帝，这是其中之三。② 最后这一点就连他的部分弟子也大惑不解，甚至怀疑其真实性。一直拒斥宗教和玄学、信奉科学和逻辑经验主义的殷海光，怎么可能加入教会、皈依上帝呢？事实上，殷海光也意识到了他的这一变化的巨大性：

> 不知怎的，我本来不太欢迎上帝的，但是上帝的灵光却辐射到我心灵深处。我近来考虑加入一种教会。天主教，还是基督教？人的变化，他自己也不能预料啊！愿主与我们同在。③

一个人思想上的变化，对他意味着什么，对他人意味着什么，不可一概而论。殷海光思想后期的变化，对他、对我们来说都意味深长。殷海光的变化，既是对新知的不断渴望，对未知领域的不断探讨，也是对自己矛盾性格的不断调整；它不是简单性的自我否定，而是一次又一次的自我超越。他要为人类寻找一个新的方向——心灵的超越和道德价值的重建。金岳霖有一段描写中国哲学家特性的一段话，这段描写用在他的弟子殷海光身上也是非常合适的：

---

① 我们知道康有为和他的弟子梁启超，就是这两种情况的两极。康有为自称他的学术 30 岁已成，此后不会变化，亦不必有变化；梁启超则自称，他始终不惜"以今日之我向昨日之我宣战"。罗素说他"对爱情的渴望，对知识的追求，对人类苦难不可遏制的同情心，这三种纯洁但无比强烈的激情支配着"他的一生（罗素：《罗素自传》第一卷，胡作玄、赵惠琪译，商务印书馆，2002，第 1 页），但他对知识的看法则一直在变。
② 就明显方面之一说，他对传统文化的态度变得温和同情了。
③ 殷海光：《致开元》，见王中江《炼狱——殷海光评传》，群言出版社，2003，第 263 页。

中国哲学家都是不同程度的苏格拉底式人物。其所以如此，是因为伦理、政治、反思和认识集于哲学家一身，在他那里知识和美德是不可分的一体。他的哲学要求他身体力行，他本人是实行他的哲学的工具。按照自己的哲学信念生活，是他的哲学的一部分。……因此，在认识上，他永远在探索；在意愿上，则永远在行动或者试图行动。这两方面是不能分开的，所以在他身上你可以综合起来看到那本来意义的"哲学家"。他同苏格拉底一样，跟他的哲学不讲办公时间。他也不是一个深居简出、端坐在生活以外的哲学家。在他那里，哲学从来不单是一个提供人们理解的观念模式，它同时是哲学家内心中的一个信条体系，在极端情况下，甚至可以说就是他的自传。①

一个人为什么在思想上会发生变化，是客观因素促成的，还是主观上要求的，抑或两者共同起作用，原因常常是不同的。对于殷海光思想后期的变化，我们可以从外在与内在两方面来理解。外在的原因首先是，1960年，国民党查封《自由中国》杂志，"雷震案"发生。这一事件对殷海光的触动很大，事实上，他自己的人身安全也直接受到了威胁。第二，1966年，他被迫停止在台湾大学的授课，次年他同台大不得不完全脱离关系。他丧失了生活的基本条件，个人的实际处境变得更加恶劣。他处在被监视之中，失去了人身自由，直接感受到了威权政治和当局的不择手段。他的活动空间受到了很大的限制，他需要调整抗争的策略。第三，他身患癌症，他的生命受到了致命的威胁。这些来自内外的重大打击一一袭来，对无权无势的殷海光来说，一方面是悲愤、无奈和痛苦；另一方面是寻找新的方向以求对现实的超越。显然，殷海光对外在客观情势和状况的直接抗争，已经变得非常困难，更别说是直接改变残酷的现实了。② 既然这样，殷海光能够做的就是反省人类面临的更深刻的问题了。在殷海光经受的挫折和困厄中，他越来越意识到，更深层次的问题是"人"的问题，是人类道德价值和意义的失落问题。

改造社会是从改变制度入手，还是从改变人心入手，这是两种不同的思考方式。罗素指出：

---

① 参阅金岳霖的《中国哲学》，见金岳霖学术基金会学术委员会编《金岳霖学术论文选》，中国社会科学出版社，1990，第361~362页。

② 出国研究既是出于谋生考虑，也是为了摆脱当局的控制，这一设想和计划自然遭到了当局的封杀。

有些人认为，一切取决于制度，好的制度必将带来太平盛世。而另一方面，有些人相信这个世界需要的是人心的改变，相形之下，制度算不了什么。

罗素不同意这两种看法。他的看法是，制度的改变与人心的改变需要同时进行，因为两者相互影响：

　　这两种看法，我都无法接受。制度塑造性格，性格改变制度。这两者的改革必须携手同进。①

殷海光不是制度决定论者，也不是人心决定论者，这两者对他来说都是重要的，它们彼此相对而又相互依赖。1954 年，殷海光以雷震的名义给徐复观回信说：

　　从"自内而外"言，道德先于民主；但从"自外而内"言，则民主先于道德。二者孰先孰后，全系相对的。②

但到了他的思想后期，他选择了"自内而外"的方式。他把对外在政治和制度的改变转变为对人的内在自我的改变，转变为对人的道德理性和价值的建设。他的逻辑是，再好的制度如果没有人的道德基础，它就会变质。在《〈海光文选〉自叙》中他说：

　　我近来更痛切地感受到任何好的有关人的学说和制度，包括自由民主在内，如果没有道德理想作为原动力，如果不受伦理规范的制约，都会被利用的，都是非常危险的，都可以变成它的反面。民主可以变成极权，自由可以成为暴乱。③

甚至于殷海光更在一般的意义上认为，人的言行如何取决于他的人生观和价值观如何：

――――――――――――

① 罗素：《罗素自传》第三卷，徐亦春译，商务印书馆，2004，第 323 页。
② 殷海光：《致徐佛观》，见贺照田编《殷海光书信集》，上海三联书店，2005，第 16 页。
③ 殷海光：《海光文选》第 1 卷《社会政治言论》，友联出版社，1971。

> 人的言论和行动趋向，说到究极处，无论是有意或无意［的，总］
> 是取决于内心深处所藏的人生观和价值观念和基本情感。①

但此前他认为，政治问题的解决，必须是实行民主，此外别无他法。为了实现民主，他对不允许"反对性"关心的政治进行了高度的关心和批评：

> 中国目前底的一切政治问题，根本上都辐凑到民主问题上。不真正实行民主，则条条路都是死巷子。②

对比一下，我们可以清楚地看到殷海光对制度和人心关系看法的变化。

从改变外在世界转到改变内在主体世界，殷海光有明确的自我意识，他称之为"隔离的智慧"。殷海光的"隔离的智慧"有以下方面的意义。第一，它是一种新的关怀方式和责任承诺；第二，它是同喧哗的世界保持距离；第三，它是心灵的自我超越。在殷海光那里，"隔离"不是逃避和放弃责任，也不是古代"隐士"阶层的"洁身自好"和"独善其身"，它是承担责任和使命的另一种方式。殷海光是"公共知识人"，他在直接要求改变现实政治的时候，他对获得权力和参与实际政治生活就没有兴趣，即便权力是实现政治自由和民主的手段。按照林毓生的说法，殷海光对政治的关怀是"亚里士多德式"的，这是一位公民因对公共政治的责任感而产生的勇敢担当。③ 确实，殷海光不是纯粹学院化知识人，他是公共知识人：

> 唯有对同族，对国家，对当前的危局抱有严重的责任感者，才不辞冒险犯难，据理直言，据事直陈。④

主张"隔离的"殷海光，决没有放弃他的"公共知识人"角色，他只是将对"政治公共性"的关怀调整为对"人类公共性"的关怀。殷海光在《病中语录》中说：

---

① 殷海光：《致朱一鸣》，《全集》第拾，第18页。
② 殷海光：《这是国民党反省的时候》，见《海光文选》第1卷《社会政治言论》，友联出版社，1971，第143页。
③ 参阅林毓生的《论台湾民主发展的形式、实质、与前景：纪念殷海光先生逝世三十周年》，见瞿海源、顾忠华、钱永祥主编《自由主义的发展及问题》，桂冠图书公司，2002，第5~6页。
④ 殷海光：《言论自由的认识及其基本条件》，见《海光文选》第1卷《社会政治言论》，友联出版社，1971，第143页。

知识分子要有人类的关切心为其推动力，如果没有人类的关切心，就如同没有情感的机械。①

殷海光的"隔离的智慧"如果说是一种"退却"的话，那么他是为积蓄能量和为担当新使命而进行准备的退却：

隔离的第一个方式是 withdraw，这不是萎缩，乃是保存能力，培养工作的力量。②

殷海光保持隔离的世界是喧哗的世界，这是类似于培根所说的"市场假象"的世界。在此，聚集着许多没有信念和无原则的人，他们被现实的各种利益所腐蚀，不择手段地捞取各种功名。对于这种世界的"隔离"，就是对它进行无声的抗议。殷海光说：

现代的人，在这市场文化中的人，深怕自己不重要，惟恐自己失去价值；深怕自己不为人所知，所以要叫喊。笛卡儿说："我思故我在。"市场文化中的人却"我叫故我在"。其实，这种人不知道沉默的伟大，沉默的力量。……不要以为你沉默就不存在了，不要以为你沉默就渺小了。正因为你的沉默而更伟大。让我们从沉默中培蓄力量，锻炼自己。③

真正需要隔离的智慧。要和别人隔离，必须先学习自己和别人隔离。④

对混乱、纷扰社会中世俗功名、功利的隔离，就是追求心灵的自我超越。1968 年 8 月 24 日，殷海光在生命的最后给徐复观的回信中说：

今日有心人最重要的事，在于树立一超越现实的自我，对外界的成败毁誉，颇可不必计较。际此是非难辨之世，吾人必须学习隔

---

① 陈鼓应编《春蚕吐丝：殷海光最后的话语》，《远景丛刊》88，1978，第 81 页。以下引用此书，只注书名和页码。
② 《春蚕吐丝：殷海光最后的话语》，第 72～73 页。
③ 《春蚕吐丝：殷海光最后的话语》，第 45 页。
④ 《春蚕吐丝：殷海光最后的话语》，第 82 页。

离的智慧，抖落一切渣滓，净化心灵，然后跨大鹏之背，极目千里神驰古今。①

通过对外在世界的"隔离"，殷海光集中思考人的道德和价值问题。在哲学上，殷海光以信奉逻辑经验论而知名，他对知识和真理的看法，都建立在逻辑、经验和实证的基础之上，但是到了他的思想后期，他开始反思和批评"逻辑经验论"：

> 逻辑经验论最使人不满的是：以为解决了大脑的问题，就可以解决人生的问题。其实人的问题并不止于此。人最重要的问题是心灵的问题。②

在精神世界中，殷海光提出了"大脑"与"心灵"的二分，说一个人"头脑要复杂，心志要单纯"，自称"我是一个头脑复杂而心思单纯的人"。③ 殷海光承认"大脑与心灵"两者不能截然分开，我们意识的载体不管是称之为心还是称之为脑，整体上只是一，但不同的区域有不同的分工。殷海光区分大脑与心灵，想强调的是，在我们的意识世界中，我们有不同的面向，作为意识一部分的大脑是面向事实、是非等知识性的方面；而另一部分则是面向情感、价值和意义的方面。殷海光区分两者说：

> 我深深地体悟到大脑的要求和心灵的要求不一样。大脑的要求是精确、明晰、严格；要求对客观经验世界的认知作系统化。……大脑的要求是一致的，所以它的成就可以标准化，最能显示这种征象的，便是科学与技术。然而心灵的要求根本上是另外一回事；心灵是价值的主司，是感情的泉源，是信仰的力量，是人类融为一体的基础。人类要有前途，必须大脑与心灵之间有一种制稳，而制稳大脑与心灵之间的主体便是理性。④

---

① 殷海光：《致徐复观》，《全集》第拾，第4页。
② 《春蚕吐丝：殷海光最后的话语》，第49页。
③ 《春蚕吐丝：殷海光最后的话语》，第68页。
④ 《春蚕吐丝：殷海光最后的话语》，第51页。

在殷海光看来，人的这两个面向本来是应该统一和平衡的，但在现代文明中，我们充分发展了我们的大脑，而我们的心灵却惊人的萎缩了。下面我们要讨论的就是这个问题，即现代工业文明导致了人类心灵的萎缩和人的意义的失落。

二 现代文明反思和对"现代人"的批判

我们可能为一个问题感到困惑，也感到好奇，殷海光给大家的一个形象和印象是，他有比较明显的西化倾向和相应地反传统倾向，这是他自己也承认的。1968 年 10 月 9 日，他在给林毓生的信中回忆说："我自己在几年以前有西化和现代化的倾向。"① 但与此同时，我们还能看到一个对现代技术文明不满和留恋往昔情调的殷海光，这使得他的"西化"和现代性要求表现出了复杂的情调。他不同于胡适，更不同于陈序经。胡适对西方现代技术文明是高度赞赏的，陈序经认为西化必须是整体性的。西化与反西化、传统与反传统，在殷海光一个人身上"矛盾"地存在着，这一点不能完全用前后期思想变化来解释。正如钱永祥注意到的，殷海光对现代技术文明的不满和反省，在 20 世纪 50 年代初就表现了出来，这是他一生的课题。② 如果说殷海光是追求"现代性"的事物，那么他追求的"现代性"事物，首先是自由、民主理念和政治，其次是作为现代知识典范的科学理性。从大方向上，他是沿着陈独秀坚持的科学与民主之路，追随和继承"五四"的精神和遗产，这也许就是殷海光认为他自己是"五四"之子的原因吧。但问题的复杂性在于，殷海光对于作为"科学"结果的现代技术文明和工业化，却没有表现出热情，反而对之保持了高度的警惕和反省。这样，在他的"西化"或"现代性"立场中，又包含着反省和批判"技术"和"工业化"的立场。他的这种立场，越到后来他表现得就越突出。

1952 年，在《自由人底反省与再建》中，殷海光对作为科学副产品的技术和工业化给群体和个人带来的广泛"支配力"表示了不满和忧虑：

① 《殷海光·林毓生书信录》，上海远东出版社，1994，第 160 页。
② 参阅钱永祥的《道德人与自由社会》，见殷海光基金会编《自由主义与新世纪台湾》，允晨文化实业股份有限公司，第 119～120 页，2007。

这一种世变，是最可怕的基本世变。在这一世变之下，道德伦理动摇了，美丽成霓虹灯了。机器支配着现实，现实支配着人，于是人慑伏于现实之下，过着没有价值的岁月。①

世界范围内反省和批判技术和工业文明的声音已经不少了。罗素和马尔库塞则是其中的部分声音，他们都对技术文明和工业化作出过有力的反思。罗素一再强调，在科学基础之上形成的现代技术和工业文明，增加了人类无限的"权能感"。科学本身不能左右技术和机器的使用方向，居于领导地位的那些掌权者，不仅将广大的自然纳入到人类的支配范围内，而且也将人变成了待加工的材料。技术的运用和机器生产，是通过大规模组织起来的人协作完成的，人在这种组织中被固定化而成为俯首帖耳的人。② 马尔库塞以造就了"无数单向度的人"为主题检讨发达工业社会的意识形态，引人注目。按照这种意识形态，社会通过技术和组织，将人控制在所制造的各种需求之下。③ 不像马尔库塞，殷海光对技术和工业文明的反思是散文式的。在20世纪50年代，他的反思主要表现在他游学美国的观感中。

1955年，他以哈佛大学哈佛—燕京学人身份赴美，在一年的期限中他只待了半年就返回了台湾，原因是他不习惯美国的生活，为此我求证过他的夫人夏君璐女士。半年的经历，使殷海光对"二战"之后作为世界头号技术和工业化国家——美国感到失望，他很快写出了观感，以《西行漫记》之名发表于《自由中国》（第12卷第8期，1955年4月）。根据他的观察，美国人以精确计算时间和以高速度、高效率来衡量一切，与人晤面时也不停地看表，让他无法忍受。他认为，作为技术化、工业化和经济化结果的这种以速度、效率来计算一切的思维方式、工作方式和生活方式，使美国人的生活失去了情调、多样性、优雅和情趣，人们所能看到的只是机械、单调和整齐划一。《西行漫记》中有两篇是"究竟为消费而生产，还是为生产而消费？"和"快！更快！"从这两篇的篇名直观上就能看出殷海光是直面美国人的效率和速度的。殷海光没有说效率完全要不得，适当的效率是需要的，但要弄清

---

① 《全集》第拾叁，第163页。
② 参阅罗素的《西方哲学史》下卷，马元德译，商务印书馆，第6~7、273~275页；参阅罗素的《罗素自选文集》，商务印书馆，2006，第194~233页。
③ 参阅马尔库塞的《单向度的人——发达工业社会意识形态研究》，张峰、吕世平译，重庆出版社，1988。

楚追求效率究竟是为了什么。"效率"本身不是目的，它原本应该服务于人，但在效率主义之下，人反而变成了效率的手段，人为效率而活着。他写道：

> 效率应为人所控制，人不应为效率所控制。人为效率所控制，病态百出。这样的人生，纵然天天吃鱼吃肉，不见得是幸福的。然而，人群的活动常为各种盲力所支配：在古代为迷信，为生物学的力量；在美国的当前，显然为利润追逐，为机械力，而助桀为虐者则为效率。①

20 世纪 60 年代中后期，在我们所说的他的思想调整和转变的时期，他对技术和工业化的不满和忧虑加深了。当这一问题同他这一时期的思想主题——道德重建和"人本主义"结合在一起时，他就更表现出了对技术化和工业文明的抨击。他有一篇名为《我们守住那一层楼？》的随笔，这篇随笔没有单独发表，它同《中国文化的展望》中的部分内容相同，应该是在《中国文化的展望》部分文字基础上写出来的。殷海光要"守住"的"那一层楼"，就是他思想后期凸显出来的"道德价值"和人生的意义。为什么最基本的道德价值会处在守不住的危机之中呢？在殷海光看来，部分原因是来自技术和工业化本身，部分原因是来自掌握技术力量的权力者（主要指威权政治）对人的"生物逻辑"的控制：

> 我们面临一个重大的选择：如果我们要求动物性的生存，那么就得牺牲崇高的理想，牺牲纯洁的心志，牺牲道德价值和做人的原则。如果我们要保持崇高的理想，保持纯洁的心志，保持道德价值和做人的原则，那么就难以活下去。这种情形正好是古人所说的："生我所欲也，义我所欲也，二者不可兼得。"在这种情形之下，我们做怎样的抉择呢？是"舍生而取义"？还是"舍义而取生"？②

掌握技术的权力者制造的这种分裂，对殷海光个人来说，就是一个"残酷"的现实。他正处在威权政治的迫害之中，他因为坚持做人的原则和道德价值而被剥夺了生存权。《我们守住那一层楼？》是作为公共知识人的

---

① 殷海光：《杂忆与随笔》，《全集》第玖，第 72 页。
② 殷海光：《杂忆与随笔》，《全集》第玖，第 150 页。

殷海光以抽象的方式抗议技术及其他的掌握者。1966 年，殷海光对他的
《西行漫记》进行了他所说的"彻底修订"，对原来的感想他又发生了一些
感想。他引用波普尔的"开放社会"与"封闭社会"的对比，认为这两种
社会的不同，就是人有没有尊严和个人是否具有独立价值的差别。他指出技
术文明和经济的飞速进步同"人理价值"已严重失衡。直到他生命的最后，
殷海光都在忧虑技术文明和工业化对人的道德和人心造成的摧残。在《病
中语录》中，他感叹说：

> 现在最令我焦虑的问题是：这个世界技术化越来越强，而人的道德
> 理想却越来越败坏，人的心灵却越来越萎缩。唉！真令人焦虑。①
> 第二次世界大战以来的世界，真是"人心浮动"的世界。人类的
> 器用生活相对的高度发展，而人类学家所说的人类的超自然生活却相对
> 的萎缩。无论怎样科学知识代替不了"credo"［信仰］。时至今日，人
> 类心灵上的自律力真是脆弱得可怜。科学的技术之空前发展，给我们置
> 身于"新洪水猛兽"时期的边沿。②

在殷海光对技术文明和工业化造成的后果的反思中，他特别批判了作为其结
果的"现代人"。

追问人是什么和人应该是什么而不应该是什么，是两种不同的问题。前者
是对人事实上如何的揭示，后者是对人应该如何而不应该如何的价值上的期望。
殷海光批判的"现代人"，就像马尔库塞批评的"单向度的人"（或小说家眼中
的"套中人"）那样，是人在价值上不应该如此的负面的"人"。殷海光说：

> 第二次世界大战之后，普遍出现了一种"现代人"。用我爱用的言
> 词来说，这种人就是"无原则的人"。他自己只有基于生物欲求的价值
> 系统，只要享用现代器用文明舒适的活着，此外无所坚持。于是，社会
> 是怎样的动向，他便去适应。这是一种现代化的"顺民"。③
> 时至今日，我们已经很难看到"文艺复兴人"了。我们只看见大

---

① 《春蚕吐丝：殷海光最后的话语》，第 75 页。
② 《殷海光·林毓生书信录》，上海远东出版社，1994，第 152～153 页。
③ 殷海光：《致铁名》，贺照田编《殷海光书信集》，上海三联书店，2005，第 353 页。

批"组织人","工业人","经济人",纷纷出笼。他们不是被归队于公司，就是被束缚于工厂。①

在殷海光看来，"现代人"有一些共同的特征，其中之一，"现代人"是只注重物质利益、物质生活和物质享受的"经济人"和"物质人"，是忽略精神生活和道德生活、心灵萎缩而四肢发达的人。这是人的物质生活与精神和道德生活的分裂。物质生活条件和利益是为了满足人的基本生存需要，但在现代技术带动之下的经济活动，则以追求无限的利润为目标，于是人变成了工具和手段。"现代人"的第二个特征，他是在各种组织和机构中被同化和统一化的整齐划一的人。在殷海光所赞美的"人"的价值中，其中一个价值是人的独特性和差异性。但在高度组织化的团体中，在高效率的机器化工厂中，人的个性越来越少，人成了机器中固定化的一个零件。组织使人一致，生产使人都变成了相同型号的产品。殷海光说：

> 我们的灵魂一落入尘埃，便被机器轧掉了，便被公文程序刷掉了，便被巨灵（Leviathan）吞噬了。这个时代所需要于我们的是我们一堆一堆的细胞，一堆一堆的肉；灵魂是多余的，甚至是碍事的。这个时代要把我们塑成只会立即直接反应的呼吸机。这个时代要配给我们每个人一式一律的基本价值观念，一式一律的人生目的，和一式一律的历史性的世界观。我们从里到外，从观念活动到肌肉活动，必须毫无保留地投掷到那些浪费性的空大目标上。然后，我们所得到的，是整齐划一的鼓舞词令和拍空气的掌声。②

"现代人"的第三个特征，他是失去了传统的血缘纽带、人的自然情感、人的原始性快乐的寂寞的人。人不是没有情感的机器，也不是孤立的原子，人的基本情感是血缘亲情，是喜怒哀乐，人的原始快乐是基本的快乐，但"现代人"失去了人性的这些基本东西和价值：

> 现代人，正是"寂寞群众里的寂寞个人"。个人与个人之间被分离

---

① 《殷海光·林毓生书信录》，上海远东出版社，1994，第131页。
② 《全集》第玖，第150页。

了，传统及血缘的纽带逐渐被工业文明割断了。人，被原子化了……在经济发展的程序里，技术当先，资源第一，功效领头，齐一为成功的快捷方式，一切从属于生产制度。于是，在工业社会里，个性差异压平了，人的尊严矮化了，人际关系受"利害原则"的主导了。于是，人失去了原始的快乐。人的存在，几乎完全被束缚在人自己用工业与经济创造而成的"住境（habitat）"里面。于是，人的"自由"逐渐消失了。①

罗素说他一生的三种激情之一，是"对人类苦难不可遏制的同情心"，同样，殷海光对"人类"的前途和命运也有一种不可遏制的忧虑和深度关怀：

> 在这样一个动乱的岁月，个人的幸与不幸，又算得了什么？我真正关心的是整个人类前途自由的明暗。②

整体而言，殷海光一生致力于"人"的两种解放，一种是从威权政治的控制中解放出来；一种是从技术、工业化和经济的控制中解放出来。这是贯穿在殷海光一生中的两个课题。他的思想前期侧重于批判极权政治、为争取自由和民主而运用自己的理智和理性；而后期则更多的是为克服人的意义危机和价值失落、为重建人类的道德理想而忧思和筹划。如果说殷海光是一个启蒙主义者，那么他的启蒙是对"现代化"带来的严重弊端和缺陷的"启蒙"，是对韦伯的精于计算、精于操纵的技术化、专门化和合理化进行启蒙。也许是悖论，17、18 世纪的启蒙主义者乐观地相信和标榜，"理性"为人类指明了进步和合理的发展方向，人类的一切都将在理性的光照之下变得美好。但技术和工业文明不仅给人类现实生活蒙上了一层浓浓的阴影，而且也使未来变得不可知。殷海光诊断说，现代文明的发展已经被"盲目"的力量所左右，人类越陷越深，不可自拔：

> 作者在这几年中，常常默察近半个世纪以来某些地区之政治与社会发展。我总觉得，这些发展，在最大程度以内，实在没有什么"理性"可言；而系受"盲力"底支配。我只看见几股盲力在那里相激相荡，

① 殷海光：《致卢鸿材》，贺照田编《殷海光书信集》，上海三联书店，2005，第 301 页。
② 《殷海光·林毓生书信录》，上海远东出版社，1994，第 131 页。

像开足马力同时又失去控制的火车一样。即使有人看出这种趋向的危险，但是，这样的盲力之本身已经"欲罢不能"。好像滚下山的石块，一定要等到它底"势能"（potential energy）耗竭，才会自己停止。……近来，我登临新大陆，我立刻嗅出，原来这块土地上的人民生活之主导方程式，也并不是全然的理性的，似乎也正在受着一种"欲罢不能"的盲力之支配。①

正如我们上面已经谈到的，对技术化和工业化的反思和批判由来已久，欧洲的浪漫主义运动、马克思主义、法兰克福学派等等，都曾从不同的角度和立场反思和批判技术文明、工业化。艾恺（Guy S. Alitto）概括的"世界范围内的反现代化思潮"，主要是来自东西方的文化守成主义者立场。② 殷海光不是从文化守成主义立场批判"现代化"的，他认为"古代"的许多东西不适合"现代的"需要，"复古"解决不了现代的问题。殷海光是用现代文明中的科学、自由、平等、社会正义、开放等观念去批判现代文明中的技术化、工业化和效率化。在殷海光的时代，技术化和工业化活动对自然生态和人类生活环境产生的不良影响，还没有达到"全球性"的规模。殷海光的批判主要限于现代化对于人的意义、道德价值造成的影响，目的是克服现代文明的弊病，拯救失落的人本主义和道德价值。现在我们有目共睹的情况是，技术化和工业化已造成了全球生态的严重失衡和人类生存环境的破坏。为了解决人类面临的生存危机，其中一个战略思考，是提出了取代工业文化的"生态文明"概念。但问题是，如果生态文明仍然是被经济利益驱动的，是受技术支配的，这种文明造成的危害也许更为可怕。人类会高度控制人类的自然生态（如基因、器官和生命），人类的自由、伦理和道德价值的沦落程度可能会更深。这样，问题又回到了"人"自身。人的自然欲望和利益心如何被限制可能是根本性的，但要真正能够限制它，人类不仅需要共同的良知和共同的道德勇气，也需要改变以利益和市场为主导的社会组织和价值观。

三 建设性的"人"的理念

上面我们讨论了"人"的问题为什么会成为殷海光关注和思考的中心，

---

① 殷海光：《杂忆与随笔》，见《全集》第玖，第 23～24 页。
② 参阅艾恺《世界范围内的反现代化思潮——论文化守成主义》，贵州人民出版社，1991。

讨论了殷海光对"现代人"的批判和对现代文明的反思。面对一般化的
"现代人"，面对人的意义、道德价值的失落和危机，殷海光一方面是抵制
和批判；另一方面是提出了建设性的"人"的理念。《自由的伦理基础》、
《中国文化的展望》中第十四章"道德的重建"、他前后两次演讲和发表的
《人生的意义》、《人生的基石》等，都集中体现了他思想后期对人的理念的
建设性思考。这种思考当然不是纯粹"理智性"的构想。我们已经指出，
殷海光不是单纯的学院派的专业学者，他是带着强烈"公共关怀"（后期主
要表现为对人的意义、人类道德和命运的关怀）的公共知识人，是苏格拉
底式的人物。这就决定了殷海光的人的理念，既是他思考的结果，同时又是
他人生之路和道德信念的亲证，是他超凡心路历程的写照：

> 这种岁月，有心灵自觉的知识分子要想照着自己的生活原理与价值
> 观念生活下去，真是颇不容易。回忆我三十年来的生活历程，可以说是
> 为着寻找自己的生活原理与价值观念并且依之而生活的奋斗历程。①

我使用的"人"的理念，相当于殷海光这里所说的人的"生活原理"
和"价值观念"，更类似于他使用的"人理"这一概念。我想从这个观念入
手，来具体讨论殷海光对"人"的问题的建设性思考。殷海光使用的"人
理"这个概念，可以理解为"人"的"原理"。1965 年 12 月，殷海光在
《〈中国文化的展望〉序言》中说：

> 最近五年来，我对人理学（humanics）也发生兴趣。由这一兴趣，
> 导引我接近海耶克（F. A. Hayek）和波柏尔（K. R. Popper）的学说。②

"humanics"可译为"人学"。殷海光使用的"人理"也就是"人道"、"人
本主义"的概念。殷海光感叹二战以来是"人理模糊的时代"，是"人本主
义"被吞没的时代。他是在类似的意义上使用"人理"和"人本主义"的。
殷海光在《〈到奴役之路〉自序》中说的两段话，可以帮助我们具体地理解
他所说的"人理学"是指什么：

---

① 殷海光：《致张伟祥》，《全集》第拾，第 287 页。
② 《全集》第陆。

自由主义之最中心的要旨是一种人生哲学、一种生活原理，及人际互动的一组价值观念，或对人对事的态度。它是人本主义的，认为个人是人生一切建构和一切活动的始原起点。①

又说，《到奴役之路》这本书：

　　实实在在，它展示了一组生活的基本原理，因而也就指出了一条生活的大道。至少，依我的人生理想而论，有而且只有跟着这条大道走下去，人才能算是人，才不致变成蜜蜂、蚂蚁、牛群、马群、农奴、政奴，或一架大机器里的小零件。

殷海光所说的"人理"，比一般所说的"人本主义"更复杂，这就是为什么他将他的"人本主义"称为"新人本主义"。"新文本主义"之"新"，在殷海光那里，主要是把"人本主义"同"科学"结合起来。欧洲文艺复兴的"人本主义"，经过启蒙运动，越往后延伸就同知识理性和科学主义距离越远。人们越来越倾向于认为"人本"、"人文"与"科学"是两个领域，主张要划清两者的界限，反对科学方法主导人本和人文领域。殷海光原则上承认，人本、人文特别是道德同科学之间有界限，但他决不认为人本、人文、道德同科学是彼此不发生关联和相互影响的。他的一个基本判断是，人本主义和科学在西方一开始是同步发展的，但后来科学和技术得到了高度发展，却淹没了人本主义：

　　人本主义（humanism）及科学本是近代西方互相成长的一对双生子。可是，西方文明发展到了现代，科学通过技术同经济的要求，几乎完全吞没了人本主义。②

　　我们上面谈到，殷海光主张复兴人本主义，不是"完全"通过对科学和技术的拒斥来实现。他反对的只是科学技术和经济的绝对"强势"，只是科学技术、工业化的发展同人本主义、道德价值之间的失衡。殷海光对待科学与人生和道德的关系，同 20 世纪 20 年代初中国"科学与人生观"论战的任何一方都不同。这两方之间的辩论，整体上反映了将科学与人生观完全

────────────────

① 《全集》第陆。
② 《殷海光·林毓生书信录》，上海远东出版社，1994，第 131 页。

对立起来的一元主义思维。信奉"科学万能"、认为科学完全能够解决人生观问题，同认为人生观自外于科学、科学对解决人生观没有作用这两种看法，对殷海光来说，都是不能成立的（虽然殷海光早期的思想也有科学主义的色彩）。在殷海光思想的后期，人本主义、道德和价值的重建变成了他思考的主题，但如何解决问题，在他看来，科学仍是不可或缺的。他说：

> 时至今日，我们所需要的道德是以科学知识和技术作必要条件，配合现代社会文化的发展之道德。①

殷海光将科学同人本主义结合起来的"新人本主义"，试图通过科学与人本主义的统一、相互作用来重建道德价值和人生的意义。因此，"新人本主义"在他那里同时又被称为"科学的人本主义"（scientific humanism）。罗素在《我相信什么》中曾说："良好的生活是为爱所激发并为知识所指导的生活。"殷海光认为，罗素的说法很好地表达了"科学人本主义"的主旨，即我们的人生既需要"爱"的崇高道德价值，也需要知识的指导。对于那些认为人本、人文自立于科学之外的人来说，殷海光的"科学的人本主义"，直观上就显示了他们彼此之间的对立。让"科学"同"人本主义"联姻，这是殷海光的一个主见，也是他的一个情结。1955年，他翻译了菲格（Herbert Feigl）的 *Naturralism and Humanism*（《自然思想与人文思想》），在为译文写的"译者的话"中，殷海光就表达了他的这种看法。② 1966年，殷海光在《〈思想与方法〉再版序言》中强调，只有道德而无知识是盲目的，盲目的道德不能令人信服。科学和知识能使我们的道德建立在牢固的基础之上：

> 在纯致知的部门里衍生不出任何道德。但是，纯致知的学问可以使我们对于"人理"有一个比较真切而确实的了解。它使我们知道人的"生物逻辑"的内容和限度。我们要藉肯定道德来重建人生，怎可撇开这一认知层不谈而执着那些空中楼阁的道德玄学呢？③

① 殷海光：《〈思想与方法〉再版序言》，贺照田编《思想与方法》，上海三联书店，2004，第649页。
② 见《学术与思想》（一），《全集》第拾叁，第324页。
③ 殷海光：《〈思想与方法〉再版序言》，贺照田编《思想与方法》，上海三联书店，2004，第649~650页。

殷海光加在"人本主义"之上的修饰词"科学",对拒斥科学的人文主义者来说是行不通的,但对他来说,这不仅是必要的,而且也是正当合理的。殷海光的科学观,使他对"主义"话语保持警惕。他特意提醒大家注意,他使用的"主义",完全是语言上的"偶然性",也远离强迫和权威性,它只是指"一个价值系统,一个观念系统,一个理想系统"。① 殷海光对"主义"的警惕,首先是要同政治意识形态划清界限;再就是同玄学和形而上学保持距离。② 殷海光为了使自己的"人本主义"保持纯洁,避免产生其他联想,他有时直接将 humanism 译成"人本思想"。

那么,殷海光的"科学的人本主义"的"科学"具体是指什么呢?科学对人生、人本和道德价值的重建能提供什么具体的指导呢?殷海光所说的"科学",主要是指物理学、生物学和行为科学,他认为这是近代科学的三个层级。这个分类法本身是否科学,不是我们这里的问题。殷海光所说的行为科学又包括心理学、社会学、经济学和文化人类学等。在心理学中,他尤其强调了弗洛伊德的精神分析和精神病理学。殷海光认为欧洲历史上对人的看法依次主要有三种:第一种是希腊罗马人的看法,认为"人是理性的动物";第二种是犹太基督教对人的看法,认为人是上帝创造的,人是万物之灵;第三种就是近代科学对人的看法。殷海光指出,科学的看法同前两种不同,它不作价值判断,也没有道德色彩,它只是揭示人是什么的事实,对人"是什么就说什么"。他的这种概括是否准确和恰当,也不是我们这里的问题。我们这里关注的是,这些"科学"如何为人生提供指导。殷海光告诉我们,按照物理学,人是物理世界的一部分,他像其他有机体那样,要受物理学法则的支配;按照生物学,人是生物之一,他要受生物学原理的支配。在殷海光对人生所划分的不同层次中,其中最下的两层分别是"物理层"和"生物逻辑层",人生的这两层相对的是物理学和生物学。③ 这样,物理学和生物学对人生的指导,在殷海光的观念中,就是对人生最下两层的指导。

但是,在现代物理学、生物学诞生之前,人类早就知道,人要生存不能违背一些自然法则,也不能违背必须吃东西的法则。殷海光想让物理学和生物学真正告诉我们的比这更多,这就是,人生的意义和道德价值,必须建立

---

① 殷海光:《中国文化的展望(下)》,《全集》第捌,第 713 页。
② 对"主义"的警惕,又见《〈到奴役之路〉自序》,见《全集》第陆,第 2~3 页。
③ 第三层的"生物文化层",相对于什么科学,殷海光没有具体说。如果它是指人以不同于动物的方式来满足"生物逻辑",那么这种方式就很多,技术是一种,"饮食文化"又是一种。

在人的基本生活条件能够满足人首先要生存下来的基础之上；中国传统文化不注重人的生物层和生物文化层，压抑人性的自然需求，这只会造成人生的低层同更高层次（精神和道德生活）的矛盾和分裂：

> 我们的传统文化价值取向把重点放在名教、仪制、伦序、德目的维系这一层次上，而不太注重生物文化层。于是精神文化和现实生活脱了节。到头来，我们的文化发展，像一座高楼似的，上一层的人在吹笙箫，底下一层劳动终日难得一饱，于是空了。整个文化建构都发生问题。这一历史的教训是值得今日的我们留意的。……我们的肚子被人控制，很多志气便无法伸张，人的尊严便很难维持。[①]

不同的宗教传统、道德文化传统，程度不同地都存在着抑制人的物质生活欲望的人生观和价值观，如清教徒式的清贫和清苦，佛教的苦行，儒家的君子忧道不忧贫，这同近代以来世俗化过程中出现的消费主义和物质享受主义形成了强烈的对比。反过来，物质生活又同道德和精神生活失衡、分裂。这样，问题就已经变成了如何重新调整人的生物逻辑的问题，而不是批判传统限制人的自然欲望的问题。但在这一方面，殷海光对中国传统文化仍然表现出批判的倾向。另外，殷海光将目光更多地投向不发达的落后地区，在那里人们的生活还非常困难；投向极权政治对人的生物逻辑的控制，在那里人们坚持自由、权利和尊严，就被剥夺其生物逻辑。

在殷海光那里，行为科学对人生的指导被看成是对人的事实真相的揭示，但它们揭示的主要是人的心理、意识方面的事实真相。达尔文的进化论将人从上帝的创造这种高贵的来源变成了从猴子演变过来；弗洛伊德把人还原为性欲的存在，人的意识如何取决于他的性欲是否被压抑。殷海光认为，这些新的行为科学对人的真相的揭示，对传统的宗教和道德观念"起了哥白尼式的革命"，传统的"性善"、"性恶"等玄学的幻想被打破了，以往建立在这些不真实基础之上的宗教和道德价值也随之破灭：

> 科学戳穿了传统的迷雾，揭开了人类在事实层的真相。于是，建立在传统宗教与道德宫殿里的人生观念破灭，人被人自己的知识之光照出

---

① 殷海光：《人生的意义》，《春蚕吐丝：殷海光最后的话语》，第147~148页。

他赤裸裸的一面。人建立于迷雾宫殿里的人生目的、价值、意义和尊严一起消失。人被剥夺了他高贵的人文外衣。齐克果（Kierkegaard）更击碎了黑格尔式的玄学程序，脱掉了黑格尔式的紧身夹克了。几乎每一个人赤裸裸地基于现实利害出发点来和别人周旋。在广大的群众集团里，人像分子似的作布朗运动（Brownian Movement）。①

行为科学可能并不像殷海光认为的那样，能够证明每一个人赤裸裸地都是从利害关系出发与人打交道的。人们之间超出利害之上的友情和友谊，同样是存在的。不过，现代科学的重大革命，对"人类"的自信和自尊的冲击确实非常巨大。弗洛伊德总结说，哥白尼的"地动说"、达尔文的"进化论"和他自己的"无意识"，是三个革命。这三个革命的共同特征是，一次又一次地瓦解了人类自我中心的旧有信念。古尔德（Stephen Jay Gould）说：

> 从把自己视为根据上帝形象所造、"仅略低于天使"，且是塑造与征服地球的自然统治者，到仅为"代代相传"、"略有差异"此一普遍过程中的自然产物（也因此与其他生物都有血缘关系），同时，终究说来，人不过是茂密的生命树上转瞬即逝的新绽枝芽，而不是进化阶层上命定的顶峰。还有什么事实比这更能挫人锐气，也因此更能使人自由？挥别自满的确定，点亮知识的火把吧。②

殷海光和古尔德的描述，有很强的可比性，但殷海光还有从此出发来建立切实道德价值的要求。殷海光的逻辑是这样的，科学只是消除过去人们对人的不真实设想以及建立在它上面的道德价值，进而为建立合乎人情的、适合人的需要的新道德提供了坚实的基础。殷海光强调，科学虽然揭示了人的真相，但它并不导致对道德价值和人生意义的否定。他说从人是一种动物，推论不出人一定没有崇高的价值。

殷海光的"科学的人本主义"，让我们联想到了胡适的"科学人生观"

---

① 殷海光：《人生意义》，《春蚕吐丝：殷海光最后的话语》，第155～156页。
② 古尔德：《为何要关心演化论?》，见布洛克曼、马逊编《我们这样想世界》，台北，商务印书馆，2007，第86页。

（"新十诫"）。相信科学万能的胡适，直接说明了科学如何把我们引向一种新的人生观和价值观。① 相比之下，殷海光更多的是将科学看成是清道夫。两人的不同，取决于他们的科学观的不同，胡适已将科学道德化了。在胡适那里，科学不仅提供事实判断，也提供道德价值判断；但在殷海光那里，科学只提供事实判断，而不能导出道德上的价值。因此，当殷海光说"科学的人本主义是依自然论的观点来解释人的存在"、"人本主义认为我们可以在科学的基础上找到一些解释"的时候，其象征性意义远远大于其实质性意义。这种情况，在人生的最高层次被他界定为精神和道德理想时，就更是如此了。按照殷海光的人生阶梯模式，人生的最高层次建立在人的生物基本需要满足的层次之上，这应该就是"仓廪实而知礼节，衣食足而知荣辱"这一古老训言的意义。按照这种逻辑，殷海光进一步推论说，只要我们有基本的生存条件，我们就不能轻易违背和牺牲道德原则。但这个推论很危险，它的言外之意是，在我们的基本生存条件遇到困难的时候，违背或者牺牲道德就是被允许的。殷海光马上意识到了，他说这一逻辑不能反推。他质疑说，在我们经济困难、生活条件艰苦的情况下，我们难道就应该违背和放弃道德原则吗？经济生活条件的好坏会对人的道德水平有一定的影响，但这种影响不是决定性的。我们不能说，经济条件好的人，他的道德水平就一定高；经济条件不好的人，他的道德水平就一定低。角度一转，人的道德水平同他的物质生活条件之间的关系马上就稀薄了。殷海光又从人的内在心灵来为道德价值寻求基础：

> 实在，人的质量和他所享受的器用之繁简无关。现代器用这样高度发达，人的质量是否相应地高度发达，实在大成问题。我们只能说，器用低落或缺乏到某种程度时，人的质量即无法维持原有的程度。但是，由这推论不出，人的器用生活越提高，那末人的质量即相应地提高。贫困常陷人于罪恶，但富裕立即让人道义高尚。道义另有来源。富裕可从工厂里出，但工厂制不出道义。道义发自人的心灵，也须自心灵流出。②

---

① 参阅王中江《视域变化中的中国人文与思想世界》，中州古籍出版社，2005，第511~529页。
② 殷海光：《人生的意义》，《春蚕吐丝：殷海光最后的话语》，第159页。

按照存在决定意识、经济基础决定上层建筑的唯物主义立场，人的道德是由他的物质和经济生活条件决定的。殷海光关心人的生存条件对"道德"的影响，但他拒绝道德的唯物主义决定论解释，他还拿韦伯的"新教伦理"来反驳唯物主义。自从殷海光关注人如何更好地生活和道德价值重建之后，他相应地也开始关注相对于大脑的心灵、灵魂和良知，把心灵和良知作为道德价值的内在基础和动力。这是殷海光亲证的。他遭到了政治上的迫害，失去了基本的生活条件，失去了人身自由，但他的心灵和良知，使他坚守人的尊严和道德价值。他向他的妻子语重心长地说了他为什么能作出独特的选择并表现出连他自己都吃惊的道德勇气：

　　　　我也不是那么笨，要吹牛拍马、说歌功颂德的话，混到一官半职，然后出国一走了之，谁不会？只是我的良知和个性使我做不出来。①

　　殷海光亲证的人生道德选择，在某种意义上割断了人的生物逻辑满足与道德之间的纽带。我们的心灵和良知，能够让我们不受物的控制、不受利害的控制，让我们在困难的生活和不利的条件下反而更显示出道德力量。如果说权力容易使人腐化，那么优越的物质条件也容易使人腐化。在殷海光那里，道德价值的根源没有在心灵深处打住。宗教通常将道德价值的根源归结到超越性的绝对神那里，不管是基督教的上帝，还是儒教的"天"。对于信奉科学和经验实证理性的殷海光来说，他一时无法认同。罗素能说出他不信基督教的理由，同样，殷海光能说出他不接受上帝的理由。但命运最终使殷海光又超越了自己，他在超越的伟大力量中亲证了道德和正义的根源，即使他认为这种根源性力量不是一般世俗意义上的"上帝"：

　　　　上帝是"止于至善"的范则和终极。需要有灵魂的人去趋进。人生的意义就是依这范则和终极来完成自己。上帝是善的根源，是正义的基本，是爱的渊海。……这是我的宗教化的人本主义思想；②
　　　　我常月下散步，感觉造物之伟大，人生之奇妙。追索之情，油然而生。心灵升华，超越一切。一种接近根源（the Great Origin that may be

---

① 引夏君璐《〈殷海光全集〉序》，见《殷海光全集》。
② 殷海光：《致家门》，见王中江《炼狱——殷海光评传》，群言出版社，2003，第263页。

the Great Creator) 的情愫不知从何泌出。人是有灵魂的。这也许就是一个绝对性的赐与。一切价值的权衡，目的之定律，好恶的分别，善恶的取舍，都由此源泉流出。①

至此，最内在的心灵、良知和灵魂，又同最外在的根源性超越力量联系了起来。"科学的人本主义"，一转又成为"宗教化的人本主义"。"科学"不是固定不变的存在，"宗教"同样也如此。曾经拒斥宗教的殷海光，最终因自己的生活经历和超凡体验而认同了他心目中的"宗教"②，进而又在宗教和信仰的意义上诠释和亲证了他的"人本主义"。

殷海光的人本主义、人理学包括的东西比一般所说的道德价值要广，虽然它是其中的重要部分。由于殷海光信奉自由和人权，信奉民主和社会的开放，并以此作为人的伦理和道德的基础，作为"把人当人"的条件。③ 因此，在他的人本主义和人理学中，"自由"、"人权"、"民主"、"开放"都是基本性的东西，这从下面的两段话中我们可以看出：

> 我在这里所说的人理价值，系指这些项目而言：社会正义、对人的疾苦之关怀、人的尊严、求知的自由、思想言论自由、旅行的自由、谋生的自由，种种等等。④
>
> 人本主义的架构是对个人生存权利的肯定，对人的尊严的肯定，对道德价值的肯定，对自由的肯定，以及因此对开放的心灵和开放的社会之趋进。⑤

其中"社会正义"、"人的尊严"、"人的疾苦之关怀"属于道德价值，"对道德价值的肯定"这一项自不待言。但其他的项目，严格来说，都不属于

---

① 殷海光：《致家门》，见王中江《炼狱——殷海光评传》，群言出版社，2003，第264页。

② 说起来，殷海光对超验上帝的接近，在1955年就发生了。这一年，他在同爱因斯坦通信之后，结合他对爱因斯坦有关宗教看法的了解，他向妻子谈了他对上帝的感受：我现在所感觉到的，就是，人而无对上帝的信仰，犹如水上浮萍。他底生命是没有根的（王中江：《炼狱——殷海光评传》，群言出版社，2003，第262页）。殷海光特意解释他信仰的"神"，是指"爱"、"同情"及"与自然的和谐"（《病中语录》，《春蚕吐丝：殷海光最后的话语》，第87页）。

③ 这一问题，殷海光在1958年发表的《你要不要做人?》一文中，根据《世界人权宣言》作了讨论。见《全集》第拾贰。

④ 殷海光：《旅人小记·自序》，贺照田编《思想与方法》，上海三联书店，2004。

⑤ 殷海光：《中国文化的展望（下）》，《全集》第捌，第710页。

道德的范畴。殷光海的人本主义和人理学比伦理道德价值广泛，还表现在他对人的个性、差异、质量、品味、情感和自然的赞赏及审美主义立场。他欣赏的"情感"有道德价值方面的，如为人真诚，为人真实，但有的则是个人化的非道德性的情感。1955 年，在美国的时候，他给夏君璐的信说：

> 我认为人为事业学问不必弄得太紧张，最重要的是情感生活。人而无情感，犹鱼之无水。如何活得下去？台湾那样的气氛和街上的乱糟糟，我固然厌恶之至；但美国这种生活方式，我实在一点也不羡慕。①

殷海光出生在农村，农村的自然风光和山水，从小就在他的心灵和意识中留下了深深的印象。他对机械化的、繁华的都市生活一直格格不入，同他的这种心理意识应该有密切的关系。每当他步入大自然中，他都抑制不住内心的兴奋之情：

> 我看见长满了青苔的庭院，忆见古城落日，常怅怅惘惘者久之。我是深恶美国那种忙乱，工厂、汽车……所表现的什么；我深喜那寂静，闲散，宽舒的东方情调。愿我能浸润于其中一辈子吧！因为，只有在那种气氛里，我才会是个真真实实的独立自由的人。"庭院深深深几许"，多够我低首徘徊啊！②

殷海光强调人的品质的重要，这些品质有人的差异、格调、情调和情趣。在赫胥黎看来，文化的多样性使人的品质丰富多彩，而整齐划一则使人单调。殷海光接受了赫胥黎的看法。殷海光之所以喜欢"狂飙式人物"甚至是独裁者，就是因为他们最有个性。这样，殷海光的理性主义一下子又走向了非理性主义。在《自由的伦理基础》中，殷海光说：

> 人之可贵，贵在的差异。……人和人之间的差异，是自由之所本，也是追求自由的重要理由。③

---

① 殷海光：《致夏君璐》，贺照田编《殷海光书信集》，上海三联书店，2005，第 121 页。
② 殷海光：《致王道》，《全集》第拾，第 8～9 页。
③ 殷海光：《学术与思想（三）》，见《全集》第拾伍，第 1159～1160 页。

殷海光认为，人的差异的重要表现，就是人的性情不同：

> 宇宙是森罗万象的，人生原是复杂的。没有人应该强人与己同好，尤其不应该使人牺牲各自底性情。性情正是各人可贵的特点，正像各人底面貌不同一样。没有了各人底这一特点，人生该会多么乏味。①

人本主义中真正属于道德价值方面的东西，在殷海光那里，有"爱"、"正义"、人的尊严、真诚，等等。在这一方面，殷海光对中西传统道德和来自宗教中的伟大道德价值进行了分析和整合。他设想孔孟的"仁义"、基督教的"博爱"和佛教的慈悲在保持着各自特性的同时三者又具有共同的地点，而科学和民主则能够对不同道德的适用范围作出动态性的调整。殷海光区分道德原理和具体的道德项目。他认为有的中国传统的德目，不符合科学和民主的标准，我们应该放弃了。但有的则需要我们继承，如"信"和"诚"等。殷海光认为，在人类文化和价值整合的趋势中，我们需要的主要德目有自由、平等、幸福、友善、正义、合作、增进人群利乐、尊重个人生命与尊严等。殷海光对道德原理和道德条目的区分并不严格，如果说"别善恶"由于没有指涉具体的善恶而属于道德原理的话，那么仁、义因有具体的指涉应该称为"德目"。但殷海光整合的世界的伟大道德原理，具体有孔孟的仁义、基督的博爱和佛家的慈悲。这些伟大的道德原理因彼此的共性而有交叉性，又因彼此的差异而保留其独立的领地。

殷海光的新人本主义，从整体构成来说，它是政治理念、社会理念和道德理念的高度统一体，而作为其活动主体的"人"则是其承担者；从传统与现代的关系来说，它既是现代的又不是现代的，既是传统的又不是传统的，它是介于传统与现代之间的选择融合，但又超越于传统与现代，宁可说是"后现代"的。

附识：历史是通过不断的各种各样的记忆保存下来的，书写历史是保存历史记忆的最一般方式，纪念则是通过仪式迅速而直接地让我们同当事人晤

---

① 殷海光：《致夏君璐》，贺照田编《殷海光书信集》，上海三联书店，2005，第 119 页。

面以寄托和表达我们的怀念之情。此文是为纪念殷海光先生逝世 40 周年、雷震先生逝世 30 周年在台湾举办的国际会议而作。这使得我一下子又直接面对这两位在特殊的时代进行过特殊的奋斗并作出过特殊的贡献的典范式人物，我向他们表示深深的敬仰。在撰写殷海光评传之后的十多年来，虽然殷海光的整体形象始终屹立在我心中，但我对有关材料已经变得生疏了，我希望能够很快恢复已有的记忆并建立起新的记忆。

（编辑：杨柳新）

论中国现代的文化观

柴文华

摘　要：中国现代是一个中国传统文化危机加深和探寻中国文化出路的时代，出现了自由主义、民族主义、中国马克思主义等不同的文化观。自由主义文化观以胡适、吴稚晖、陈序经为代表，主要内容是对中国传统文化的激烈批评和对西方文化的高度赞赏，概而言之就是整体性反传统和整体性西方化。民族主义文化观以东方文化派、学衡派、早期现代新儒家、战国策派等为代表，主要包括反省式的中国文化观、开放式的西方文化观、中体西用的范式等。马克思主义文化观以李大钊、陈独秀、瞿秋白、李达、艾思奇、毛泽东、刘少奇等为代表，其文化理念是历史唯物主义的，对外国文化和中国传统文化都持一种辩证的态度。探讨中国现代的文化观，有助于推进当代中国的文化建设。

关键词：中国　现代　文化观　自由主义　民族主义　中国马克思主义

作者简介：柴文华，哲学博士，黑龙江大学中国近现代思想研究中心和哲学学院教授（哈尔滨，150080）。

基金项目：国家社科基金项目"中国哲学史学史"，项目编号：09BZX032

文化的本质是"人化"，涵盖物质、制度、精神多个层面。文化观指对文化的基本观点，包含文化理念、中国文化观、西方文化观等。中国现代（1919～1949）是一个中国传统文化危机加深和探寻中国文化出路的时代，出现了自由主义、民族主义、中国马克思主义等不同的文化观。探讨中国现代的文化观，有助于推进当代中国的文化建设。

一　中国现代文化观产生的背景

中国现代的文化观尽管类型不同，但却有着共同的时代背景，这就是在中华民族和中国传统文化危机面前探寻中华民族和中国文化的出路。

19 世纪，随着"西方文明"的不断输入，中华民族和传统文化陷入了空前的生存危机之中，从而凸显出"中华民族和中国文化向何处去"的时代疑问，并同时引发了对这一疑问的种种解答，这是所有中国近现代学术思想产生的最深刻的历史根源，只要是一个有民族心和现实感的知识分子，其所学所问很难离开这个时代的问题轴心。

中华民族在漫长的历史途程中，曾经创造了独特而丰厚的文化遗存。以汉民族为中心的华夏文化虽然与异族文化屡次"遭遇"，但并没有产生真正的危机。印度佛教文化传入中国后，并非与汉文化完全"和平相处"，其间有着血与火的洗礼，但"仇必和而解"，佛教文化在与汉文化的长期抗争和对话中相互渗透，"你中有我，我中有你"，并最终"合二为一"。印度佛教文化的传入非但没有造成中国文化的危机，反而增加了中国文化的活力，构成中国文化的有机组成部分。汉民族在自己的发展过程中也曾经被非汉族的民族用武力所征服，但这个过程同时又是一个汉民族文化征服异族文化的过程，尽管这些异族在统治期间用强力推行本民族的文化，但他们自身的"汉化"程度则更为明显。这种方式的接触更不可能造成中国文化的危机。汉文化之所以能够在与异族文化的长期接触中保持优势，关键是她拥有人类农业文明的最高成就，代表着前工业文明时代人类文化的先进性，所以尽管在与异族文化的交往中也出现过一些问题，但均由于自身强大的自我调适力和对外的同化力而得到化解。

然而，一种文化在遭遇到另一种比自己更有优势、更具先进性的文化时，它以前的优势便转为劣势，先进性便转为落后性，文化的生存危机便由此而生。中国近现代的百年历史就是中国传统文化被西方近代文化碰撞得"落花流水"的历史，这已经成为不争的事实。中国传统文化的危机是一种总体性的危机，以小农为主的经济形态、以皇权为轴心的专制体制、以"三纲五常"为基石的价值系统等都与西方近代文化体系存在着内在的紧张，它们本质上是两种文明类型的冲突，而落后的农业文明根本无法与先进的工业文明相抗衡，所以中国传统文化在近现代"山穷水尽"、"惨不忍睹"

的命运在所难免。除了以倭仁为代表的极端保守派以外，中国近现代的所有思想家都能面对这个事实，但在对中国传统文化危机"程度"的判断上和对中国文化发展道路的选择上却很不一致。所以出现了自由主义、民族主义和中国的马克思主义。可以说，中华民族和中国传统文化的危机构成中国近现代所有思想、学说、思潮产生的事实前提和逻辑原点，文化观也概莫能外。

二 中国现代文化观的主要类型

方克立先生曾经多次提出，在中国"五四"以来的思想史上，始终存在着三个既相互对立又相互推动的重要派别，即中国的马克思主义、自由主义的西化派、现代新儒家。这三个派别都主张中国要现代化，但各自选择的道路不同："马克思主义者坚持走社会主义现代化的道路，并在实践探索中把'中国特色'放到了越来越重要的地位；自由主义者主张照搬照抄西方经验，走西方工业文明即西方资本主义国家发展的老路；现代新儒家则批判了'现代化即等于西化'的口号，向往一条东方式工业文明即'儒家资本主义'的道路。"[①] 方先生认为，这三派分别代表着当今世界上三种现代化模式的不同选择和冲突。"恐怕在整个社会主义初级阶段，在社会主义的优越性还没有充分显示出来以前，即使在国内，不仅'全盘西化'论总会有一定市场，希望中国走'儒家资本主义'道路的理论也总会有人欣赏。三大思潮并存和对峙的格局大概还会延长相当长一段时间。"[②]

对于中国现代思潮的三分法应该说是历史主义的和实事求是的，主题突出，线索明了。但有一些问题也值得进一步思考，对各个学派也应该细化。

同是自由主义西化派思潮的代表人物，他们的文化观有着明显的差别。陈序经对中国文化全盘否定，胡适、吴稚晖都有所保留；陈序经是典型的全盘西化论者，胡适、吴稚晖是根本的西化论者；陈序经的西化论是目的性的，胡适的西化论则是策略性的；胡适、陈序经所主要宣传的是西方个人主义，吴稚晖侧重阐释的是感性主义。同是宣传个人主义的胡适、陈序经也有理论程度的不同，一个偏于温和，一个偏于激进。

---

① 方克立：《现代新儒学与中国现代化》，天津人民出版社，1997，第46页。
② 方克立：《现代新儒学与中国现代化》，第69~70页。

同是中国马克思主义思潮的代表人物，他们的文化观也不尽相同。在对中国传统文化的态度上，早期的中国马克思主义者相对偏激，后来的中国马克思主义者则相对稳妥；在中国马克思主义文化观的建构上，毛泽东、李达相对而言具有更多的原创性。

与文化自由主义和中国的马克思主义相比，中国现代的文化民族主义阵营似乎学派更多，有集结在《东方杂志》周围的一批以东西文化论战为契机进而倡言东方文化足以救西方文化之弊、主张弘扬和光大东方文化的"东方文化派"，主要代表人物有杜亚泉、钱智修、陈嘉异、梁启超、章士钊等；有以《学衡》杂志为平台，由具有共同学术立场的知识分子群体构成的一个具有文化民族主义色彩的"学衡派"，主要代表人物有梅光迪、吴宓、刘伯明、胡先骕、柳诒徵、缪凤林、景昌极等；有以通过弘扬中国传统文化特别是儒学精粹，融合西方近代文化精神，以创建中国新文化为目标的"早期现代新儒家"或第一代现代新儒家，主要代表人物有梁漱溟、张君劢、马一浮、熊十力、冯友兰、贺麟、钱穆等；"战国策派"是因其主办的《战国策》和《大公报·战国副刊》而得名的学派，主要代表人物有林同济、陈铨和雷海宗等。"战国策派"是目前尚难定性的一个学派，但人们已经倾向于把它从一个政治派别还原为一个文化派别。从其思想理论的目标是激励人们积极抗战和要建构中华民族的新文化、新精神从而振兴中华民族而言，可以把它看做文化民族主义派别；从其对大家族制、孝为百行先以及柔性人格等的批判而言，又有一些文化自由主义的色彩。但从总的方面来说，它应该是文化民族主义的。

三　自由主义文化观

中国现代的文化自由主义者以胡适、吴稚晖、陈序经为典型代表，他们文化观的主要内容就是对中国传统文化的激烈批评和对西方文化的高度赞赏，概而言之就是整体性反传统和整体性西方化。

胡适的文化观尽管有其"温和"之处，如主张"整理国故"，在墨家、名家、清代学者的治学方法中去寻求中国学术与西方近代文化的结合点等等，但其主流是激进的反传统和总体性西化。胡适在《我们对于西洋文明的态度》、《漫游的感想》、《介绍我自己的思想》等文章中指出：中国传统文化的特点是"自暴自弃的不思不虑"，主张"安分、安命、安贫、乐天、不争、认吃亏"，一句话，"东方的文明的最大特色是知足"。因此，它"不求物质享受的提高"，"不注意真理的发见和技艺器械的发明"，"不想征服自然"，"不想改革制度"①，等等。"天旱了，只会求雨；河决了，只会拜金龙大王；风浪大了，只会祷告观音菩萨或天后娘娘；荒年了，只好逃荒去；瘟疫来了，只好闭门等死；病上身了，只好求神许愿；树砍完了，只好烧茅草；山都精光了，只好对着叹气。这样又愚又懒的民族，不能征服物质，便完全被压死在物质环境之下，成了一分像人九分像鬼的不长进民族。"② 知足的文化造就了愚昧懒惰的民族，使我们今天"百事不如人"，"不但物质机械上不如人，不但政治制度不如人，并且道德不如人，知识不如人，文学不如人，音乐不如人，艺术不如人，身体不如人"③，这就是中国传统文化及其结果。而西洋的近代文明"建筑在'求人生幸福'的基础之上"，替人类增进了不少物质上的享受。西方文化的最大特色是不知足，"物质上的不知足产生了今日钢铁世界，机械世界，电力世界。理智上的不知足产生了今日的科学世界。社会政治制度上的不知足产生了今日的民权世界，自由政体，男女平权的社会，劳工神圣的喊声，社会主义的运动。神圣的不知足是一切革新一切进化的动力"④，文化上的不知足造就了奋进不止的民族。所以胡适对资本主义世界极为崇拜，他说"美国是不会有社会革命的，因为美国天天在社会革命之中"，在美国，"人人都可以做有产阶级，故阶级战争的煽动不发生效力"。还说，美国的劳工代表"站在大庭广众之中颂他的时代为人类有史以来最好的时代"等等⑤。显然，胡适对中国传统文化是激烈批判的，对西方近代文化是热烈拥护的，其文化观的主流是自由主义的。

在吴稚晖看来，"中国在古代最特色处，实是一老实农民。……他是安分守己，茹苦耐劳"的⑥，后来由于种种原因，便形成了如下这种状况："这种民族的真相，还是只晓得擎了饭碗，歇工时讲讲闲话，完工后破被里一攒，一觉黄粱，揩揩眼眦再做工。……他们只是着衣也不曾着好，吃饭也

---

① 《胡适文存》（三集），黄山书社，1996，第5～10页。
② 《胡适文存》（四集），第458～459页。
③ 《胡适文存》（四集），第459页。
④ 《胡适文存》（三集），第10页。
⑤ 《胡适文存》（三集），第29～30页。
⑥ 吴稚晖：《一个新信仰的宇宙观及人生观》，《太平洋杂志》1923～1924年第4卷。下引该文不复注。

不像吃饭，走路也不像走路，鼻涕眼泪乱迸，指甲里的污泥积叠。……民族如此低劣，真要气破肚皮。"认为当时中国的国民素质低下，应该大力引进西方文化。吴稚晖设计了这样一个方案："穆姑娘治内，赛先生请他兴学理财，台先生请他经国惠民。""如此庶几全盘承受。如此，专心在第一路上（原出于梁漱溟的文化路向说，指意欲向前奋斗的西方文化——笔者注）向前进，开步走是为正理。何可折回半途，（持中），哭哭啼啼，向老迈的孔鳏爷爷（孔子，泛指中国传统文化——笔者注），讨索冷饭剩羹……强度鼻涕眼泪之岁月乎？"此处的"赛先生"，指科学，"台先生"，即"德先生"，指民主，"穆姑娘"，指私德。科学和民主已经被迎入中国，与此同时，吴稚晖也主张把穆姑娘大张旗鼓地请进来，如此三位一体，才算得上全盘承受西方文化，才能使中国走上文明和富裕之路。可以看出吴稚晖对中国传统文化是持批判态度的，对西方文化是极力推崇的，与胡适自由主义文化观的思路大同小异。

与胡适和吴稚晖相比，陈序经在对中国文化的批判上有过之而无不及。

第一，中国的精神文化是一种简单物质生活的文化。所谓简单物质生活的文化，并非没有物质文化，而是否认物质生活的复杂和发达。"这种文化，是全由传统思想所垄断，而传统思想的代表最显明的，要算老子与孔子。老子的'五色令人目盲，五音令人耳聋，五味令人口爽'，以及他的'小国寡民，使有什伯之器而不用，使民重死而不远涉，虽有舟舆，无所乘之，虽有甲兵，无所陈之，使民复结绳而用之……'均是这种精神文化的表示。孔子之所以赞赏颜回、夏禹，去食去兵而存信……也是同样的表示。所谓饿死事小，失节事大，均是由这种文化推衍而来。以这样的物质简单生活的精神文化，而欲与物质发达的西洋文化熔于一炉，水火何异？"[①]

第二，中国传统文化是变动较小的文化，因此，中国文化的进步远不及欧洲的文化。有人把中国传统文化说成是静的文化，其实静的文化就像死的文化，它是不存在的，是一些人用以自慰的精神鸦片。

第三，中国传统思想的特点就是复古。"复古是中国人的传统思想，而且是中国思想上的一个特点。这是读过中国历史的人，总要承认的。这种思想的承上启下的关键人物，当然要算孔夫子。孔夫子在他的言论里，处处都

---

① 杨深：《走出东方——陈序经文化论著辑要》，中国广播电视出版社，1995，第100～101页。

露出复古的彩色，这是读过孔夫子的书的人，总要承认的。……这样的极端的复古，放大起来就是一切的文化，就要依法前人。而依法前人，是愈古愈好。"① "复古的运动，总是与尊孔的运动相连带而来；所以尊孔就为复古，而复古也就是尊孔。"② 我们通常认为，春秋战国时期从经济政治上讲是一个过渡时代，从思想上讲是一个百家争鸣、百花齐放的自由时代，同时也是个性得到张扬的时代，但陈序经另有看法。他认为，四百余年之久的春秋战国时代，除了思想上比较自由外，政治、社会、道德、礼法以及物质上的各种生活没有很大的变更。而且所谓思想比较自由，也不外是从量的方面说，"在质的方面，与其说是发展，不如说是退后。老家之返复自然，既是反对一切成就和达到的文化，孔家的复古，也是反对再做向前的发展，法家……虽主因时制宜，然而骨子里头也是觉得文化演化的历史事实是退化的"。③所以在陈序经看来，中国文化无论是在时间上还是空间上都是死板的延长和放大，决无改变和进步的可能性。所以他借黑格尔的话说："过去的中国，就是现在的中国，而现在的中国也就是过去的中国。"④ 概括来讲，从文化的发展趋势上看，周秦比不上古代的希腊罗马，而中古的中国又比不上中古的欧洲。……不但中古的欧洲是黑暗时代，中古的中国也是黑暗时代。中古欧洲的文化重心是基督教。中古中国文化的重心是孔家，孔家的专制和愚民政策，比之教皇的专制和愚民政策毫不逊色。

第四，中国文化从伦理道德方面讲，是一种压抑或束缚个性发展的文化，并且有着自身的种种原因。陈序经说："从欧洲的历史来看，中世纪与古希腊时代的文化，所以停滞不发展，都是因个性受了压迫，……同样中国文化所以这么单调，这么停滞，也是由于个性的束缚。个性之所以不能发达的原因，大要有三：一为万物神造说；二为自然生长说；三为伟人天生说。万物神造说在中世纪最为流行。自然生长说在柏拉图及亚里士多德的著作中，可以找得出；老子所谓无为而无不为，也属于这一派。至于伟人天生说，差不多可以说是中国的传统思想，而且是孔子、孟子所主张最力的。这三种学说既为个性发展的窒碍，而个性不发展又为文化停滞的原因。"⑤ 黑

① 杨深：《走出东方——陈序经文化论著辑要》，第 107～108 页。
② 杨深：《走出东方——陈序经文化论著辑要》，第 114 页。
③ 杨深：《走出东方——陈序经文化论著辑要》，第 178 页。
④ 杨深：《走出东方——陈序经文化论著辑要》，第 179 页。
⑤ 杨深：《走出东方——陈序经文化论著辑要》，第 132 页。

格尔处处为个性辩护，但他在《历史哲学》里，指出个性的沉没是中国文化没有发展的最大原因，认为中国只有家族，只有团体，没有个人，没有个性。反观中国两千年来的文化的停滞，也是因为个性太束缚了。原因在于孔子的议论，孔子的议论是伟人天造的议论，是排除异己的议论，所以除了孔子以外，没有别的个性可以发展。有人认为中国的物质文明落后，但精神文明尤其是道德并不落后，陈序经不这样看，他指出，号称德治的国家的道德也比不上人家。中国的传统道德可以说是吃人的道德、野蛮的道德、虚伪的道德：明明是冤枉而死，还要说臣罪当诛，臣族该灭。男人能有三妻四妾，女人的信条，却是饿死事小，失节事大。生男像韩非所说则相贺，生女则杀死。"老实说，公共道德，固不如人，个人私德，家庭美德，也不如人。要是中国以为最可自夸，最自负的是他们的道德，那么实在是自己欺骗自己罢了。"①

正是由于中国传统文化的束缚，才使得当时的中国样样不如人，又大大不如人，大体有食不如人、衣不如人、居不如人、玩不如人、文体不如人、行不如人、军政不如人、法律不如人、道德不如人、哲学不如人、文学不如人、科学不如人、教育不如人等（引者概括）。其结论是："非彻底和全盘西化，不足以言自存……今日所要努力来解决的问题，并非中国是否应当西化，而是中国能否赶紧去做彻底和全盘西化。"② 陈序经不仅确信全盘西化的必要性，也确信全盘西化的可能性。陈序经所持的是一种"大文化"的概念，并认为每种文化的方方面面都是相互连结的，牵一发而动全身，"事实上每一层和每一种的文化的各方面，都是互有关系的，互相连带的。我们若是采纳人家的一方面，那么从这方面就会影响到他方面，结果是牵动了整个文化"③，所以只要你吸收了西方文化的部分内容，那结果必然是全盘接受。陈序经认为全盘西化对于中国来说是十分必要的，"假使中国要做现代世界的一个国家，中国应当彻底采纳而且必须全盘适应这个现代世界的文化"④，"设使我们而能自己赶紧全盘西化，再从而发展扩大，则不但我们自己占有世界文化的优越地位，就是我们祖宗所做过的成就和得到的光荣，也赖我们而益彰"⑤。全盘西化对于中国来说也是必然的，"中国之趋于全盘西

① 杨深：《走出东方——陈序经文化论著辑要》，第 189～190 页。
② 杨深：《走出东方——陈序经文化论著辑要》，第 193～194 页。
③ 杨深：《走出东方——陈序经文化论著辑要》，第 200 页。
④ 杨深：《走出东方——陈序经文化论著辑要》，第 176 页。
⑤ 杨深：《走出东方——陈序经文化论著辑要》，第 195～196 页。

化，不过是时间的长短问题，我们若不自己赶紧去全盘西化，则必为外人所胁迫而全盘西化"。① 全盘西化是完全可能的，从洋务派到胡适，人们对西化的认识逐步深入，全盘西化是必然的结论，而且，中国的西化在很多领域已经成为事实，星星之火必然燎原，所以全盘西化只是个时间问题。正因为陈序经主张整体性西化，所以他对文化保守主义进行了批评，认为他们只了解"文"，不了解"化"，没有把握文化的本质在于"化"，而"全盘西化的历程固是模仿的历程，也是创造的历程。有些人认为，全盘西化只是模仿不是创造，这是一种错误"。② 实际上，"西化"这两个字的本身就包含"动性"，绝非仅仅是模仿。

在陈序经生活的时代，西方近代文明的弊端和负面效应已经受到了深入的批判，但他却极力为其辩护，以伸张西方文明的优越性。他说："其实我们要是觉得中国的文化是不合时需，西洋文化是合用了；孔子之道是不好了，'赛'先生是好了，那么要享'赛'先生所给予我们的利益和快乐，应当也要受受'赛'先生发脾气时所给予我们的多少痛苦和烦闷。比方若是我们觉得单轮的手车是太不合用，太跑的慢，太误大事，太无人道，而要坐火车，那么我们应当预备火车，也许跑得太快而出轨以有生命的危险。要是我们要火车公司去担保绝对的没有半点危险，而且能像单轮手车一样的两脚时时能够贴地，火车公司一定是要劝告我们道：您最好是乘手车罢，不要来坐火车。世间既找不到绝对完全的利益和快乐，真的好汉也决不会只有快乐而就快乐，也决不愿只求利益而享利益，这是愚人的做梦，这是惰人的空想。要是惰了，要是愚了，怎能得到利益，怎能享到快乐，怎能见透弊病，怎能避免痛苦。"③ 揭露了一些人既想享受科技文明又畏惧科技文明的矛盾心理，认为这些人是"愚人"、"惰人"，主张要一心一意、心甘情愿地学习西方，做一个"真的好汉"。

自由主义的文化观深入批判了以儒学为代表的传统文化的内在缺失和消极影响，弘扬了西方近代文化精神，为马克思主义在中国的传播开辟了道路。然而，自由主义文化观也存在着各种缺失。第一，自由主义文化观代表人物们的思维方式是二元对立，认为科学民主与中国传统文化绝对不能相

① 杨深：《走出东方——陈序经文化论著辑要》，第195页。
② 杨深：《走出东方——陈序经文化论著辑要》，第406。
③ 陈序经：《东西文化观》，《岭南学报》第五卷第三四期合刊，1936年12月。

容。他们对中国传统文化的批判虽然片面，但不可谓不深刻，的确是"片面的深刻"。然而，他们倒洗澡水连孩子一起倒掉了，从而导致了"深刻的片面"。第二，自由主义文化观用文化发展的点截性否定了文化发展的连续性，深深陷入民族文化虚无主义的泥潭而不愿自拔。实际上，过去了的不可能全都过去，传统文化中包含着许多现实化和未来化的因子，是现代思想进一步建构和跃升的重要资源，只要我们对中国传统文化进行认真的刮垢磨光，就有可能品尝到陈年老酒的醇香，从而获取丰富的滋养。第三，自由主义文化观反映出的是一种无能的心态，即把现代社会的落后归罪于古人，让古人为今人埋单。实际上，中华民族在近现代的危机有着复杂的原因，不能全然归结为传统文化。当代的问题肯定与历史有关联，但主要应该在当代找原因，而不能总让古人负责。第四，自由主义文化观还存在着一个重要的方法论根源，这就是杜维明所说的"弱人政策"，即以己之短比人之长，拿中国吸食鸦片、裹小脚、打麻将等恶俗与西方辉煌的物质文明相比，比较的结果自然会得出悲观的结论，从而走上整体性反传统的道路。第五，自由主义文化观的整体性西化从一开始就面临着种种疑难，他们对于全盘西化必要性和可能性的回答很难令人信服。正如台湾文化自由主义大师殷海光分析的那样："在实际上，近代西方文化不是许多人士所想像的那样健全，也不是他们所想像的那样'卫生'，因此也就不是那样值得事事效法。"[1] "任何人不可能把他们代代相传的文化从后门完全赶出去，从前门把一个新文化像迎新娘子似的迎进来。……我们不要想到实行一次'文化洗脑'，来欢迎西方文化，这既不可能，又无必要。"[2]

四　民族主义文化观

文化民族主义是具有世界性的文化现象，在中国现代表现得尤为突出，出现了众多学派或思潮，如东方文化派、学衡派、早期现代新儒家、战国策派等。他们的文化观主要包括反省式的中国文化观、开放式的西方文化观、中体西用的范式等。

1. 反省式的中国传统文化观

民族主义文化观对中国传统文化持一种分析的态度，既肯定中国传统文

---

① 殷海光：《中国文化的展望》，上海三联书店，2002，第363页。

② 殷海光：《中国文化的展望》，第366页。

化的长处，又批判中国传统文化的负面。他们对中国自给自足的小农经济体制、君主专制的政治制度、个性严重萎缩的奴性人格等都程度不同地持批判态度，反映出他们对待中国传统文化的一种理性的审视态度，从而为向西方学习提供了一个逻辑性的前提。章士钊指出，对于中国传统文化"特欲流传其适宜者耳，至其不适宜，当然改易"。① 保留精华，改造不适合时代的部分。学衡派在政治上否定君主专制制度，支持民主共和。刘伯明在《共和国民之精神》中指出，"吾国政治，自古以来，崇尚专制，……生息于斯制之下者，乏直接参与政事之机会……专制时代，一国政治，属之最少数人。此少数人，苟为贤能，则其治国，其余则漠不关心，所谓不在其位，不谋其政是也"。由于长期生活在专制制度之下，中国人缺乏共和精神，"盖共和精神非他，即自动的对于政治及社会生活负责任之谓也，……共和政治，则为多数之治，人人利害与共，故不应漠然视之。……共和之实现，有待于共和之精神……然无共和之制度，则共和之精神，亦无由产生"。② 梁漱溟虽然认为中国文化即将复兴，但他没有回避中国传统文化的缺失，认为中国文化与西方文化相比，在征服自然、科学技术、民主自由等方面都大为逊色。中国人没有征服自然的魄力，而是安于小木船上，煤油灯下的怡然自得；中国的学术是"不学无术"，既无科学，方法也不发达；中国社会生活中崇尚独裁、专制，个人的个性未得到伸展。张君劢着重从社会政治、学术和宗教方面对中国传统文化的弊端进行了深刻的揭露。认为政治上久处君主专制之下，人民缺少独立性，他们只知道听话，不知道自己的权利和义务。学术上过分注重支离琐碎的考据，缺乏逻辑学的素养和伟大的思想系统。宗教信仰中夹杂着功利意识，缺乏真正的诚意和以身殉道之精神。其他如熊十力、冯友兰、贺麟、钱穆，包括马一浮都对中国传统文化有着或多或少、或深或浅的检讨和批评。战国策派批判了中国的大家族制度，批判了"孝为百行先"的价值理念。林同济在《大政治时代的伦理——一个关于忠孝问题的讨论》一文中说："中国不但以孝为中心而组成一套思想系统，还凭此思想系统而组成一批'吃人'的礼法，构出一个庞大的宗法社会，复杂的家庭制度。"③ 战国策派学人还批判了中国传统的官僚制度以及由此带来的

---

① 章士钊：《新时代之青年》，《东方杂志》1919 年第 16 卷第 11 号。

② 刘伯明：《共和国民之精神》，《学衡》1922 年第 10 期。

③ 温儒敏、丁晓萍编《时代之波——战国策派文化论著辑要》，中国广播电视出版社，1995，第 173 页。

一系列腐败现象，反映出对中国传统文化多方面的反省态度。

2. 开放式的西方文化观

民族主义文化观对西学持一种开放心态。杜亚泉主张中国文化应该融合西洋思想，钱智修也主张熔东西文化于一炉。学衡派的宗旨正像《学衡》杂志各期所标明的那样："论究学术，阐求真理，昌明国粹，融化新知。以中正之眼光，行批评之职事。无偏无党，不激不随。"在中西文化的关系问题上，学衡派力主兼容，并主张以此为基础创建中国的新文化。梅光迪在《评提倡新文化者》中认为中国文化"必有可发扬光大，久远不可磨灭者在"，而西方文化也是源远流长，"有足备吾人采择者"，因此主张"改造旧有文化"，"吸取他人文化"。[①] 吴宓在《论新文化运动》中说："今欲造成中国之新文化，自当兼取中西文明之精华，而熔铸之、贯通之。吾国古今之学术德教，文艺典章，亦当研究之、保存之、昌明之、发挥而光大之。而西洋之古今学术德教，文艺典章，亦当研究之、吸取之、译述之、了解而受用之。""中国之文化，以孔教为中枢，以佛教为辅翼，西洋之文化，以希腊罗马之文章哲理与耶教融合孕育而成，今欲造成新文化，则当先通知旧有之文化。""如是，则国粹不失，欧化亦成，所谓造成新文化，融合东西两大文明之奇功，或可企致。"[②] 对西学的开放心态和对现代化的追求构成现代新儒学"现代性"的重要支撑。早期现代新儒学对西方文化的吸收，对现代化的要求不是做表面文章，而是出自真诚。梁漱溟坦承西方文化的历史价值和对于中国当代社会的现实意义，大力倡导科学、民主、自由、个性发展等西方价值理念，用以救治中国物质文明不发达、科学落后、个性萎缩等弊端。贺麟虽然倡导"儒家思想的新开展"，但认为其关键问题是在于深刻把握西洋文化。儒家思想的新开展，不是建筑在排斥西洋文化上面，而是建筑在彻底把握西洋文化上面。张君劢对民主政治的向往、熊十力亲身参加辛亥革命、冯友兰对中国现代化必然性的确证、钱穆的"急激的西方化"、马一浮年轻时代对西方文化的赞慕等，都反映出现代新儒家学者对西方文化的一种积极态度。战国策派学人也认为，对于西洋文化不妨尽量吸收，实际也不得不吸收。

3. 中体西用的范式

民族主义文化观的基本立足点是民族的，尽管其中的不少人有突破中体

---

① 梅光迪：《评提倡新文化者》，《学衡》1922 年第 1 期。

② 吴宓：《论新文化运动》，《学衡》1922 年第 1 期。

西用的愿望和努力，但很难做到，因为突破了中体西用，其文化立场很难说是民族的了。因此，从一般意义上讲，只要是民族主义的文化观都跳不出中体西用的范式。东方文化派虽主张融合中西，但更倾向于"中学"。学衡派对中国传统文化也给予了较多关注。柳诒徵说："今人论中国近世腐败之病源，多归咎于孔子。""误以为反对孔子为革新中国之要途，一若焚经籍，毁孔庙，则中国即可勃然兴起，与列强并驱争先者。""余每见此等议论，辄为之哑然失笑，非笑其诋毁孔子也，笑其崇孔子太过，崇信中国人太过。"其实中国近世的病根，"在满清之旗人，在鸦片之病夫，在污秽之官吏，在无赖之军人，在托名革命之盗贼，在附会民治之名流政客，以迄地痞流氓，而此诸人故皆不奉孔子之教"。"中国最大之病根，非奉行孔子之教，实在不行孔子之教。"[①] 柳诒徵还对五伦的价值进行了阐释，他说："人伦有五，亦曰达道。中庸曰：天下之达道五，君臣也，父子也，夫妇也，昆弟也，朋友也，谓之达道，即通衢大道之谊。犹之古之驿路……今之铁道。"[②]柳诒徵认为，西方经过大战后的反省所得出的互助结论早在中国五伦中就体现出来了，中国人"以为妇之助夫，天职也；夫之助妇，亦天职也；父母之助子女，更天职也。天职所在，不顾一身，虽苦不恤，虽劳不怨。于是此等仁厚之精神，充满于社会，流传至数千年。而国家亦日益扩大而悠久，此皆古昔圣哲立教垂训所赐。非欧美所可及也"。[③] 早期现代新儒学尽管做了许多摆脱中体西用思维范式的努力，如对本位文化论的批判等，但终不可能完全跳出它的限定。这种思维范式在洋务派时代就已经定格，它在中学和西学的选择上明显地加重了中学的砝码，只要是称得上文化民族主义派别的，它的侧重点一定是在中学上。现代新儒学之所以为现代新儒学的依据就在于它立本于儒学，守护儒学的基本价值理念。梁漱溟学说的核心是中国文化复兴说，他主要致力于原始儒学特别是孔孟思想的现代提升，把直觉与孔子的仁，孟子的良知良能进行比附，认为直觉就是本能，这种本能主要是一种求善的本能，它与理智是对立的。要想让人们按直觉生活，必须提倡孔子的礼乐和孝悌，从而使社会上人人都有一个仁的生活。张君劢虽然在政治上是君主专制制度的批判者和民主制度的倡导者，但在思想文化上仍然对儒学特别

---

① 柳诒徵：《论中国近世之病源》，《学衡》1922 年 3 月第三期。
② 柳诒徵：《明伦》，《学衡》1924 年 2 月第二十六期。
③ 柳诒徵：《明伦》，《学衡》1924 年 2 月第二十六期。

是宋明理学宠爱有加。他在《再论人生观与科学并答丁在君》中，明确提出了昌明宋明理学的口号。在张君劢看来，宋明理学把心规定为实在，其"功不在禹下者焉"，并从理论和实际两个方面肯定了复兴宋明理学的必要性。张君劢重点强调在当时中国的具体背景下，应该用儒家的基本价值理念加强道德建设，认为无道德背景的经济是有害的经济。他坚持认为中国重人伦的文化是对人类的很大贡献，我们自己应该知道珍惜。马一浮作为现代的经学大师对以"六艺"为核心的国学推崇备至。他认为国学立足于心性，博大精深，具有无比的优越性，即使世界上其他的文化都消失了，国学也不会消失，它的复兴势在必然。马一浮在国学中最重儒学，尤其是六艺，提出了"六艺该摄一切学术"的独特学术观念。他把六艺提到至高无上的地位，认为它是圣人成圣的依据，是圣人成教和学者所学的内容，是全部人类心灵的表现，与人类的生活息息相关。它放之四海而皆准，对于人类的未来发展具有重要意义。他提出六艺该摄一切学术，既该摄国学，也该摄西学的观点，认为世界上的一切学问，不论古今中外，不论东西南北，都可以归置于六艺之下，这显然是一种以六艺为根基的文化霸权论。熊十力的"新唯识论"参照西学而出入于佛儒，归宗于儒学。他以先儒天人合一、体用一源的理论为致思框架，提出本体主体融通为一的道德学理念。认为性是无漏纯善的，亦即儒家的仁，但它在显发为习时，却经常被习所障碍，这主要表现在人们向外追求而不知返性。虽然如此，但本性是每个人先天具足的，只要一经引发，人人都具有复性的可能。而复性的途径包括"强恕"和"操存涵养"等。这些观念显然是儒家的，与孟子、朱熹等大儒人性论的思路十分切近。冯友兰"新理学"的主要概念和观念来自儒家，是对"理"、"气"、"道体"、"无极"、"太极"等中国传统哲学范畴的重铸。冯友兰的人生境界说虽然承认自然境界和功利境界存在的合理性，但他对道德境界和天地境界更为推崇，道德境界充满了儒家"舍生取义"、"尽伦尽职"、"公而忘私"的内容，天地境界则定格于物我一体、内外浑融的天人合一状态，而这种理念则是儒家、道家等中国传统学术所共有的。贺麟虽然极力反对中国文化本位说，但他的"儒家思想新开展"依然是以儒家思想为本，兼容其他学术。他的心物论、知行论、方法论、文化观等都深深地打上了中国传统学术的烙印。而他对儒家特别是宋儒伦理学说的新解释也展示了他对传统价值理念的关爱。钱穆虽然是"广泛的现代新儒学"的代表，对整个传统文化和中华历史抱有"温情和敬意"，但他也充分肯定了儒家对中国文化发展的重要影响，认为中华民族的"学术路径"和"思想态度"，大体上是在先秦时代奠基的，最重要的就是孔子和他创立的儒家。可以说，中国古代的文化传统自然要产生孔子与儒家思想，而孔子与儒家思想的产生规定了以后的中国文化，强调了儒学对整个中国文化的重要意义。

4. 简要分析

中国现代的民族主义文化观有着自身的合理性和局限性。

民族主义文化观的深层是顽强的寻根意识，特别是当民族文化受到前所未有的冲击时，民族主义的文化观就会很自然地生长出来，并表现得相当顽强。自鸦片战争以来中华民族受欺凌的屈辱史以及日渐抬头的民族自卑情绪和全盘西化论，都对民族主义文化观的产生起到了刺激、催化的作用。民族主义文化观固守在文化的民族性和多样性一边，强调着"越是民族的越是世界的"这一长期流行的文化信条。应当说，只要有不同民族文化的存在，任何民族主义文化观的存在都有它现实的合理性。

文化是连续性和非连续性的统一。一个民族的文化可能由于某种原因发生激烈的变化，但任何一种新的文化都不可能会莫名其妙地突然出现，它必然与先在的文化资源有千丝万缕的联系。文化的这种连续性为民族主义文化观提供了逻辑的合理性，既然我们承认文化的连续性，那么，在文化上保守或者说承继一些东西是天经地义的。民族主义文化观是对中国传统价值理念的积极维护，试图通过一种现代性的转换，接续上中国文化传统的一线血脉。

由于西方近代文化暴露出的种种危机，促使人们反身重新审视中国传统文化的价值，以寻求在中西文化相互结合的基础上创建中国新文化的现实道路，民族主义文化观对以儒学为代表的传统文化的重视和提升，为人们深入探讨修补新外王的途径开启了思路。尽管以儒学为代表的传统文化的基本精神与现代化精神是难以相容的，但这并不妨碍它的某些资源经过重建而转化为现代化精神的内在因素，这就为民族主义文化观的存在提供了自身的合理性。

20 世纪中西文化的交流获得了长足的进展，它所蕴含和展示的是中国文化世界化、世界文化中国化的一种双向运动。21 世纪的中国文化在人类社会发展和中国走向现代化的大背景下，必然会加快其世界化的步伐。从这样一个角度来看，民族主义文化观难以符合中国当代文化发展的大趋势，我们所需要的是更加积极地融入全球化的潮流中，而不是抱着文化上的"我族中心主义"而孤芳自赏。任何民族主义文化观如果与文化的世界性相抗衡就会走向极端和狭隘，就不是"良性"的我族中心主义，而是"恶性"

的，那么，它所坚持的文化进步主义与文化连续主义就值得怀疑。

民族主义文化观在传统文化的现实和未来定位上充满了幻想的因素，其目的无疑是为了使以儒学为代表的传统文化重新夺回思想文化上的中心地位，统领中国新文化的建设。当中西文化开始碰撞之后，当工业革命的巨轮开始碾压小农经济的围栏时，尤其是在马克思主义中国化和物态化的历史场景下，试图把以儒学为代表的传统文化重新推为思想界的霸主，这是不切实际的。因此，我们应该丢掉幻想，面对现实，以更为宽阔的心怀塑造中华民族的现代性，在世界性的背景下重建新的民族文化。

五　中国马克思主义文化观

马克思主义在现代中国经历了一个由原型化到中国化、理论化到物态化的过程。一批马克思主义思想家和实践家如李大钊、陈独秀、瞿秋白、李达、艾思奇、毛泽东、刘少奇等，在运用马克思主义基本理论研究和解决中国实际问题的同时，提出了不同于自由主义和民族主义的文化观。他们的文化理念是历史唯物主义的，对外国文化和中国传统文化都持一种辩证的态度。

中国马克思主义的文化观首先是一种历史唯物主义的文化观。

李大钊在《我的马克思主义观》中说："一切社会上政治的、法制的、伦理的、哲学的，简单说，凡是精神上的构造，都是随着经济的构造变化而变化。"[1] 指出了精神文化对经济构造的依赖性。在《由经济上解释中国近代思想变动的原因》中，李大钊指出："中国的大家族制度，就是中国的农业经济组织，就是中国二千年来社会的基础构造。一切政治、法度、伦理、道德、学术、思想、风俗、习惯，都建筑在大家族制度上作他的表层构造。"[2] 时代变了，"中国的农业经济，既因受了重大的压迫而生动摇，那么首先崩颓粉碎的，就是大家族制度了。中国的一切风俗、礼教、政法、伦理，都以大家族制度为基础，而以孔子主义为其全结晶体。大家族制度既入了崩颓粉碎的运命，孔子主义也不能不跟着崩颓粉碎了"。[3] 认为当时中国思想文化变动的原因是农业经济受到重大挑战而发生了动摇。

---

① 《李大钊全集》第三卷，河北教育出版社，1999，第242页。
② 《李大钊全集》第三卷，第434页。
③ 《李大钊全集》第三卷，第488页。

陈独秀1921年在《新教育是什么？——在广东高师的演讲词》中说："孔子的学说思想所以发生在中国也决非偶然之事，乃是中国的土地气候造成中国的产业状况，中国的产业状况造成中国的社会组织，中国的社会组织造成孔子以前及孔子的伦理观念。这完全是有中国的社会才产生孔子的学说，决不是有孔子的学说才产生中国的社会。"① 认为学说产生于社会，而不是相反。

瞿秋白说："经济生活，生产方法不变，一方面既不能有文化的要求，以进于概括而论的文明，另一方面更不能有阶级的觉悟，担负再造文物的重责。东方古文化国的文化何时才能重兴？"② 指出了中华文化的复兴依赖于经济生活，生产方法的变化。

李达在《女子解放论》中指出："一切生产关系财产关系，是社会制度的基础；一切社会宗教、哲学、法律、政治等组织，均依这经济的基础而定。"③

道德是精神文化的一个方面，艾思奇在《共产主义者与道德》中用历史唯物论的观点解释了道德与社会存在的关系，他说："共产主义者不从超时间，超社会的地方去找'天经地义'，不从绝对的'人性'，'良心'等等精神的领域里去找道德的规律，而要从社会的物质经济的发展状况中去找道德的基础。"④ 把社会的物质经济的发展作为道德的基础。因此，随着社会经济状况的变化，道德也会不断地变化，"今天是好的意义上的道德行为，在另外的一种经济社会的条件之下，可以成为恶德，相反的也是一样，妇女的片面贞操在封建社会里是美德，就是直到今日，这种观念也还在中国落后的地方有着残遗，但大部分进步的地方，已经承认这是罪恶了"⑤ 认为道德的变化，依赖于社会经济状况的变化。

毛泽东所说的文化即观念文化，认为文化是经济、政治的产物又反过来作用于政治和经济。他说："一定的文化（当作观念形态的文化）是一定社会的政治和经济的反映，又给予伟大影响和作用于一定社会的政治和经济；而经济是基础，政治则是经济的集中表现。这是我们对于文化和政治、经济的关系及政治和经济的关系的基本观点。那末，一定形态的政治和经济是首

① 《陈独秀文章选编》中，三联书店，1984，第76页。
② 《瞿秋白作品精编》，漓江出版社，2004，第269页。
③ 《李达文集》第一卷，人民出版社，1980，第30页。
④ 《艾思奇文集》第一卷，人民出版社，1981，第412页。
⑤ 《艾思奇文集》第一卷，第413页。

先决定那一定形态的文化的；然后，那一定形态的文化又才给予影响和作用与一定形态的政治和经济。""问题很清楚，我们要革除的那种中华民族旧文化中的反动成分，它是不能离开中华民族的旧政治和旧经济的；而我们要建立这种中华民族的新文化，它也不能离开中华民族的新政治和新经济。中华民族的旧政治和旧经济，乃是中华民族的旧文化的根据；而中华民族新政治和新经济，乃是中华民族新文化的根据。"① 意思很清楚，经济、政治和文化的关系是辩证的关系，一定社会的经济、政治决定一定社会的文化，一定社会的文化又反作用于一定社会的政治和经济，这是历史唯物主义基本观点的具体运用，也可以说是一种历史唯物主义的文化观点。

其次，中国马克思主义的文化目标是要建立一种反帝反封建的新民主主义文化，所以封建文化是文化革命的对象之一。毛泽东说："在中国，有帝国主义文化……又有半封建文化，这是反映半封建政治和半封建经济的东西，凡属主张尊孔读经、提倡旧礼教旧思想、反对新文化新思想的人们，都是这类文化的代表。……不把这种东西打倒，什么新文化都是建立不起来的。不破不立，不塞不流，不止不行，它们之间的斗争是生死的斗争。"② 毛泽东认为新民主主义文化与帝国主义文化、半封建文化是不可调和的。

再次，中国马克思主义文化观还涉及对中外文化的态度问题，大都持一种分析的辩证态度。

瞿秋白声言："'我'不是旧时代之孝子顺孙，而是'新时代'的活泼稚儿。……我自是小卒，我却编入世界的文化运动先锋队里，他将开全人类文化的新道路，亦即此足以光复四千余年文物灿烂的中国文化。"③ 表达了重建新文化的愿望。而新文化的基础就是融会东西方文化。但这两种文化"都有危害的病状，一病资产阶级的市侩主义，一病'东方式'的死寂"。④ 也就是既要吸收东西方文化的精华，也要看到东西方文化各自的问题。这是对东西方文化总体的辩证的态度。

在谈到对待外国文化的态度时，毛泽东说："中国应该大量吸收外国的进步文化，作为自己文化食粮的原料，这种工作过去还做得很不够。这不但是当前的社会主义文化和新民主主义文化，还有外国的古代文化，例如各资

① 毛泽东：《新民主主义论》，《毛泽东选集》第二卷，人民出版社，1991，第663~664页。
② 毛泽东：《新民主主义论》，《毛泽东选集》第二卷，第694~695页。
③ 《瞿秋白作品精编》，第669页。
④ 《瞿秋白作品精编》，第669页。

本主义国家启蒙时代的文化，凡属我们今天用得着的东西，都应该吸收。但是一切外国的东西，如同我们对于食物一样，必须经过自己的口腔咀嚼和胃肠运动，送进唾液胃液肠液，把它分解为精华和糟粕两部分，然后排泄其糟粕，吸收其精华，才能对我们的身体有益，决不能生吞活剥地毫无批判地吸收。所谓'全盘西化'的主张，乃是一种错误的观点。"① 这是毛泽东提出的对待外国文化的基本态度，不拒绝，批判地吸收，为我所用。

在谈到对待中国传统文化的态度时，中国的马克思主义者多主张"取其精华，去其糟粕"。

艾思奇在《共产主义者与道德》中指出，中国的共产主义者同时也是革命的民族主义者，而且本来也就是中华民族的一部分优秀的子孙。"共产主义者必须而且已经在继承着和发扬着中国民族的优秀的传统，不论是一般文化方面的或单ика道德方面的。"② 中国历史上许多宝贵的伦理思想，是可以在共产主义者身上获得发展的，无产阶级的新的道德，并不是简单地对于旧道德的否定，而是对它的精华的提高和改造，是使旧道德中的积极内容获得进步。譬如忠、孝、节、义之类，曾经是封建道德的重要的规范，而共产主义者对于这样的规范，并不绝对地抹煞，在共产主义者的英勇斗争的行动当中，这些规范的最好的内容事实上被发展着了。自然，陈腐的部分是要除去了的。"对于君主的忠心，是绝对不要了的，然而共产主义者曾表现了对于国家民族的最大的忠心。……在民族社会的大事业的条件容许的限度内，共产主义者也主张对于父母的敬爱的。……共产主义者为民族事业斗争时的那种坚贞卓绝的节操，对民族利益而牺牲一切的义气，却也是节义的真精神的最高表现。这一切民族道德的发扬，虽然不仅仅是共产主义者才能做到，然而它在共产主义者身上有着光辉的表现。"③

毛泽东说："中国的长期封建社会中，创造了灿烂的古代文化。清理古代文化的发展过程，剔除其封建性的糟粕，吸收其民主性的精华，是发展民族新文化提高民族自信心的必要条件；但是决不能无批判地兼收并蓄。必须将古代封建统治阶级的一切腐朽的东西和古代优秀的人民文化即多少带有民主性和革命性的东西区别开来。……中国现时的新文化也是从古代的旧文化

---

① 毛泽东：《新民主主义论》，《毛泽东选集》第二卷，第706～707页。
② 《艾思奇文集》第一卷，人民出版社，1981，第418页。
③ 《艾思奇文集》第一卷，人民出版社，1981，第418～419页。

发展而来，因此，我们必须尊重自己的历史，决不能割断历史。但是这种尊重，是给历史以一定的科学的地位，是尊重历史的辩证法的发展，而不是颂古非今，不是赞扬任何封建的毒素。"① 毛泽东在这里把中国古代文化区分为封建统治者的腐朽的东西和代表人民文化的优秀的东西，主张对古代文化进行批判的吸收。毛泽东上述对待古今中外文化的态度或方法被称作"古今中外法"，毛泽东的老师徐特立对此有过通俗和形象的解释，他说："毛泽东同志提出的古今中外法，就是说我们古代的也要，现代的也要，外国的也要，中国的也要。把古代的变为自己的，和现代的结合起来；把外国的变为自己的，和中国的结合起来。"又说："古今中外法，把古今结合，中外结合，变成我的。就像吃牛肉也好，吃狗肉也好，把他变成我的肉，这就对了，绝不是说吃了狗肉我就变成了狗肉。"② 这是一种"辩证的综合观"，也可称之为综合创新法。

刘少奇对中国传统的价值观念也是持分析态度的，他在《论共产党员的修养》中多次提到中国传统文化资源，用以强调共产党员道德修养的重要性。如：孟子说过，"在历史上担当'大任'起过作用的人物，都经过一个艰苦的锻炼过程，这就是：'必先苦其心志，劳其筋骨，饿其体肤，空乏其身，行拂乱其所为，所以动心忍性，增益其所不能。'共产党员是要担负历史上空前未有的改造世界的'大任'的，所以更必须注意在革命斗争中的锻炼和修养"。③ 刘少奇用孟子的思想激励共产党员担负起改造世界的"大任"。曾子说过"吾日三省吾身"，这是说自我反省的问题。《诗经》上有这样著名的诗句："如切如磋，如琢如磨。"这是说朋友之间要互相帮助，互相批评。"这一切都说明，一个人要求得进步，就必须下苦工夫，郑重其事地去进行自我修养。但是，古代许多人的所谓修养，大都是唯心的、形式的、抽象的，脱离社会实践的东西。他们片面夸大主观的作用，以为只要保持他们抽象的'善良之心'，就可以改变现实，改变社会和改变自己，这当然是虚妄的。我们不能这样去修养。我们是革命的唯物主义者，我们的修养不能脱离人民群众的革命实践。"④ 这既肯定了古人所说的自我反省的重要性，也指出了古代修养论的问题，强调了修养与实践的结合，把修养论建立

---

① 毛泽东：《新民主主义论》，《毛泽东选集》第二卷，第 707～708 页。

② 转引自方克立《现代新儒学与中国现代化》，天津人民出版社，1997，第 492 页。

③ 刘少奇：《论共产党员的修养》，人民出版社，1962，第 5 页。

④ 刘少奇：《论共产党员的修养》，第 14 页。

在了唯物论的基础之上。《孟子》上有这样一句话："人皆可以为尧舜。"
"我看这句话说得不错。每个共产党员，都应该脚踏实地，实事求是，努力
锻炼，认真修养，尽可能地逐步地提高自己的思想和品质，不应该望到马克
思列宁主义创始人那样伟大的革命家的思想和品质，认为高不可攀，就自暴
自弃，畏葸不前。如果这样，那就会变成'政治上的庸人'，不可雕的'朽
木'"①，通过孟子的话鼓励共产党员道德修养的自信心。刘少奇还说："杀
身成仁"、"舍生取义"，"在必要的时候，对于多数共产党员来说，是被视
为当然的事情"。②对传统的价值理念进行了马克思主义的转换，表明刘少
奇对中国传统文化资源的重视。

综上所述，中国现代马克思主义文化观以历史唯物论为根基，强调了经
济基础对文化的决定作用和文化的反作用，在对待中外文化的态度上，贯彻
了"取其精华，去其糟粕"，洋为中用、古为今用的基本原则，这在今天看来
依然是重要的。尤其是毛泽东奠基的综合创新无疑是到目前为止最全面的文
化主张、文化心态、文化方法，它主张用自己健全的胃肠吞食古今中外所有
的文化，然后消而化之，扬而弃之，转为己有，从而形成新的文化。诚如方
克立先生所说的那样，综合创新也是文化发展的规律。作为一种规律，它始
终存在于文化发展的过程中。古人也知道"杂以成家"，综合创新，不过那时
只有古今，而无中外。实事求是地说，任何一种有成就的理论体系，都是综
合创新的结果。所以，中国现代马克思主义文化观对待古今中外文化的基本
态度和方法仍是我们今天需要坚持的。应该指出的是，中国现代马克思主义
文化观有浓郁的斗争色彩，极少数人如陈独秀对待中国传统文化的态度过于
激烈，在这一点上需要汲取中国现代民族主义文化观对待中国传统文化的合
理分析，当然也需要关注中国现代自由主义文化观对现代性的执著追求。21
世纪中国文化的样态是多维度的，期待她能有更多的色彩和更大的辉煌！

（编辑：秦维红）

---

① 刘少奇：《论共产党员的修养》，第10页。
② 刘少奇：《论共产党员的修养》，第41页。

科学认知范式的形成及其检讨

——以作为中国传统哲学理解方法为中心的讨论

李承贵

摘　要：近代自然科学成果被介绍到中国之后，中国学者将其视为对中国传统思想资源具有特别功能和特殊价值的学术研究方法。通过对"科学"作为学术研究方法意识的形成和"科学"在中国传统哲学研究中的应用两方面进行深入分析，我们发现，科学认知范式在开掘中国传统哲学资源中的科学价值、建立新的学科、推动中国传统哲学转型等方面都具有积极意义，但对中国传统哲学中的人文精神可能产生消极影响。

关键词：科学认知范式　形成　检讨　中国传统哲学

作者简介：李承贵，南京大学哲学系教授（南京，210093）。

这里所谓"科学"，包括自然科学原理、定律、成果及方法等内容，所谓"科学认知范式"就是指把自然科学原理、定律、成果及方法作为认知、理解中国传统哲学的根据和工具，并且这种认知和理解在时间上具有长期性，在空间上具有普遍性，在主体上具有群众性，从而成为认知、理解中国传统哲学的一种普遍模式。本文即对这种模式的早期形成、应用以及应用中存在的问题展开探讨。

一　"科学"之为学术研究方法意识的形成

近代自然科学成果被介绍到中国之后，对中国的政治、经济、社会、文化、学术都产生了深远的影响，而其在学术上的主要影响就是被中国学者当作学术研究方法。

归纳法是中国学者较早关注的"科学成果"之一，严复称之为"内籀"。严复介绍说，"内籀"是"察其曲而知其全者也、执其微以会其通者也"。① 通俗地讲，所谓"内籀"是指由散见的杂多的现象达到一般结论的思维方法。严复对归纳法推崇备至。他说："夫公例者，无往而不信者也。使人之所教，而我可以不教，或我教而异夫人之所教，凡此皆非公例可知。非公例，则非不易之是非，顺之必吉，违之必凶者矣。是故居今言事理也，视中西二俗，所不期然而合者。不期然而合，必其不可叛者矣。"② 在严复看来，通过归纳获得的结论是人人必须遵守的公例，因而学术研究有没有价值，就看它是不是通过归纳法得来的——"明者著论，必以历史之所发见者为之本基，其间抽取公例，必用内籀归纳之术，而后可存"。③ 梁启超认为，归纳法就是将与研究对象相关的所有现象都做考察，然后进行归类分析："大抵史料之为物，往往有单举一事，觉其无足重轻，及汇集同类之若干事比而观之，则一时代之状况可跳活表现。"④ 而其学术价值就是可以获得更多的真理性认识："欲求人群进化之真相，必当合人类全体而比较之，通古今文野之界而观察之，内自乡邑之法团，外至五洲之全局；上自穹古之石史，下至昨今之新闻，何一而非客观所当取材者。综是焉以求其公理公例，虽未克完备，而所得必已多矣。"⑤ 王国维认为，不能对事物做全面系统的了解，就不能知道此事的细节，而不能知道事物的细节，就不能知道事物的全体、本质。他说："夫天下之事物，非由全不足以知曲，非致曲不足以知全。虽一物之解释，一事之决断，非深知宇宙人生之真相者不能为也。而欲知宇宙人生者，虽宇宙中之一现象，历史上之一事实，亦未始无所贡献。"⑥ 王国维强调个别现象、个别事实对研究宇宙人生的贡献，就是强调归纳法在学术研究上的意义。胡适认为，归纳法与演绎法对于学术研究而言是同等重要的。他说："科学方法不单是归纳法，是演绎法和归纳法相互为用的，忽而归纳，忽而演绎，忽

---

① 《天演论·自序》，《严复集》第三册，中华书局，1986，第 1320、1320 页。
② 《老子评语》，《严复集》第四册，第 1093 页。
③ 《〈民约〉平议》，《严复集》第二册，第 337 页。
④ 《中国历史研究法》，华东师范大学出版社，1996，第 87、110、99 页。
⑤ 《史学之界说》，《梁启超哲学思想论文选》，北京大学出版社，1984，第 107 页。
⑥ 《〈国学丛刊〉序》，《国学大师论国学》，东方出版中心，1998，第 43、41 页。

而又归纳；时而由个体事物到全称的通则，时而由全称的假设到个体的事实，都是不可少的。"① 可见，归纳法在学术界被普遍视为学术研究的基本程序。

实证方法就是把所确定的理论与事实进行验证，它的研究方法意义也为中国学者所关注。严复认为，中国学术之所以落后，缺乏实证学风是一个根本原因。他说："盖学术末流之大患，在于徇高论而远事情，尚气矜而忘实祸。"② 而西方学术之所以发达，就在于拥有"一理之明，一法之立，必验之物物事事而皆然"的实证方法："三百年科学公例，所由在在见极，不可复摇者，非必理想之妙过古人也，亦以严于印证之故。"③ 梁启超认为，要获得真理性认识，必须对认识对象进行反复观察和试验，而且从开始到结束都应如此。他说："人欲求得一真理，当先即一物而频频观察，反复试验，作一所谓有无级度之表以记之。如初则有是事，次则无是事，初则达于甲之级度，次则达于乙之级度，凡如是者皆一一考验记载无所遗。积之既久，而一定理出焉矣。"④ 因此，问题不管大小，都要贯注实证精神。他说："问题有大小，研究一问题之精神无大小，学以求真而已，大固当真，小亦当真。一问题不入吾手则已，一入吾手必郑重忠实以赴之。"⑤ 概言之，实证方法是获得正确结论的重要途径。王国维反对虚言、假言、妄言，主张一个道理、一个结论都必须有证据，所谓"凡事物必尽其真，而道理必求其是，此科学之所有事也"。⑥ 这个"科学之所事"在王国维这里就是"二重证据"法："吾辈生于今日，幸于纸上之材料外更得地下之新材料，由此种材料，我辈固得据以补正纸上之材料，亦得证明古书之某部分全为实录，即百家不雅驯之言，亦不无表示一面之事实。此二重证据法，惟在今日始得为之。"⑦ 纸上的材料与地下的材料互证，才能彼此肯定，此即是实证方法之精神。孙中山认为，一种学理究竟正确与否，只有通过事实的检验。他说："学理有真的有假的，要经过试验才晓得对与不对。好像科学上发

① 《清代学者的治学方法》，《胡适哲学思想资料选》（上），华东师范大学出版社，1981，第184 页。
② 《救亡决论》，《严复集》第一册，第43、49 页。
③ 《穆勒名学》按语，《严复集》第四册，第1053 页。
④ 《近世文明初祖二大家之学说》，《梁启超哲学思想论文选》，第86、88 页。
⑤ 《中国历史研究法》，华东师范大学出版社，1996，第87、110、99 页。
⑥ 《〈国学丛刊〉序》，《国学大师论国学》，东方出版中心，1998，第43、41 页。
⑦ 《古史新证》），《王国维学术经典》（下卷），江西人民出版社，1997，第126 页。

明一种学理，究竟是对与不对，一定要做成事实，能够实行，才可以说是真学理。"① 而在胡适这里，实证方法的根本观念被理解为"把注意之点从最先的物事移到最后的物事，从通则移到事实，从范畴移到效果"，即不是从原则出发，而是从事实出发，而实验的方法至少注重三件事："从具体的事实与境地下手；一切学说理想，一切知识，都只是特征的假设，并非天经地义；一切学说与理想都须用实行来试验过，实验是真理的惟一试金石。"② 可见，实证方法在学术界被普遍视为获得正确结论的保证。

怀疑方法也受到当时学者的追捧。严复认为中国学术传统是"尚循古而乐因人"，而西方学术传统是"贵自得而喜善疑"。他说："至于晚近，（西方）言学则先物理后文词，重达用而薄藻饰。且其教子弟也，尤必使自竭其耳目，自致其心思，贵自得而贱因人，喜善疑而慎信古。"③ 而"尚古"、"因人"不但不能培育怀疑精神，反而造就奴性人格、依附心态、盲从心理。诚如严复所批评的："中土之学，必求古训。古人之非，既不能明，即古人之是，亦不知其所以是。记诵词章既已误，训诂注疏又甚拘，江河日下，以致于今日之经义八股，则适足以破坏人材，复何民智之开之与有耶？"④ 显然，严复对"尚古"、"因人"的批评，就是对怀疑精神的肯定和颂扬。梁启超对怀疑方法也抱有巨大热情，他说："笛卡儿起，谓凡学当以怀疑为首，以一扫前者之旧论，然后别出其所见，谓于疑中求信，其信乃真。此实为数千年学界当头棒喝，而放一大光明以待来哲也。"⑤ 梁启超认为，怀疑方法不仅是求得真理的工具，还可使人的智慧获得独立与自由，因而在学术研究过程的始终都极为重要："吾侪若思养成鉴别能力，必须将此种心理结习痛加涤除，然后能向常人不怀疑之点能试怀疑，能对于素来不成问题之事项而引起问题。夫学问之道，必有怀疑然后有新问题发生，有新问题发生然后有研究，有研究然后有新发明。"⑥ 胡适认为，存疑主义的主脑就是"只可存疑，不当信仰"，而"存疑方法"的意义在于存疑才有问题发生、才有问题研究，是科学研究的前提——"直到疑难发生时，方才发生

---

① 《民生主义》，《孙中山选集》，人民出版社，1981，第830页。
② 《杜威先生与中国》，《胡适哲学思想资料选》（上），第182页。
③ 《原强修订稿》，《严复集》第一册，第29、29页。
④ 《原强修订稿》，《严复集》第一册，第29、29页。
⑤ 《近世文明初祖二大家之学说》，《梁启超哲学思想论文选》，第86、88页。
⑥ 《中国历史研究法》，华东师范大学出版社，1996，第87、110、99页。

思维推考的作用。有了疑难的问题，便定了思想的目的；这个目的便是如何解决这个困难"。① 概言之，没有怀疑就不会有学术发现，从而也就不会有真正的学术成就。可见，怀疑方法在学术界被普遍视为学术研究的起点。

进化论是 20 世纪上半叶风靡一时的思潮，将进化论思想的火种介绍给中国思想界的是严复。他认为，进化是普遍存在于物质世界、物种世界、人类世界、精神世界的"宇宙公例"，所谓"进化之事众矣，广而言之，则一切众生皆有进化之事"。② 所谓"万物为天演所弥纶，而人心亦如此，故所谓知觉，所谓自由，当其滥觞，不可方物。天演之行既久，其德形焉。心德者，天演之产物也"。③ 既然进化是宇宙万物普遍遵循的"公例"，以进化为认识、把握事物的方法也就顺理成章。在 1906 年写成的《政治讲义》中，严复就申言自己用进化论研究政治："吾考求此学（政治学），所使用者是天演术、是历史术、是比较术、是内籀术。"由此可见，进化论在严复思想中就是作为一种世界观、方法论而存在的。梁启超认为几乎所有学科因进化论而改变，他说："自达尔文种源说出世以来，全球思想界忽开一天地，不徒有形科学为之一变而已，乃至史学、政治学、生计学、人群学、宗教学、伦理道德学。一切无不受其影响。"④ 他还把达尔文自然进化论泛化至社会进化论，他说："达尔文者，实举十九世纪以后之思想，彻底而一新之者也。是故凡人类智识所能见之现象，无一不可以进化之大理贯通。政治法制之变迁，进化也；宗教道德之发达，进化也；风俗习惯之移易，进化也。"⑤ 换言之，政治、宗教、道德、风俗习惯无不可以进化论来研究的。孙中山认为进化论可以与牛顿的物理学发明相媲美："夫进化者，时间之作用也，故自达尔文氏发明物种进化之理，而学者多称之为时间之大发明，与牛顿氏之慑力为空间之大发明相媲美。"⑥ 这个发明对学术的影响在于："自达尔文之书出后，则进化之学，一旦豁然开朗，大放光明，而世界思想为之一变。从此各种学术皆依归于进化矣！"⑦ 到胡适手里，进化论的学术研究方法意义被做了重大发挥，一是它的实证性，二是它的历史性。胡适说：

① 《实验主义》，《胡适哲学思想资料选》（上），第 73、49 页。
② 《天演进化论》，《严复集》第二册，第 310 页。
③ 《述黑格尔唯心论》《严复集》第一册，第 210 页。
④ 《进化论革命者颉德之学说》，《梁启超选集》，上海人民出版社，1984，第 130 页。
⑤ 《论学术之势力左右世界》，《梁启超选集》，第 273 页。
⑥ 《心理建设》，《孙中山选集》，第 156、155、122、159 页。
⑦ 《心理建设》，《孙中山选集》，第 156、155、122、159 页。

"到了达尔文方才敢大胆宣言物的种类也不是一成不变的，都有一个'由来'，都经过了许多变化，方才到今日的种类；到了今日，仍旧可使种类变迁，如种树的可以接树，养鸡的可以接鸡，都可得到特别的种类。不但种类变化，真理也变化。种类的变化是适应环境的结果，真理不过是对付环境的一种工具；环境变了，真理也随时改变。……这一类'这个真理'是实在的，是具体的，是特别的，是有凭据的，是可以证实的。"① 胡适由"进化"引申出"没有一成不变"，再引申出"真理是可变"的，再引申出可变的真理是"可以证实"的。可见，进化论在胡适这里学术功能被丰富了，成为一种"历史的态度"，而"历史的态度"就是要研究事物如何发生、怎样得来、怎样变成现在的样子，也就成了进化的历史方法。可见，进化论在中国学者心中已经完全超出它的专业范围之外，成为一种重要的学术研究方法。

总之，近代自然科学成就到了中国学者手中都被视为对中国传统思想资源具有特别功能和特殊价值的学术研究方法，正如梁启超所说："我们家里头的这些史料，真算得世界第一个丰富矿穴。从前仅用土法开采，采不出什么来，现在我们懂得西法了，从外国运来许多开矿机器了。这种机器是什么，是科学方法。"② 亦如蔡元培所说："研究也者，非徒输入欧化，而必于欧化之中为更进之发明；非徒保存国粹，而必以科学方法，揭国粹之真相。"③ 因而可以说，将"科学"作为学术研究方法的自觉意识已经形成。

二 "科学"之为中国传统哲学研究方法

上述讨论表明，20世纪前30年，"科学"的确被那个时代的学者当成一种重要的学术研究方法，而且认为这种方法是"身怀绝技"的，因而将"科学"用于中国传统哲学的研究是再自然不过的。那么，"科学"是怎样被用于认知、理解中国传统哲学的呢？

《易传》中有"自强不息"、"阴阳消息"、"易不可见，则乾坤或几乎息"等命题，严复对这些命题做了这样的解释："全力不增减之说，则有自强不息为之先；凡动必复之说，则有消息之义居其始；而'易不可见，则

---

① 《实验主义》，《胡适哲学思想资料选》（上），第73、49页。
② 《治国学的两条大路》，《梁启超哲学思想论文选》，第421、427、424页。
③ 蔡元培：《〈北京大学月刊〉发刊词》，载陈崧编《五四前后东西文化问题论文选》，中国社会科学出版社，1985，第109页。

乾坤或几乎息'之旨，尤与'热力平均，天地乃毁'之言相发明也。"① 就是说，"自强不息"与"全力不增减"同义，并发明于"能量守恒和转换定律"之先；"阴阳消息"与"凡动必复"同义，并发明于"作用力与反作用力定律"之先；"易不可见，则乾坤或几乎息"与"热力平均，天地乃毁"同义，并发明于"热寂说"之先。没有疑问，严复的这一比附性解释就是对这些命题具有"科学"意义的暗示，它诱导读者去想象"自强不息"等命题的"科学"含义，也就是说，严复的这个解释对于我们认知、理解《易传》中的"科学思想"是有积极意义的。此即是严复用自然科学定律、原理来理解《易传》中的哲学命题之实践。不过，在中国传统哲学中，"自强不息"是强调人类应该像大自然万物生长那样，生生不息，不断向上，创造生命。这样说来，将"自强不息"理解成"能量守恒与转换"还是有距离的。"阴阳消息"，有生长、消长、枯荣的意思，阳生为息，阴生为消，或者"阴往阳来为息，阳往阴来为消"，由于有生就有灭，也可释为消失、灭亡。这样说来，将"阴阳消息"理解成"作用力必引起反作用力"显然是不大靠谱的。"易不可见，则乾坤或几乎息"，是讲"没有变化，事物之间的矛盾对立随即消失"，它形式与"热寂说"确有类似之处，但显然与"热寂说"所具有的科学内涵完全不同。梁启超认为清朝学者具有科学精神："所谓科学的精神，何也？善怀疑、善寻问，不肯妄徇古人之成说，一己之臆见，而必力求真是真非之所存，一也；既治一科，则原始要终，纵说横说，务尽求其条理而备其佐证，二也；其学之发达，如一有机体，善能增高继长，前人之发明者，启其端绪，虽或有未尽，而能使后人因其启者而竟其业，三也；善用比较法，胪举多数之异说，而下正确之折衷，四也。凡此诸端者，皆近世各种科学所以成力之由，而本朝汉学家皆备之，故曰其精神近于科学。"② 不过，梁启超并不认为中国传统哲学中的概念、思想都可以"科学"去理解。他说："儒家学问专以研究'人之所以为道'为本，明乎'仁'，人之所以为道自见。孟子曰：'仁也者，人也。合而言之，道也。'盖仁之概念与人之概念相涵，人者通彼我而始得名，彼我通，内得为之仁。知乎人与人相通，所以我的好恶即是人的好恶，我的精神同时也含有人的精神。……儒者从这一方面看得至深且切，而又能躬行实践。'无终食之间违

① 《天演论·自序》，《严复集》第三册，中华书局，1986，第1320、1320页。
② 《论中国学术思想变迁之大势》，《饮冰室文集》之七，中华书局，1988，第87页。

仁'，这种精神影响于国民性者至大，即此一分家业，我可以说真是全世界唯一无二的至宝。这绝不是用科学方法可以研究得来的，要用内省的工夫，实行的体验，体验而后，再为躬行实践。"① 这就是说，"科学"既是认知、理解从而肯定中国传统哲学中科学因素的工具，也是认知、理解从而肯定中国传统哲学中缺乏科学因素的工具。

怎样才会发生真正的学术问题？王国维的回答是"疑"，有了"疑"才会有进一步去破这个"疑"的冲动，而破"疑"的办法只有一个，那就是拿事实、找证据。王国维在《古史新证·总论》中指出，要对古代的历史研究清楚，一方面要有纸上的史料，另一方面要有地下的史料，纸上的史料包括《尚书》、《诗》、《易》、《春秋》、《战国策》、周秦诸子、《史记》等，地下的史料有甲骨文字、金文等，而且要将二者进行对比互证。而在《殷周制度论》中，王国维对周人的"立子立嫡"、"庙数"、"同姓不同婚"等制度进行了系统、深入的考证，将殷周制度的内容及其发生、发展的原因做了非常清晰的分辨和呈现，为人们正确理解和研究殷周制度及其思想文化做出了积极贡献。无疑，王国维的这些成就，都是"科学"应用使然。很多情况下，中国古代哲学中的"天"被视为"气"，这种观点已是很进步的了。但章太炎因受到自然科学成果的启发，不同意用"气"释"天"，他认为"天"根本就不是"气"："古者以天为积气，彼未尝有气也。"那么，"天"是什么呢？"恒星皆日，日皆有地，地皆有蒙气，自蒙气中视物，溟涬若氛云之薄积……而望之若苍苍矣。在地曰气，仰瞻则曰天，犹云与雨也，非有二质，故其所见异尔。"② 章太炎指出，如果"天"就是"气"的话，那么离地越远得"气"越厚，离地越近得"气"越薄，可是根据自然科学的结论却是，离地越远得"气"越薄，因此，宇宙除了恒星之外，根本就没有什么由"气"组成的具体的"天"。另外，章太炎还用科学成果解释古代哲学中的"鬼神"观念："今之人死也，则氮、氧、炭、氢诸气，盐、铁、磷、钙诸质，各散而复其流定之本性，而人之性亡矣。离此流定而复索一舍利性海，亦犹离此诸体而索马索象矣。"③ 就是说，人是由诸种不同的物质组成的，人活着时，诸种物质都聚积在一起，人死后，诸种物质则

---

① 《治国学的两条大路》，《梁启超哲学思想论文选》，第 421、427、424 页。
② 《訄书·天论》），《章太炎全集》（三），上海人民出版社，1984，第 17 页。
③ 《菌说》，《章太炎政论选集》（上册），中华书局，1977，第 133～134 页。

散而为"流定",因此,离开"流定"之本性而追求所谓"舍利性海",就好比离开氮、氧、炭、氢、盐、铁、磷、钙等物质求马找象一样可笑。既然人是物质的组成和构造,是物质聚散之形态,那么根本就没有离开物质的鬼神存在,从而否定了中国古代哲学中的鬼神观念。章太炎的这些解释显然都是得益于自然科学成果的启发。

孟子有"良知良能"说,孙中山引用当时流行的细胞学说进行解释。他说:"孟子所谓'良知良能'者非他,即生元之知、生元之能而已。"①法国生物学家圭哇里(Carrel)认为,细胞如同蚂蚁、蜜蜂一样,带着与生俱来的机能,称为"预先的知识"。在孙中山看来,孟子的"良知良能"跟"细胞有知"说是一回事。王阳明有"知行合一"说,孙中山认为这个学说未必恰当。他说:"夫'知行合一'之说,若于科学发明之世,指一时代一事业而言,则甚为适当;然阳明乃合知行于一人之身,则殊不通于今日矣。以科学愈明,则一人之知行相去愈远,不独知者不必自行,行者不必自知,即同为一知一行,而以经济学分工专职之理施之,亦有分知分行者也。然则阳明'知行合一'之说,不合于实践之科学也。"② 原来孙中山的理由是:"知行合一"不符合现代科学的事实,因为有了科学的发达,掌握了相关知识的人未必一定要亲自将这种知识付诸实践,因为他人可以借助科学手段获得你的知识而实践;而进行某种实践的人未必一定要亲自获得他所需要的知识,因为你可以借助科学手段从他人那里获得想要的知识;因此,既然人们可以在不亲自"行"的情况下获得想要的"知",可以在不亲自"知"的情况下完成"行",那么,"知"、"行"分离便成为现实。孙中山的解释不能说没有道理。但问题是,王阳明言"知行合一"仅仅在于强调把控动机的重要性,就是说,王阳明认为,人的"恶"是从意念中发出的,有了恶念便可能转为恶行,因而必须告诫人们将"知"当成"行"来处理,以便将人的恶消灭在萌芽之中。因此,虽然孙中山以科学理论和成果言"知"、"行"可分并不算错,但与王阳明的"知行合一"显然是不相应的。蔡元培用进化论解释老子哲学观念别有一番情趣。老子说:"小国寡民,使有什伯之器而不用,使民重死而不远徙,虽有舟舆,无所乘之。虽有甲兵,无所陈之。使民复结绳而用之。甘其食,美其服,安其居,乐其俗。邻国相望,鸡

---

① 《心理建设》,《孙中山选集》,第156、155、122、159页。
② 《心理建设》,《孙中山选集》,第156、155、122、159页。

犬之声相闻，民至老死，不相往来"（《道德经》第 80 章）。对于这段话，蔡元培是这样理解评论的："此皆以目前之幸福言之也。自进化史考之，则人类精神之趋势，乃适与相反。人满之患，虽自昔借为口食，而自昔探险新地者，率生于好奇心，而非为饥寒所迫。南北极苦寒之所，未必有吾侪生活直接利用之资料，而冒险探极者踵相接。由推轮而大辂，由桴槎而方舟，足以济不通矣；乃必进而为汽车、汽船及自动车之属。近则飞艇、飞机，更为竞争之的。其构造之初，必有若干之试验者供其牺牲，而初不以及身之不及利用而生悔。……用以知，为将来而牺牲现在者，又人类之通性也。"① 不难看出，蔡元培之所以对老子"复古"历史观持否定态度，原因就在于这种复古主张与进化论是相悖的，因为按照进化论，人类不会因为眼前的困难而放弃探险和进步，人类的特性就是为了未来不惜牺牲现在，所以，老子的复古主张属于"满足于眼前幸福"之观念，与科学精神的正常行进方向是不相符的，即不符合进化论精神。

与蔡元培相比，胡适对于进化论的应用更广泛更深入。他的《先秦诸子进化论》就是代表性成果，这里仅以胡适对《庄子》的解释为例：其一，"种有几，得水则为继，得水土之际则为蛙蟆之衣，生于陵屯则为陵舄，陵舄得郁栖则为乌足，乌足之根为蛴螬，其叶为蝴蝶。蝴蝶胥也，化而为虫，生于灶下，其状若脱，其名为鸲掇。鸲掇千日为鸟，其名为干余骨。干余骨之沫为斯弥，斯弥为食醯。颐辂生乎食醯，黄軦生乎九猷，瞀芮生乎腐蠸，羊奚比乎不笋，久竹生青宁，青宁生程，程生马，马生人，人又反入于机。万物皆出于机，皆入于机"（《庄子·至乐》）。胡适透过文献中的"幾"字发现了进化论思想，他说："'种有幾'的'幾'字便是种子，便是原子，便是近人所说的'精子'。'万物皆出于幾'正合近世生物家'精子'之说。自'种有幾'到'程生马，马生人'这一大段，错误极多，不易懂得；但其大意无非是上文所引'万物皆种也，以不同形相禅'的意思。仔细看来，这一段竟可作一篇'人种由来'读。你看报他把一切生物排成一排族谱，从极下等的微生物到最高等的'人'，一步一步地进化。这种议论与近世生物进化论相同，正不用我们穿凿附会。"② 在胡适看来，庄子这段话就是对物种产生、演进的详细描述，与进化论内容毫无二致。其二，"梁丽可

① 《世界观与人生观》，《蔡元培哲学论著》，河北人民出版社，1985，第 118 页。
② 《先秦诸子进化论》，《胡适学术文集·中国哲学史》（上），第 584～585、585～586 页。

以冲城而不可以窒穴，言殊器也；骐骥骅骝一日而驰千里，捕鼠不如狸狌，言殊技也；鸱鸺夜撮蚤，察毫末，昼出瞋目而不见丘山，言殊性也"（《庄子·秋水》）。胡适认为这段话讲的就是"适者生存"之意："（这节）说万物所处境地不同，生存之道也不同，总以能适合境地为要。细看上节'种有幾'一节，其中说种子得水便成什么；得水土之际便成什么；生于陵屯便成什么；生于灶下便成什么，其中含有这'体合'和适者生存的理想。"①在这段话里，胡适又看到了"物竞天择，适者生存"思想。可见，胡适用进化论对《庄子》中相关思想进行了解释，从而使《庄子》中的进化思想得以呈现。冯友兰认为科学是求真的，科学的功用是确实性（笛卡儿）和力量（培根）。他对中国没有产生科学的哲学原因进行了较全面和较深入的分析。在冯友兰看来，中国哲学无论儒家哲学、道家哲学，还是墨家哲学，都没有"确实"和"力量"意识。他举例说，朱熹并不说出道德是什么样子，只要求实践它，所以中国哲学家爱的是知觉的确实，不是概念的确实，因此他们不想也没有把他们具体的所见翻成科学的形式；另外，中国的理想是取享受而舍力量，所以中国不需要科学。总之，"中国哲学家不需要科学的确实性，因为他们希望知道的只是他们自己；同样地，中国哲学家不需要科学的力量，因为他们希望征服的只是他们自己。在他们看来，智慧的内容不是理智的知识，智慧的功能不是增加物质财富。在道家看来，物质财富只能带来人心的混乱。在儒家看来，虽然不像道家说的那么坏，可是也绝不是人类幸福中最本质的东西。那么，科学还有什么用呢？"②冯友兰虽然讨论的是中国没有产生科学的哲学原因，但他使用的手段和工具同样是科学原理、定律和成果。

不难看出，中国哲学家以科学认知、理解中国传统哲学的实践既具多样性，又具双重性。所谓多样性，就是时而用科学方法、时而用科学定律、时而用科学原理、时而用科学成果，以认知、理解中国古代哲学中的概念、命题、思想；所谓双重性，就是指在认知、理解的方向上，或从正面发掘、阐明中国传统哲学中的科学因素，或从反面论证中国传统哲学中科学精神、科学元素的欠缺。这就进一步说明，科学原理、定律、成果和方法已然成为一种认知、理解中国传统哲学的范式。

---

① 《先秦诸子进化论》，《胡适学术文集·中国哲学史》（上），第584~585、585~586页。
② 《为什么中国没有科学》，《三松堂全集》，北京大学出版社，1984，第41页。

三 "科学"用于中国传统哲学研究之检讨

毫无疑问，在 20 世纪前 30 年，科学完全征服了中国哲学界，没有一位哲学家不受科学影响，科学成了中国哲学家认知、理解中国传统哲学的一种普遍方法。那么，"科学"之为中国古代哲学研究方法，究竟有哪些值得检讨的地方？

开掘价值之意义。如上讨论表明，以自然科学原理、定律、成果和方法作为认知、理解中国传统哲学的武器和工具，至少包含着三个层次：一是自然科学诸学科如数学、物理学、化学、光学、天文学、生物学、心理学等；二是自然科学的一般原理或结论如"能量守恒与转换"、"物种进化"、"构成万物的基本元素是微小物质"等；三是自然科学方法如归纳演绎、实验实证、怀疑假设、统计分类、进化论等。在第一层次，可将中国传统哲学中的符合物理学、光学、数学、力学等原理的思想内容发掘出来，以肯定其价值，比如胡适说："到了近几十年之中，有些人懂得几何算学了，方才知道那几篇（指《经上下》、《经说上下》、《大取》、《小取》）里有几何算学的道理。后来有些人懂得光学力学了，方才知道那几篇里又有光学、力学的道理。"① 在第二个层次，可将中国传统哲学中符合自然科学一般原理、定律或成果的思想内容发掘出来，以肯定其价值。在第三个层次，可将中国传统哲学中符合自然科学方法的思想内容开掘出来，以肯定其价值。无疑，这样全方位的认知和理解，使中国传统哲学文献中符合自然科学定律、原理、成果和方法的思想内容都被发掘出来并获得肯定，因此说，自然科学原理、定律、成果及方法的应用，对于中国传统哲学中的含有自然科学思想内容的开掘是极其有意义的，正如严复所说："吾圣人之精意微言，亦必既通西学之后，以归求反观，而后有以窥其精微，而服其为不易也。"②

学科建设之意义。科学方法的应用，不仅是将中国传统哲学文献中的科学思想、科学观念、科学方法、科学元素发掘出来，且对新兴学科的建设产生了积极影响。关于这点，蔡元培的话可以为证："新哲学之发生，必胚胎于思想的历史之总合；不能不以哲学史为哲学之大本营，亦事实也。然哲学之各部分，虽已分演而为各科学，而哲学之任务，则尚不止于前述之二端，

---

① 胡适：《中国哲学史大纲·导言》，上海古籍出版社，1998，第 227 页。
② 《救亡决论》，《严复集》第一册，第 43、49 页。

约举之有三：一曰各科哲理，如应用数学之公例以言哲学理，谓之数理哲学，应用生理学之公例以言哲学理，则为生理哲学是也。二曰综合各种科学，如合各种自然科学之公例而去其龃龉，通其隔阂，以构为哲学者，是为自然哲学。又各以自然科学所得之公例，应用于精神科学，又合自然科学与精神科学之公例，而论定为最高之原理，如孔德之实证哲学，斯宾塞尔之综合哲学原理是也。三曰玄学，一方面基础于种种科学做综合之原理，一方面又基础于哲学史所包含之渐进的思想，而对于此方面所未解决之各问题，以新说解答之。如柏格森之创造的进化论其例也。夫各科哲理与综合各种科学，尚介乎科学与哲学之间，惟玄学始超乎科学之上。然科学发达以后之玄学，与科学幼稚时代之玄学较然不同，是亦可以观哲学与科学相得而益彰矣。"[①] 事实上，中国现代高等教育学科体系中的许多学科也正是由于"科学"的应用而产生的，仅就哲学分支学科而言，中国科学哲学史、中国数学哲学史、中国化学哲学史、中国物理哲学史、中国心理思想史等。因此说，自然科学原理、定律、成果及方法的应用，对于"中国哲学史"及其分支学科的建设与发展显然是起到了特殊作用的。

哲学转型之意义。自然科学方法的应用，不仅开掘出中国传统哲学的"科学"价值，不仅推动了中国哲学史类学科的建立，更为值得关注的是，它还推动了中国传统哲学特性的改变。第一，凸显并重视中国传统哲学中被忽略的部分。就是说，自然科学在中国传统哲学中属于被忽略的区域，如今以自然科学定律、定理、成果和方法作为认知、理解中国传统哲学的工具，那么，认知、理解的过程就是中国传统哲学中自然科学元素被开掘、被凸显的过程。第二，发现并培育中国传统哲学中所缺乏的自然科学基因。自然科学应用的同时，即能发现中国传统哲学在自然科学方面不尽如人意的地方，从而对中国传统哲学提出补救措施与补救内容。第三，自然科学方法的应用，使自然科学原理、定律、成果和方法融入中国传统哲学，从而改变着中国传统哲学知识内容的结构，改变中国哲学的方向，从人走向自然，从内心走向世界。这也就是蔡元培说的中西接触所发生的一点"新义"："我觉得孔子的理想与杜威博士的学说，很有相同的点。这就是东西文明要媒合的证据了。但媒合的方法，必先要领得西洋科学的精神，然后用它来整理中国的旧学说，才能发生一种新义。如墨子的名学，不是曾经研究西洋名学的胡适君，不能

———————————

① 《哲学与科学》，《蔡元培哲学论著》，第198页。

看得十分透彻，就是证据。"① 所以说，科学方法应用于认知、理解中国传统哲学，必然形成一种内在的逻辑动力，推动中国传统哲学的转型，使中国传统哲学在内容结构上更为完善，在性质上由纯粹的人学基础上增之以自然之学。

应用中存在之问题。科学原理、定律、成果、命题的应用虽然能产生诸多积极之价值，但存在的问题也是不能掉以轻心的。第一，"科学"功能是有限的。虽然"科学"威风八面，但并不是放之四海而皆准的，即便对于中国传统哲学的研究也是有限的。这是因为，科学是人类实践之成果，不同时代的人类实践产生新的科学成果，因而绝不可将科学视为无限的；同时，科学只是人类认识世界的向度之一，对于那些不属于科学的领地，科学的解释能力是有限的。因而胡适谓"科学方法万能"也只能是他个人的一厢情愿而已。第二，"科学"必须与中国传统哲学相契。科学被用于中国传统哲学研究，还要注意它们的相契与否的问题，如果不相契，那势必导致错误的结论。比如，孙中山以"生元有知"解释儒家的"良知"。所谓"生元有知"就是认为最原始的细胞有"知觉灵明"。显然，如此"生元有知"与"良知"似乎没有什么关联。因为"良知"的来源是先天的，"良知"的性质是善，在儒学中，"良知"是思想信仰的支撑，而"生元有知"并不具有这种规定。第三，警惕"科学"颠覆中国传统哲学中的人文意义。"科学"的特点是物质化、实证化、数量化、技术化，以科学解释中国传统哲学中的概念、范畴，必须注意是不是影响到中国传统哲学中的人文意义。比如，将"自强不息"等同"能量守恒与转换"，将"太极"、"理"等同于具体的物质，等等，都可能将中国传统哲学概念、范畴的人文意义消解，从这个意义上讲，梁启超提出"治国学应有两条道路"是有其深远意义的："试问人生是什么？是否可以某部当几何之一角，三角之一边，是否可以用化学的公式来化分化合，或用几种原质来造成？再如达尔文之用生物进化说来讲人生，征考详博，科学亦莫能摇动，总算是壁垒坚固。但是果真要问他人之所以异于禽兽者安在？人既自猿进化而来，为人自人而猿终为猿？恐怕他也不能给我们很有理由的解答。总之，西人所用的几种方法，仅能够用之以研究人生以外的各种问题。"②

（编辑：杨柳新）

① 《杜威六十生日晚餐会演说词》，《蔡元培哲学论著》，第 208 页。
② 《治国学的两条大路》，《梁启超哲学思想论文选》，第 421、427、424 页。

从"延安经验"看中国模式的探索

摘　要：新民主主义的政治和文化策略，可以被视为是马克思主义中国化的一个最为典范的形式，创造了近代中国模式探索的"延安经验"。它为中国革命取得最终的胜利奠定了战略和文化上的基础。延安的文化战略是中国共产党成立90年中间一个特别成功的一个案例。现在中国共产党也由革命党变成一个执政党，如何为国家的持续发展提供一种坚实的价值观和发展模式，这要求我们既对变化了的中国现实有深刻的认识，同时也要解决革命动力的问题。所以要建构一个充满活动的核心价值体系，回顾从社会性质讨论到新启蒙运动再到延安经验的确立过程，是一个特别值得注意的路径。

关键词：延安经验　马克思主义中国化　中国模式

作者简介：干春松，中国人民大学哲学院教授、副院长（北京，100872）。

1911年之后，为了适应这个以美国模式而建立起来的新的政治形式，政党政治取代帝制王朝政治而成为新成立的共和国的政治生态。尽管人们对于政党的理解还比较初步，但是，各种名目的党派却是层出不穷，数量一度达200多个。

其实，当时许多政治人物对于民主政治并没有真切的理解。从同盟会、光复会等革命党派联合而成的国民党，因政治成熟度的欠缺和政治基础的脆弱导致民国初年的政治秩序并没有进入辛亥革命的缔造者所设计的轨道中。拥有军队和其他政治资源的袁世凯与拥有政治理想但缺乏社会基础的孙中山之间并不存在实际上的在同样的政治平台上进行共和国建设的观念层面和操作层面的共识。因此，袁世凯转而试图回复到毫无制约的帝制之中，而孙中山则在不断的抗争和妥协中寻求共和政治的未来。

帝国主义的压制和军阀混战的局面，使新产生的中国知识阶层寻求观念层面的突破，认为中国政治的混乱局面，主要是因为传统价值观根深蒂固。所以，新文化运动以一种彻底与传统决裂的立场来进行国民的价值重构，并以批评孔子及儒家作为突破口。这场运动后来被胡适等人命名为中国的启蒙运动。

作为这场运动的成果之一，马克思主义的传播和苏联的成功使许多充满理想的知识人士找到了理论上的依托和现实中的榜样。1921 年中国共产党的成立，正是在这样的背景下所形成的一个新型的政党，从而开启了中国政党政治的一个新的阶段。

如果说中国共产党的成立将中国革命纳入世界革命的总体格局的话，那么，孙中山根据苏联的政党建设的经验而进行的国民党的改组，并接纳中国共产党员以个人身份加入国民党的做法，可以看成是共产国际在中国政治的特殊发展阶段所做出的一个独特的政策决策。

国民党和共产党短暂分享了近代以来的革命话语，但这并不能消弭这两个政党之间关于中国革命所依赖的对象、革命的目标的根本不同，而这样的不同很大程度上基于对中国社会性质或社会发展阶段的不同认识。

国民党成立历史的复杂性，决定了国民党的多元性，这样的多样性在孙中山先生逝世之后便得到明显的暴露。其实在国民党内部，一直存在着反对共产党相对独立地加入国民党的势力，在 1925 年前后，戴季陶就致力于进行国民党意识形态的重建，其核心是将孙中山先生所提出的民族、民权、民生"三民主义"进行儒家化的解读。戴季陶认为孙中山的三民主义是承接尧汤文武的"道统"而来。很显然，这是针对中国共产党对三民主义"联共、联俄、扶助农工"的解读。对于这种积极解释三民主义的策略，戴季陶认为马克思主义提倡一种虚无主义和激烈的斗争哲学，对于中国社会有害无益，而社会主义就包括在民生主义之中，因此，孙中山的三民主义是基于中国社会现实的最为合理的一种主张。戴季陶称他所解释的三民主义为"纯正三民主义"。

1927 年之后，国民党的依赖对象变成城市资产阶级，放弃了孙中山先生所提出的平均地权等一系列以工农为目标的社会变革措施。由此，国民党和共产党不仅成为政治上的敌对党派，而且，对中国社会的认识和对中国的发展方向也产生了根本性的差别。

中国共产党的最初的纲领就是推翻资产阶级建立无产阶级政权，很显然，这个策略并不是一个在对中国社会的清晰的分析基础上提出的。而在20世纪20年代中期，中国共产党早期的领导人逐渐开始对中国社会的性质有了进一步的认识，认为中国社会是一个"半殖民地半封建社会"。1922年，中共二大提出的纲领就变为反对国际帝国主义和反对封建军阀的民主主义。1927年国民党清党之后，中国革命进入一个新的阶段，国民党成为一个"执政党"，这个时候，中国革命的前途成为中国共产党人关注的问题。即中国是否要继续革命？如果要继续革命，是一种什么性质的革命？中国共产党要在这个革命中担负什么样的角色？

针对这样的问题，中国共产党内其实也有很大的争议。当时的中共中央负责人陈独秀认为经过1925~1927年的革命，资产阶级取得了革命的胜利，在政治上已经形成了优势地位，所以中国资产阶级革命已经完结，无产阶级要等到将来再进行社会主义革命。

对此，1929年，由李立三发表《中国革命的根本问题》，认为中国并没有进入资本主义社会，也不是不存在封建的社会，而是认定中国社会处于一个"过渡"阶段。由于陶希圣等人的加入，这个关于中国社会性质的论争便成为一个全社会关注的大论战，并深化为社会史和中国农村社会性质的争论。

这些论战的一个重要结果，就是马克思的社会发展的五阶段的思想和中国社会性质是"半殖民地半封建"社会的结论，得到了更为广泛的传播。由此，便得出这样的结论，革命还没有结束，还需要继续向前发展。

20世纪30年代，日本对中国的侵略，进一步强化了近代以来绵延不绝的民族主义观念。而国民党政权因为在抗日战争中的消极性，也造成对其政权合法性的挑战。中国共产党在长期的敌后抗日的过程中，进一步深化了对于中国农村的了解和认识。尤其是长征结束到了延安之后，以毛泽东为代表的中国共产党人开始了一系列完整的意识形态和文化战略的建设，从而形成了一种我称之为"延安经验"的成功。

这一系列的意识形态和文化战略的建设，包括战略、战术上的成果，最具代表性的是《论持久战》，充分阐明了抗日战争的不同阶段的不同策略，和最后取得胜利的信心。也包括哲学上的成果，作为毛泽东哲学上的最重要创作的《矛盾论》和《实践论》都产生于这个时期。当然也必然包括价值观和道德观的建构，比如《纪念白求恩》等作品的问世。

但是，作为文化战略的最重要的组成部分还必然要提到《中国革命和中国共产党》、《新民主主义论》这样的伟大作品。

提及延安经验，我们肯定会跟一个 20 世纪 30 年代末出现的重要的文化思潮联系起来。这个思潮就是"新启蒙运动"。

新启蒙运动顾名思义是对五四启蒙运动的一个反思。总体而言，新启蒙运动根据当时的社会发展的形势，对五四启蒙运动做了新的理解。首先，新启蒙运动一方面肯定了五四运动所提出的反帝反封建主张以及高扬民主、科学和理性精神。但是，新启蒙运动也认为必须给民族主义以合理的评价，这不仅是国家认同所必要的，也有助于在抗日战争的大环境下，激发民族自信和自尊。五四运动很重要的一面，是把中国传统思想和从西方新引入的民主和科学之间绝对背离起来，这样的非此即彼的观点必须反思，对此，张申府提出要"打倒孔家店，救出孔夫子"。即既要对传统思想进行批判，也要发现文化传统的合理因素。

新启蒙运动第二个很重要的议题，是如何建立以爱国为前提的民族文化统一战线，这一方面是要应对国民党的意识形态对共产党的文化策略的污蔑。戴季陶在 1928 年所发表的《中国本位文化宣言》其实就是针对中国共产党以马克思主义为其指导思想的战略。在当时抗日战争背景下，如何处理民族主义和世界主义的因素是一个必须解决的问题。当时的新启蒙运动的主导者，比如陈伯达、艾思奇和张申府等都强调在挽救民族危机的大前提下，中国人应该继续吸收世界各国文化中对中国发展有利的思想资源。同时，也应加强对中国传统文化的研究，既要吸收文化传统中的精华部分，也要反对以传统文化来愚弄人民。张申府提出的是罗素、列宁和孔夫子三流合一。如果罗素代表的科学和理性的话，列宁代表的是国家和社会组织能力，而孔夫子则代表中国传统文化。这就意味着中国需要将西方传统、社会主义传统和自身的文化传统进行有效的统合，以建设适合中国需要的新文化。

新启蒙运动地第三个重要议题是普及化的问题，新启蒙运动的重要成员何干之说，五四新文化运动的提倡理性，反对儒教，只是在少数的知识分子中有一定的影响，而对大多数的民众并没有触动，所以，理性、自由的观念只有成为全民族的自觉和集体的力量，才能真正地凝聚起民族的力量，抗击外敌的侵略。

中国社会性质等问题的争论和新启蒙主义运动对于毛泽东思想的形成有

很直接的影响。在延安时期，虽然地处西北，似乎远离中国的思想中心。然而，因为包括毛泽东在内的中国共产党的领导阶层特别善于吸收各种思想资源，加上他们对于中国的现实有更深刻的认识，因此，前述各种论战的思想成果，成为中国共产党建构其核心价值，反对王明等人的党内教条主义，探索中国独特发展道路的重要契机。

作为新启蒙运动的重要参与者，艾思奇和何干之等到延安之后，与毛泽东有很密切的思想上的联系，毛泽东与艾思奇就哲学问题有很多的讨论。毛泽东也曾希望何干之成为他的秘书，尽管何干之因为更倾心于写作和研究，没有答应，但毛十分关注何的研究则是有书信为证的。新启蒙运动的倡导者陈伯达则成为毛泽东的秘书。

延安的理论兴趣之浓还可以通过"新哲学会"这样的组织的活动得到证明。基于这样的现实需要和历史机缘，毛泽东系统地提出了他关于新民主主义论的理论体系。这个问题在《中国革命和中国共产党》一文中得到了初步的阐述，并在《新民主主义论》中得到更为清晰的表述。

在《新民主主义论》中，毛泽东首先要解决的是"中国向何处去"的问题，这事实上是对中国革命是否要继续，并要取得什么样的成果的一个说明。在这一点上，毛泽东通过对于中国社会历史特点的分析，认为中国半殖民地半封建社会的现状表明中国革命不是资产阶级革命，因为资本主义在中国发展只是一个初步，资产阶级不足以成为革命的领导阶级。同时，毛泽东站在世界的立场上，认为中国革命是世界革命的一部分，是世界范围内的殖民地半殖民地国家争取民族独立的运动的一部分。这些条件都决定了中国革命是要建立以中国无产阶级为首领的中国各个革命阶级的联合专政的新民主主义社会。

在这样的前提下，毛泽东设计了中国的国家的政治体制，是各阶层平等的选举制和民主集中制，经济体制要遵循孙中山先生的"节制资本"和"平均地权"的策略，不能让少数资本家和地主垄断、操纵国民生计。

基于此，毛泽东不但要批评党内不结合中国国情的教条主义和本本主义者，也要反驳以国民党将"三民主义"作为一个主义的企图反共的孤立主义，而应该将孙中山的三民主义与联俄、联共、扶助农工的新三民主义结合，才是革命的三民主义。

由此，毛泽东认为新民主主义的文化，既不可能是国民党的资产阶级的文化专制主义，也不单纯是无产阶级的社会主义，而是民族的、科学的、大众的文化。

这三个角度，首先是继承了近代中国持续有效的文化认同和国家认同的基础，即民族主义的因素，而将中国革命和世界革命之间的关系做了一个很合理的协调。而理性和科学的精神则是对西方先进文化的吸收，最关键的是大众的文化，这使得新民主主义文化真正是基于广大的无产阶级和劳动人民的立场，从而不但能团结最大多数的中国人，而且真正体现了平等这个最为核心的价值。

中国近代的社会变革一直在模仿西方和寻求中国自身的发展模式之间寻找一条真正适合于中国的道路，要寻找到这样的一条道路，必须要建立在对中国的历史文化和现实国情的了解之上，同时也要对世界大势的发展有一定的了解，所以说新民主主义的政治和文化策略，可以被视为是马克思主义中国化的一个最为典范的形式，创造了近代中国模式探索的"延安经验"。

延安经验的吸引力在当时就引起了全中国人的关注，由毛泽东和其他延安知识分子合作的《中国革命和中国共产党》一书，共印刷了 100 多版，许多国统区的人为中国共产党所描述的中国革命路径而折服。不夸张地说，延安经验为中国革命取得最终的胜利奠定了战略和文化上的基础。

我个人认为，延安的文化战略是中国共产党成立 90 年中间一个特别成功的案例。现在中国共产党也由革命党变成为一个执政党，如何为国家的持续发展提供一种坚实的价值观和发展模式，这要求我们既对变化了的中国现实有深刻的认识，同时也要解决革命动力的问题。所以要建构一个充满活力的核心价值体系，回顾从社会性质讨论到新启蒙运动再到延安经验的确立过程，是一个特别值得注意的路径。

（编辑：宇文利）

域外飞鸿

北大中国文化研究

（第 1 辑）

中国文化当代发展的哲学省思[*]

成中英

摘　要：现今中国出现的文化热是中国人为了走出困惑，确认自己的价值归属的一种本能反应。将国学设立为独立的学科是必要的。这是我们自觉地了解自己文化的一种方式，这种方式更适合于对中国历史的了解，同时能够进一步地去发展我们的科学的知识观、整体的伦理观与综合的价值观，有利于中国文化的持续的长远的发展。新儒学不是简单的回归儒学，它也不是静止不变的理论。改革开放以来，中国大陆在经济等方面得到了巨大的发展，但也存在着精神的空虚、利己主义盛行等问题，面向未来应当大力加强文化建设，凸显文化的精神价值。要注重中国哲学、西方哲学与马克思主义哲学的对话、互动。人的弘道是中国文化的核心价值。

关键词：当代中国文化　文化热　国学　新儒学

作者简介：成中英，哲学博士，美国夏威夷大学哲学系教授。

一　现今中国出现的文化热是中国人为了走出困惑，确认自己的价值归属的一种本能反应

有人说中国大陆 1980 年代是出国热，1990 年代是下海热，21 世纪这

---

* 北京大学马克思主义学院程美东教授受北大中国文化发展研究中心的委托，在 2011 年 2 月先后三次在夏威夷大学哲学系（Shakamaki Hall 319 房间）对成中英先生进行了访谈，此文由程美东教授根据录音整理而成，各节标题由程美东教授根据成中英先生的谈话内容拟定。这里应该感谢北京大学马克思主义学院博士生张学成同学，是他负责将录音整理成为了文字。

10 年来是文化热，这种概括有道理，我有亲身体验。当然，文化热也不是一下就热起来的，有个发展的过程。其实，1980 年文化热就有了苗头，甚至还是很时髦的。当然，跟现在还不能比，但是当时全国普遍都有学中国文化的热忱。1985 年我在外交学院，有一次和季羡林、梁漱溟一块去演讲的时候，提问的人至少几十个。

文化热潮的确是一个值得关注，值得去深入理解的现象。过去中国是一直走所谓社会主义意识形态的路线，政治挂帅，"文化大革命"造成大家对意识形态本身的一种冷淡，不能说不是一种隐忧。所以，慢慢走出"文化大革命"阴影后的中国人，要求重新认识整体的生活方向，寻找一种大家可以遵循的社会方式或者是能够认同的社会价值，1980 年代的文化热潮就这样产生了。第一个浪潮是在 1985 年，那时候季羡林或者是梁漱溟他们办了中国文化书院，造成了很大的中国文化热。那时候我刚好是盛年，在北大，对北大哲学系的情况比较熟，又在那边做很多次公开演讲，又在北大开课，很多人希望我多讲一下中西文化的比较，中国文化的发展方向，可见在那时就有这样一种从文化上来找寻人，尤其是中国人在这个世界上的定位的要求。

文化热在当时是中国人寻找精神出路的需要，是改革深入发展的需要。当时的文化热潮，是一种情绪性的不安的体现，本能地要求找到一种稳定的价值。因为当时一方面马克思主义在"文化大革命"时期被教条化了，另一个方面是历史被打掉了，还有对西方也完全不了解。不了解历史就不能掌握未来。不了解西方或者是他者的体系，其他的文化传统，也就无法看清楚自己的特质是什么，自己真正的要求是什么。所以产生一种心理上极大的迷惑和不安。文化热就是要来面对这样的问题，希望得到解答。文化热就这样开始了。因为改革在当时一个是要革故，就是把旧的流弊革除，一个是要创新，你要走向什么方向。但是怎么样去确定一个方向的问题，这就需要有一个标准，要认识到按照什么样的标准去认识。建立标准就需要一种客观的对需要的认识，对自我的认识，对历史的认识，对未来的可能性的认识，是在一个坐标存在里面找寻自己的定位。

那么，为什么 21 世纪中国的文化能够热起来？

在我看来，"文化热"从来就没有消除过，而是经过了一个正常的变革导向了另外一个要求。这个可能也是中国人的一种需要，就是说中国人开始走向世界，开始与世界平等对话，需要有自己的话语系统。"五四"把中国推向现代化国家的历程并进而思考它如何落后的基本原因以及为什么西方不断凌驾、欺辱中国的问题，我们不能不检讨。有段时间中国可能想避开这一段，所以只往前看不往后看，但是还得往后看，前看、左看、右看都需要。其实文化意识就是整体的，前后左右都要照顾到，才能建立文化的整体感。文化是它的价值，特别是它的核心价值，到底你做人的基本立场是什么，目标是什么，我们以什么样的面貌去对待别人，我们以什么样的标准要求自己，这就是文化，文化是他的价值观，是规范的要求。当我们没有规范的时候，我们的市场的方向就没有目标，那就会落空，变成虚无主义。西方人从文艺复兴到启蒙运动都很重视这个，西方后来也要检讨启蒙运动能不能提高人的整体的价值判断，所以后来就有对启蒙运动的批判，从而形成后现代价值观，要求进一步的多元的发展。文化热潮主要在于重新建立文化价值观，从这个意义上讲，重新建立这个群体的信仰，也是为这个群体重新找寻一个共同性。这是现代中国人的一种追求，我按什么标准来办事，我以什么作为是非善恶的标准。中国人的苦衷就是动辄得咎，这是最大的问题。说也不是，不说也不是，你没有说话的自由，也没有不说话的自由。中国人民不自信，对外，对自己没有认识，对你自己制造的各种人事，对各种权威机构或者他人甚至自己的亲友都不能找到一个负责任的或者能够担当的一种角色，这就很麻烦了。

举个例子，1988 年七八月份，日本筑波科技大学联合韩国的李退溪学会办了一次国际学术会议。中国大陆有 22 位代表，台湾代表也有 20 个，美国就是我跟另外一个教授，就我们两个被邀请。当时台湾的代表团和中国大陆代表团见面不讲话，大家好像假装不认识。我 1985 年在大陆讲过学，我对大陆的这些人也都认识；我做过台湾大学哲学系主任，台湾代表对我很熟悉。所以这两个团体我都认识，所以我就说，我们要把他们拉到一块。所以有一天我就发起早餐会，我就说我们现在来个早餐会，我就跟酒店说好，早餐是吃日本早餐，每个人面前一碗饭加上一个蛋，那么我说现在我们把桌子摆在一块，我跟大家说好了，我说你们愿意不愿意大家彼此认识一下。因为同开一个会，大家不讲话，这样不好，大家私下都愿意。当时不了解，大陆来的人当时是有纪律的，他们不能随便说的。大家都同意，这样大家就互相认识做朋友了。

另一个是在开会的第三天，高桥进校长，也是会议的主持人，在大会上突然提出一个要求，给大家发了一张纸，让大家填表，他说我们现在很难得聚在一起，有台湾，有大陆，还有日本和韩国等，我们开的会是东亚最大的盛会，我们开的是儒家会议，为了加强联系，我们来组织一个国际性的儒学组织，希望大家支持。他说得非常的冠冕堂皇，我一听马上就感觉到日本人又在那里搞东亚共荣圈，我非常反感。他要听听大家的意见，当时我不讲话，果然韩国人出来讲话，韩国人就说假设要搞个国际性的儒学组织，最适当的应该是在韩国，他说因为我们从16世纪到现在就是一个儒教国家，以儒教建国。这次会议主要关于李退溪，李氏王朝不就是儒家理想的价值观吗？所以我们的韩国社会还是儒家社会。日本人说我们也不是说不是儒学，朱子学传到这里，你看，我们的文字还有中国名词，民间还很崇拜朱子。台湾的不讲话，台湾的教授没有发什么重要的言论，大概讲的就是建立国际儒学组织这个理念非常好，至于谁来做，没有表态，没有说台湾来做。

我后来看大陆不发言，大陆根本不发言，因为突然发生这种事情，谁敢发言啊，主张还是不主张，没有人讲。我想，我虽然是少数，我代表的是美国，但是我到过中国，我也是海外中国人，我得发表意见。我的日文很好，但我用英文讲的。我说我非常赞成儒学国际联合，但是主持发展的重心应该是放在中国。因为儒学来自中国，根在中国，中国是一个文化的儒学，他能够更好地和大家联系，成为推动者。我建议儒学联合会这个组织应该放在中国。我认为主办权属于中国。但是高桥进或者可能是另外一个教授起来发言，说成教授说的当然也是很有道理，但是中国明显不是儒学国家，中国是一个马克思主义国家，而且他对儒学是持一种批判态度，中国近代史里面已经把儒学主导性打倒了，所以中国不是一个理想的主办国家。我当然不接受他这个批判，所以我就又来回应。我说，我是1985年到北京大学做客座教授的，我讲这个话是有根据的，不是随便乱讲。我在北京半年，有几个月之长，无论上课还是开会，我注意到儒学的根和他的生命还是在中国，在社会上面大家还是有一种人文主义或对人类的关怀。小孩叫其他亲人还是尊称他为伯伯叔叔，还是非常重视人伦关系的。至于说中国现在是马列主义国家，这是政治上的一种状态，我不做置评，我是看重社会和文化的活力，这个活力是几千年延续下来的，这不可能是一断就断绝的。我还举了第二个例子，1985年我在北大哲学系做客座教授，我也在中国书院做讲座，我说我做了这么多演讲，大家对中国文化已经有了回归的感觉，而且可以看到很多人家里藏书，《易经》、《论语》等都有。1986年我在山东大学开的一次周易会议，有人就把他藏的《易经》拿出来给我看。我说这些书，典籍俱在，人文也俱在，感情也俱在，怎么就说中国不是儒学国家？我说我是两边跑的，中国大陆和台湾我都很熟悉，我出生在大陆，我是在台湾受到大学教育，我现在美国教书，这个我看得很清楚，所以我有我的客观性。我说我不反对，也了解日本、韩国都受中国文化的影响，所以他们是很好的儒学的合作者，大家应当众志成城，共同致力儒学研究。至于中心要摆在什么地方，这是很明确的——就是中国！当时我讲得激动慷慨，我这么讲，大家就没有声音了，台湾也没有反对，他也同意了，这个问题就了结了。

回到夏威夷大学，我就写了一封信给孔子基金会，说当务之急就是中国赶快成立国际儒学联合会，这个名字就这样定下来了。这是联合东亚国家，对外发展的一个途径，非常重要，而且我是用毛笔写的，寄出去后没有消息了。1989 年 10 月份在北京饭店开了孔子纪念会，那次江泽民来会见我们。后来辛冠洁教授叫我留下来，不要走，他是社科院的，是孔子基金会的秘书长，那时候孔子基金会的会长是谷牧，他说这个事情已经报告给谷牧了，我们已经有了答复了。突然冒出这样一句话，我还不懂什么意思。他说你忘了你写过一封信。我就想起来我写过一封信，我没有收到你们的回信，我以为没有事了，我心里对中国政府有点失望，中国政府怎么丢掉这么个东西，我当时心里非常难过。他说那时候不好回答，现在已经回答了。他告诉我，让我留下来，告诉我说谷牧同志讲，中央已经决定要成立国际儒学联合会，你的这个建议很好，邀请你 11 月回来，机票已经买好。我感到非常意外，因为过去我回去，他们都是说不出机票，除了机票，吃住全包。民族饭店的位子也订好了，请你那个时候来，我们开个筹备会议，但是还有一个要求，请你把台湾的代表请来，我就找了董金裕，他是孔孟学会的秘书长，总干事，所以就把他作为台湾代表。香港我找了赵另扬，他是中文系的一个教授，新加坡有一个东亚基金，就找了一个代表。这样，我从美国飞过去，住在民族饭店，11 月 20 号左右，那时正好下雪，开完会，他们请我到西山去赏雪，会议的章程也带去了，变成中文，这样就定下了。

我的感觉就是说，文化热也有它的政治基础，有其社会基础，也有其经济基础。当我们的政治经济超越文化，或者与文化疏离的话，就产生一种不安。所以，政治经济最后是要丰富文化，让文化再来进一步地推动政治经济的发展。这样，大家就有一种整体的力量，走向未来。这一点，我觉得，是一个民族或社群发展必须要认识到的道理。中国发展的逻辑实际上也是如此，在那个时候面临的一个困境就是我们怎么走出来，找到自我的发展方向和核心价值。最后就倒向了经济发展，这是所必需的。但是另外一方面，它不是一个民族作为根的一种价值，它只是一种工具价值，它不是一种目的价值，它不是一种基础价值。我是这样来判断的，最后意义上还是在文化。因为，其实在某种意义上讲，意识形态实际上是用意识形态来导引文化，使文化符合意识形态来往前推动。而意识形态也应该注意到文化本身可以有一种内涵的主动性和自觉性的价值。因为文化代表一个民族立国之本或者说为生民立命，立命就是立文化的价值观，让它有个发展的方向。中国是一个长年文化积淀下来的国家，它有些根本价值是长年考验下来的，再怎么乱，那些东西还是基本的东西。但是这上面就有第二层价值，第三层价值，有些价值打掉了，还有第二层价值，第三层价值，但是我们不能把所有的价值打掉，这样的话，人就丧失了元气。所以，文化在这个意义上讲是一种元气。所以我认为，从改革开放以后，1985 以后，文化热表面上一下子起来，一下子下去，但它从来没有消除过，虽然出现了经济热，科技热，但这本身不能取代文化的认同。这是一个长远的需要，更重要的是，我们越来越走向世界，我们也要世界越来越走向我们。世界要走向你的话，别人最后认同的是你自己代表的价值观、生活方式。现在很多西方人也愿意来中国投资赚钱，但是我想也有人是出于仰慕中国文化的因素。但是如果中国人没有这个文化怎么办？他到中国来学，学什么东西，他不会学习你的科技。

我总结文化热，就像地心的热一样，一直在那个地方。所以这个我们不能放弃。到今天经济、政治以及综合国力已经发展到很高的程度，但是一直没有好好地针对文化，没有针对文化的问题，遭受的困难就是找不到一个方向。西方是积聚了两千年的基督教文化，两千年的希腊文化，他们都不断地在一代一代地更新发展，到现在它还是很有活力。虽然它也有很多问题，但是它又克服这些问题，与时俱进，所以它现在还是一个强势的文化。那我们中国怎么办呢？我们怎么去面对这个文化，我们只是去接受，接受它的科技、经济，我们都可以以他为师。但文化又涉及政治体制，基本价值，能够完全抄袭西方吗？你能不能抄袭西方还是个问题，你想抄袭西方也做不到，因为这个跟民族感情有关。

这个儒家文化你能够不去面对吗？你能不去深入地思考它的重心吗？还有一个错误需要纠正。大家把文化看成是历史陈迹，把文化看成是属于过去的，一谈到文化，就好像有点传统主义。一般人讲的中国文化就是传统，传统就是过去，过去的就是不好的，用各种名词，比如封建、专制这些。但是文化并不等同于历史上的封建、专制，也不等于历史的一些陈迹。文化是一种活生生的价值观念，在某种程度上也代表对人生价值的一种信仰或者是一种认知，它不是单纯的信仰，儒家的信仰跟儒家对世界的认识连在一块，它不是单纯地像西方的基督教那样先有很强烈的信仰然后再认知。

文化的本质是一个与时俱进的存在，你越不去面对它，他就越落后，你越面对它，它就越有活力。

二　有必要将国学设为一个独立的学科

现在中国高校有不少人主张设立国学，把国学作为一个一级学科设置，总体上来说，有相当一批人对此非常热衷，同时也有一些人反对，甚至是强烈地反对。这里，我想谈点看法，就是将国学设立为独立的学科是必要的。因为这是我们自觉地了解自己文化的一种方式，这种方式更适合于对中国历史的了解，同时能够进一步地去发展我们的科学的知识观，我们的整体的伦理观，我们的综合的价值观，有利于中国文化的持续的长远的发展。从纯粹理论来说，一个民族他必须要了解他者。对他者的了解，今天就是对西方的了解，我们叫做西学，我们对自己的了解叫国学。那么，同样的，你可以看，西方人，他们自己对自己的认识，我们称其为西学，他们也有对自己的了解，比如美国人叫做美国研究，法国人叫做法国哲学，德国人强调他们自己的哲学传统，这是他们的国学。德国的大学，一定要念几个东西，莱布尼茨，他们把他看成哲学之父，还有康德、黑格尔这三个他们是绝对要念的，这是他们的国学。法国人笛卡儿，笛卡儿之后还有很多，一直到近现代，至少这个根是要抓住的。英国，你能不念洛克吗？你能不念休谟吗？所以这是它的古典学，是英国学问。美国要搞点美国学问，但是美国还不成功，美国学有个矛盾，美国学到底是杜威呢还是杜威之前，因为杜威有的时候太极端，有时候是比较庸俗的实用主义。其实我认为美国应该从皮尔斯克开始，真正的实用主义，从他开始，他既有一种科学观，又有一种形上学。但是因为他的学问比较深刻，不能够普及。威廉坚持的是宗教化，所以他普及得比较多，但是他对科学也不是那么的重视，不能彰显美国重视科学、重视操作的精神，所以美国学这一点作为他的国学的话，它内部还是有问题的。每一个科学都有问题，不要以为国学就什么问题都没有，这就错了。你就把它当成学问来慢慢探讨，可以有多家之言，所以美国学问题是比较多的。我自己是搞分析哲学的，分析哲学有好多派别，实用主义，欧洲大陆的实用哲学，所以也是纷争复杂的一个现象。法国也有两大支，有的比较彰显海德格尔早期的，有的彰显海德格尔后期的，没有一个定型。所以我们不要把这个规律想象成一个非要定型不可，或者已经定型了。这个框框要打破，要开放系统地看待，因为我们历史悠久，所以我们的国学是很丰富的传统，也有它自然有序的内涵。

我觉得是这样，我们的国学以历史为经，以哲学为纬，就是知人、明理。《尚书》里面说"知人则哲"，哲就是知人，知人包括知自己，但中国的人是把人体结合在一块的。所以，从这个角度来看，提出这样一个概念，中国也有哲学，中国人不需要别人来告诉有没有哲学，我们本来就有哲学，你看《论语》里的孔子弟子问答，不是哲学是什么。第一个是智慧之学，第二个是对智慧的一种爱好，是一种爱智之学，你说中国人没有一种智慧吗？中国人不应该学智慧吗？这个话说不通。中国人最早的一些经典，都是积聚古人的经验作为后人的一种引导或者是一种参考。

至于哲学是不是系统化、方法化那是另外一个问题，不能说中国没有智慧，没有爱智慧的这种心态。只有爱智慧才能产生子学，子学的意思就是我看到智慧了，我爱智慧。假如我们以这个为纬，历史是发展的，以历史为经，历史发展有一个程序，它有各种需要。在这个当中，子学哪一支特别突出，也要考虑它的成分和发展。所以儒学从汉代以后也有发展。早期是以秦作为中国统一的开始，是以法家为主，六家要旨，儒道法，还有墨，但墨不当道。我自己还有一个说法，我认为墨在民间还是受到尊重的。中国人是一种包容的学问，至于谁去当道，就看整体的需要来说，最早法家，统一天下以法家为主，假设当初秦始皇不是那样地暴力，以法家为主，再稍微容纳儒家，不要那么的残酷，法家命运很可能也会发展得好些，秦代也不会二十几年就完蛋了。

墨子讲墨辩，讲究逻辑，它也可以成为科学发展的基础。这在历史上都是偶然，都是有条件的，没有必然——中国就是要落后的，中国必然就是没有科学的。为纬的意思是哲学还在那个地方，我们只是要去发展它，作为最好的选择，是历史给我们的使命，我们今天看到管理的需要，把儒家等结合到一块，形成一套管理的体系。整个中国国学的发展是以历史为经，以哲学为纬，在这里面选择出来从秦代的法家到汉初的子学，因为哲学代表人的选择或认识，历史代表与自然发展的状态或需要。所以在这种情况下，我们今天的国学是开放的体系，这样我们的国学在每一个时代都不一样。早期的国学是以秦代的法家为主，到汉初作为道家哲学，汉高祖，惠帝吕后时代要与民休息。其实中国有好几次，康熙也是讲老庄之学，后来变成黄老之术，这也是中国的治理之术。唐朝开始，唐太宗对《易经》很尊重，在国家的教学里面，在国子监，在皇家的教育里面，可以看得出来，因为汉武帝以后治理国家儒学是正宗，也参考其他学，还崇佛。咸阳的法门寺里面的记录表明，唐玄宗以后的唐中宗这几个皇帝，每年有十几次带着大队的朝廷人马到法门寺去敬佛，那也是浩浩荡荡的，很重视佛学的传统，你说哪一期是固定的中国学问？没有的，光是谈空的没有用。

国学院只要能发展，那就好了。第一个，国学院要对传统的政治哲学我们叫经学有认识，对于传统的哲学的诸子百家要有认识，不必担心说只考虑儒家一支，可以考虑老庄，可以考虑法家，可以考虑宋明理学，这些都需要的。每个国学院可以有自己的重点，这个国学院重宋明，那个国学院重先秦，那个国学院重唐宋，我觉得也没有什么不可以。在它的基础上面再结合西方的学科，比如说关于子学这一块，关于老庄这一块，你就可以参考西方的环境伦理学或现象学这些来发展。发展儒学里面，可以发展中国传统里面讲的六艺，《诗》、《书》、《礼》，《春秋》的道德哲学，这个都可以单独去探讨。但他们不能离开整体性，不能离开跟西方的比较，它还要和其他学科有一种沟通，它的目标是建立活性的学问而不是死堆的学问。

礼、乐、射、御、书、数，那是偏向于一般的教育。我们的六经，《礼》、《易》、《诗》、《书》、《春秋》、《乐》，这是中国的学问，儒学里面的学问，这就可以分成对《易》的了解，对《书》的了解，《礼》和《乐》可以摆在一块来了解，看你开什么样的课程。不管课程怎么开，专家必须要有开放的眼光，有一种参考的能力，有一种整合的精神，他是为时代提供一个发展的方向，它要结合哲学和历史。

三　新儒学不是简单地回归儒学，它也不是静止不变的理论

张岱年先生曾经说过儒家作为一个时代已经过时，我不完全熟悉张岱年先生的这个论述。但是，对于张先生的这个认识，从某种意义上讲，它有很有价值的一面，就是说，儒家作为一个主导中国历史发展的时代已经过去了，作为一个政治主流或者是政治的意识形态已经过去了，可能是这个意思

吧。就是"五四"以后有"五四"的新精神，"五四"以前，处处以儒家为圭臬，社会伦理，君臣之道，讲这些东西。张先生心目中的新儒家是不是包含冯友兰、梁漱溟、熊十力，美国就是我、杜维明这些人？我想他可能是想，你们提倡儒学，是不是要把儒学作为政治意识形态？我自己是没有这个想法的。这个历史也不完全是像张岱年先生所说的那样，因为中国的所谓新儒学，它不是一个单纯的东西，新儒家不是单纯的，是在发展中的，中国的历史也在发展中。第一，儒学是过去了，怎么过去，是哪一方面过去，中国是不是有一个社会和文化的一种核心价值使大家可以作为安身立命、作为建立信仰的依靠，这个东西是不是需要？在张先生的思想当中，有没有一定的地位，我认为可能还是有，我认为他的哲学理论中提到中国的本根论，他一方面反对旧儒家，但是对于当前的新儒家，他认为还没有一个好的代表，他也不一定反对一种更理想的新的儒学的出现，这个新的儒学的意思就是以人为本，以民为主。他批评新儒家，并不是对儒学作为一个学问来批评，除非他认为儒学不是发展的东西，他把儒学看成是发展的，他一定不会把儒学作为反面的东西加以批判。儒学系统的开放性是我们必须要面对的问题，这三支里面有分工，有合作，西方的科学知识或者是民主思想，还有马克思主义的社会主义思想，儒学的道德主义，这三个怎么去既分立又综合，最后形成一个整体，这也是在价值上的三权分立和统一的状态，最后是统一的。这里面是不是也有一个主导性的东西？我认为，文化为根，经济为用，政治为道，马克思主义跟儒学要非常密切地进行一个综合，开辟出一种新的文化来。这样的结果就是一个与时俱进的东西，我想张先生是不会否定这样一个与时俱进的东西的。

这就涉及刚才我们说的国学的概念。国学是一个开放的体系，它也是在探讨之中，但它中间有个核心价值，就是在历史和哲学交界的地方有一个核心价值。我们今天是以人为本来发挥人的价值，使人的社会走向真善美的境界，这是一个基本的需要。我们不需要神权统治，我们也不需要鼓吹个人主义，我们也不需要实施一切都是大锅饭以团体主义作为基础，我们要寻求一种平衡的、整体的、创新的、和谐的发展道路，这在某种意义上是综合的儒学。只有冯友兰的理学心性学是儒学，或者只有牟宗三的才叫儒学，那也不一定。儒学是与时俱进的，是整体创新的学问，所以它需要进行更多的自我的省思，对外面更多的更广的知识的认识，它是自主的学问，它是自我之学，为己之学。所以，这样的话，我想张先生不会反对这种学问，我们只是澄清他的观点。也可以说他对他当时看到的新儒学的一种批评，你还不够综合，还不够创新。有没有综合，有没有创新，这两个标准我觉得是很好的标准。所以我提出佛家文化的辩证法，所以我的说法就是你的综合能不能产生一体的和谐，你的和谐能不能产生一种新的价值观，使之形成一种规范以作为我们行为的指导。你首先得和谐化，在和谐里面找寻一个共同基础，突出我们的价值，从价值上建立我们的规范，创新就是在这方面创新。我们不应该做会违反我们的价值、会造成我们价值的损害、对生命的发展造成伤害的事情。所以，对于张岱年先生的这种说法，我是两面地看待。第一个是他对过去儒学作为历史的儒家来说，我们不能搬到现在来。我们处的世界是个新的世界，但作为一个新的儒学，它的具体的形态还没有发展成功，他批评蒋庆式的新儒学我是完全赞成的。至于是否要将儒学变成国学的需要，变成中国人安身立命，中国人在世界作为一个参与者，一个贡献者，一个自我能够信赖和负责的价值态度，那个我觉得还是需要的。可以从儒家里面吸收很多能量，而且儒家是个开放的系统，儒学本身就是做人的学问，或者是创造人的文化的学问。

《周易》说的三才之道，人在天地中的定位，什么意思呢，就是我跟天地之间有一种沟通的关系，天地为我，生我，我要反哺天地，使天地更好地彰显它的创生的功能。

除了自然，还要发挥人的作用。崇尚自然还是比较接近道家，因为这个涉及环境伦理，环境伦理它不是说把人的重心去掉就解决了，以老子之道，道法自然，最后自然是无为而无不为。不要破坏这个自然。我认为人在这个世界生存，他不可能完全不去改变自然，不改变自然怎么会有城市？所以一定是要人的环境，但是你过分地发展，比方说过分的工业化把环境污染了，为了资本主义的发展把环境污染，就好像过度的浪费、过度的奢侈一样，那你说有这个必要吗？人是要帮助天地的发展，天地生人，人要对天地负责任，使这个天地更美好。一块荒地种上树，种上森林，我把它开发出来，让更多的人，甚至其他生物也能够繁荣，能够保护一些稀有动物。因为稀有动物按照进化论，它们可能消灭掉了，我们保护它，使得物种有个和平的状态，那是人的贡献。这个也是符合儒学的价值观的，儒学是一个非常具有创造作用、进化色彩的学说，而且我们现在追求的新儒家的体系还在创建中，需要不断地完善。

有一点，我觉得要强调一下，无论如何，不能否定我们的传统文化，不能说中国的传统文化就都是糟粕。撇开其他方面的因素不谈，就中国文化的内涵和所具有的社会价值而言，这种观点是失于偏颇的。1989年之后，刘晓波曾在我们这儿的一个会议上严厉抨击中国传统文化，认为中国传统文化衍生专制，不能产生民主，中国文化摧残人性，不尊重个体尊严，等等。总之，把中国文化说得一无是处。我当时就批评了他，就在这个房间。这里的座位都是灵活的，当时座位就是这么横放的，他就在那儿讲。我说，你这个年轻人不要极端，中国文化根本不是你说的那样，你应该要好好地学习一下中国文化，不要乱讲。后来，陆铿在大会上说，成老师应该对年轻人要包容，不能苛求年轻人。我说，不是不包容的问题，这是一个科学的方法和态度问题，含糊不得。

四　改革开放以来，中国大陆文化建设的成就、存在的问题以及努力的方向

改革开放，我认为是一种代表中国走向现代化，走向以西方为标准、为代表的现代文化，一种努力或者是寻求文化之根，充实文化活力来进行主体性建设，这两个之间的一种张力或者角力。我说的角力就是说看到前面的愿景有一些重要的现代化的价值，我认为就叫做现代化价值，一方面感觉到自己所站的立场、角度需要一个根本，自己站在什么立场，站在什么立足点，什么土壤上面去追求未来。所以要回顾自己，就好像一个人一方面往前跑，一方面又要回顾一下我是从哪里出发的，不然我就迷失掉了，我就算是跑到终点也不知道自己从哪里来。其实我说的文化动力的来源的根源就是理想，有两个，一个是自体的文化，一个是外在的文化的吸引力。所以在这种情况下，显然，现代化的力量更强，先现代化再说，先富起来再说，先抓住外面的东西再说。即使如此，这种内敛、回顾、充实自己的努力还是不断的。从60年来算的话，回顾、充实自己、找寻现代化的自我的起点这个力量还是越来越强，它的成就就在于一个是中国人未来的发展需要一个现代价值，为了追求现代价值，时代的一种处境，现实的一种经济发展，早期即20世纪80年代到90年代是在一种觉醒状态，所以那个时候有那种文化运动，到90年代走向经济，文化的努力反而减少。但是幸好对文化根源的这个认识并没有消除，反而因为经济发展、走向世界而更加强。这种体验尤其对儒家的精神价值和道德价值甚至作为中国人立足点的认识，我觉得是取得巨大成就

的，1984 年成立孔子基金会、1993 年成立国际儒学联合会就是一个标志，说明有这样存在的力量。我认为这是代表着一种对自己文化的回归，有一种初步认识，这个我觉得是正面的东西。所以中国文化应该有一个基本的出发点，要掌握一些基本的核心价值，认识到文化根源所包含的核心价值，我认为这本身就是一个成就。虽然刚开始这个成就的力量比较微弱，因为在现代化追求工具价值的现实化的要求中，经济发展和文化发展，当然经济发展在前面，而且经济发展要求走西方的路，文化发展要求回归自己的根源，要靠政治在中间来平衡和调控。

中国化就是为中国人所用，带着中国文化的内在价值的一种觉醒。1993年我受中央党校马克思主义研究所的邀请，中央党校的副校长请我去作演讲，我就讲儒家与马克思主义，当时学生问马克思主义到底会怎么走向，当时我说马克思主义可以把它看成一种管理哲学。大家对我的这个提法非常重视，当时已经提出管理哲学的概念，管理哲学是一个科学的研究，不是意识形态，它是研究我们怎样能够站在文化哲学的高度来决定我们追求的价值，这个价值当然可以是经济价值，可以是文化价值、社会价值。走向的是一种和谐社会。我认为，马克思主义的转化，成为中国哲学价值的一种代表，能够因为马克思主义的存在而彰显中国价值。但现在又有点模糊了，马克思主义的定位在中国化，中国化的意思是说它能够成为中国人价值观的一部分，还是说它能够促使中国人认识到他自己的价值观，认识到自己的价值观，就肯定跟中国文化连在一块，它跟传统文化之间有一种张力，一种推动和启发的关系。早期我们不能接受的是用马克思主义历史观来解释中国哲学，结果颠覆了很多东西，而且独断地评价说老子是唯心主义，绝大多数都是唯心主义，只有王充、荀子才是唯物主义，就把中国文化割裂开来。其实，即使王充、荀子他们具有自然主义的倾向，但是他们也有他们自己的缺陷，同样，老子、王阳明虽然是唯心主义，但是仍然具有自然主义的世界观。因为中国哲学是整体的，心跟物是相互贯穿的，心跟理是不能分的，道和德是连在一块的。所以需要恢复完整的中国哲学的系统概念，我们应该怎么恢复它？实际上就是恢复到中国人的宇宙观、生命观、价值观，我们也需要这些东西作为安身立命，作为选择价值的一种基础，没有这些东西我们就会感觉到很茫然，没有自信或者是一种迷失。

因为文化是生命表达的最根本的方式，文化颠覆的时候就被殖民化了，就被牵着鼻子走了。中国这个概念有一个深刻的文化意义。文化意义的核心就是哲学，这要非常明确地说清楚。从成就来讲的话，马克思主义在这方面发挥了价值。

还有一个现象：中国哲学的主体研究开始加强。原来是本体缺失，本体缺失就是缺乏基于中国人的一种宇宙观、世界观来作为了解世界、接受世界，与世界建立融合的关系的方式，就是世界诠释我，我诠释中国，这个模式在哲学界就开始确立起来。那个时候，只要一讲哲学，就大谈特谈中国的本体哲学，本体宇宙论等。今天不是复古，而是挖掘出中国的宇宙意识、道德意识、生命意识、伦理意识，但目前没有系统化。使年轻人认识到有这样一个发展的方向，有这样一个根源，年轻人当时读朱熹哲学精神，很多人受到很大的影响，再把中国哲学作为现代化的一种工具，管理哲学，管理哲学就是这个时候建立起来。所以，从学术精神、学术文化这方面来归结的话就是三点：一个是马克思主义的中国化或中国哲学化，一个就是中国根源意识和宇宙意识的建立，第三就是中国哲学被看成是一种动态的现代化的力量。并不是挖掘出什么东西，如 1997 年又出土马王堆，这不能说是文化复兴和文化发展的成就，那是一种学术成就，我们说的成就是一种具备精神意识的状态。

存在性的和生命性的，文化不仅是要存在，还要有生命，你能够成为主体决定事物的力量，就叫文化，你相信基督教，你追求的很多目标，你就不拜祖宗了。中国人是不是还有古代人的道义精神、重责重义，现在都很难有，因为现代化带来的是工具主义、利益主义、利己主义，而古代非常重视道德精神，道义精神，重义轻利，我上一代就还有这种精神。我父亲是中医，他不要钱，他根本就不追求钱，追求的是一种文化生活，一种精神的修养，包括文学上的修养。这一点我们现在没有，现代人的利益很现实化了，更现实化的就是以金钱作为一切的标准，交朋友或对朋友好不好，标准是他对我有没有用。这个老师对我将来没有帮助，礼貌就减弱了，过去的友谊或感情的问候就没有了。在过去 60 年里面，这是个变化的曲线状态，开始的时候是马克思主义中国化，产生中国文化的根源意识和精神价值，慢慢经济发展更厉害，刺激到人心，20 世纪 90 年代后期，就看到一种奔跑，抓住机会。现在还有人也是这样子的，现在不抓，什么时候抓，在这些人的带动下，很多人就认为现在不把自己富起来，什么时候才能富起来。最有名的说法是我先用非法的手段成功，然后我再用合法的手段施舍予人。

文化成就里面，国内现在的孔子热、《论语》热，于丹讲《论语》、讲

《牡丹亭》，还有百家讲坛里面关于历史的、哲学的、中国的诸子百家，易中天讲三国，我没有特别把它看成是成就，我把它看做是一种社会生活补充品的需要。现在的社会生活，经济生活是主导，大部分人的生活是在积极地改善物质条件，囤积财富，不然的话，为什么房地产这么涨，有的是个别的，有的是集体地在炒房，这里面具体情况不了解，但是从外面来看，就是一种用已有的力量来夺取社会财富。

某种意义上说，是由于一种精神上的空虚造成了于丹现象或者是易中天现象。于丹用《论语》来说明人人都可以成为尧舜，用孔子的话来说明自己。但是有几个人是听了于丹的《论语》而成为真正的道德人。有人听得很过瘾，最主要的，不管是于丹、易中天还是一些在台湾叫做名嘴的，就是说书说得好的，对他的最大的价值是享受，是听的时候的享受，并不是把它变成一种生命的动力，并不是以此为师。更重要的是作为一个学者，像"五四"时期，他自己捐献或从事文化努力来实现。于丹这几个人她愿意为中国文化付出什么东西吗？或者里面有商人，对中国捐献了什么？我认为他们这种不能看做是文化成就，倒可以说成是文化问题，这只是文化的娱乐或消遣。就好像有段时间电影文化里面，康熙大帝，雍正皇帝，能够让人感觉到一种不现实的自我满足感。但是从文化发展的角度来看，清代的闭关是造成中国近代命运的一个基本的失败因素，我们不能忘记这一点。当然我不否定，听了于丹的东西，知道一两句，知道有孔子等这么些人，这也不是坏事，这个可能算是一个起点，然后慢慢从表层倾入到里面去。但是这是个问题。为什么大家只看浮面，至于浮面的东西能不能够生根，中国人应当能够很严肃地重视到自己的文化。

严肃的东西跟考证没有关系，严肃的意思是真正产生一种信心，真正产生具有一种眼光，以是否能够与西方文化比较以产生文化力量来作为标准。基督教文化有经典，读经典，而且他读经典每周是要去查经，去恢复那种力量。中国《论语》并没有这样，大家听完之后，买一本于丹的《〈论语〉心得》，签个名就满足了，也没有变成经典的原本。反而是在毛泽东时代有个红宝书，《圣经》也印了很多本。这只是浮光，我们希望它不只是浮光，还没有把它深入成为一种力量的根源，这是因为文化意识还是没有坚定地存在，并不是不存在，而是没有生根开花结果。我们现代这个时代，可以用西方两个时代来比较，一个是文艺复兴初期，对古典的研究之热，我觉得是有的，学界还是比较多的。有一种创造性的诠释，我认为现在这一点不够，就是没有一种所谓知己知彼的认识，知道西方，了解中国。另外一方面就是对传统的提炼，也不像宋明，从自己的传统中挖掘出很多东西，同时还对佛学有深入的了解。第二就是更多的是西方启蒙时代，外在的影响很大。这一点我认为，西方受中国的影响产生启蒙运动，我们是不是在某种意义上讲，受到西方的影响，产生了中国式的启蒙运动？这个启蒙运动能够导向一个大文化的创造，可能有这样的一种痕迹，最后还是要根据希腊传统的理性主义，加上我自己解释的，东方文化的道德主体性，理性主义的知识论加上道德主体主义，就产生了西方非常辉煌的 18 世纪后期到 19 世纪的西方文化，德意志的精神哲学，从康德到黑格尔，都是那个时候产生的。我们更像什么时代呢？这个时代，这个启蒙运动，现在又受到质疑，这倒不一定是一件坏事，因为西方的启蒙到后来也是对启蒙的批判，现在是批判时代，后现代。中国文化受到的冲击，来自很多分散的力量，有西方的影响，有现实的需要，还有国际竞争的因素，包括经济、军事等各方面的竞争，分心了。所以文化的创造，建立自己的基地，还没建立好，要花很多时间去应付外面的事情。比如在北京，学者都是非常忙碌的，现在越来越忙碌，也不知道忙什么，今天这个约会，明天那个约会，包括向政府要钱，搞项目，实质是为了钱，不是为了自己的兴趣，这些都是为了去圈地。有点像美国 19 世纪开发西部时的开拓精神，很大一种力量往前开，就产生了所谓牛仔文化。现在中国也有某种程度的牛仔文化，但那绝对不能算是文化成就。但是它能够锻炼出契约精神，开发模式，这是可以的。很多人也有很好的开拓精神、理性主义、实用主义、文艺复兴早期的人文主义、都是很好的，但是这些东西，是不是能够真正建立我们的文化体系，现在还言之过早。

然而传统也不是死板的规范，这就需要一种适应，比如说子女跟父母的关系，就是很重要的一个适应。在西方也是不断地在变化。中国本来有一个很好的模式，就是孔子说的，你对父母的敬仰、尊敬，现在子女对父母，反过来有些不好的态度。对子女，一种疏离的压力，子女更是不能够深刻地去感受父母对他的奉献，找不到一个好的表达方式，完全从实用、从工具来看待，没有在价值观上培养出来一种感情。孝道根本就是一种感情，一种基本的责任感，就是真诚的一种感情，我不认为只是形式上、法律上的一种责任。你教养了我，那就还你的债，这种责任也没有意思，其实父母关心子女是一种温情，不是说你要给我多少，但是可能退而求其次，问题没有了，有的是基于现实的需要，有的干脆就是用你欠我多少这种眼观来看待。

现在中国这种过分利益主义、利己主义的气氛之下，契约甚至是蒙蔽别人的手段。中国人的契约，十之八九都可以按照自己的需要来改造。他如果发现契约会使自己吃亏，他就会用过渡手段来重订契约，甚至用强迫的手段。关于我们文化建设的成就在什么地方，在整个道德行为上面，在文化意识上面，在美学的境界上，都还只是开始。但是我还是承认它是一种成就，因为在与现代化、在商业化的角力当中至少还维持和发展了中国文化意识，这可能也是新儒家或者其他中国文化论的价值之所在。

每个国家都需要发展经济，需要维持自己的就业率，没有一定的就业率，社会就会乱，美国现在9%的失业率，就感觉到很不稳定，问题也就更多。中国也是一样，内需市场要开发，要使得人心稳下来，这个也是孔孟说的，有恒产者才有恒心，没有恒产，就没有恒心，没有安定感。这是一个现实社会。那么另外一个现实世界，国家的竞争也会影响到个人的生活和发展的形态，我们面对的还是一个非常不公义，甚至有时候很野蛮的大国竞争的世界。面对这样的纷繁复杂的世界，我们需要文化来纾解我们的苦痛，指引我们的方向。这里包含以下几个问题。第一，有了文化的精神价值，人民就会感觉到生活中有一种内在的平衡，内在的和谐和满足。对外在生活的一种平衡，需要更强烈地提高人们对文化内在价值的重视，就是我们需要什么东西，在我们有了权利、有了经济、有了物质生活之后，我们还需要什么？就要面临这个问题。第二，我们要了解自己的文化能不能够提供这些东西。如果我们的文化不能够马上提供，那么怎么使它提供？其发展的方向，就是怎么样为现代化的中国提供一个能够持续发展的精神价值。第三，明晰文化和经济的双重互动关系。文化有两个价值，一个是在经济发展的早期阶段，道德可以帮助经济发展，道德甚至可以成为经济发展的一个工具，道德甘为经济所用，达到经济发展目标。当然这个不是坏的，就是说为了要使生产增加，这就要求人们诚信，要是使市场更好的话，就要减少欺骗，保持品质，加强诚信。从这个意义上讲，契约伦理或管理之道，都构成经济发展的工具。但是要认识清楚，经济发展的目标是什么，是为了高级的精神生活，或者是平衡的精神生活。经济应该是达到我们所谓精神建设、文化建设、道德建设结合的一个手段。有精神的生活是一种心安理得的生活态度，它在于使人们不但能够安居乐业，而且重视伦理道德生活，而不是你抢我夺。是使家庭更像家庭，社区更像社区，一个人更像一个人。我觉得这个是发展的方向，我很重视国学的发展也是从这个意义上来说的。

五 关于中国哲学、西方哲学、马克思主义哲学三者关系

中国现在在经济上是世界上第二位的大国，他的哲学面貌应该无论在本国还是在世界上都要有很大的影响力和辐射力，因为大家关注这个国家，首先就要关注这个国家的文化，尤其是其哲学思想。比如你想了解美国文化首先就想到实用主义。至于中国整个人的哲学精神面貌可以说是人本主义，但恐怕很多人也不能够同意，就是说明明中国的官方哲学是马克思主义，怎么能说是人本主义？如果我说马克思主义是人本主义，他们会不同意：马克思主义怎么能成为人本主义？

这个问题的潜在疑问就是马克思主义与中国文化是什么关系，更进一步的问题就是，马克思主义哲学、中国哲学、西方哲学是什么关系。这些也是海内外人士都关心的一个问题。当然大家能关心这个问题也是因为马克思主义理论从来不认为只是从马克思主义教条、意识形态来主导中国的思想。现在的问题是，马克思主义很容易被看成是政治上的意识形态，它能够成为一套哲学的话，需要明确它的定位在什么地方。中国哲学、西方哲学、马克思主义哲学三者实际上是可以统一和融合，出来的东西，对马克思主义来讲，是马克思主义的转化，就是说对中国传统哲学重视的一些问题有更好的发挥，这就是一种融合。

哲学的价值追求也是基于经济学，推广到更早一点，马克思的《经济学哲学手稿》，大家都认为它具有人文主义的意思，就是重视人，人不应该跟他的生活、工作疏离，人应该创造价值，人是创造者，创造的价值应该自己来分享，而不是说被奴役，所担心的是人的疏离感和奴役感。这个基本上是人文主义的，这个人文主义在中国传统里面有很强的一个背景。所以马克思主义哲学、中国哲学在价值观上有一部分重合，马克思主义哲学跟西方哲学有一部分重合，但是它跟西方哲学也有不同之处。比如从他们对待几次大革命的态度来看，如美国革命、法国革命，马克思主义哲学更重视法国革命、十月革命。所以马克思主义哲学是主张人的自由的，但是它偏向于社群主义，我觉得马克思主义哲学应该采取几个立场，在价值上是人文主义，在知识上是科学主义，马克思主义哲学应该有一个可以和中国哲学、西方哲学交往的一个管道，就是用马克思主义哲学来作为一个主导思想的话，它要更

好地去融合中西，这是它的定位。但是从中国哲学的眼光来看，中国要站在中国的天人合一，以人为本、以民为本的这个传统来吸收西方，现在西方跟过去西方，现在西方显然对中国开放的有自由主义，也有民主主义。所以从中国哲学眼光来看，我们必须确立中国自己的立场。这个立场我把它当作儒学的立场，但也不要完全看成是儒学立场。我认为应该从一个易学的立场，我说的易学应该包括儒学和道学，儒学里面包括古典儒家、宋明理学和现代儒学，你也可以说本来就是一种融合。从这个问题上看，中国哲学应该是更根本地去融合西方哲学。

西方哲学里面，包括德国的传统，从莱布尼茨到康德，康德到海德格尔，海德格尔以后的法国学派，这一批纯粹哲学对科学的发展有很重要的贡献，对文化沟通，对历史了解方面产生了所谓诠释哲学、科技哲学、行为伦理学。西方哲学包括两个传统，一个是古典希腊传统，另外是古典的精神传统，希伯来精神，所以这里面包含着神学的思想和一个自然宇宙观的思想，这些本来就是多元的，也许它们会产生好的结果，能够更好地推动中国哲学发展，这也是我的努力方向。西方哲学跟马克思主义哲学之间的关系，不是那么尖锐，因为现在的马克思主义哲学，后马、西马，与西方的自由主义、后现代主义已建立一些密切的关系。而西方近代哲学也不一定排斥马克思主义，可以把马克思主义看成是一套历史哲学与经济哲学，实际上是可以沟通的。但是如果把马克思主义看成是政治哲学，马克思主义哲学就可能被划分成为社群主义跟自由主义。从中国哲学来看，中国哲学会站在马克思主义哲学立场来批评西方，但是马克思主义哲学也会根据西方哲学在知识领域来批评中国哲学，中国哲学跟西方哲学的自由主义，还有它这种人文的思想可能结合好的时候也会来批评马克思主义哲学，这里面就是一种复杂的综合问题。我是这样来总结的，这是很值得去研究的课题。

六　中国文化的核心价值及其当代意义

这个问题我已经考虑很久了，中国文化的核心价值就是人的弘道，我把这个当成是核心。我有两个命题，人的弘道，道还是人的基础。人实际上并不是没有价值的概念，它有它的使命，它的目的感，所以生命是有意义的，生命是要充分发挥的。我认为孔子走的路线就是对宇宙大化的认识。也就是说中国从古圣开始，作为人类发展基本上是在揣摩人与自然的关系，而不要产生疏离和断绝，就是在人与天地的关系上他都想得很通，他在思考如何将人的生命跟宇宙的生命进行融合，就是人成为人，跟其他动物不一样，但是他又不离开这个宇宙，他具有这种内在的生命。所以这是非常重要的认识，但这个认识也可以说非常现代，也是改造现代性的一个基础。就是说人从宇宙而来，但人那么小，对宇宙怎么发生影响呢？假如我们真的相信知识观，物理学，天地万物都有内在的联系，各种效应微乎其微，宇宙这么大，我们要影响大宇宙可能吗？如果从这个角度来思考人类，当然其对宇宙没有什么影响，其结果就只能自暴自弃，这个实在是一种既不智慧也不理性的说法。人虽然小，但是他有能力去认识这个宇宙，他能够与别的动物不一样，他有无限的对知识的能力，一代一代地传下去，他能够产生文明，产生文化，更进一步他能够产生是非观念，产生道德伦理，这就是人的内在价值。所以中国文化抓住这一点不变，他不是说把这个宇宙看成只是一个成品，有一个像人一样的超人，有个叫上帝的超人来创造人类。

西方用上帝来解释人类的起源、主宰力量和终极关怀。但是从科学和理性的角度来考虑，这些都是站不住脚的。什么处女生子，不可能，神话而已。其实上帝他有这个能力的话，他可以生很多儿子。上帝把他的独生子赐给人，那我们要问一个问题，他为什么只有一个独生子？他能力这么强的话，他可以有很多子。

《圣经》是很多人加工而成的。主要就是四个，就是马太、马可、路克、约翰。现在发现了很多新的当年传教人，像玛丽，还有詹姆斯——耶稣的兄弟，至少还有五六种，他们都给天主教消灭掉了，把他们当成异端了。很明显，上帝是人造出来的。他们每一个传播者都自称他们的文字是上帝宣告的，那你怎么证明？那些一般的愚夫愚妇，最喜欢相信这些东西了。

中国是一个重视经验、重视整体、重视生命、重视生命所包含的发展能力的民族，在所有的人类里面是最明智的。所以这个道是从观察里面出来的，我觉得《周易》就是这么讲的。

神就是造成一种属性，一种宇宙创造的道理，它创生，生物能够从物质进化到生命，就是有一种创造性，从一个没有形象的宇宙，经过现在科学的方式来解释，因为它更适合一种观察，各种基本意志的组合，慢慢就变成各种物质元素。但物质元素也不安于做物质元素，所以就涉及时间空间，在发展当中起到一种催化作用，所以产生新的组合，从原子到分子，分子到原细胞，在一定条件之下发展出来的一个生命，所以它是从道生人，不必把道只是想象成为上帝，道是一个力量，是一个过程，是一个原始点，是一个创造力。我们怎么了解道呢？我们只能从人才能了解道。我们也不能把道当成人，但是从人的基本性上来说的话，某种意义上讲，那只是有限的比喻，所以从这一点来说，我们对于我们的起源，还有很多可谈的。但是如果从我们人的生存、生活、我们的需要来说的话，人是具有他的自我发展的能力，而且有宇宙责任。他要发展自己，来产生一个价值，这价值里面，最重要的一点就是人能够关心他人，我们叫做仁。人在宇宙的地位，是天地生人，天地是发展之道，具有生命力，具有创造性。人类具有责任感，人类从自我的范式里面掌握自己的创造力，一种发展的能力，然后把它展开出来，实现出来就成为一种道德。这个道德的意思就是说从整体来考虑到个别的发展和相互的关系来促进整体的发展。中国是一种整体主义，发展主义，实践主义，实在主义，这就是他的核心价值。

第二个命题就是道德精神，也就是天地的精神，创造的精神，一种实践的道德精神。因此就产生中国的儒家，仁民爱物，亲亲而仁民，仁民而爱物，然后经过修身，然后产生齐家治国平天下这样一套一贯之论。这个核心价值不是纯粹地脱离天道。这里我要说明一点，它跟马克思主义，跟基督教的神学思想不一样，跟西方不一样，它也不是西方18世纪的物质主义。我认为中国的道德本身具有精神性，不能从物质层面来说明它。希腊哲学里面也没有纯粹的物质主义，亚里士多德或者是柏拉图都允许有唯心存在，西方哲学的后期产生了唯物主义，影响到马克思主义的形成。马克思主义强调唯物主义、唯物史观孙中山讲心物合一，我认为还是有一点创见的。根据中国天人合一的道理发展出来的核心价值，既不是唯物主义，也不是唯心主义，不会走向基督教那种纯粹以上帝为中心，以宗教作为文化的核心的地步。上帝的信仰会造成跟科学知识产生冲突，因为很多无法用科学的知识来解决。

当然人类还是需要精神的。精神的来源在于自我反思，在于整体追求，对生命的维护，而不在于说建立一个神道。当然对于一般人，一定要信仰一个东西，信仰神是有这个需要的。但中国人是很灵活的，是一种中国的开放精神，你一定要信仰可以，你只要不妨碍别人就可以，只要是善，促进社会发展，促进社区平和，促进家庭美好，促进子女的身心健康，那就信吧。中国人不反对，信佛教，解决个别的生死问题，中国人重生不重死，只要你死得其当，这个视死如归也没有什么。中国人从来没有把死当成那么重大，包括阿Q还说二十年之后又是一条好汉，中国是只要把生活弄得好，有价值，那就死得瞑目，死无所憾，中国人就是这种精神，当然某种程度上也是非常现实。我觉得这是生命精神。所以孔子那句话很对，你知道生就知道死，并不是知道死才知道生。苏格拉底就说，先知道死才知道生，那死你怎么知道呢？你不知道生命怎么会知道死亡？如果有人死了，我们评价说是不是死得其所，他一生有没有贡献，有没有对这个社会，提供一个好的贡献，是不是他有成就，这是我们所关心的。从这个方面我们去纪念他，尊敬他。所以从这点来说的话，中国的核心价值也不一定是无神论，我也不认为他是无神论。

用中国的话来说就是神而不神，不神而神。就是说，我们可以相信万物都有灵，都是有神气的，死后每个人可以成仙成神。如果你是好人，别人也会纪念你，家里还有你的位子，天地君亲师位，中国古代说的立德立功立言，在这个世界上还是有它存在的价值。

antitheism 是反神论，atheism 是无神论，这两个要把它们分开。当迷信变成危害你个人甚至危害家庭、危害社会的问题的时候，就要反对它，这就是反神论，可能是反对迷信的意思。无神论是反对宗教信仰的意思。我至少这样认为，中国传统思想并没有反神论，也没有特别否定神的说法，因为神不是客观的对象，神是一个主体的境界，神而化之，在孟子里面说是大而不可知的意思。所以不能说，宇宙之大，的确很多东西是非常的神妙，它的变化是基于我们现在还没有知识把它说清楚，它有一种深厚的状态。所以在这个意义上讲，中国文化的核心价值是神的创造性或者是宇宙变化的一部分而不把他看成是超越的对象或个体的存在。这个理想是一种开放的精神哲学。这是中国的核心价值，是生命的延续和发展，人的弘道，道是不断地创造，人应该以人为本，人应该自强不息，不断地去发挥，从自己推广到别人，这个精神就是人的精神，仁义的精神。中国哲学所谓天人合一的生命哲学现实意义很大，今天中国强调对环境的保护不正是这种生命哲学观的体现吗？

二元划分不是完全没有价值的。关于是非的判断，善恶的判断，各种分际我们是要考虑到的。但是你二元划分有一个总的标准，总的立场，我们把它划分之后把它对立起来，是说划分之后还要统一起来。"文化大革命"时有两派，一派说老子是唯物主义，一派说老子是唯心主义，但说老子是唯物主义的比较多，说庄子是唯心主义。这是意识形态的。中国文化的核心价值，中国文化，是强调人文、伦理的文化，就是说不是只强调物质控制和物质的创造。

中国文化里面有很多好的价值，这些价值包括寻求一种阴阳平衡，一种整体美感，一种生活的身心，一种内外的充实，一种自我的锻炼和修养、修身，这些是我们的文化，是中国人可以相信的。它的哲学已经谈到了，有一种宇宙观，一种生命观，一种道德观，一种精神观，在文化里面又体现中国人的一种意识状态。我是把文化当成哲学的载体，哲学又是文化的精华。我写了一本书《中国文化与中国哲学》，那时候在台湾很流行，这里面就说明文化跟哲学的关系。

振兴中国文化，必须要考虑儒学的当代走向。儒学的走向就是它必须掌握自己的原来的精神和它丰富的内涵，在今天现实的条件之下，要把它落实成为一个时代，解决问题的方案，以及改造现实的一个方案，以及进一步实现人的价值的一个方式，它只能这样走，它没有别的走向。

从具体的路径上看，无论是偏向于民间的发展，还是偏向于一种跟政治结合的发展，都是必要的。比如说我提倡建立成立国际儒学联合会，是靠政府力量去推动的。

儒学跟现代化不是对立的。有人曾怀疑儒学与民主的内在联系，我个人认为儒学是一种强烈的民主主义。孟子说的民为贵、社稷为轻，就是一种民本主义，民贵主义。孟子或孔子都强调人，人具有慎想的能力，至少是独立思考的能力，也就是孔子说的七十而从心所欲不逾矩。一个人能够随心所欲，他至少不要受外面的影响，别人不要去强迫他，对于他的生活，什么是最好的生活方式，他有责任去关心，匹夫有责，有需要知识分子的时候，他不一定要参政，他要有独立表达的能力，那我们也可以相信说其实每个人都有这样的权利。从这个意义上讲，每个人都是自由人，都可以发挥自己的意见。当政者是选贤举能，是能代表我的这些人里面最贤的一个，最能的一个出来表达我，所以从它的义理分析来看，儒学不可能不是民主，以人为本就是以人为主，他要是想自己表达，你既然以人为本，那你就得听我的，那还不就是民主吗？所以儒学是绝对没有反对民主的问题的。但是这个民主怎么实现，那是另外一个问题。是用投票的方式、咨询的方式还是各种意见表达的方式，这个就是在一定的情况之下，在一定的环境里面需要取舍的了。比如说今天中国还不够强，现在马上去搞大型的选举，那一定会乱的，这不适当。为什么中国有革命，革命之后还要建设？就是因为还没有那个程度，所以不能马上就去把它实现。

西方有霸权传统，一个国家崛起之后总是霸权，所以能够崛起而不霸权，能够把国内的民主推广到国外，就是推己及人，这一点西方要向中国学习。当然现在不只是学习的问题，还要让西方自愿去学习。中国文化对世界的影响，要靠中国人自己的努力。

中国经过了一百多年压迫之后发现了西方的缺点，我们看到它没有的正是我们有的，于是我们觉得我们可以救它。但中国文化是不是能够救西方？西方文化是不是毫无价值？我想也不是。我觉得文化民族主义有它的好处，也有盲点。它的优点是他肯定自己，自己要掌握自己的长处。所以我常常在心里面讲一句话，就是说我们要知己知彼，知道自己了解他人，才能够百胜不殆。我们现在就是说对知己这一块，相对西方来讲，比较多了，但总的来说，对西方，对了解西方这一块还不够，就是对于西方的弱点我们掌握多了，对于他的优点我们有时候掌握不够，但有一批人只看到西方的优点，看不到西方的缺点。关于这方面的认识大致分为四种，一种是只看到西方的优点看不到西方的缺点，另外一种是只看到西方的缺点看不到西方的优点，还有一种只看到中国的缺点看不到中国的优点，还有只看到中国的优点看不到中国的缺点。文化民族主义可能偏向于看到自己的优点，看到西方的缺点，他没有看到西方的优点，也没有看到自己的缺点，这样一种可能性值得警惕。还有对中国的优点看的深度和广度还要加强，这个需要整理才行，缺乏一个中西文化的整体理论和哲学不行。梁漱溟说西方文化是最原始的文化，第二步才是中国文化，第三步就是印度文化，最后人类是要走向印度文化，中国人大概也不会接受这一点。

人类有着丰富的潜能，受环境和历史的影响，产生了不同的文化传统，这里面可以提出的就是希腊文化传统、犹太文化传统、印度文化传统、当代西方文化传统、中国文化传统，这些都代表着人类人性之中人的特殊能力的发挥。其实一种完整的人性的发展，是应该把这些发挥的能力都结合在一起，才能有更好的人性的实现。希腊人强调科学知识，我们没有科学知识也不行，我们强调伦理精神，他们不了解这个伦理的重要，西方人就会缺少一点。民族文化主义应该作为人的发展的全面化的论述，掌握自己的优点来改正自己的缺点，从其他文化中吸取教训和营养来充实自己，这样才能避免成为民族的自大主义，不要变成民族的中心主义、封闭主义。尤其在今天中国经济已经发展到全球第二位的背景下更要注意这一点。

传统中国文化的不足之处显然是过分重视人文的关系而忽略了对自然世界进行认识，所以中国没能产生系统、先进的科学。并不是说中国不能够产生科学，我就肯定每个人都可以作出科学上的成就，我认为人既然是人，别人能够做到，我也能够做到。所以在本质上我不会歧视黑人，今天你看奥巴马也能出来做总统，大家看到黑人能够唱歌跳舞，运动员，当然他们体质上有这样的长处，他们在智力上有机会也会有很高的发展。同样只要中国有机会，中国也会获诺贝尔奖，物理学诺贝尔奖、化学诺贝尔奖。问题是中国文化过去在这个方面不加注意，所以就造成了很多问题。如果汉代、唐代能够多花一点时间在知识追求上面，那中国今天也就早有科学了嘛。科学没有发展出来是因为中国重视人文，重视天人关系，重视伦理价值，对所谓这种科学的技术不看重。从神农氏到李时珍，他们自己收集材料，他是真的跑到神农架，真的是去收集草药，而且不怕危险去尝药性，这是很了不起的实验精神，但是没有很系统的全面的研究，尤其是国家支持的研究。国家应该支持一些基本的研究。开普勒，就是贵族给他的钱，建立实验室，给他望远镜，很多早期的知识分子，都是一些贵族，贵族为什么支持他？就是因为他们要强调把领土发展起来，他们把这个联系起来，把知识追求和技术制造联系起来，然后以此来产生经济效益和权利，他把科学当成一种控制的技术或者武器来发展，中国联系不起来。中国重义轻利，看不起这些东西。

中国人善于概括，不善于分析。不善于把他作为抽象的理论做一个具体的概括，善于发明，不善于发现，发明可以的，没有发现这个基础。发明印刷术，发明火药，这些东西，为什么没进一步研究：还可不可以再转入更好地对自然的神秘的研究？中国人还迷信，现在还有影子，比如说气功。有个气功大师严新搞带功表演，中国同学会让我去支持一下，我花了27块钱买了张票去听了。那时候外兴安岭那边失火，他说可以在北京就可以发功，让火消除。还说他能够用神功手把飞弹击退，那也是等于现代神话，那就是封神演义上的。我不知道他们自己是否真的相信，但说得活灵活现。这个现象肯定不是传统文化的精髓。

（编辑：李翔海）

论《太平广记》中雷神传说的
若干方面[*]

姜明琪（Aglaia Starostina）

摘　要：在远古时代，人类认识世界的方式之一是神话。神话圈即主观存在的神话世界，一直伴随着人类社会。在许多神话体系中，雷神是最重要的自然神之一。中国雷神形象的演变过程很复杂。对《太平广记》的雷公形象的具体分析表明，中国神话体系也不是孤立的，不但具有每一个神话体系都具有的成分及自身独一无二的特色，而且与亚洲和欧洲各种文化里面的神话体系都有长久的交流。有些外来的神话母题和形象进入了中国文化的神话圈，同样，有些中国的神话母题和形象也影响到了其他文化及其神话圈扇区。

关键词：《太平广记》　神话　雷神　文化交流

作者简介：姜明琪，俄罗斯科学院远东研究所研究员。

从远古时代，人类认识世界的方式之一是神话。所谓神话圈（mythospere）即主观存在的神话世界，永远伴随着人类社会。神话圈是人类群体意识的一部分，其历史悠久，内在联系密切且复杂。每一个社会拥有神话圈的一扇区。由于人类心理存在的共同特点，每一扇区的体系有一些相同之处。

文化意识里总存在着一系列原型。由于不同社会在不同的历史阶段中有接触，通过文化融合，一个神话圈扇区的一些主题或者一些主角，如神或英雄，会进入别的扇区。他们不可避免地发生改变，以便符合新的文化系统。

---

* 在一个全球化的时代，中国文化正在逐步走向世界。姜明琪研究员的大作，就对中国文化中的"雷神"做了相当系统而细密的梳理与研究，使我们对"雷神"的认识更加丰富。为了从一个侧面反映当代俄罗斯的中国文化研究状况，本刊特刊出此稿。

改变以后，他们可以留在新的神话圈扇区。不过，年长日久，这些主题或主角也会渐渐地消失。

中国神话体系也不是孤立的，不但具有每一个神话体系都具有的成分及自身独一无二的特色，而且与亚洲和欧洲各种文化里面的神话体系都有长久的交流。有些外来的神话母题和形象进入了中国文化的神话圈，同样，有些中国的神话母题和形象也影响到了其他文化及其神话圈扇区。

许多神话体系中，雷神是最重要自然神之一。中国雷神形象的演变过程很复杂。魏晋南北朝、唐宋的笔记小说作者撷取了珍贵的民间传说；由李昉及其编辑组编纂的《太平广记》保存了许多这样的故事。对现代民俗学家、神话学家、文学史家来说，这些资料的价值是无可比拟的。这篇文章里，笔者试就反映在《太平广记》的雷公形象发展的一个重要阶段展开论述，在历史背景下分析《太平广记》第 393～395 卷内的雷神功能与相关母题。

一　雷神的历史形象

为了避免重复研究别人已经研究过的问题，我们不需要详细阐述中国雷神形象的变化过程，只想略谈这个过程中的一些特点。

由于相关资料很少，古时候雷神的全部功能目前尚不得而知。当然，那时候的雷神与农业关系最大（雷公是保证丰收的神祇之一；雷公庙是最晚 1 世纪初出现的；《前汉书》告诉我们，根据王莽的建议，在东郊建设了几个庙，包括雷公和风伯庙①）。此外，从《离骚》我们可以知道，叫丰隆的雷神是到天上旅行中可遇到的神祇；丰隆还会听从旅行者的命令（"吾令丰隆乘云兮，求宓妃之所在"）。汉代人认为雷公会惩罚罪人（见《论衡》卷六"龙虚篇"第二十二），包括触犯禁忌的人，也会把蛰龙从地上拿到天上。

对于雷神的外貌，学者有更多信息。先秦两汉雷电神常常是人兽形或兽形，也有人形。其主要化身是人头龙身或一足夔牛。先秦中国神话里比较流行的看法是人头蛇或人头龙。《山海经》中提到："雷泽中有雷神，龙身人头，鼓其腹则雷。"②

汉代时候，《淮南子》也保存了龙身人头雷神的记载③。与此同时，古

---

① 《汉书》卷二十五下"郊祀志"第五下。
② 《山海经》卷十三"海内东经"。
③ 《淮南子》卷四"地形训"。

书里也有关于其他龙身人头神的信息，像黄帝和伏羲也被看做人头龙。伏羲也被看做雷神的后代，伏羲的母亲华胥氏"履大人迹于雷泽"怀孕了，之后生下了伏羲（伏羲与女娲都是人兽形的，而黄帝是伏羲之后。黄帝也跟雷雨有一定的关系[1]）。

徐州汉画像石中雷神形象又不一样：有虎面人身的雷神[2]，也有熊形的雷神[3]。从王充那里我们可以知道，有些人认为，雷公"若力士之容，谓之雷公，使之左手引连鼓，右手推椎，若击之状"，而且没有翅膀（王充当然否认雷公的存在，他觉得雷公的形象不合情理）[4]。王充所认识的雷公画像是没有翅膀的，但是一些汉代画像石中雷公还是有翅的。（周作人认为："这条唯理论者的驳议似乎被采纳了，后来画雷公的多给他加上了两扇大肉翅。"[5] 有人采取了这个说法，比如，何田杰教授认为，画家"为雷神之像添上一对翅膀，以补足其可能有的缺弊"[6]。不过，汉代的雷公形象不一致，不但各地会有自己的画像标准，而且有时候一个墓里的雷神画像是不一样的，所以这种结论是有弱点的）

从湖北武汉东湖三官殿6世纪的梁朝墓画像砖上可以看到，全部人形的雷公[7]旋转八面连鼓。此外，敦煌莫高窟西魏（也是6世纪）249窟里有雷神旋转十二面连鼓的图像，不过，那儿的雷神是人兽形的，更准确地说，犬头人身或龙头人身[8]（手足也不完全像人）；藏经洞的唐《佛传图》的雷神全部是人形的[9]。莫高窟第285窟西壁上有两个雷神也是西魏的作品，他们外貌很像249窟雷神；头上好像有角；249和285窟的雷神都有十二面连鼓[10]。这些画像显然结合了汉朝雷神观念及佛教与祆教的

---

① 王明丽、牛天伟：《从汉画看古代雷神形象的演变》，第55页。
② 武利华：《徐州汉画像石》，北京，2001。图127（引自钟宗宪《先秦两汉文化的侧面研究》，台北，知书房，2005，第256页）。
③ 武利华：《徐州汉画像石》，北京，2001。图127（引自钟宗宪《先秦两汉文化的侧面研究》，台北，知书房，2005，第57页）。
④ 《论衡》卷六"雷虚篇"第二十三。
⑤ 《周作人散文》，浙江文艺出版社，1999，第77页。
⑥ 何天杰：《雷州雷神传说考北方论丛》，2002，第11~15、11页。
⑦ 方辉：《说"雷"及雷神》，《南方文物》2010年第2期，第67~72、70页。
⑧ 《中国石窟·敦煌莫高窟卷一》，第214页。
⑨ 牛龙菲：《雷公电母考》，《中国文化研究集刊》第3辑，复旦大学出版社，1986，第231~249页；《中国石窟·敦煌莫高窟卷一》，第214页。
⑩ 敦煌卷一，第217页；何世哲：《莫高窟第85窟窟顶天象图考论》，《敦煌研究》1987年第二期，第7页。

艺术特色。①

1953 年于长安县查家寨出土的景明四面造像都有雷公打连鼓的图像，四面造像的雷神似乎有动物的手足②。由此可见，东汉及后来的魏晋南北朝时，人格化的雷神形象很流行；地理分配也比较广泛，至少包括现在的江苏、浙江（王充是会稽人）、湖北、甘肃和陕西。在这个阶段里，雷神的人格化往往是不完整的；半人半兽的雷神不再是人头龙身的，他具有人的身体或人的身体和动物的头与手足。

虽然连鼓现在还是雷神的法器，但是这些艺术形象跟我们所知道的鸟头雷神不同。可能，在北魏的时候鸟头雷神就已经出现了，但这还不是公认的事实③。鸟头雷神主要来源于印度迦楼罗或金翅鸟王④；另一个来源是中国南方少数民族的鸟头雷神。

雷这一种壮观的自然现象在中国古代不但被看做是一个可畏的神，还具有一定的无生物化身。古时候，雷神的主要标志是雷车和雷鼓。庄子说的"雷车之声"⑤ 很可能是以前楚文化的特色，随后传入大中国的神话体系。神话圈的印欧扇区里，也有雷车的形象，如北欧雷神托尔乘坐由两只公羊拉的雷车旅游。

从汉代画像石上可以看到雷车。根据《淮南子》，女娲"乘雷车，服驾应龙够"。关于雷鼓，《山海经》提供给我们两个说法：其一，雷神的肚子可以当成一个大鼓；其二，雷鼓是用雷兽皮做的。此外，雷鼓自身也是独立的审美形象。如《管子·内业》里说："不言之声，疾于雷鼓。"在此，雷鼓大概只是神话诗学的特色形象。汉代的雷车常常是被异兽（龙或翼虎）牵引。⑥ 那时候的画家大多把雷鼓放在雷车上⑦。还有，王充描述雷神画像的时候说，画家让他"左手引连鼓，右手推椎，若击之状"。我们已经说过，魏晋南北朝隋唐时期的墓中也不止一次出现了雷公打连鼓的画像。

关于雷神居住的地方，有两个主要观点，简单地说，如果雷神是龙身

① Cheung Shin Yee（张倩仪）：A Study of the Tomb Murals Depicting the Ascent to Paradise during the Wei，Jin，Northern-and-Southern dynasties（魏晋南北朝《升天图》研究），香港大学硕士学位论文，香港，2006，p. 157。

② Li Jian（ed.）. The Glory of the Silk Road：Art from Ancient China. Dayton，2003. p. 144.

③ 钟宗宪：《先秦两汉文化的侧面研究》，台北，知书房，2005，第 379 页。

④ Stevens K. Images of Sinicised Vedic Deities on Chinese Altars. p. 88.

⑤ 《庄子·达生》。

⑥ 王明丽、牛天伟：《从汉画看古代雷神形象的演变》，第 56～57 页；钟宗宪：《先秦两汉文化的侧面研究》，台北，2005，第 379 页。

⑦ 王明丽、牛天伟：《从汉画看古代雷神形象的演变》，第 56～57 页。

的，他住在雷泽；如果雷神是人身的，他住在天空。

公元后，龙神、蛇身的雷神不再位于神话圈的最活跃的阶层。蛇仍为雷电的象征，所以也是常见的雷神伴侣，如雷车的车轮有时候是蛇形的。蛇也会被看做云气的象征，作为云气的象征，它是雷神的对手，"天神屠蛇"母题中的恶蛇。从后汉开始，雷神多数或是人形的，或是人兽形的，人兽形的雷神没有一定的外貌，但是平常没有蛇身龙身。

我们从功能方面开始分析这个阶段的雷神形象主要变化。《太平广记》第393～395卷里面的六条记载，即393－9、393－14、394－10、394－16、395－11、395－19陈述异常自然现象，如龙卷风或地震，这些现象又没获得幻想的解释，此不论及。

二 《太平广记》中雷的三个主要功能

《太平广记》中雷的主要功能是：①保证/损害丰收，②恢复正义，③预言或做预兆，④打击无辜的人。我们将在本论文的第Ⅲ部对后者进行比较详细的分析。还有几个没有很大代表性的功能，如报恩（393－8、394－12）、娶妻（395－16）、听从方士（393－12）等。

1. 保证/损害丰收

理所当然，雷神最根本的功能是保证丰收。雷神之所以成为许多神话系统中的最主要神祇之一，就是雷电风雨与农业劳动的联系。中国各民族也认为雷神可以帮助人们获得丰收，同样可以损害丰收。393－21与394－1中提到雷神不赐给农民雷雨或用雷电损害丰收的事件。394－12、395－1、395－7、395－8中雷神会赐给人们雷雨，结束天旱。这个功能跟传统的没有什么区别。

这些记载中的雷神大多数是被人格化的，而且三个记载中提到雷神的名字：雷公。393－21中至少有两个用雷车的天神；394－1中，雷公是半人半兽形的怪物。394－12的雷公说，雷一共有五个兄弟。395－7也间接描述几个雷公的兄弟。只有395－1中的雷没有具体的形象。395－8记载中的管雷雨的神是一条龙。古代的人头龙身的雷神没有了，把其功能交给普通的龙。

2. 恢复正义

恢复正义的故事多彩多样：393－1中，雷把罪人击杀后，将他的尸体抛在冤枉的人墓附近；393－20中，霹雳把李师道的宫殿震塌了等等。惩罚罪人和动物也属于恢复正义的功能（如 395－15 雷击杀偷衬衫的牛）。有关惩罚的记载跟后来的故事没有什么大的区别。

惩罚罪人恐怕是雷神最有名的行动；甚至，有些人以为，惩罚不孝是雷神的主要功能。如周作人先生说，中国人太敬畏雷神，看他太严肃，所以关于报应的故事太多；他只能想起来一个对雷神不尊敬的故事，就是狄仁杰救雷公的小说（393－8）。其实不然。宋元朝以后这样的故事确实越来越多，不过，讽刺雷神的故事也有。清代《聊斋志异》有这样的一个记载：亳州人王从简的母亲"坐室中，值小雨冥晦，见雷公持锤振翼而入。大骇，急以器中便溺倾注之。雷公沾秽，若中刀斧，返身疾逃；极力展腾，不得去，颠倒庭际，噪声如牛"。① 袁枚的《子不语》也有讽刺雷公的故事："雷击怪，过产妇房，受污不能上天，蹲于园中高树之顶，鸡爪尖嘴，手持一锥。"② 这里雷神是害怕玷污的，显出其无能可笑。魏晋南北朝隋唐时候的志怪小说里的雷神功能多样，岂止惩罚不孝？《太平广记》关于雷的三卷里一共有 58 个故事；其中不到十五个涉及罪人的惩罚。

"取乖龙"这一个母题也发挥恢复正义的功能：把孽龙拿到天上是一种公平的惩罚。宋代以后，这个母题不多见。从汉代开始却有相关记载。王充批评民间的雷神观念时说："盛夏之时，雷电击折树木，发坏屋室，俗谓天取龙，谓龙藏于树木之中，匿于屋室之间也。雷电击折树木，发坏屋室，则龙见于外。龙见，雷取以升天。"③ 没有必要说，王充自己认为这都是"虚妄言"。《太平广记》中的故事里也记录了六条有关传说。

其中第一条是 393－6，即出自《嘉话录》的关于僧道宣的故事。有一次，道宣听到了不断地雷震；他立刻明白了他屋子里有一个蛟龙，先把自己的衣服放到屋外，雷声还是不绝。道宣便发现他的手指上有一个小黑点，"疑之，乃出于隔子孔中，一震而失半指；黑点是蛟龙之藏处也"。第二个是 393－8，就是上面已经提到的关于狄仁杰拯救雷神的故事。雷神身体夹在树里面的原因就是他追蛟龙不小心。394－6 是出自《闻奇录》的故事，很像 393－6。金州水陆院僧文净头上出了个小疮，一年以后，小疮大了像一个大桃子。五月以后，雷震击他的头，取了蛟龙，文净自己没事。这个信

① 《聊斋志异》卷六。
② 《子不语》卷八。
③ 《论衡》卷六"龙虚篇"第二十二。

仰很像斯拉夫的一种信仰：雷雨的时候，魔鬼能躲在人身里；如果他进入了人身，那个人会被雷震死①。

394 - 17 也讲述了一个关于僧人的故事。雷雨的时候，智空求雷公让天晴一下，闪电烧了佛寺里面的一棵大槐树，"血满于地"，地上有大蛟龙的皮。不过，这一记载中，雷神的功能不仅是恢复正义，而且包括打击无辜的功能在内，详见下。

395 - 4 唐年小录 "每雷震，多为捉龙。" 395 - 10 出自《北梦琐言》：后蜀临溪县令陈绚在雷雨时候的县衙里看到了一条小蛇，马上焚香祈祷雷神取恶龙而不伤害别人。一会儿，小蛇没有了。395 - 18 出自《稽神录》。道士范可保在浙西甘露寺两次遇到了穿褐衣的怪人，第二次，这个怪人牵着黄狗走路，看了范可保一眼，"其光如电"。后来那里的人告诉他，刚才这是"霹雳取龙"。

有意思的是，这六条记载中只有一条保存了雷神外貌描述，就是 395 - 18，其中记载的雷神是全部人形的，不过，这显然不是他的真面目，因为孽龙变成了一只黄狗。由此推理，则可知雷神也必须变形，改变自己原来可怕的雄伟面目。

可见，唐代时雷取龙的观念仍然普遍，连白居易也说："乖龙藏在牛领中，雷击龙来牛枉死。"②

很多文化中都有关于雷神（像印度因陀罗或北欧的托尔）屠蛇或龙的神话。"天取龙"的传说则是这种母题的变体之一。印欧传说中，有时候雷神或别的天神把龙拿到天上（如 8 世纪的希腊人以为雷把恶龙拿到天上以后杀掉它；13 世纪的亚美尼亚人相信，卷风取恶龙③）。不过，其他传统通常是雷神把龙拿到天以后，孽龙被杀掉，而中国神话没有强调孽龙的死：苍天究竟会对这条孽龙怎么样，这我们不得而知。宋元明的清笔记小说里，更

① http://serebrkniga. narod. ru/polkalit/205 Vinogradova － Slavyanskaya ＿ narodnaya ＿ demonologiya. html .

② 《全唐诗》卷四三九。

③ Ιωάννηςο Δαμασκηνός (Joannes Damascenus) . Περί δρακόντων （De draconibus）//Του εν αγίοις πατρός ημών Ιωάννου του Δαμασκηνού μοναχού και πρεσβυτέρου Ιεροσολύμων τα ευρισκόμενα πάντα (Sancti patris nostri Joannis Damasceni, monachi et presbyteri Hierosolymitani, Opera omnia quae exstant). Paris, 1864. Pp. 1599 - 1602; Ananikian M. H. Armenian Mythology: Stories of Armenian Gods and Goddesses, Heroes and Heroines, Hells & Heavens, Folklore & Fairy Tales. Indo-European Publishing, 2010. p. 86.

流行的则是雷神杀掉怪物或狐狸的故事。唐代人也有这样的观念，像白居易所写的："风拔树根出，雷劈社坛开。飞电化为火，妖狐烧作灰。"① 不过，《太平广记》第 393 ~ 395 卷中没有这样的故事。

393 - 10，即出自《广异记》的《雷斗》，描述数十个雷公跟鲸鱼斗争："海边居人往看，不知二者何胜，但见海水正赤。"冬天北太平洋西侧的朝鲜种群的灰鲸至今有时候到达广东②，所以广东的居民确实会有关于鲸鱼的传说。作者没提到那次战斗的原因，不过，这个传说似乎属于天神屠龙的母题。战斗中，雷公和鲸鱼不分输赢。但是别的神话圈扇区里也有这样的故事：如埃及神话中的太阳神是阿佩普蛇的永远对头；北欧神话中，末日之战的时候，巨大海蛇耶梦加得（Jörmungandr）跟雷神托尔交战，最终这两个死敌同归于尽；古英语的英雄叙事长诗《贝奥武夫》里，贝奥武夫斩了巨龙，自己也受了致命的伤。

像以前一样，雷还会惩罚触犯禁忌的人。393 - 3 雷破坏建德殿端门、襄国市西门，为了惩罚"不禁寒食"。这里故事的主角是成为神祇的介之推。393 - 16 中，雷州长史欧阳忽雷因为把雷公大池里的水放掉了，雷师试图把他震死。394 - 1，394 - 9 与 394 - 11 同样陈述雷州的雷公惩罚"以彘肉杂鱼食者"。395 - 7 记载了巴蜀的地方信仰："其坛或羊牛所犯，及预斋者饮酒食肉，多为震死"。

3. 预言或做预兆

做预兆的故事主人公大部分不是人格化的雷神，而是作为自然现象的雷雨（393 - 7、393 - 20、394 - 5、394 - 13）。所以我们不能把预兆说成雷神的功能，只可以说这是雷雨的功能。被人格化而做预言的雷神是狄仁杰拯救的那个雷神（393 - 8）。由此我们可以假设，雷公会有一定程度的前知，不过，这不是他的关键性的特点。

三 第四个功能，即打击无辜的人

雷神会无意中伤害无辜的人，然后帮他治疗，如源自《稽神录》的 395 - 17：一个老太太让雷受了伤，马上听到了空中有人说："我错了。"（"误矣"）然后雷给她一瓶药改变自己做错的事。除了 395 - 17 以外，其他故事中的雷神有意伤害人，其中三个跟雷神坠地有关。

---

① 《全唐诗》卷四二五。

② Würsig B. G. , Thewissen J. G. M. Encyclopedia of Marine Mammals. San Diego, 2002. p. 533.

　　雷神坠地这一个母题，据我们所知，在魏晋以前是没有的。《太平广记》第一条相关记载是 393 - 2，即有名的杨道和的故事（出自《搜神记》）。另外三个故事（393 - 16、394 - 1 与 394 - 11）空间位置都是雷州。还有出自《酉阳杂俎》的 393 - 18 记载（《王干》），那儿的事件发生在河南郑州，和出自《宣室志》的 394 - 3 记载（《萧氏子》），那里的事件发生在今湖南长沙县。393 - 17 与 393 - 22 记载空间位置是今安徽和江苏省的地区，这两个故事跟祆教传统有关，详见本文第四部分后半节。

　　值得注意的是，虽然关于雷神坠地的故事都有人格化的主人公，但没有一个将主人公叫做雷神、雷公或雷师。唯一的略像传统的名称是"雷鬼"（这个名称见于出自《宣室志》的《萧氏子》，即 394 - 3，与裴铏的《陈鸾凤》，即 394 - 1）。原因是中国人在 9 世纪中期左右才完全接受了几个外族雷神，把它们引入了神话圈的中国扇区，创造地改造了他们的形象。中国本地的雷神从不打击无辜的人，也没有习惯从天上坠地。

　　A.《搜神记》是 4 世纪中叶写的。其中描写雷神形象的模式在一定阶段里"成为雷神故事的基本模式，后来的小说都改头换面加以利用"[1]。这个故事的内容如下：夏天，扶风农民杨道和在田中干活；雷雨开始了，道和在桑树下避雨，"霹雳下击之，道和以锄格，折其左股，遂落地不得去"。更准确地说，现在我们不能断定，杨道和怎么伤了霹雳：有几个说法，包括"左肱"、"左胁"、"左股"或"股"、"右肱"。[2]

　　霹雳的外貌异常："唇如丹、目如镜，毛角三尺余，状如六畜，头如猕猴"。这个描述不符合我们所认识的雷公画像；此时的雷公绝不像"六畜"，是人形的或半人形的。况且干宝也不说这是雷公。显然，这个神跟雷雨有关系，他名字是"霹雳"，像闪电一样打击田中的树。雷公与霹雳不是一回事，敦煌出土的《妙法莲华经马明菩萨品》第三十中[3]，"风伯雨师雷公礔砺"[4]明确为四个自然神的名字，霹雳不是雷公，可推而知矣。

　　《杨道和》是我们所知道的人打败雷神的第一次。西汉《韩诗外传》第

①　王尽忠：《干宝研究全书》，中州古籍出版社，2009，第 285 页。

②　《新辑搜神记　新辑搜神后记》卷 1，中华书局，2007，第 286 页。

③　据汤用彤先生的《汉魏两晋南北朝佛教史》（北京，1997，583 页），《妙法莲华经马明菩萨品》"大约为晋世北方所造之伪经"。

④　《妙法莲华经马明菩萨品》第三十。http：//www. suttaworld. org/Collection_ of_ Buddhist/Taisho_ Tripitaka/pdf/t85/T85n2899. pdf/《大正新修大正藏经》Vol. 85，No. 2899，中华电子佛典协会（CBETA）http：//www. cbeta. org。

10 卷里有个关于人跟雷公打架的故事：一位叫蔺丘诉的勇士让自己的马喝了神渊之水，然后杀了住在神渊的三条蛟龙和一条龙，这些行动触犯了禁忌，"雷神随而击之，十日十夜，眇其左目"。汉代的人不能想象，勇士可以打败雷神；杨道和打败雷的故事原则上是空前的。堂堂无敌雷神变成了一种属于"克托尼俄斯"领域的恶兽。新母题之引进不会是无缘无故的。以下我们试图寻找引进英雄打败雷母题的原因。

写《搜神记》的时候，干宝广泛引用了中国各地的传说。他对资料的态度认真仔细，可信可靠。如果干宝说，杨道和是扶风人，也许，他从扶风人或从去过扶风的人知道了这个故事。4 世纪，"五胡"控制了中国北方。4 世纪初的扶风地区恰是匈奴前赵领土的一部分。《搜神记》成书的年代离前赵的亡国只有二十年左右。前赵的皇帝是匈奴的贵族。那时，中国北方的人民有很多机会了解匈奴的宗教信仰、民俗与迷信（其实，那个地区也有鲜卑，而鲜卑像匈奴一样，也是阿尔泰语系的民族）。有关邪恶雷神的传说会从匈奴那里传到了中国民间。虽然我们无法具体了解匈奴的信仰系统，从突厥和蒙古的各种神话可得而知，这种传说真的存在过。匈奴、突厥和蒙古语族同属阿尔泰语系，文化联系密切，神话圈的结构也应该基本上相似。匈奴神话算是突厥神话发展的第一阶段，形象模糊，体系不稳定。①

而突厥民族真的有类似的传说。这个传说的反派是恶神兼死者之王埃利刻（Erlik）。埃利刻不是雷神：和中国的神话一样，突厥神话中的雷电是天帝的标志。不过，根据一些蒙古语族民族的信仰，埃利刻的下属是控制雷雨的龙王。埃利刻有牛角，面孔像猪。原来埃利刻住在天上；天帝派来的勇士伤了他的手臂或大腿，战胜了埃利刻，使他从天上坠下地来。② 此后埃利刻到了地狱当国王，负责审判死人的灵魂，审判的时候，他用铜镜子看每个人的罪过。关于埃利刻的神话流行很普遍，差不多每个突厥和蒙古民族都知道埃利刻的形象。根据阿尔泰人的英雄史诗《玛岱哈拉》（"Maadai-Kara"），一个勇士到了埃利刻国，跟他打仗，打败了他。③ 后来，佛教神话中，埃利

① Древнетюркский мир: история и традиции. М., 2002. С. 18；Bonnefoy Y. Asian mythologies. P., 1993. p. 315.

② Анохин А. В. Материалы по шаманствуу алтайцев. Ленинград, 1924. С. 1–4.

③ Harvilahti L. Altai Oral Epic, 223；Vinogradov A. Ak Jang in the Context of Altai Religious Tradition, p. 116；Маадай-Кара. Алтайский героический эпос М.：Главная редакция восточной литературы издательства 《Наука》, 1973. 7590–7630.

刻成为阎王的名称之一；战胜阎王的神叫大威德金刚，就是文殊菩萨的化身。关于埃利刻的原始信仰和佛教中阎王的传说结合在一起。但这是以后的事情，干宝的"霹雳"不像是印度的阎王，不过与阿尔泰民族所知道的埃利刻相似。我们不知道 4 世纪的匈奴神话，所以这都是初步的结论。属于蒙古语族的卡尔梅克（Kalmyk）人神话故事中，埃利刻派龙王震击一个人，不过，龙王打错了，坠地变成一个白色的小骆驼，那个人就用鞭子打他。①

霹雳的"镜子"眼睛（"目如镜"），也似乎跟匈奴文化有关系。"铜镜在匈奴的宗教仪式中起着重要的作用。"② 有时候，蒙古语族的布里亚特萨满巫师胸前戴着两个镜子，它们象征太阳和月亮。③ 这个习俗与杨道和的故事也会有些关系。可能，后来电母持的两个镜子也跟这个习俗有关，现在信息不够，不可断定。

这个小说对后代文人影响极大。后来，人家开始用"霹雳"这一词称呼雷神。至于北方人，我敢猜想，4 ~ 6 世纪的时候，他们会把埃利刻叫做"霹雳"。比方说，北齐高氏皇族是鲜卑化的汉人，《北齐书》第十九卷列传第十一有这样的一条记载：雷雨的时候，北齐神武帝命令薛孤延骑马观察一座寺庙，薛孤延就到了那座庙附近，雷电交加，"雷火烧面"，不过，他不害怕，绕这座寺庙驰马，皇帝佩服他的勇敢："薛孤延乃能与霹雳斗！"

虽然后代文人以为，"霹雳"就是雷公，干宝好像没有这样想。由于从南方进入中原的英雄打败雷神的母题，后来人家才把《搜神记》的"霹雳"当成雷公。

其他关于雷打击无辜人的故事（393 - 16、393 - 18、394 - 1、394 - 11 与 394 - 17）都写于唐朝，最少比出自《搜神记》的 393 - 2 晚 400 年。这些故事的特色跟 393 - 2 很不一样。

B. 首先我们来讨论关于雷州的故事，即 393 - 16、394 - 1 与 394 - 11。

唐代传奇和魏晋南北朝的志怪小说比起来，文学性更强，民俗成分变弱。从民俗学角度来看，这就是唐代笔记小说的最大缺点。《广异记》是 8

---

① Калмыцкие сказки. Под ред. И. К. Илишкина, У. У. Очирова. Элиста, 1962, с. 183 - 190. С 189.

② I. V. 菲利波娃：《铜镜在匈奴宗教仪式中的作用》，《文博》2007 年第 2 期，第 93 页。

③ *Огудин В. Л.* Цындыма-Заарин, представительница бурято-монгольской традиции шаманства Хухэ Мунхэ Тэнгри - Вечно Синее Небо http: //etno. environment. ru/news. php? id = 121.

世纪末传奇集，个人虚构的比例很大。所以用《广异记》资料的时候，我们必须小心。

出自《广异记》的 393 – 16（《欧阳忽雷》）是《太平广记》关于雷州雷神最早的一个记载。海康西方大池塘出的云气对身体不好，"居者多死"；为了改善微气候，雷州刺史的佐官欧阳绍让下属把池塘的水排干。这个池塘显然跟雷师有关系：雷师不想让欧阳绍的下属完成这个任务，于是让大雷雨爆发，闪电连地；此时欧阳绍率领的二十多人向空中射箭，与雷师交战。最终，欧阳绍胜利了，赶走雷师；雷池水干了，池坑中出现一条怪蛇。首先欧阳绍不能杀掉那条蛇，它好像什么都不怕；最后用熔化的铁液烧它，怪蛇才死了。把那条蛇杆成粉以后，欧阳忽雷吃了它，所以雷州的人家把他称为"欧阳忽雷"。这个记载的内容不符合其他关于雷州的笔记，然而其与菌丘诉跟雷神打仗故事的雷同极大。

《韩诗外传》内故事的主要母题为：主人公触犯禁忌（让马喝雷池的水），杀死属于雷公的动物，跟雷神斗争，没有明显的胜利。"欧阳忽雷"的主要母题为：主人公触犯禁忌（排干雷池的水），跟雷神斗争，没有明显的胜利，杀死属于雷公的动物。虽然"欧阳忽雷"的情节跟"菌丘诉"的情节不完全一样，但多数情节的成分是一样的。所以我们敢断定，《广异记》的作者戴孚创造"欧阳忽雷"情节的时候，使用了"菌丘诉"情节的成分，个人虚构的比例太大，所以我们不能把"欧阳忽雷"当成关于当时信仰的可信渊源。

394 – 1 与 394 – 11 故事间有一定的关系。394 – 1（《陈鸾凤》）是裴铏（860 年前后在世）的传奇之一。裴铏作品的特点之一是各种各样的母题与情节的创造结合。394 – 11（《陈义》）出自 9 世纪的房千里作品《投荒杂录》。《投荒杂录》比《传奇》成书早一点，裴铏或许取了《投荒杂录》的一些信息。还有一种可能是，房千里与裴铏使用了同一个原文写成他们的笔记（不过，裴铏还用过一些房千里不认识的资料）。《陈义》陈述雷州信仰及关于陈义的几个传说，是可贵的信息源源。整个记载是由六个部分组成的。

第一，如果有人把黄鱼或所谓"椁汁"和猪肉吃在一起，马上会被震死。

第二，陈义是雷的子孙之一，雷雨的时候，他的母亲陈氏在庭院里找到了一个"大卵"，几个月后，"卵破，有婴儿出焉"。这个婴儿就是陈义。一年之内，雷亲自给婴儿喂奶。

第三，一个当地人有一个十二耳朵的猎犬，他的十二个耳朵从来没有全部活动过。一天，十二个耳朵全部都活动起来了。那天，猎人海边上找到了"十二大卵"，把它们拿走了，放在自己的房子里。忽然屋里雷声大作，雷雨开始了。天晴了以后，屋子里的"卵破而遗甲存焉"。后来把蛋壳分给了人家，得到蛋壳的家庭成了当地贵族。

第四，多云的天气，雷州人说，地上会出现耕垦的痕迹，这是雷耕田的结果。闪电以后，在田里可以找到黑色的石头，即陨玻璃，把它们叫做雷公墨。

第五，病人如果想病好，要到离农村元数十里的地方请雷公来他家，回家以后，杀牛杀猪以祭天，三天以后应该进行送雷公的仪式。

第六，这个部分属于打败雷神的故事：传说，雷州昔有一个百姓，雷雨的时候遇见了从天上来的一个东西："空中有物，豕首鳞身"。百姓为了自保，用刀砍他，这个东西坠地，"血流道中"。然后又飞去了。这个百姓住的房子好几次被天火烧了，结果他到了山洞里居住，这样才避免了雷神的愤怒。

394 - 9（出自《岭表录异》的《雷公庙》）也含有雷公墨和雷斧或霹雳楔的观念，还确定，雷州存在过关于黄鱼和猪肉的禁忌（"有以鱼彘肉同食者，立为霆震"）。

394 - 1（《陈鸾凤》）就是《陈义》的 f 部分的发挥。虽然《陈鸾凤》和《陈义》 - f 的情节相似，陈鸾凤主动地触犯禁忌，就是把黄鱼和猪肉吃在一起，引起雷神的愤怒：他为了保护他的同乡，想逼雷神给予雨水。雷的描写跟《陈义》中的雷描写不太像："状类熊猪，毛角，肉翼青色，手执短柄刚石斧。"这个描写显然是在某些补充资料基础上做的。裴铏还想出了独特的故事结局：陈鸾凤避免了天灾，后来，一出现天旱，他就吃了黄鱼与猪肉，然后持刀站在田里，每次都会下雨了。这个故事的基本情节跟 394 - 11 是一样的。对几个细节来说，裴铏大概别有资料。其一，雷的"毛角"好像是随着干宝的《杨道和》故事出现的（"目如镜，毛角三尺余"）。其二，雷手持的刚石斧好像也不是裴铏自己想出来的。根据哈佛大学研究人员 Peter J. Lu（陆述义）博士的发现，中国新石器时代的人已经会制造刚玉石斧，[①] 刚玉就是刚石（corundum）。很可能，唐代的时候有人偶然出土

---

① http://www.chinadaily.com.cn/english/doc/2005 - 02/18/content_ 417247.htm，http://www.guoying.com.cn/xinwen.jsp? id = 130.

了一些刚玉石斧，也留下了相关的记载。

其三，"雷公持斧"这一个重要形象也不是裴铡发明的。虽然《太平广记》里边的 394 - 11 没有提雷斧，我们有别的资料。根据李肇的《唐史补》，雷州人把在田里找到的陨石叫做"雷墨"和"雷斧"[①]。另外，出自《宣室志》的 394 - 3 （《萧氏子》）里，雷鬼有"金斧木楔"。这个母题的渊源要找在雷州半岛。宋代的时候，"雷斧"的概念很流行；在中国文化的影响下，15 世纪的朝鲜里，出土的古老石器也被叫做"雷斧"[②]。"雷神持斧"这一形象在人类历史里出现得很早；而且流行得很普遍：巴比伦雷神一手持石斧，一手持闪电；马雅神话中的雷神恰克有一个闪电斧头（不过，有人认为，雷斧这一个概念是被欧洲人带来美洲的）；希腊人把闪电和出土的古石斧同样叫做"天斧"；17 世纪，马来群岛的人相信古老的铜斧是从天上掉下来的神斧，等等[③]。汉族则比较晚知道了这个形象，大概是从雷州当地人知道的。雷州人则会通过神话圈的骠国扇区知道这个印欧神话中的"雷神持斧"形象。骠国神话与印度传统宗教信仰关系密切。现在我们还不能确定，哪一个印度神祇的形象间接地影响到了雷州雷公。

其四，雷神的青色的"肉翼"和"熊猪"的外貌也不是裴铡自己想出来的。

总之，393 - 395 卷中，一共有五个关于雷州的记载，其中三个涉及雷神打击无辜的事件。其余两个（393 - 10，即出自《广异记》的《雷斗》，和 394 - 9，即出自《岭表录异》的《雷公庙》）我们已经提到了。393 - 10 和 394 - 9 中的雷神没有打击无辜的功能，只有保证丰收的与恢复正义的功能；无论如何，《太平广记》中，打击无辜的雷神多数是雷州的雷神。

C. 虽然出自《宣室志》的 394 - 3 （《萧氏子》）也描述打击无辜人的雷神，这个故事跟上述的那些有很大的不同。表面上看，情节跟干宝的故事及三个关于雷州的故事很像：雷神试图伤害人，主人公也打击雷神，最终战胜雷神；[雷神回天上去]。可见《宣室志》的作者张读受到了相似故事的影响。但是《萧氏子》的个人虚构的比例也很大。很明显，《萧氏子》和

① 李肇：《唐国史补》卷下："有收得雷斧、雷墨者，以为禁药。"
② Yi Seonbok 이선복 . "Thunder-Axes" and the Traditional View of Stone Tools in Korea. Author：Seonbok Y. Source：Journal of East Asian Archaeology，Volume 4，Numbers 1 - 4，pp. 293 - 306.
③ Blinkenberg C. The Thunderweapon in Religion and Folklore：a Study in Comparative Archaeology. Cambridge，1911.

《智空》（394 – 17）是相应的。

《智空》的基本渊源是相同的关于佛僧的故事，如394 – 6（出自《闻奇录》的《僧文净》）和393 – 6（出自《嘉话录》的《僧道宣》）。主要区别是，张读对雷神打扰无辜的僧人深觉不满，认为雷神企图吓唬无辜的时候，人是应该抵抗的。《智空》与《萧氏子》的细节相同，事件是在佛寺发生的，雷电爆发，雷神好像打算破坏佛寺的楼房之一。智空贤僧用文道说服雷，萧氏子用武道伤害雷。

详情请见下表。

《智空》	《萧氏子》
文道	武道
晋陵郡建元寺僧智空,本郡人,	长庆中,兰陵萧氏子,
道行闻于里中,年七十余。	以胆勇称。
一夕,既阖关,忽大风雷,若起于禅堂,殷然不绝,烛灭而尘坌,晦黑且甚,檐宇摇震。	客游湘楚,至长沙郡。舍于仰山寺。是夕,独处撤烛,忽暴雷震荡檐宇,久而不止。俄闻西垣下窸窣有声。
矍然自念曰："吾弃家为僧,迨兹四纪。暴雷如是,岂非龙有怒我者不然,有罪当雷震死耳。"既而声益甚。	萧恃膂力,曾不之畏。榻前有巨梃,持至垣下。俯而扑焉,一举而中。有声甚厉,若呼吟者。
复坐而祝曰："某少学浮屠氏,为沙门迨五十余年,岂所行乖于释氏教耶不然,且有黩神龙耶?设如是,安敢逃其死?傥不然,则愿亟使开霁,俾举寺僧得自解也。"言竟,大声一举,若发左右,茵榻倾糜,昏霾颠悖。由是惊悟仆地。仅食顷,声方息,云月晴朗。	因连扑数十,声遂绝,风雨亦霁。萧喜曰："怪且死矣。"
然觉有腥腐气,如在室内,因烛视之,于垣下得一蛟,皮长数丈,血满于地。乃是禅堂北有槐,高数十寻,为雷震死,循理而裂,中有蛟蟠之迹焉。	迨晓,西垣下睹一鬼极异。身尽青,伛而偻。有金斧木楔,以麻缕结其体焉。瞬而喘,若甚困状。于是具告寺僧观之。
	或曰："此雷鬼也,盖上帝之使耳。子何为侮于上帝?祸且及矣。"里中人具牲酒祀之,俄而云气曛晦,自室中发,出户升天,鬼亦从去。既而雷声又兴,仅数食顷方息。萧气益锐,里中人皆以壮士名焉。

如果我们试图去掉《萧氏子》中的虚构的成分，剩下的恐怕只是英雄打败雷神的母题和"雷鬼"外貌的描写。他的外貌实在很特殊："身尽青，伛而偻。有金斧木楔，以麻缕结其体焉"。笔者无法探索这个描述的渊源；"伛而偻"的人是许多文化所知道的形象，大多数那种怪人或怪物属于大地的神，功能多为打铁或保护宝藏。《萧氏子》中雷神的描述不符合其他记载

中的雷州雷神的描述，显然另有出处，而《萧氏子》中的"英雄战胜雷神"母题可能是从雷州来的，也有可能有别的来源，可惜，我们不得而知。

段成式的《王干》（即393－18记载）中，作者陈述这个关于农民跟雷神打架的记载很短：贞元年初，郑州百姓王干夏天在田里劳动，雷雨开始了，他就到养蚕的房间去避雨。"有顷雷电入室中，黑气陡暗。干遂掩户，把锄乱击。声渐小，云气亦敛，干大呼，击之不已。气复如半床，已至如盘，豁然坠地，变成熨斗、折刀、小折脚铛焉。"毫无疑问，看过《搜神记》的读者从《搜神记》的第一句就会知道：作者采取一种幽默的态度，以隐喻的方法重讲出自《搜神记》的《杨道和》（即393－2记载）。杨道和"夏于田中，值雨，至桑树下"，王干则"夏中作田，忽暴雨雷，因入蚕室中避雨"。杨道和打断了霹雳的大腿，被王干打败的雷神也变成了熨斗、折刀和小折脚铛，显然他的大腿也被打断了。很有意思的是，段成式和干宝一样，没有把打击王干的神叫做雷公。不过，《王干》中也有新的母题：雷神的化身都是铁匠做的东西，详见本文第五部分"雷神作为工匠"。

另外，这个故事出现的时间也很有代表性，因为唐代以前我们只知道一个关于雷打击无辜的故事。唐代时则显露了一系列有关故事，因为这时候神话圈的中国扇区开始积极地吸取岭南少数民族的神话形象。唐代的时候，壮侗和苗瑶语族的一些民族居住在雷州，而与不公平的雷神战斗至今是壮侗和苗瑶民族民间故事中流行的母题。①

我们列举的雷神功能中，打击无辜的是最新的。笔者敢言，除了出自《宣室志》的记载和《王干》以外，8世纪之后的"英雄战胜雷"故事大多数或直接以雷州当地信仰，或以《太平广记》有关记载为渊源。

下面，我们试图分析《太平广记》中的外貌问题。

四　《太平广记》中有关雷神形象的一些问题

首先，笔者应该指出，虽然汉代以后的龙身且蛇身的雷神出现得不多，龙本身仍继续被看做赐雨的主要神祇之一。有时候，雷神也能被称为"龙"（比如说，394－17中，智空僧把取乖龙的雷神叫做"神龙"）。根据出自《玉堂闲话》的395－8，雷神的神池位于龙庙附近。根据出自《因

---

① 吴晓东：《苗瑶语族洪水神话：苗蛮与东夷战争的反映》，《民族文学研究》1999年第4期。

话录》的 395 - 3，白蛇是雷神的神圣动物。不过，我们当然不能把蛇或龙叫做雷神的普通化身。龙是一个个别的神祇，龙形象的变化有自己的历史、自己的内在逻辑，其实雷公和龙的区别是不可不明的。下面笔者不谈雷的龙蛇外貌，因为这是误解雷神形象的结果，其实这种描述属于龙形象演变的历史。

其次，雷神形象的整个演变过程比较有秩序，不过其中一个阶段是很异常的。这正是《太平广记》一些故事反映的阶段。没有疑问，雷州少数民族的雷神确实跟汉族的雷神大不一样。不公平的事件对他完全无所谓，至少，他毫不犹豫地打击无辜的人，又是个复仇心重的神祇。可以断定，雷州的雷神根本不是人形的。他会飞（393 - 10、393 - 16、394 - 1、394 - 11）。裴铏还说，雷州的雷神有翅膀（394 - 1 即《陈鸾凤》："肉翼青色"），别的记载里没有这种信息，但也不是裴铏自己想出来的细节：19 世纪中期的缅甸克伦族民间故事中，雷是一个像猪的有蝙蝠翅的动物①。《陈鸾凤》中的雷神"状类熊猪"，泰国瑶族把马来熊叫做"猪熊"，在 19 世纪的缅甸，猪獾也有过"猪熊"的名称。② 这个细节不会是巧合，显然裴铏用过我们所不知道的关于岭南的书，不然则他获得的信息有某个口头渊源。

这个雷神特别讨厌掺和黄鱼和猪肉的人（394 - 1、394 - 9 与 394 - 11）。这也不足为怪：按照 394 - 11，雷州的雷神是"豕首鳞身"的，所以吃黄鱼和猪肉的人似乎讽刺雷神的形象，不尊重雷神，这就是禁忌的违背。

《唐史补》里，可以找到重要的补充资料。李肇记述：有些人认为，住在雷州的雷公是可食用的。"或曰：雷州春夏多雷，无日无之。雷公秋冬则伏地中，人取而食之，其状类彘。又与黄鱼同食者，人皆震死。"③ 《陈鸾凤》中，主人公也想吃雷公的肉（"持刀欲断其颈啮其肉"），裴铏大约从某个地方知道了关于出雷公肉的信仰。令人瞩目的是吃雷神肉的母题。一些中国少数民族认识这个母题，而且把它和洪水的母题结合一起。吴晓东先生说："藏缅、壮侗、苗瑶这三个语族，都有把洪水归因于雷公的说法"。壮

---

① Religion, mythology, and astronomy among the Karen//Journal of the Royal Asiatic Society of Bengal 34：173 - 188，195 - 250. p. 217.

② Tungittiplakorn W.，Dearden P. Hunting and wildlife use in some Hmong communities in northern Thailand//Natural History Bulletin of the Siam Society. 50（1 - 2002）：57 - 73. p. 60；Mason F. Burmah，its people and natural productions. Rangoon，1860. p. 152.

③ 李肇：《唐国史补》卷下。

侗语族和苗瑶语族的一些民族还认为，洪水的原因是雷公因为人家想吃他的肉而愤怒①。不过，壮侗语族和苗瑶语族的神话中，雷公是鸟形的（苗瑶语族的一些神话中，雷公的原形是鸡或雉）②；而唐代的雷州属于苗瑶和壮侗语族居民的主要图腾显然不是鸡。

在此笔者试图发掘这种传说的渊源。动物崇拜各种传统中，神圣动物不仅可以是独立的神祇，它也可以代表具体的神祇。《唐史补》中的雷公不太像中国的人格化的雷公，大概，这个雷公只是当地雷神的神圣动物之一。

一些传统中，吃神圣动物的肉意味着与神祇结合；吃图腾动物的肉或是禁忌的，或正相反，是一种极为主要的神圣仪式。据我们所知，雷州人的原始图腾之一是狗（394－11），猪也可能是他们的图腾；还有一种可能，雷州人的神圣动物中，不仅有狗和猪，而且有一种像猪和鱼的动物。按照《唐史补》，"雷公秋冬则伏地中"，这意味着所谓"雷公"（实际上他的神圣动物）有冬眠的习惯。雷州半岛属热带季风气候，那儿的哺乳动物不冬眠，爬行动物却往往冬眠。

那么，广东的软壳龟之一会看做是神圣动物：比如说，鼋、斑鳖、中华鳖和沙鳖的长鼻子像猪鼻，与乌龟相比，鳖的甲壳比较软，有点儿像厚厚的猪皮。因为软壳龟常住在水里，还可以说像鱼，而且它们每年需要几个月的冬眠，冬眠的时候，它们潜伏在岸边泥沙下。湾鳄和扬子鳄不那么像猪，不过，其身体的长度会跟猪差不多。鳄鱼是爬行动物，又能生存在水中，所以人家也会把它看成一种鱼。

软壳龟和鳄鱼都是冬眠动物，每年好几个月都可以在水边或水底冬眠，当地人很容易抓住后吃这些动物的肉。因为从十一月到二月，即软壳龟和鳄鱼的冬眠期间中，雷州的雷雨最少，所以外貌异常的软壳龟和鳄鱼会被看做雷神的化身，或神圣的动物。按照394－11c（《陈义》），雷神的"十二大卵"是在海边上找到的，这也符合软壳龟和鳄鱼的习惯。

《唐史补》中说的具体是哪一种爬行动物，我们还不得而知。可能，软壳龟或鳄鱼都为雷神的神圣动物。总之，由于神圣动物（软壳龟/鳄鱼）像猪又像鱼，根据雷州的风俗，把黄鱼和猪肉同吃是禁忌的。由于某一种爬行动物成为雷神的化身，雷神自己也有了"豕首鳞身"的外貌。

---

① 吴晓东：《苗瑶语族洪水神话：苗蛮与东夷战争的反映》，《民族文学研究》1999年第4期。

② 同上；Tapp N. Hmong Religion. Asian Folklore Studies, Vol. 48, 1989. pp. 59－94、62。

再次，《太平广记》393-395卷中，两个记载（393-17和393-22）也描写了"豕首"的东西，但是没有把它称为雷神或雷公。第一个出自《酉阳杂俎》，全文如下："贞元年中，宣州忽大雷雨，一物坠地，猪首，手足各两指，执一赤蛇啮之。俄顷，云暗而失。时皆图而传之。"

第二个出自杜光庭的《录异记》，全文如下："润州延陵县茅山界，元和春，大风雨。堕一鬼，身二丈余，黑色，面如猪首，角五六尺，肉翅丈余，豹尾。又有半服绛裈，豹皮缠腰，手足两爪皆金色。执赤蛇，足踏之，瞪目欲食，其声如雷。田人徐诩，忽见惊走，闻县。寻邑令亲往睹焉，因令图写。寻复雷雨，翼之而去。"艾博华教授（Wolfram Eberhard，1909-1989）仔细描述雷州雷神神话的时候说，润州怪物也应当归于雷州雷神之类①。

这两个故事明显有共同之出处：细节相同，地点差不多，时间也差不多——润州延陵县（即今江苏省镇江丹阳市）离宣州（即今安徽省之宣城）只有200公里远，贞元是唐德宗的年号，从785年到805年八月；元和年春天是806年的春天。假设几年中，宣城—镇江地区里人家两次描画了从天上坠下的雷鬼，两个雷鬼的外貌又差不多，这好像不大可能。杜光庭的记载是比较仔细的，包括段成式所说的所有细节，还加上了好几个别的细节。

这个怪物的形象有深刻的意义。蛇属阴，在神话圈中，持蛇的人或神物多跟地下世界有直接的关系。此外，啮蛇的神物应该有能力战胜地下恶魔。中国古代艺术中，吃蛇与持蛇的怪物早就出现了。比方说，信阳长台关1号楚墓有抓蛇作吞食状的镇墓兽、长沙子弹库楚墓出土的缯书、马王堆一号汉墓的漆棺盖上都可以看到准备吃蛇的神怪。② 年长日久，这个辟邪的形象并没有消失。比如说，镇江东晋隆安二年（398年）墓有兽首噬蛇画像砖。③不过，除了践蛇噬蛇以外，杜光庭和段成式描写的怪物与这些传统的形象关系不大。虽然猪是蛇的自然敌人，能用蹄踩踏蛇，又能吃蛇，但是以上的噬蛇神兽都不像猪。393-17和393-22中的怪物"面如猪首"，有角，有翅膀

---

① Eberhard W. The Local Cultures of South and East China. 1969. Leiden, 1968. pp. 253-254.

② 孙作云：《美术考古与民俗研究》，河南大学出版社，2003，第110~111页；Defining Chu：Image and Reality in Ancient China. Eds. by C. A. Cook and J. S. Major. Honolulu, 1999. p. 130。

③ 林树中：《六朝艺术》，南京出版社，2004，第29~32页。

和豹尾，"手足两爪皆金色"，穿红色的裤子和用雪豹的尾巴做的长的裤带。

他没有可以容易看出来的功能：他谁也不打击；跟丰收没有关系；又不想恢复正义；不做预兆及不报恩。这个怪物的行动就是从天上坠地，后来飞回天上。其实，这两个记载差不多没有情节。对《太平广记》的这三卷来说，这比较异常。

我们试试探索这个传说的渊源。雷州信仰对这些记载的影响不太可能：其实雷州的雷神和这个怪物唯一的相同之处是猪首；润州的怪物跟鱼或任何爬行动物没有关系，也不想打击人家。

印欧神话传统里面，猪（家猪、野猪）和云气或雷雨有密切的关系，也有时候象征雷雨[1]。印度神话中，猪是常见的神圣动物（比如说，毗湿奴化身之一为巨大的野猪），也用于象征暴雨：风雨与死亡之神楼陀罗的名字之一是"天上的赤猪"[2]。有些住在东南亚的汉藏语族也有相同的信仰。20世纪初，锡金的绒巴族曾经认为，猪是管理雷的动物，所以谁也不敢笑话它[3]。我们已说过，缅甸克伦族的雷神也像一个有翅膀的猪。此外，猪也是雷州人的神圣动物之一。

9世纪，猪首雷神还是比较奇怪的，段成式把他称为"一物"，杜光庭把他称为"一鬼"。唐代以后，北方的中国人已经知道了猪首雷神："四川地区五代两宋墓葬中，不时有猪首人身明器发现和出土，其面部作猪形，身为人形"；白彬教授有说服力地论证，这些猪首人身俑是五代两宋人所想象的雷公。[4]《太平广记》编纂时，李昉的编辑组显然认为，393－17和393－22中的怪物是雷神之一或雷神之下属之一，否则他们不会把这两个记载编入393卷。

八、九世纪的润州祆教很流行，镇海节度使周宝也是祆教信徒，在润州至少有一座火祆庙。祆教神话中，野猪是胜利之神韦勒斯拉纳（Verethragna）或巴赫拉姆（Bahram）的化身之一。上边我们提到了，印度

---

① Афанасьев А. Н. Поэтические воззрения славян на природу: Опыт сравнительного изучения славянских преданий и верований. Том 1. М.，1995. С. 250；Gonda J. Aspects of Early Visnuism. New Delhi，1993. p. 129.

② Chakravarti M. The Concept of Rudra-Śiva Through The Ages. Delhi，1994. p. 1.

③ De Beauvoir Stocks C. Folk-lore and customs of the Lap-chas of Sikhim. New Delhi，2001. pp. 142－143（footnote）.

④ 白彬：《四川五代两宋墓葬中的猪首人身俑》，《四川文物》2007年第3期，第56~60页。

的毗湿奴化身之一是野猪；火教的韦勒斯拉纳跟印度吠陀的战胜巨蛇的因陀罗神、后来的毗湿奴有直接的关系。393 – 17 和 393 – 22 中的怪物是不是韦勒斯拉纳，笔者不能确定。这个形象形成的具体情况已不得而知。

不过，没有疑问，祆教艺术形象对这个怪物的描写有直接的影响。这两个记载的渊源有可能是某一幅润州祆教图画。祆教和佛教艺术中出现过"足有两指"的神兽，如北魏冯邕妻元氏墓志的一些神兽手有三爪，足有两个鹰爪[①]；巩县石窟寺第四窟的北壁和南壁都可以看到手足有两爪的"焰肩神"[②]。最像杜光庭的描写是北齐徐显秀墓南壁墓门上画的两个火肩祆神。他们从天降地，有猪耳和一双长眉（有一点儿像角），像猪的鼻子；带着红色的短裤和白色的裤带；裤带上还有斑点，像豹皮；有尾巴；有火翼；手有三爪，足有两爪[③]。镇江那里大概也有过相似的画像，不过镇江画像的中国化更深。393 – 17 和 393 – 22 反映了唐朝润州的文化艺术融合。393 – 17 和 393 – 22 描写的形象是把古代持蛇践蛇神物的形象跟祆教的猪首神结合在一起的结果。因为祆教艺术中原来有践蛇衔蛇的金翅鸟王形象，这个结合是更容易的。

总之，雷州的豕首鳞身的雷神和润州的猪首怪物并不是同一个神祇。

五　雷神作为工匠

《太平广记》第393～395卷中，几个唐代的故事的雷神有一些工匠的特点。出自《酉阳杂俎》的394 – 2 中，几个雷神"运斤造雷车"。出自《玉堂闲话》的395 – 9 中，雷神把"良材巨石"送给僧人，以便他们能重建被盗贼破坏的佛寺。我们已经提到的出自《酉阳杂俎》的393 – 18 记载（《王干》）中，恶意的雷神终于由云气变成了铁匠做的东西。

几个记载中的石斧或金斧可能也跟这个母题有关系。斧不仅是武器，同时也是工匠的用具。虽然唐代以前的文学和艺术雷神法宝中好像没有石斧或铁斧，八、九世纪左右"雷神持斧"这一个形象进入了神话圈的中国扇区。关于印欧、闪米特及神话圈其他扇区的雷斧，见本文第三部分的 B 小节。已经存在的神话形象的直接重新发明是十分可疑的事情，而对印欧神话的借

---

① 施安昌：《火坛与祭司鸟神》，北京，紫禁城出版社，2004，第38～42页。
② 张乃翥、张成渝：《洛阳与丝绸之路》，北京，2009，第75页。
③ 施安昌：《火坛与祭司鸟神》，北京，紫禁城出版社，2004，第116、126页。

鉴是最可能的。比方说，婆罗门教中的陀湿多（Tvastr）是天神的工匠，他手持铁斧，为天神制造各种各样的武器、法宝和战车。陀湿多制造了雷神因陀罗的闪电金刚杵和毗诃波提的铁斧，毗诃波提（Brihaspati）或祈祷之主也跟雷雨有关系，他的语声似雷声。陀湿多是吠陀时代的神祇，他的形象不会影响中世纪的缅甸或广东居民。不过，古代中国神话中，《越绝书》里的雷公铁匠很像陀湿多：根据《外传记宝剑第十三》，雷神曾参与五个宝剑的制造，"雨师扫洒，雷公击橐"。这大概是印度文化影响的结果。

《太平广记》中的工匠雷神的母题也不是中国本地的，是外来的；对于中国人如何吸取了这个印欧母题，信息还不够。可能，就是如上所说，雷州居民通过骠国人知道这个印欧神话中的工匠雷神母题。

因为笔者眼界与水平有限，有关魏晋南北朝隋唐雷神的资料又很丰富，所以本文只是就几个外来母题展开初步研究。《太平广记》第393~395卷中，至少还有两个显然外来的母题：一是瘸脚雷神（393-2，393-18，394-1，每次打败雷神的人伤他的脚，第72卷中的《张山人》中也可以看到这个母题的遗迹；二是不慎被夹在树里面的雷神（393-8，394-12）。这是未来的研究对象。雷神和死人的联系也很有意思，值得成为个案研究的题目。

结　　语

《太平广记》第393~395卷的分析表明，从魏晋开始，雷神形象受外来的影响很大；当然，中国同时也继续影响其他神话圈的扇区。匈奴的侵略、丝绸之路上的各文化交流、唐代岭南地区的民族融合都影响到了《太平广记》第393~395卷中雷神的形象。比较神话学和考古学都证明袄教艺术对中国唐代神话的影响。而且我们知道，虽然唐宋以后一些外来的母题（如英雄打败雷神、吃雷神肉、工匠雷神）与外貌特点（如豕首鳞身）被忘记，"雷神坠地"的母题却留在了神话圈的中国扇区。

中国神话系统不是与世界各民族神话系统分离的。魏晋南北朝与唐代是特别活跃的文化交流的时期之一，其他文化中的雷神外貌特点、功能与有关母题进入了神话圈的中华扇区，使中国的雷公形象更加丰富。雷公只是群神之一，但这个形象的发展历史也可以作为当时文化交流的证据之一。

（编辑：李翔海）

图书在版编目（CIP）数据

北大中国文化研究. 第1辑/孙熙国，李翔海主编. —北京：社会科学文献
出版社，2011.12（2012.5重印）
ISBN 978 - 7 - 5097 - 3069 - 0

Ⅰ.①北…　Ⅱ.①孙…②李…　Ⅲ.①中华文化 - 文集　Ⅳ.①K203 - 53

中国版本图书馆 CIP 数据核字（2011）第 281012 号

北大中国文化研究（第1辑）

主　　编／孙熙国　李翔海

出 版 人／谢寿光
出 版 者／社会科学文献出版社
地　　址／北京市西城区北三环中路甲 29 号院 3 号楼华龙大厦
邮政编码／100029

责任部门／人文科学图书事业部（010）59367215　　责任编辑／刘　丹　范明礼　于占杰
电子信箱／renwen@ ssap. cn　　　　　　　　　　　责任校对／李艳涛
项目统筹／宋月华　　　　　　　　　　　　　　　　责任印制／岳　阳
总 经 销／社会科学文献出版社发行部（010）59367081　59367089
读者服务／读者服务中心（010）59367028

印　　装／北京季蜂印刷有限公司
开　　本／787mm×1092mm　1/16　　　　　印　　张／20.75
版　　次／2011 年 12 月第 1 版　　　　　　字　　数／353 千字
印　　次／2012 年 5 月第 2 次印刷
书　　号／ISBN 978 - 7 - 5097 - 3069 - 0
定　　价／69.00 元